COLECCIÓN
DERECHO RURAL

4

RURAL RENAISSANCE: NORMAS, TERRITORIO Y CONFLICTO

La presente obra, forma parte de los resultados del Proyecto de I+D+i titulado «Agricultura climática: marco regulatorio para la transición» (TED2021-129553B-I00), liderado por el Prof. Dr. Marcos M. Fernando Pablo

GOBIERNO DE ESPAÑA
MINISTERIO DE CIENCIA E INNOVACIÓN

AGENCIA ESTATAL DE INVESTIGACIÓN

Plan de Recuperación, Transformación y Resiliencia

Financiado por la Unión Europea
NextGenerationEU

COLECCIÓN
DERECHO RURAL

4

RURAL RENAISSANCE: NORMAS, TERRITORIO Y CONFLICTO

Dirección:

Marcos M. Fernando Pablo

José Luis Domínguez Álvarez

Coordinación:

Alicia Rodríguez Sánchez

Pilar Talavera Cordero

Prólogo:

Francesc Boya Alòs

COLEX 2024

Calle Costa Rica, número 5, 3.º B (local comercial)
A Coruña, C.P. 15004
info@colex.es
www.colex.es

I.S.B.N.: 978-84-1194-740-4
Depósito legal: C 1684-2024

SUMARIO

CAPÍTULO II

LA ECONOMÍA SOCIAL Y SU RENOVADA FUERZA EN EL MEDIO RURAL (DE LA LEY 5/2011 A LA RECOMENDACIÓN DEL CONSEJO DE LA UNIÓN EUROPEA DE 2023)

Enrique Cabero Morán

CAPÍTULO III

REPENSANDO EL RÉGIMEN LOCAL DESDE EL PRISMA DEL RETO DEMOGRÁFICO Y TERRITORIAL

José Luis Domínguez Álvarez

CAPÍTULO IV

¿TIENE HERRAMIENTAS EL PODER POLÍTICO LOCAL PARA LUCHAR CONTRA LA DESPOBLACIÓN?

José Luis Mateos Crespo

CAPÍTULO V

LA DESPOBLACIÓN RURAL Y SU METÁSTASIS A LAS CIUDADES: UNAS BREVES REFLEXIONES SOBRE SU TRATAMIENTO DESDE LA ADMINISTRACIÓN PÚBLICA

Sara García García

CAPÍTULO VI

LA RESPUESTA JURÍDICA DE LAS COMUNIDADES AUTÓNOMAS AL RETO DEMOGRÁFICO: UN «RETRATO ROBOT»

Francisco Javier Sanz Larruga

CAPÍTULO VII

OBSTÁCULOS NORMATIVOS Y TERRITORIOS RURALES CON DESAFÍOS DEMOGRÁFICOS EN CASTILLA Y LEÓN: REGULAR A CIEGAS. DESARROLLO RURAL Y ACTUACIONES FRENTE AL RETO DEMOGRÁFICO SIN DIAGNÓSTICO, NI ESTRATEGIA

Francisco Ramos Antón

CAPÍTULO VIII

OBSTÁCULOS REGLAMENTARIOS AL DESARROLLO DE LOS TERRITORIOS RURALES CON RETOS DEMOGRÁFICOS

Suzana Tavares da Silva

CAPÍTULO IX

EL EMPLEO COMO PALANCA PARA LA SOSTENIBILIDAD EN LOS TERRITORIOS RURALES

Susana Rodríguez Escanciano

CAPÍTULO X

LOS PLANES DE MEDIDAS ANTIFRAUDE COMO INSTRUMENTO PREVENTIVO DE LA CORRUPCIÓN Y EL FRAUDE, PERO DE DIFÍCIL IMPLEMENTACIÓN EN LAS PEQUEÑAS ENTIDADES LOCALES

Alicia Rodríguez Sánchez

CAPÍTULO XI

PRESTACIÓN Y GARANTÍA DE LOS SERVICIOS DE PROXIMIDAD CON UN CARÁCTER SOCIAL EN EL MEDIO RURAL DE CASTILLA Y LEÓN: MEDIDA IMPRESCINDIBLE FRENTE AL RETO DEMOGRÁFICO

Luis Alfonso Hortelano Mínguez

CAPÍTULO XII

ATENCIÓN MÉDICA RURAL INTELIGENTE, ¿UNA SOLUCIÓN A LA PRECARIEDAD DE LAS BATAS BLANCAS?

José Sánchez Hernández

CAPÍTULO XIII

SOLEDAD DE LAS PERSONAS MAYORES EN EL MEDIO RURAL DE CASTILLA Y LEÓN: DESAFÍOS Y ESTRATEGIAS DE INTERVENCIÓN

Begoña Gutiérrez San Miguel

M.ª Luisa Ibáñez Martínez

CAPÍTULO XIV

TRANSICIÓN ECOLÓGICA, CRECIMIENTO ECONÓMICO Y TERRITORIO: RURALIDAD Y ENERGÍAS RENOVABLES EN ESPAÑA

Mercedes Molina Ibáñez, Rocío Pérez-Campaña, Felipe Hernando Sanz, Borja Moya-Gómez

CAPÍTULO XV

¿CÓMO MEJORAR EL FUNCIONAMIENTO DE LA CADENA ALIMENTARIA PARA FAVORECER A LAS ÁREAS RURALES?

Pilar Talavera Cordero

CAPÍTULO XVI

CÔA PARQUE (PORTUGAL), TERRITÓRIO RURAL DE BAIXA DENSIDADE. QUE POLÍTICAS? QUE FUTURO?

Helena Antunes

CAPÍTULO XVII

LAS DIPUTACIONES PROVINCIALES COMO VERTEBRADORAS DE LOS TERRITORIOS RURALES

Noelia Melón Ferrero

CAPÍTULO XVIII

EL ARCHIVO MUNICIPAL COMO MEMORIA DEL MUNICIPIO

Jaime Camarero Arellano

PRÓLOGO

Las distintas ediciones del Congreso *Rural Renaissance* han sido testigos del interés creciente que las actuaciones en favor de la dinamización del medio rural, la lucha contra la despoblación y el fortalecimiento de la cohesión territorial suscitan tanto en el mundo académico como en la agenda pública. Nuestros territorios rurales, heterogéneos y diversos, comparten una serie de condiciones estructurales que nos obligan a centrar el foco en ellos, para tratar de aproximarnos, con análisis integrales y posibles soluciones, a las brechas territoriales que existen entre áreas urbanas y áreas rurales.

El conjunto de actores que intervenimos sobre el territorio compartimos la firme voluntad de que, en esta ocasión, el medio rural, nuestros pequeños municipios, no queden al margen de las grandes transformaciones que estamos experimentando, y puedan igualmente aprovechar las oportunidades derivadas de los procesos de innovación tecnológica, de transformaciones socioeconómicas y de transición ecológica que se están generando.

Para ello, es fundamental abordar, como se realiza en esta obra colectiva que recopila las aportaciones del Congreso que tuvo lugar en la Alberca (Salamanca) el pasado mes de noviembre, los desafíos que presenta la acción institucional, el marco normativo y las medidas para favorecer un desarrollo territorial más equilibrado. Podemos encontrar en esta obra claves y respuestas para posibilitar un mayor aprovechamiento de las oportunidades que nos ofrece un contexto de cambio como el actual, y así potenciar el valor añadido de los territorios rurales en términos socioeconómicos, de servicios ecosistémicos y a nivel sociocultural.

Por primera vez, se ha configurado una política de Estado frente al reto demográfico y de lucha contra la despoblación, tratando de afrontar los desequilibrios sociales y territoriales en torno a dos objetivos esenciales: por un lado, para reforzar la igualdad de oportunidades, asegurando la equidad en el bienestar y la calidad de los ciudadanos con independencia de su lugar de residencia; por otro lado, con el objetivo de fomentar un modelo de desarrollo socioeconómico más equilibrado, que tenga en cuenta las peculiaridades de nuestros pequeños municipios y del medio rural.

Para ello, se ha venido igualmente trabajando, ante la coexistencia de marcos competenciales diversos y la pluralidad de niveles administrativos, en una gobernanza que integra a todos los actores, y que se encuentra ya plenamente consolidada. En materia de reto demográfico y lucha contra la despoblación ha quedado demostrado que no pueden darse lógicas de compartimentos estancos, y que se debe promover una coordinación reforzada que va más allá de los títulos competenciales, trascendiendo las formas clásicas de actuación.

Intervenir sobre el territorio para reforzar la cohesión supone activar los procesos de transformación que aseguren la funcionalidad de los mismos. Se trata de un desafío enormemente complejo, ya que confluyen de forma simultánea distintos ámbitos, como pueden ser la prestación adecuada de los servicios esenciales para la ciudadanía, la plena conectividad física y digital de las distintas zonas del territorio, así como la generación de oportunidades en todas las áreas para promover la diversificación de la actividad económica y la creación de empleo. Supone este último eje, el de la generación de nuevas oportunidades, el ingrediente más complejo en las propuestas de actuación, con la activación de las palancas de dinamización necesarias para dotar al medio rural de las capacidades adecuadas.

Para abordar las actuaciones ante este desafío complejo, es importante señalar que se debe «*romper la sectorialidad en la aproximación al territorio*», para así construir un enfoque transversal donde se den cita distintos elementos de intervención bajo la perspectiva de cohesión territorial. Así, por primera vez a nivel estatal nos dotamos en 2021 de un programa de acción transversal, con la aprobación en la Comisión Delegada del Gobierno en marzo de 2021 del Plan de 130 medidas frente al Reto Demográfico. Con esta iniciativa, los pequeños municipios y nuestro medio rural quedaron incorporados a la agenda de transformación del Plan de Recuperación, Transformación y Resiliencia, recibiendo inversiones en distintos ámbitos, a lo largo de los ejes del Plan.

Más allá de las medidas concretas, interesa subrayar cómo, a través de marcos amplios de actuación, se ha tratado de dar respuesta a las brechas y conflictos que se plantean en nuestras zonas rurales. De esta manera, se han posibilitado inversiones específicas en pequeños municipios y en el medio rural, para la mejora energética y el fomento de las energías renovables, la extensión de la conectividad a través de redes ultrarrápidas, el desarrollo de planes de sostenibilidad turística en territorios rurales o la promoción de las redes comerciales y mercados de proximidad en áreas rurales.

De la mano de la configuración de una política que «*sitúa el valor de lo pequeño, de la proximidad*», como elemento vertebrador, se han venido igualmente planteando nuevas formas de actuación, que permitan, como ya hemos señalado, aprovechar todo el potencial del capital natural, ambiental, humano y cultural que atesora el medio rural. Es evidente que si perseguimos la obtención de resultados distintos en materia de cohesión territorial, se deben plantear nuevos enfoques, que conduzcan a «*hacer las cosas de otra manera*».

Y con esa voluntad se ha venido igualmente trabajando desde la Secretaría General para el Reto Demográfico:

- Se ha desarrollado de forma conjunta por Estado y Comunidades Autónomas un nuevo marco de actuación para la transformación territorial, acordando por unanimidad distribuciones de fondos en el seno de la Conferencia Sectorial de Reto Demográfico en el periodo 2021-2023. Por primera vez, disponemos de financiación para, de forma compartida, promover actuaciones adaptadas a cada territorio, con el objetivo común de potenciar la cohesión territorial y social.
- Se ha configurado el programa de proyectos innovadores para la transformación territorial, con ayudas específicas desde el Estado a entidades locales, empresas y entidades sin ánimo de lucro, para impulsar el desarrollo de actuaciones integrales de reactivación socioeconómica de zonas con problemas demográficos. Paso a paso, a través de las distintas convocatorias anuales, estamos construyendo un abanico de proyectos replicables en otras zonas, para dar respuesta a desafíos comunes.
- Se están desplegando nuevos instrumentos, como la Red de Centros de Innovación Territorial, donde en colaboración con las Entidades Locales se está trabajando para incentivar los procesos de activación de la innovación social y económica existentes en nuestros territorios. De esta manera, estamos promoviendo nuevas vías de acompañamiento a los proyectos de emprendimiento y de apoyo al talento.
- De la misma forma, con la firme voluntad de vincular a todos los agentes en la transformación del territorial, se han desarrollados nuevas medidas como el Programa *Campus Rural*, para acercar el talento de las personas universitarias al medio rural. Por primera vez en mucho tiempo, nuestros pueblos, con este programa de prácticas universitarias en el medio rural, ven «cómo los jóvenes vuelven», desarrollando nuevos vínculos con el territorio.

Esta voluntad de innovación en la intervención efectiva sobre la dinamización del medio rural contribuye igualmente a dar respuesta a la necesidad que viene emergiendo en las distintas zonas en declive demográfico en torno a las estructuras de coordinación de los servicios que a distintos niveles se están promoviendo para la retención y atracción de talento. De esta forma, se van configurando nuevos ámbitos, como pueden ser el de los denominados «servicios poblacionales o de actuaciones para la repoblación», que con amplias dosis de innovación social y de colaboración entre actores públicos y privados muestran la importancia de promover la generación de conocimiento y de análisis como el planteado en este volumen.

Por lo tanto, ante un problema social y territorial, desde los poderes públicos se viene construyendo una respuesta política, donde conviene interrogarse, como adecuadamente se realiza en esta obra, sobre el rol de los procesos normativos en el desarrollo territorial. El nuevo ámbito de actuación que venimos describiendo apunta de forma clara a la necesidad de impulsar la adaptación de los marcos normativos a las necesidades de nuestros territorios. De esta manera, el derecho está llamado a erigirse en factor de dinamización territorial, no sólo removiendo obstáculos, evitando nuevas trabas a la capacidad de innovación socioeconómica del medio rural, sino también a través del estímulo y el fomento de nuevas iniciativas. En este sentido, es importante subrayar que la fuerza de la producción normativa no debe ir únicamente dirigida a la dimensión regulatoria, sino que es igualmente indispensable que la dimensión capacitadora se despliegue con intensidad, para así promover nuevos procesos de desarrollo social, económico y territorial.

Siguiendo la tendencia existente en perspectiva comparada a nivel europeo, existe en España la firme voluntad de incorporar, en la producción normativa, el enfoque transversal de reto demográfico, como prueban la incorporación del denominado Mecanismo Rural de Garantía, en la Ley 27/2022, de 20 de diciembre, de institucionalización de la evaluación de políticas públicas en la Administración General del Estado, o la introducción de la perspectiva específica de dinamización rural y de lucha contra la despoblación en la normativa de ámbitos materiales como educación y formación profesional, telecomunicaciones, empleo, vivienda, o el fomento del ecosistema de empresas emergentes. Es importante velar por la plasmación práctica de estas previsiones normativas.

De forma clara, en el nivel autonómico ha sido amplia la recepción de esta voluntad de intervención desde la normativa en la resolución de los conflictos derivados de la brecha demográfico-territorial, con legislación que integra la dimensión jurídica dentro de las estrategias de actuación a nivel regional. Conviene destacar la importancia de la consolidación de estos marcos normativos dentro de un nivel de gobierno, las Comunidades Autónomas, donde residen un amplio haz de competencias en la prestación de servicios y el fomento del desarrollo económico de las zonas en declive demográfico y del medio rural.

Asimismo, es importante destacar la contribución que en el presente volumen se realiza en la tarea de identificar las vías a través de las cuales los entornos regulatorios pueden ser un instrumento esencial de dinamización del medio rural. Sin ánimo dc cxhaustividad pueden citarse como desafíos a abordar en la tarea de actualización legislativa desde la perspectiva de reto demográfico la necesidad de asegurar una verdadera transversalidad del enfoque de cohesión territorial, llegando a todos los ámbitos de actuación; la promoción de la simplificación de la intervención administrativa, para facilitar los procesos de innovación; la incorporación de la dimensión de despoblación en los marcos de ordenación del territorio, o el despliegue efectivo de instrumentos o regímenes específicos para los pequeños municipios y el medio rural. Ante un entorno complejo, es importante plantear, como se detalla en estas páginas, visiones innovadoras y creativas para promover procesos efectivos de transformación del medio rural.

Creo que la voluntad del conjunto de poderes públicos, desde el nivel europeo hasta el ámbito de los gobiernos locales, autonómicos y estatal, es el de asentar al derecho como un aliado imprescindible para continuar desarrollando una política pública robusta en materia de cohesión territorial y despoblación. La complejidad de nuestro entramado político-institucional, que conlleva igualmente varios centros de producción normativa, obliga en materia de reto demográfico y lucha contra la despoblación, a continuar por la senda de la colaboración y cooperación entre niveles de gobierno, para consolidar los instrumentos de actuación y ofrecer una respuesta coherente, donde se pongan en relación marcos normativas y recursos materiales, técnicos y presupuestarios.

No se trata de una tarea sencilla, pero es sin lugar a dudas un reto apasionante, ya que se están construyendo las bases de un nuevo marco de desarrollo territorial en nuestro país, y de esa manera asentar un mayor equilibrio en el vínculo urbano-rural y su capacidad de respuesta a desafíos comunes como la inclusión social, la sostenibilidad o la garantía de la igualdad de oportunidades. A día de hoy se dispone de las herramientas y la financiación adecuadas, para ir avanzando en las iniciativas que permitan la transformación territorial efectiva, reduciendo los desequilibrios y corrigiendo la vulneración de derechos y oportunidades, con especial atención a la superación de la confluencia de brechas a nivel territorial, social, generacional y de género.

Existe así una agenda compartida para actuar frente a los desequilibrios territoriales, y nos hemos dotado de líneas de actuación y de instrumentos que hace tan solo cinco años eran una quimera. Es importante continuar promoviendo el debate académico y la generación y transferencia de conocimiento hacia el proceso de elaboración de políticas públicas y la sociedad para que la España rural pueda experimentar una verdadera transformación que le permita aprovechar todo su potencial y capacidad.

Francesc Boya Alòs

Secretario General para el Reto Demográfico
Ministerio para la Transición Ecológica y el Reto Demográfico

PRESENTACIÓN: RESTAURAR LA NATURALEZA, RESTAURAR LA UNIÓN

Desde que la cuestión del abandono de los territorios rurales se reintrodujo en la agenda de las políticas públicas nacionales y europeas, se han producido decisiones y normas que parecen caminar hacia un enquistamiento del conflicto entre los intereses de la población que permanece en las áreas olvidadas y los intereses de otras políticas fuertemente ancladas en las estrategias a largo plazo.

Las normas en las que se traducen estas decisiones estratégicas chocan con territorios y comunidades a las que se impone un decrecimiento o un conjunto normativo que hace imposible el desarrollo de actividades tradicionales y su adaptación a los nuevos tiempos. La alternativa de forzar el abandono parece atisbarse en la finalmente aprobada «Ley de restauración de la naturaleza» (Reglamento UE 2024/1991 que el Consejo el 17 de junio de 2024) que pretende «devolver la naturaleza a todos los ecosistemas, desde los bosques y las tierras agrícolas hasta los ecosistemas marinos».

En este contexto, los ciudadanos de las áreas lejanas (o, en terminología popular en España, «vacías») que observan cómo son otros intereses los que prevalecen frente a sus demandas, se enfrentan conflictivamente con una marea de normas «ajenas», impuestas, vividas como «imposiciones» que necesariamente generan conflicto, justamente cuando parecía que la *discriminación positiva* en favor de sus condiciones particulares, se habría paso en el contexto de la «Estrategia Europea a largo plazo para las áreas rurales». Las movilizaciones del campo y de los sectores rurales europeos a lo largo del primer semestre de 2024 han sido un botón de muestra del grado de desconexión entre los *policy makers* y los destinatarios y *stakeholders* que las soportan.

La agónica aprobación final de aquella norma europea por el Consejo Europeo de junio de 2024 muestra a las claras el conflicto: Contra la opinión del Gobierno y del Primer Ministro Austríaco (país que ya anunciado que recurrirá ante el TJUE) su Ministra de Medioambiente, la ecologista Leonore Gewessler, votó a favor (en contradicción, según parece, con la Constitución austríaca) dando lugar, con ello, a la mayoría suficiente para entender adoptada la norma. Sus palabras («*En 20 o 30 años, cuando le enseñe la belleza de nuestro país a mis nietas y me pregunten qué hiciste tú, les diré que todo lo que pude para preservarla…*») tienen ese aire filantrópico, buenista e inocente que hacen imposible cualquier oposición racional so pena de ser inmediatamente calificado de *negacionista*.

La ley de restauración de la naturaleza pretende actuar directamente sobre los ecosistemas agrícolas, estableciendo objetivos específicos de restauración que, al menos nominalmente, no se lanzan contra los agricultores o ganaderos, sino que se afirma literalmente: «la obligación de cumplir dichos objetivos debe aplicarse a los Estados miembros, no a los agricultores o ganaderos». Son los Estados miembros los que deben encontrar el modo de «cumplir dichos objetivos a través de medidas eficaces de restauración de las tierras agrícolas, *trabajando y colaborando con los agricultores y ganaderos…*». ¿Buena literatura o buena política?

La duda no permanece demasiado tiempo en la mente del interprete cuando, a continuación, se contemplan que las prioridades de la norma no son las personas, ni los mecanismos de cooperación, sino «los elementos paisajísticos de gran diversidad en las tierras agrícolas, como las franjas de protección, los barbechos rotativos o no rotativos, los setos, los árboles aislados o en grupos, las hileras de árboles, las lindes de campo, las parcelas, las acequias, los arroyos, los humedales pequeños, las terrazas, los mojones, las cercas de piedra, los estanques pequeños y otros elementos culturales, aportan espacio para las plantas y los animales silvestres, incluidos los polinizadores, evitan la erosión y el agotamiento del suelo, filtran el aire y el agua, apoyan la mitigación del cambio climático y la adaptación al mismo, y la productividad…».

No parece haber nada novedoso en los mecanismos jurídicos que permitan cuantificar y retribuir los servicios de las comunidades rurales a la restauración, o sobre su aportación en términos de servicios ambientales de restauración, sino un recordatorio de las normas de condicionalidad (BCAM 8, anexo III del Reglamento (UE) 2021/2115 del Parlamento Europeo y del Consejo) que exigen a los beneficiarios de pagos por superficie que *al menos el 4 % de las tierras de cultivo, a nivel de explotación, se dediquen a superficies y elementos no productivos, como las tierras en barbecho, y que mantengan los elementos del paisaje existentes*. Es a esta norma (más la producción ecológica y los compromisos agroambientales voluntarios de la PAC) y a sus variantes, a la que se confía *que los Estados miembros alcancen una tendencia positiva en cuanto a elementos paisajísticos de gran diversidad en las tierras agrícolas*.

Las prioridades son otras: «A efectos de las excepciones a las obligaciones de mejora continua y de evitar el deterioro fuera de los espacios Natura 2000 establecidas en el presente Reglamento, *los Estados miembros deben presumir que las instalaciones para la producción de energía a partir de fuentes renovables, su conexión a la red y la propia red y los activos de almacenamiento conexos, tienen un interés público superior…* los Estados *miembros deben poder eximir a dichos proyectos de energías renovables de la obligación de que no se disponga de soluciones alternativas menos perjudiciales a efectos de la aplicación de dichas excepciones...*» (extracto de Considerandos del Reglamento (UE) citado).

Para obtener unos alimentos seguros, sostenibles, nutritivos y asequibles, se dice en el texto de la norma, son necesarios unos ecosistemas agrícolas sostenibles, resilientes y ricos en biodiversidad. También se dice que los ecosistemas agrícolas ricos en biodiversidad aumentan la resiliencia de la agricultura frente al cambio climático y a los riesgos medioambientales, garantizan al mismo tiempo la seguridad alimentaria y la creación de nuevos puestos de trabajo en las zonas rurales, en particular relacionados con la agricultura ecológica, así como con el turismo rural y el ocio.

La conclusión que se extrae de todo ello es que se prefiere la defensa del medio a la promoción de las personas: «Por consiguiente, la Unión debe mejorar la biodiversidad de sus terrenos agrícolas mediante una serie de prácticas existentes que son propicias a dicha mejora o compatibles con ella, también a través de la agricultura extensiva». Si se reconoce que *la agricultura extensiva es fundamental para el mantenimiento de muchas especies y hábitats que pertenecen a zonas ricas en biodiversidad y que existen muchas prácticas agrícolas extensivas que aportan numerosos y significativos beneficios para la protección de la biodiversidad, los servicios basados en los ecosistemas y los elementos paisajísticos, como la agricultura de precisión, la agricultura ecológica, la agroecología, la agrosilvicultura y los pastos permanentes de baja intensidad,* nada práctico (salvo la consideración de estos usos en los eco regímenes de la PAC) se sigue de todo ello. La muy pesada carga burocrática que conlleva el reconocimiento del valor aportado por esas prácticas tradicionales hace inviable su fomento sistemático.

Una perspectiva algo diferente se aprecia, sin embargo, en un documento (*Una perspectiva común sobre la agricultura y la alimentación en Europa,* septiembre 2024) que contiene lo esencial de la estrategia agraria europea más allá de 2027 y que configurará parte de la «*Visión sobre la Agricultura y la Alimentación*» con que se orientará la preparación del futuro de la PAC.

El documento, de septiembre de 2024, ha sido elaborado con presencia importante del mundo rural, y quizá por ello, parece entonar otra melodía: En primer lugar, se apuesta por crear un Fondo de Restauración de la Naturaleza, dotado de recursos *no procedentes* de la PAC, pero también por aplicar el *rural proofing*, sistemáticamente, por los Estados, fortalecer las comunidades rurales en línea con la «*Visión a largo plazo para las zonas rurales de la UE: logros clave y perspectivas de futuro*», aprobada en marzo de 2024. Se define la necesidad del *rural proofing* como *el conjunto coherente de medidas políticas para evaluar el impacto probable de las principales iniciativas legislativas de la UE en las zonas rurales y las poblaciones en su diversidad y para evitar la desertificación territorial*.

Por otra parte, se menciona «*la promoción de explotaciones agrícolas adaptadas localmente y campesinas*, para formas sostenibles de producción agrícola o *de la agricultura en paisajes dedicados a la restauración de la naturaleza* («biodistritos») que se espera puedan contribuir de manera importante a «*un tejido rural denso, estableciendo cadenas de suministro nuevas y reforzando las cortas*. Igualmente se mencionan ideas para un «contrato rural europeo», que debe «abordar mejor las necesidades específicas de muchas zonas rurales en el marco de la transición hacia la sostenibilidad ... y añadir un valor significativo creando condiciones favorables para los empresarios rurales».

Más importante, quizá, se piensa en «*recompensar a los agricultores y silvicultores por producir bienes públicos*, como la biodiversidad y la captura de carbono, en particular mediante un gasto reasignado de los fondos de la UE» y en apoyar «la competitividad sostenible de los sectores económicos que contribuyen a la viabilidad de las zonas rurales, incluido el sector agroalimentario mediante modelos de negocio orientados al futuro y *garantizando el acceso de las comunidades rurales a los beneficios de una sociedad climáticamente neutra*».

Todo este discurso se aplaza para 2027 y años posteriores. Entre tanto, en el diseño de la Unión del futuro, el *Informe Draghi* (septiembre 2024) se centra en otras prioridades para afrontar una situación que ha terminado, en la cual «la UE contaba con energía barata para su industria procedente de Rusia, de ilimitados mercados de exportación en China y del paraguas de seguridad de EEUU». No se contempla allí ninguna indicación (salvo la posible participación del mundo rural en la descarbonización o la innovación) sobre qué hacer con el mundo rural europeo.

Las medidas de flexibilización y de emergencia de la vigente PAC están sirviendo de algún alivio al sector agrícola-ganadero (sin el cual no se concibe el ámbito rural), pero el dato cierto sigue siendo que casi la mitad del territorio español es territorio despoblado, por debajo de una densidad poblacional media de 12,5 habitantes por kilómetro cuadrado. Son hechos que deben admitirse, y frente a ellos, el derecho, también la política (la buena política), algo tiene que decir.

En nombre de todos los que, hace ya algún tiempo, desde un área jurídica (el derecho administrativo, que tanta culpa tiene de las dificultades que afrontan los ciudadanos de zonas rurales/despobladas) y desde una histórica Universidad (Salamanca) nos lanzamos criticar el tratamiento dado a este problema (Daniel Terron Santos, José Luis Domínguez Álvarez, Paula Tome García y Pilar Talavera Cordero) agradezco a todos los que participaron en la cuarta edición de *Rural Renaissance* (La Alberca, noviembre 2023) y cuyas contribuciones se recogen en este volumen.

Al mismo tiempo, les invito a continuar batallando por la efectividad del art. 9 de la Constitución Española que obliga a los poderes públicos a «promover las condiciones para que la libertad y la igualdad del individuo y de los grupos en que se integra sean reales y efectivas; remover los obstáculos que impidan o dificulten su plenitud y facilitar la participación de todos los ciudadanos en la vida política, económica, cultural y social».

Marcos M. Fernando Pablo
Catedrático de Derecho Administrativo
Universidad de Salamanca

CAPÍTULO I

APUNTES ACERCA DE LA ARTICULACIÓN CONSTITUCIONAL DEL *RURAL PROOFING*

Agustín S. de Vega
Presidente del Consejo Consultivo de Castilla y León
Prof. Titular de Derecho Constitucional
Universidad de Salamanca

I. RETO DEMOGRÁFICO Y *RURAL PROOFING*

Con la expresión «reto demográfico» se identifica una realidad heterogénea que refiere factores e implicaciones principalmente derivados de la progresiva despoblación que sufren amplias zonas del territorio español. La preocupación por el problema ocupa una buena parte del tiempo político, institucional, jurídico, administrativo, académico y ciudadano. Hasta el punto de que la dimensión de su importancia ha llevado a adjetivar la visión de España con los calificativos de «vacía», «vaciada», «olvidada», «abandonada», «desatendida», etc[1].

1 Con carácter general, puede verse HORTELANO MÍNGUEZ, L. A., «Los retos demográficos de Castilla y León para el siglo XXI», en BELLO PAREDES, S., *et. al*. (Coords.), *Gestionando la despoblación*, Aranzadi, Navarra, 2023, págs. 23 y ss.

La observación, el estudio o el análisis dogmático del mismo, puede hacerse desde distintas ópticas. Desde todas ellas se intentan aportar esfuerzos y soluciones. Cuando el jurista se enfrenta a este problema, advierte que en su trasfondo se ponen en juego, derechos, prestaciones y servicios públicos, y que la realidad jurídica que aflora y acontece, amenaza a la vertebración y a la cohesión territorial. Es decir, el asunto no es solo teórico, propio de estudiosos. Es real y ha abierto un hueco en la agenda política diaria, que afecta también al proceso político democrático.

La óptica jurídica se aproxima al «reto demográfico» desde la consideración de los mecanismos que el ordenamiento puede aportar y disponer para afrontar los desafíos y consecuencias de tal realidad, que en conjunto se ha dado en llamar «*rural proofing*». Concepto que encierra la singularidad de muy distintas herramientas cuya utilidad y finalidad es impulsar la revitalización del mundo rural, mediante las políticas públicas y la legislación, con el objetivo de lograr la igualdad real de derechos y servicios públicos entre los habitantes de los ámbitos territoriales rural y urbano.

El «*rural proofing*» es la idea y la acción que pretende hacer pasar a las políticas públicas y a las normas por el tamiz de la perspectiva rural; y es también una especie de tormenta de ideas jurídicas llamada al objetivo de que la legislación (en términos generales) recoja, refleje y fomente la inserción de la problemática rural en el diseño de todas las políticas públicas y en la aplicación de las normas jurídicas. Para ello, se vale de las herramientas jurídicas generales de la «*better regulation*»; o mejor, de los útiles de que dispone la caja de herramientas para la calidad normativa *(«better regulation toolbox»)* para ser utilizados a tal fin.

Con el mecanismo rural de garantía (como lo traduce la ley española), se trata de impregnar el ordenamiento con la realidad rural, para mejorarla. Y por tanto, de identificar el nivel y el impacto favorable o desfavorable, positivo o negativo, que las políticas públicas y las normas pueden tener en las zonas rurales. Se trata también de valorar la magnitud de las diferencias entre tomar o no tomar determinadas decisiones, o si al tomarlas, su impulso propicia la mitigación de los efectos negativos del reto demográfico o sirve para revertir situaciones de desigualdad palpables entre el mundo rural y el mundo urbano. Además, el planteamiento del «*rural proofing*», para ser efectivo, ha de ser mantenido en el tiempo: su implantación ha de comportar, a renglón seguido, supervisión, seguimiento y revisión continuada e intergeneracional, para concluir el éxito o el fracaso de las medidas adoptadas. Mas también, el «*rural proofing*» se refiere a la necesidad de hacerse oír y ser partícipes quienes son actores del mundo rural. Es decir, ha de incorporar el elemento de representación de intereses y de participación, con el fin de que la realidad rural sea escuchada en diferentes instancias públicas para que componga las propias políticas públicas y sea trasladada a las normas. Y forma parte, en fin, del mecanismo rural de garantía, el trato igual de las personas, en el ejercicio de sus derechos y en la recepción de los servicios, independientemente del lugar donde vivan o tengan su residencia, sea éste rural o urbano.

Por ello, el planteamiento de un debate constitucional sobre el «*rural proofing*» es una llamada a atender jurídicamente el problema, que conecta directamente con la necesidad de remover obstáculos (en feliz expresión de la Constitución española), frente al reto demográfico y en pro de la igualdad real (*ex* art. 9.2). Es decir, el «mecanismo» es una llamada a identificar los obstáculos jurídicos que es necesario remover, a reflexionar sobre los instrumentos constitucionales con los que se puede afrontar el reto demográfico y a promover las herramientas jurídicas que sirvan para formular soluciones reales ante el reto, acomodadas a cada momento y lugar.

II. LA CUESTIÓN COMPETENCIAL

Es elemento característico del «*rural proofing*» su transversalidad. No solo en el plano competencial, sino en cuanto a su alcance y contenido. El primero plantea a quién corresponde tomar las medidas con que afrontarlo: se refiere a la generación y diseño de las políticas públicas y a la aprobación de las normas que las contienen. La respuesta inmediata del jurista al mismo es que resulta imprescindible la colaboración y cooperación de los distintos niveles de gobierno (europeo, nacional, autonómico, provincial y local), no solo de cara a la definición de fórmulas de impacto y seguimiento rural, principalmente en los niveles estatal y regional, sino en lo que significa la puesta en práctica de las medidas, en la que posiblemente el nivel local, por su proximidad con el ciudadano, ha de asumir especial protagonismo. Por ello, el reto de la colaboración entre los distintos niveles de gobierno en el diseño de políticas transversales, en el intercambio de información, y en la aplicación y el seguimiento de las medidas, es imprescindible si lo que se pretende es la efectividad: «coherencia, consistencia y complementariedad de las políticas para el beneficio de las zonas y comunidades rurales»[2].

La visión socioeconómica también reclama la complementariedad de los agentes públicos e institucionales, la colaboración privada y la descentralización de las políticas, atribuyendo protagonismo al ámbito provincial y local por su cercanía al desarrollo personal y territorial.

1. EL IMPULSO DEL «*RURAL PROOFING*» EN LA UNIÓN EUROPEA

El «*rural proofing*» es un gran instrumento europeo de cohesión e integración territorial. Concreta uno de los objetivos de la Unión: fortalecer «la

2 DOMÍNGUEZ ÁLVAREZ, J. L., FERNANDO PABLO, M. M. y TALAVERA CORDERO, P., «Ventajas y potencialidades de ruralizar la legislación y las políticas públicas: del Pacto Rural europeo al supuesto del caso castellano-leonés», en BELLO PAREDES, S. *et al.* (Coords.), *Gestionando la despoblación*, Aranzadi, Navarra, 2023, p. 309.

cohesión económica, social y territorial», encaminada a dar unidad a Europa mediante la igualdad intergeneracional y de los territorios (art. 2.3, Tratado de Lisboa, 2007). Junto al principio de cohesión territorial, el de subsidiariedad, en cuya base está la intervención de la Unión Europea cuando los objetivos de una «acción pretendida no puedan ser alcanzados de manera suficiente por los Estados miembros» (art. 3.ter., Tratado de la Unión). En la puesta en práctica de ambos principios, recae la integración territorial, evitar la fragmentación de los territorios que forman la Unión y procurar y promover una acción estratégica y transversal con el fin de la cohesión territorial. Para la Unión, el «*rural proofing*» forma parte de la «*better regulation toolbox*», a que hemos aludido.

Este enfoque apuntó a construir un marco normativo europeo, inspirado principalmente en los países anglosajones, que visibiliza y fomenta el uso de estas herramientas en el gobierno del territorio, y que consiste, como hemos dicho ya, en incluir las necesidades del mundo rural en el diseño de todas las políticas públicas, en la elaboración de las normas en que se concretan y en la aplicación de las medidas en ellas contenidas[3].

A principios del XXI se genera en la UE una evidente preocupación por la despoblación que sufren determinadas zonas geográficas de su territorio, y por los desequilibrios de prosperidad y recepción de servicios. Algunos documentos programáticos así lo atestiguan. Seguramente el principal de ellos es la *Declaración de Cork 2.0. Una vida mejor en el mundo rural* (2016), en la que expresamente se menciona la necesidad de un mecanismo rural de garantía para asegurar que la perspectiva rural «se refleje en las estrategias y políticas de la Unión». La evaluación del impacto demográfico se adopta como la herramienta jurídica más útil y pre-normativa (a utilizar durante la elaboración de las normas generales), para afrontar los desafíos, perfiles, implicaciones y consecuencias derivadas del reto demográfico. La *Resolución del Parlamento europeo, de 14 de noviembre de 2017,* es clara en tal sentido: «las conclusiones de los informes de impacto demográfico deben incorporarse en el diseño de sus políticas y los criterios demográficos integrarse en las evaluaciones de los resultados de dichas políticas y de los efectos no deseados, con vistas a favorecer un enfoque demográfico que incluya la participación de las autoridades regionales y locales».

En 2021, la Comisión Europea insiste en la utilización por los Estados de las técnicas de calidad normativa; en concreto, de la evaluación del impacto demográfico, como útil de la caja de herramientas, casi identificándolo con el propio «mecanismo», para reforzar el análisis de la perspectiva rural y la evaluación del impacto territorial, y para lograr así una perspectiva integra-

3 *Vid.,* en general, SANZ LARRUGA, F. J. y otros, «El Rural proofing» o «mecanismo rural de garantía» como instrumento de dinamización de las áreas rurales», en GÓMEZ SÁNCHEZ, Y. (coord.), *Despoblación, cohesión territorial e igualdad de derechos,* CEPC, Madrid, 2023, págs. 119 y ss.

dora de la realidad rural. Tal análisis, incorporado al diseño de las políticas públicas y en la elaboración de las normas, coadyuva —dirá— al fin de «facilitar una recuperación más simétrica y la cohesión de la Unión»[4]. Las instituciones europeas están convencidas de que tal evaluación, en particular, y el «*rural proofing*», en conjunto, contribuirán a revitalizar las zonas rurales y a cerrar la brecha rural-urbana, garantizando que todas las políticas pertinentes se ajusten a las necesidades y realidades rurales»[5].

2. EN EL MODELO COMPETENCIAL ESPAÑOL

Nuestro modelo competencial autonómico es abierto. Lo es desde distintos puntos de vista. En lo que aquí nos corresponde, lo es en relación con la atribución competencial, que resulta no solo de la aplicación de la Constitución, sino de la concreción operada por los Estatutos de autonomía. La propia Constitución les atribuye esta función constitucional de precisión del alcance material y funcional de las competencias autonómicas.

En virtud del art. 149.3, «las materias no atribuidas expresamente al Estado por esta Constitución podrán corresponder a las Comunidades Autónomas, en virtud de sus respectivos Estatutos». Para conocer, pues, el nivel real de autogobierno, es decir, la concreta distribución de competencias, hay que acudir no solo a la Constitución, sino también a los Estatutos. A tal respecto, todas las Comunidades han previsto competencias en materia de reto demográfico (con la previsión de títulos como «desarrollo rural», u otros similares) y por tanto son competentes a la hora de adoptar medidas para afrontar sus implicaciones y consecuencias[6].

Pero habría que añadir que al reservar al Estado la competencia exclusiva sobre «la regulación de las condiciones básicas que garanticen la igualdad de todos los españoles en el ejercicio de los derechos» (art. 149.1.1.ª CE), la Constitución atribuye a la Administración central la facultad y la obligación de preservar y definir un «común denominador normativo» de los derechos «para su ejercicio por todos los españoles con vigencia y aplicación en todo el territorio nacional»[7], en virtud de la garantía del interés general y de dicho principio de igualdad.

De manera que la igualdad territorial está dotada de unas condiciones básicas comunes para todos los españoles (cuyo título corresponde al Estado),

4 Comunicación de la Comisión Europea al Parlamento, el Comité Económico y Social y al Comité de las Regiones, de 29 de abril de 2021, sobre Legislar mejor: aunar fuerzas para mejorar la legislación.

5 Commission NAT-2022, del Comité Europeo de las Regiones.

6 Castilla y León: art. 701.13ª EACyL.

7 STC 22/2012, de 16 de febrero, FJ 3; ponente: Hernando).

pero admite mejoras autonómicas. La Constitución no impide que las comunidades autónomas puedan aprobar una regulación distinta, tomando como base la establecida por el Estado o en desarrollo de las previsiones contenidas en sus propios Estatutos. En materia de igualdad entre personas que viven en distintas zonas del territorio, las comunidades puedan regular de manera distinta, mejorando lo básico y estableciendo prestaciones y servicios adicionales autonómicos[8].

Sobre esta base competencial, el Estado ha asentado la política sobre reto demográfico, creando la figura del *Comisionado del Gobierno frente al Reto Demográfico*[9] y diseñando las *Directrices de la Estrategia Nacional para el Reto Demográfico* (marzo 2019), entre cuyos objetivos destaca el de favorecer la redistribución territorial y la cohesión social mediante la previsión del impacto y la perspectiva demográfica en la elaboración de las leyes. Estrategia en la que insiste en distintos documentos posteriores (*Plan de Recuperación. 130 medidas frente al reto demográfico*) y que culmina en la recepción del «*rural proofing*» en la Disposición Adicional 6.ª de la *Ley 27/2022, de 20 de diciembre, de institucionalización de la evaluación de políticas públicas en la Administración General del Estado.* En esta, el Gobierno se compromete a impulsar el «*Mecanismo Rural de Garantía*» (así lo denomina) mediante la incorporación de la evaluación de los efectos territoriales de las políticas públicas y elaborando una metodología de evaluación conforme a las propuestas de la Unión Europea (es decir, la evaluación *ex ante* y *ex post* de las normas).

Aun cuando estén pendientes de perfilarse importantes aspectos para la implantación del mecanismo», se trata de un paso decidido y una firme voluntad política de incorporar al espacio pre-normativo y legislativo el informe de impacto demográfico en el diseño de las políticas públicas y en su plasmación normativa.

Fruto de tal distribución competencial, operada por la Constitución y los Estatutos en materia de políticas relativas al mundo rural, las comunidades autónomas han elegido la ley, como el instrumento para remover obstáculos frente al reto demográfico. Es decir, el título competencial previsto en los Estatutos (como «desarrollo rural u otras fórmulas semejantes) ha encontrado la solución normativa frente al reto demográfico en la técnica legislativa, en la calidad de las normas y en las herramientas jurídicas de buena regulación. De manera que las comunidades autónomas han aprobado leyes de dinamización demográfica o de equidad territorial, en las que destaca la previsión del informe pre-normativo de impacto demográfico en el procedimiento de elaboración de las normas. E igualmente han previsto el control ex post y el seguimiento del éxito o el fracaso de las medidas adoptadas

8 STC 1/1982, de 28 de enero, FJ 1; ponente: Tomás y Valiente.

9 R.D. 40/2017, de 27 de enero.

para afrontar, mitigar o revertir los problemas derivados del reto demográfico mediante distintos instrumentos y órganos ad hoc.

Es muy pronto para deducir conclusiones sobre lo que los americanos llaman la «*Law in action*». Las leyes aprobadas por las comunidades apenas han producido efectos, aunque han iniciado su andadura con perspectiva de futuro. Es característica común, como buen punto de partida, el consenso con que han sido propuestas, aprobadas, y suscritos los acuerdos previos; lo que denota la consideración general de la importancia del problema. Es coincidente también el paralelismo de sus contenidos, con alguna diferencia destacable, y su carácter en buena medida programático.

Asimismo es común la transversalidad de sus preceptos, que declaran con profusión, y que no pocos problemas técnico-jurídicos suscita. Difiere de unas a otras el objeto de regulación, en función de la realidad territorial a que están referidas. En la ley gallega el ámbito territorial del reto demográfico se centra en el «mundo rural y costero no urbano». La ley extremeña atiende al fomento de la agrupación de entidades locales y mancomunidades, como mecanismos de cooperación municipal. La de Castilla La Mancha establece una zonificación diferenciada (combinando criterios de número de habitantes, usos del suelo, tasas de envejecimiento y otros), según la categoría del medio rural: «zonas escasamente pobladas» (12,5 habitantes por km.2), ya sea de «intensa despoblación» (entre 12,5 y 8 hab./km^2) o de «extrema despoblación» (menos de 8 hab./km^2). Similares consideraciones podrían hacerse sobre las nuevas leyes sobre reto demográfico, quizá más expresivas de la problemática a que se refieren, incluyendo la «equidad territorial» en el propio título de la ley, rótulo que expresa la importante matera que regulan[10].

En cuanto al contenido, coinciden en promover una pluralidad de medidas, que abarcan materias como el empleo, la vivienda, la educación, la salud, los servicios sociales, el envejecimiento, la materia impositiva, el urbanismo, etc. Y aunque diferentes son las medidas proyectadas, todas ellas pretenden un mismo objetivo: la lucha contra el problema de la despoblación y los retos que plantea; lo que dota a su respectivo contenido de una homogeneidad de sentido en relación con el fin perseguido (utilizando términos de la jurisprudencia constitucional).

3. EN EL ÁMBITO LOCAL: LAS DIPUTACIONES

En el ámbito local, la atribución y la regulación de las competencias de los entes locales corresponden al Estado y a las comunidades, en el ámbito de sus respectivas competencias. El Estado tiene atribuida constitucionalmente

10 Ley 13/2023, de 30 de marzo, de dinamización del medio rural de Aragón; Ley 5/2023, de 13 de abril, integral de medidas contra el despoblamiento y por la equidad territorial de la Comunidad Valenciana.

la competencia para «la regulación básica de las competencias locales» (art. 149.1.18), condicionando así el ámbito competencial del legislador autonómico, que queda vinculado al conocimiento y respeto de los criterios generales que la ley estatal haya establecido[11]. Por su parte, la garantía constitucional de respeto a la autonomía local (arts. 137, 140 y 141 CE) determina un contenido mínimo indisponible para el legislador (tanto constitucional como autonómico).

En este entramado, el legislador no solo ha de ponderar y graduar el alcance de su intervención en el ámbito local, sino que ha de reconocer además competencias que son propias de ese ámbito municipal o supralocal, en términos exclusivos o prevalentemente locales (en palabras de la jurisprudencia constitucional)[12]. Lo que abre la puerta a la consideración de la autonomía local como un ámbito competencial propio de intereses, de alcance local o supralocal, que puede ser conferido a entidades políticas municipales o supramunicipales, en una especie de configuración escalonada, cuya atribución respectiva ha de hacerse en función del carácter relevante, decisivo y favorable a los intereses en juego. De manera que el resultado es esa configuración escalonada de «intereses exclusivos o prevalentes» de ámbito regional, provincial, insular, comarcal —o incluso mancomunado—, y que cada uno de los mecanismos de intervención pueden afectar o limitar la autonomía respectiva para la gestión de tales intereses, en virtud del título competencial que ostentan el Estado o las comunidades autónomas[13].

Así las cosas, los municipios gozan de personalidad jurídica plena y de autonomía para la gestión de sus propios intereses (art. 140 CE) y son las administraciones más próximas al ciudadano, que como es sabido prestan servicios en función del criterio del número de habitantes. Todos los municipios (hasta 5000 habitantes) deberán prestar, en todo caso, determinados servicios obligatorios[14]. La definición del municipio rural prácticamente queda remitida a las leyes autonómicas, a las que ley básica estatal habilita para predeterminar tal calificación en virtud de la realidad territorial de cada comunidad y en función de criterios muy diferentes, en cuanto se prevé que puedan establecer «regímenes especiales para municipios pequeños o de carácter rural» o que reúnan características particulares que lo hagan aconsejable (art. 30 LRBRL).

---

11 Principalmente contenidos en la Ley 7/1985, de 2 de abril, *reguladora de las bases del régimen local*. (LRBRL).

12 STC 107/2017, de 21 de septiembre, FJ 3c); ponente: Conde-Pumpido.

13 Quadra-Salcedo Janini (de la), T., «Distribución de competencias y reto demográfico: algunas cuestiones generales», en Gómez Sánchez, Y. (Coord.), *Despoblación, cohesión territorial e igualdad de derechos*, CEPC, Madrid, 2023, p. 168.

14 Art. 26.1.a) LRBRL.

Así pues, las entidades municipales tienen un papel esencial en la ruralización de las acciones públicas. No solo como mecanismos de representación y participación de los intereses rurales en organismos institucionalizados de representación política general, sino como entidades más próximas al ciudadano, conocedoras de las necesidades del mundo rural y de los desafíos que comprende el reto demográfico en su concreto territorio.

También lo tienen las entidades supramunicipales. Las provincias están constitucionalmente garantizadas (arts. 137 y 141 CE), y se les atribuye constitucionalmente autonomía para la gestión de sus intereses. También las islas lo están, y para ellas la Constitución dispone una «administración propia en forma de Cabildos o Consejos» (art. 141.4 CE). La creación de mancomunidades, comarcas o consorcios, depende de la voluntad autonómica o de los propios municipios. Y sobre las Diputaciones Provinciales recae la finalidad de «garantizar la solidaridad y el equilibrio intermunicipal» (art. 31.2 LRBRL), desde dos planos: como garantía para la coordinación y «la prestación integral y adecuada» en todo el territorio de los servicios de competencia municipal (art. 31.2.a) LRBRL); y como interlocutor institucionalizado para la coordinación de la administración local con la de la Comunidad Autónoma y con la del Estado (art. 31.2.b) LRBRL). El desarrollo económico y social y la planificación del territorio provincial; el apoyo a los municipios (asistencia y cooperación jurídica, técnica y económica, especialmente a los municipios de menor capacidad económica y gestión administrativa; y la prestación de servicios públicos supramunicipales y supra-comarcales, forman parte destacada de las competencias de las Diputaciones Provinciales (art. 36 LRBRL).

En este contexto competencial, las Diputaciones son, pues, entidades supramunicipales idóneas para luchar contra la despoblación[15]. Sirven de cauce de representación y participación de los distintos territorios, zonas, partidos judiciales o comarcas que componen la provincia. Y son reflejo de una realidad política territorial que puede encauzarse al compromiso de contribuir a una adecuada ejecución de la prestación de servicios de competencia municipal en favor de sus habitantes, expresando las carencias ante las autoridades que correspondan, reclamando soluciones y también mitigando los defectos de una aplicación defectuosa de las políticas públicas y de las medidas recogidas en las normas.

Es una tarea pendiente para las Diputaciones Provinciales. Contar con la administración potente más cercana al ciudadano, añadiría contenido a la principal función que cumplen como instituciones al servicio de los municipios y de las personas que habitan en la provincia, en cumplimiento del fin de la solidaridad y el equilibrio intermunicipal. Las entidades locales, pero sobre todo las Diputaciones podrían tener un especial protagonismo en la tarea de

15 De la misma opinión, Carbonell Porras, E., «Los gobiernos locales y su misión en la lucha contra la despoblación», en Gómez Sánchez, Y. (Coord.), *Despoblación, cohesión territorial e igualdad de derechos*, CEPC, Madrid, 2023, p. 198.

aproximación de los servicios a las personas en el territorio. La perspectiva de acometer el estudio y de ejercer la gestión continuada e individualizada de las prestaciones y servicios que puedan comprender los derechos en el territorio, podría añadirse a su quehacer en representación de la provincia. Además, la posición institucional de las Diputaciones no puede quedar menoscabada, pues forman parte del sistema institucional que la Constitución ha dispuesto para la representación y defensa de los intereses provinciales, ni tampoco pueden ser sustituidas por las mancomunidades y consorcios, como ha recordado el Tribunal Constitucional[16].

Por cierto, el uso de la inteligencia artificial serviría a las Diputaciones para la previsión de criterios de transparencia, implementación e interpretación de las decisiones adoptadas con fundamento en la igualdad territorial, a fin de evitar sesgos discriminatorios de cualquier tipo. A esta tarea, podría añadirse el colaborar con la administración autonómica a delimitar los términos y condiciones en que se ha de aplicar el concepto jurídico de ruralidad, utilizado desde distintas perspectivas jurídicas (fiscales, económicas, laborales, urbanísticas, etc.). Su contenido, extensión y condiciones abarca diferentes versiones en relación con la discriminación favorable al ejercicio individualizado de los derechos en favor de los grupos o personas en función de las características de la población residente en el territorio.

Las comarcas tienen implantación en varias comunidades autónomas (entre ellas, Castilla y León[17], que ha previsto en su Estatuto la comarca de El Bierzo —ex. art. 46.3—), y pueden tener una participación activa en el «*rural proofing*». Instituidas o reguladas por ley autonómica, asumen funciones de asistencia y cooperación con los municipios, además de las que puedan atribuirles las propias comunidades (art. 42 LRBRL y 46 EACyL). Sus recursos proceden de tal reconocimiento autonómico y de la asignación que determine la comunidad; y la Ley básica estatal prohíbe que participen de los tributos del Estado o que establezcan impuestos o recargas al margen de la financiación dispuesta por las autonomías[18].

Por otra parte, las mancomunidades y los consorcios son entidades cuya utilidad frente al reto demográfico puede servir como fórmula de cooperación voluntaria (en ocasiones políticamente auspiciada por las propias comunidades autónomas) para la prestación de servicios de competencia municipal. No se debe despreciar su potencial colaboración al mapa geográfico de satisfacción de las necesidades de los municipios, como fórmulas voluntarias de asociacionismo de los entes locales.

16 STC 105/2019, de 19 de septiembre, FJ 6.e); ponente: Balaguer.

17 Cuyo Estatuto de Autonomía las define «como la agrupación voluntaria de municipios limítrofes con características geográficas, económicas, sociales e históricas afines» (art. 46.1).

18 Art. 155 del R.D. Legislativo 2/2004, de 5 de marzo, por el que se aprueba el texto refundido de la Ley reguladora de las Haciendas Locales.

Los consorcios son entidades de derecho público[19], cuyo carácter instrumental con personalidad jurídica propia, puede venir participado también por entidades privadas. Pueden ser, por tanto, una plataforma público-privada de integración de diferentes actores para la prestación de servicios públicos, nada despreciable ante el reto demográfico por su cercanía al ciudadano.

III. LA TRANSVERSALIDAD DE LAS LEYES AUTONÓMICAS

De las leyes autonómicas de dinamización rural o equidad territorial destaca su enfoque transversal, heterogéneo y por tanto multisectorial, que comparten objetivos comunes como el de «mejorar la calidad de vida de la población en los municipios en riesgo de despoblamiento, elevando el grado de bienestar de sus habitantes y asegurando unos servicios públicos básicos adecuado y suficientes, que garanticen la igualdad de oportunidades y la accesibilidad, incidiendo en el acceso educativo, las prestaciones sanitarias, de atención social, dependencia y discapacidad» (dice el largo Preámbulo de la ley valenciana). De una u otra manera estos presupuestos están presentes en todas ellas y constituyen una prolongación del artículo 9.2 de la Constitución, de sus respectivos Estatutos y de los arts. 174 y 175 del *Tratado de Funcionamiento de la Unión Europea* (2010), referidos a la «cohesión económica y social». Tales preceptos imponen a la Unión la puesta en marcha de medidas que reduzcan «las diferencias entre los niveles de desarrollo de las diversas regiones y el retraso de las regiones menos favorecidas» y la especial atención «a las zonas rurales... y a las regiones que padecen desventajas naturales o demográficas graves y permanentes como, por ejemplo, las regiones septentrionales con escasa densidad de población y las regiones insulares, transfronterizas y de montaña». Y avalan en cierto modo la transversalidad de las normas, con el fin de ofrecer soluciones a favor de este objetivo de «reforzar la cohesión económica, social y territorial».

El carácter transversal de las normas es atractivo para el mundo de la política porque ofrece indudables ventajas de regulación de distintos sectores del ordenamiento en función de objetivos políticos comunes, y porque con ellas se consigue un importante impacto ante los medios de comunicación. Las normas transversales abordan la modificación de una lista larga de normas (basta ver sus disposiciones derogatorias y finales), que pueden propiciar mayor coherencia al ordenamiento en virtud de su finalidad, pero también confusión interpretativa. En el plano constitucional, provocan no pocos problemas de técnica y calidad normativa y, en consecuencia, de inteligibilidad del ordenamiento: la implantación de políticas transversales que se superpo-

19 Art. 118 de la Ley 40/2015, de Régimen Jurídico del Sector Público.

nen a la regulación de una determinada materia puede conllevar dificultades de armonización técnico-jurídica para el ordenamiento en conjunto.

Ya en los años 80 comenzó la preocupación por estos problemas; a este respecto, son significativas las consideraciones hechas por el Grupo GRETEL o las advertencias de administrativistas como Alejandro Nieto o el propio García de Enterría. El debate en aquel momento se saldó con el *Manual de estilo del lenguaje administrativo (1990)* y con las primeras *Directrices sobre la forma y estructura de los Anteproyectos de Ley* (de 1991)[20].

Los inconvenientes a que nos referimos fueron advertidos pronto por el Consejo de Estado y por el propio Tribunal Constitucional. La claridad, la certeza y la confianza de los ciudadanos en el Derecho suelen venir precedidas por la calidad de las normas, por una buena técnica y por la consecución del principio-objetivo de la seguridad jurídica. A este respecto, la jurisprudencia constitucional ha mantenido un posición autorrestrictiva, por respeto a la libertad de configuración y decisión del legislador: «el juicio de constitucionalidad no lo es de técnica legislativa» (dirá en la STC 109/1987, de 29 de junio, FJ 3 c); ponente: García-Mon); y con otras palabras, afirmará que «no corresponde a la jurisdicción constitucional pronunciarse sobre la perfección técnica» de las normas, «sino solo si la solución fijada en la norma resulta arbitraria o manifiestamente infundada»[21].

Tal posición de partida, no ha impedido al Tribunal Constitucional a declarar que los riesgos de algunas prácticas normativas (p. ej. de reproducción de normas de superior rango) son inadecuadas al sistema de fuentes y pueden provocar confusión normativa no compatible con la seguridad jurídica y en consecuencia con la constitucionalidad de las normas[22]. Los principios de seguridad jurídica y de competencia han operado a modo de parámetros de inconstitucionalidad de las leyes transversales. Como ha afirmado el Tribunal, «el complicadísimo juego de remisiones», y en consecuencia la mala técnica legislativa, «introducen perplejidades difícilmente salvables respecto a la previsibilidad de cuál sea el Derecho aplicable», lo que aboca a la declaración de inconstitucionalidad (STC 46/1990, de 15 de marzo, FJ 4; ponente: Gimeno Sendra). Fallo que reitera en otros casos, estimando la inconstitucionalidad de la ley transversal, por «la incertidumbre razonablemente insuperable» que provocan en los ciudadanos las remisiones imprecisas a normas europeas[23].

Son resoluciones esporádicas que no alteran una posición jurisdiccional estable y auto-limitada con respecto a las leyes transversales, porque entiende el Tribunal Constitucional que son una decisión del legislador, salvo,

20 Son interesantes las aportaciones hechas por García Escudero, P., «40 años de técnica legislativa», en *Revista de las Cortes Generales*, núm. 104, 2018, p. 185.

21 STC 226/1993, de 8 de julio, FJ 4; ponente: López Guerra.

22 STC 150/1998, de 2 de julio, FJ 4; ponente: De Mendizábal.

23 STC 234/2012, de 13 de diciembre, FJ 8; ponente: Rodríguez Arribas.

como se ha advertido, en tres supuestos: que la CE establezca la unidad de legislación para una misma materia (arts. 70, 104, 107, 122); que la distribución competencial para un conjunto de soluciones entrelazadas se requiera la distribución entre el Estado y la UE o entre el Estado y las comunidades autónomas; o que una vez elaborada la ley inicial, las reformas vengan de la mano de otras leyes[24].

De tal manera que la «conexión objetiva», la «relación mutua por su contenido», o «la unidad de finalidad», son, en palabras del Tribunal, elementos clave para atender la constitucionalidad de las leyes heterogéneas que tienen por objeto la modificación múltiple (de varias leyes de distinto contenido). Con esta premisa, puede mantenerse que las leyes aprobadas para hacer frente a las implicaciones del reto demográfico están unidas por un objetivo común: afrontar los retos y consecuencias de la despoblación, de la pérdida de oportunidades y lograr la equitativa recepción de los servicios públicos en el mundo rural; lo que a priori dota de unidad de contenido a sus preceptos en relación con la finalidad pretendida. Igualmente, las reformas legislativas y las medidas que establecen tienen una relación mutua con un objetivo constitucional: la igualdad de oportunidades, en términos de proporcionalidad y equidad con respecto a la vida urbana, y la razonable efectividad y ejercicio de los derechos constitucionales en el mundo rural.

No obstante, la doctrina y la jurisprudencia han sugerido algunos problemas de calidad normativa que afectan a este tipo de leyes heterogéneas o transversales. De una parte, problemas de identidad entre el título de la ley y su contenido, de manera que a veces resulta difícil deducir éste, ante la diversidad de materias que regula. De otra, en ocasiones la claridad de la ley transversal está afectada por la inclusión de preceptos oscuros, escondidos o intrusos, que en el conjunto preceptivo heterogéneo no lleguen a guardar «una conexión de homogeneidad... flexible que atienda también a su funcionalidad»[25], o una cohesión funcional de la norma con el fin que se pretende[26]. Lo que lleva a la doctrina a añadir, en general, problemas de interpretación y aplicación razonable del Derecho, por su desconexión con el orden y la claridad del ordenamiento. La profusión de este característico tipo de leyes provoca que estas operaciones se vuelvan cada día más complejas para el operador jurídico, por la regulación acumulativa, la falta de unidad de sentido con el articulado o por disposiciones que impiden la integración normativa del ordenamiento[27].

24 *Vid. op. cit.* García Escudero, P., «40 años de ...», págs. 200 y ss.

25 STC 209/2012, de 14 de noviembre, FJ 4; ponente: Hernando.

26 STC 136/2011, de 13 de septiembre, FJ 8; ponente: Pérez Vera.

27 Como advirtió hace ya algunos años el Tribunal Constitucional (STC 174/1998, de 23 de julio, FJ 6; ponente: Rodríguez Bereijo).

En cualquier caso se trata de problemas de inseguridad jurídica que atentan contra el art. 9.3 de la Constitución, y que no favorecen que del texto se extraigan fácilmente los cambios, innovaciones o modificaciones que este tipo de leyes introducen en el ordenamiento jurídico. La larga lista de disposiciones adicionales, transitorias y finales de alguna de estas leyes autonómicas viene a confirmar este problema de las leyes transversales.

IV. LOS MECANISMOS JURÍDICO-CONSTITUCIONALES DEL *RURAL PROOFING*

1. LA «*BETTER REGULATION*» Y EL INFORME SOBRE RETO DEMOGRÁFICO

Como se ha mencionado ya, todas las leyes autonómicas, la Ley del Estado y la propia legislación europea avalan el informe sobre reto demográfico en el diseño de las políticas públicas, como herramienta para valorar el impacto de lo rural en las normas. En Castilla y León, el Consejo Consultivo propuso al gobierno de la comunidad su incorporación al procedimiento de elaboración de las normas generales, en la comparecencia ante las Cortes en mayo de 2019. Meses más tarde, el Consejo aprobó el Informe a iniciativa propia en el que se expresa el contenido y condiciones que debiera tener la evaluación de impacto en las normas en relación con el reto demográfico[28].

En él se aconseja a la Junta de Castilla y León que incorpore en los procedimientos de elaboración de los proyectos de decreto y anteproyectos de ley, un informe específico sobre el impacto que las medidas previstas puedan tener para mitigar o revertir los problemas derivados del reto demográfico. Se destaca que el informe de evaluación es «una herramienta esencial para afrontar la despoblación y dinamizar las áreas rurales de España y garantizar los derechos de toda la ciudadanía con independencia del lugar donde residan... con el fin último de promover los cambios que contribuyan a la repoblación rural. Y asegurando, al mismo tiempo, que las comunidades rurales sean escuchadas y garantizando una simetría en la igualdad de derechos a la hora de formular la normativa, las políticas y elaborar los presupuestos»[29].

El propio Consejo Consultivo reconoce que la utilidad y efectividad de la herramienta depende del uso que se haga de ella; de los medios disponibles y de la eficacia y coordinación en la gestión administrativa. El nuevo

28 Informe a iniciativa propia del Consejo Consultivo de Castilla y León, *La evaluación del impacto demográfico en el procedimiento de elaboración de las normas*, 2020. Disponible en: www.cccyl.es/es/informes.

29 *Ibídem*, p. 45.

informe no debiera considerarse como otro informe más, «por acumulación», ni engrosar las patologías burocráticas que entorpecen o alargan el procedimiento pre-normativo. No tendría funcionalidad (como los otros informes) si con ello se perturban los supuestos que están en la base del modelo democrático. Su virtualidad como factor de reequilibrio y cohesión territorial puede comportar beneficios a los ciudadanos del mundo rural en términos de *remover obstáculos* en favor de la proporcionalidad en el ejercicio de los derechos con el mundo urbano (sanidad, educación, servicios sociales, dependencia, vivienda, etc.).

La evaluación de impacto normativo comenzó por la valoración de las políticas públicas en Estados Unidos, en torno a los años 70, como ejemplo temprano de mejora de la calidad de las normas. La instauración de controles ex ante de las propuestas normativas y ex post de las normas ya vigentes (valorando la efectividad de sus medidas) conformaron el movimiento «*better regulation*», que, como hemos referido, desde los inicios del XXI ocupa a la Comisión europea en una nueva cultura de regulación del sistema de gobernanza europeo. Se busca mejorar la calidad material de las normas en relación con los objetivos y fines pretendidos, mediante el informe previo, de prospectiva, de su previsible eficacia (con la evaluación del impacto pre-normativo) y también mediante el informe retrospectivo de la real efectividad y eficiencia de la norma tras su vigencia de algunos años (evaluación del impacto post-normativo o de la vigencia de la norma). Ambos informes forman parte del «*toolbox*» de la calidad normativa para afrontar los problemas del reto demográfico.

No está de más recordar, a este respecto, que el Tribunal Europeo de Derechos Humanos entiende que la calidad democrática del proceso de elaboración de las normas puede comportar a favor de los Estados un mayor «margen de apreciación nacional» de medidas restrictivas de los derechos del Convenio[30]. Por ello, entre otras razones, la importancia tanto política como jurídica del informe sobre reto demográfico, resulta evidente. Es decir, la demostración por parte de los Estados de un procedimiento respetuoso con el pluralismo y repleto de participación de los intereses en juego, llegada la decisión de ponderación de todos ellos, no podrá considerarse ni arbitraria ni manifiestamente desproporcionada.

Las Leyes 39/2015 (*de Procedimiento Administrativo Común y de las Administraciones Públicas*) y 40/2015 (ya aludida) han traído avances muy importantes de técnica legislativa y calidad normativa, previendo los principios de buena regulación, la planificación normativa («plan anual normativo») y la evaluación normativa. Al margen de las vicisitudes de la regulación de esta normativa básica ante la jurisdicción constitucional (a la que nos hemos refe-

30 SÁIZ ARNÁIZ, A., «Tribunal de Derechos Humanos y procesos políticos nacionales: democracia convencional y margen de apreciación», en *Teoría y realidad constitucional*, núm. 42, 2018, págs. 221 y ss.

rido en otro momento)[31], la inserción de un nuevo informe de impacto sobre el reto demográfico sugiere algunas consideraciones.

En cuanto a la inclusión del informe previo sobre el impacto demográfico en las normas proyectadas, el contexto en el que insertarse es un procedimiento pre-normativo, ya repleto de trámites, que van desde la consulta pública previa, la participación ciudadana, la audiencia e información públicas, informes de los Ministerios/las Consejerías y órganos sectoriales concernidos; el informe de Hacienda y del Servicio Jurídico; y tras ellos el dictamen preceptivo de los órganos consultivos. Por lo que respecta a los impactos, la lista es larga: normativo, administrativo, de género, sobre la infancia y la adolescencia, la familia, sobre la discapacidad, de competencia, competitividad y unidad de mercado o de impacto contra el cambio climático.

El informe de reto demográfico vendría a añadirse a una lista de informes e impactos que hace del procedimiento pre-normativo un tortuoso camino para la dirección política y la gobernanza. Por ello, no es extraño que el juicio de la política no sea «de alegría» ante tan dilatado procedimiento de elaboración, al que se pretende añadir otro impacto más: el de reto demográfico (para el político, ¡otro informe más!). El escaso entusiasmo que supone para el órgano de dirección política tal procedimiento y la posibilidad de informes añadidos (como el de reto demográfico), provoca que los gobiernos busquen (y encuentren) vías constitucionales alternativas para obviar alguno de estos trámites y dar más rapidez a sus decisiones.

2. PATOLOGÍAS POLÍTICAS DERIVADAS DE LA PROFUSIÓN DE LOS INFORMES DE EVALUACIÓN

Desde hace algunos años, se observa (y se ha advertido reiteradamente) que para agilizar la labor de gobierno, los propios ejecutivos están incrementando la frecuencia con que aprueban decretos-leyes y promueven proposiciones de ley. Es un dato constatado y contrastado, casi notorio.

El decreto-ley, excusado de la mayor parte de los trámites, y aligerado en cuanto al contenido de la memoria, se acredita como el instrumento de gobierno y la fuente normativa más factible y fácil de articular para los ejecutivos. Además es importante mencionar el importante y creciente número de decretos-leyes que, tras su convalidación, adoptaron la forma de proyecto de ley, o que permanecen guardados en un cajón sin voluntad de tal conversión, lo que comporta un cierto fraude al sistema de fuentes.

31 SÁNCHEZ DE VEGA, A., «Leyes autonómicas de dinamización demográfica, evaluación de impacto y papel de la función consultiva», en *Revista Española de la Función Consultiva*, núm. 33, 2020, págs. 29 y ss.

Por su parte, se advierte un notable incremento, nada casual, de las proposiciones de ley (tanto en los parlamentos autonómicos, como en las Cortes Generales), que no requieren memoria de análisis de impacto normativo; lo que pudiera esconder la intención de soslayar la instrucción del procedimiento de iniciativa legislativa de los gobiernos.

Ambos datos, derivados de la realidad política actual, pueden servir para confirmar que la inclusión de un informe sobre reto demográfico, añadido a los ya existentes en el procedimiento pre-normativo, puede pesar como una traba administrativa adicional y retardataria de la acción de gobierno, si no viene unida a una simplificación del procedimiento. La errática peripecia de la regulación de la memoria normativa y de los impactos de género, familia, infancia y adolescencia, es relatada y calificada por la doctrina como «una irracional codificación» de la materia[32], a la que habría que añadir otro informe de evaluación (sobre reto demográfico). La necesidad de una racionalización del procedimiento es palpable, para evitar una utilización mutada de los decretos-leyes y de las proposiciones de ley.

3. LOS EVALUADORES. EL ÓRGANO LLAMADO AL CONTROL *EX ANTE*

Pero además, la eficacia de la evaluación de impacto demográfico precisamente se basa en que no se convierta en un trámite burocrático formal, con escasa coordinación y poca eficiencia administrativa. Por ello, es necesaria una evaluación objetiva e independiente sobre los informes pre-normativos aportados por el gobierno, que pueda sumarse como contra-informe respecto de los inicialmente previstos por los ejecutivos. A tal respecto, es común defender que estos informes descansen en órganos independientes institucionalizados, a fin de que se evalúe, mediante auditoría pre-normativa, tanto las normas que carecen de evaluación de impacto como las iniciativas procedentes de los gobiernos. Su finalidad es concluir no sólo que la evaluación ha sido completa (en las áreas en que se exige), sino también comprobar la imparcialidad y certeza de las evaluaciones hechas por los gobiernos.

La formación y competencia de los evaluadores es uno de los asuntos destacados tempranamente por los organismos internacionales, como la OCDE[33], para supervisar la evaluación previa hecha por los gobiernos. Sea mediante órganos vinculados a los parlamentos (Alemania, Australia, Estados Unidos) o mediante autoridades administrativas independientes (Noruega, Italia, Fin-

32 SIEIRA MUCIENTES, S., «La necesaria objetividad en la evaluación ex ante de la calidad de las normas. Estudio de la memoria de análisis de impacto normativo», en *Revista de las Cortes Generales*, núm. 107, 2019, p. 151.

33 *Informe sobre mejora de la regulación. Europa-España*, 2000.

landia), una evaluación objetiva e imparcial será siempre «de mayor calidad», valga la expresión, que la propiciada por el gobierno promotor de la norma.

La experiencia demuestra que el gobierno, si asume el papel de juez y parte de la evaluación del impacto normativo, en general, y demográfico, en particular, las exigencias del principio de seguridad jurídica y de prohibición de la arbitrariedad pueden quedar insatisfechas. A este respecto, estimo que la función consultiva está teniendo una intervención muy significativa en el proceso de control y auditoría de contraste, como garantía de la calidad técnica de las normas. El papel de los consejos consultivos autonómicos y del Consejo de Estado refuerza la transparencia del procedimiento de elaboración normativa y del contenido de las medidas incorporadas para favorecer la lucha contra el reto demográfico. Por tal motivo son órganos idóneos para tal evaluación, que abarca tanto aspectos formales como sustanciales respecto de la suficiente justificación de la nueva norma y de los impactos exigidos por la ley, que han de reflejarse en la memoria.

Desde el plano de la independencia, imparcialidad y objetividad, exigible al órgano de evaluación del impacto demográfico en el procedimiento de elaboración de las normas, estimo que tal labor encaja en la función consultiva que ejercen el Consejo de Estado y los consejos autonómicos. Al ejercer la función de control de legalidad del procedimiento pre-normativo, de la memoria y de los informes previos, podrían asumir también, con naturalidad, el control ex ante del informe sobre reto demográfico.

4. LA EFECTIVIDAD DE LAS POLÍTICAS PÚBLICAS RURALES

El ciclo de la calidad normativa culmina con el informe ex post; con la evaluación retrospectiva; es decir, con la constatación de la efectividad de las medidas contenidas en la norma, tras unos años de vigencia. La gobernanza y la buena administración están en su base. Y sin que suponga una limitación a la toma de decisiones políticas, la doctrina destaca que entre los fines del control ex post están también la transparencia y rendición de cuentas de los poderes públicos; la depuración del ordenamiento con la eliminación de normas obsoletas; la auditoría comparada de la propia evaluación ex ante: es decir, si sus previsiones recogidas en la memoria se han cumplido o no tras la entrada en vigor de la norma; incluso algunos apuntan cierta función educativa de los legisladores al conocer los resultados reales de sus decisiones. En materia de reto demográfico, la previsión de la evaluación ex post de las normas generales tiene un significado especial: el de la evaluación de resultados en los ámbitos del «*rural proofing*». Es, pues, una herramienta útil para constatar la razonabilidad y efectividad de las decisiones políticas en materia de reto demográfico.

De nuevo la seguridad jurídica opera como fundamento de los controles de la efectividad de las normas, en materia de despoblación y reto demográfico. Certeza de existencia, de comprensión, de eficacia y de efectividad es condición de confianza en el Derecho. La doctrina en general mantiene que la comprobación de que el contenido de la norma y sus medidas han resultado adecuadas al fin perseguido, ayuda a contrarrestar el importante grado de desafección de los ciudadanos hacia las democracias actuales, pues la certeza de comprensión de la norma y de su eficacia son elementos esenciales de la confianza legítima en el Derecho[34].

En consecuencia, la evaluación de resultados, esto es, la comprobación del cumplimiento de los objetivos perseguidos, responde a la efectividad de la aplicación de las normas. Lo que en el ámbito de las aristas del reto demográfico servirá para constatar el éxito o el fracaso de las medidas adoptadas.

La evaluación *ex post* se centra, entonces, en el grado de cumplimiento de los fines y en el logro de los resultados de una norma o de una política pública. En opinión de la doctrina, los aspectos relevantes de su contenido[35] son tres, que han de señalarse por la ley que establezca el informe de reto demográfico: de un lado, el objeto sobre el que ha de recaer la evaluación; las normas jurídicas o las políticas públicas; de otro, el elemento temporal, que solamente puede formalizarse tras unos años de vigencia de la norma y las medidas objeto de evaluación; y en tercer lugar, el modelo, que puede ser técnico-jurídico, es decir, basado en un procedimiento tasado y reglado, o bien político. Estos componentes serán determinantes para configurar el modelo y el órgano encargado de llevar a cabo la evaluación retrospectiva, pues la evaluación ex post está sujeta al cumplimiento de los deberes establecidos por la legislación básica estatal[36]. A saber: a) *deber de determinar el órgano encargado de emitir el informe de evaluación;* b) *deber de revisión periódica de la normativa vigente;* c) *deberes de comprobación de la consecución de los objetivos previstos y de justificación de costes y cargas;* y d) *deber de emitir un informe público sobre el resultado de la evaluación ex post.*

Las leyes autonómicas y la Ley del Estado sobre institucionalización de la evaluación de políticas públicas, a que nos hemos referido anteriormente, se han inclinado por el modelo socio-político, en el que se identifica la valoración retrospectiva de la efectividad de las medidas adoptadas con órganos que representan intereses políticos y sociales, en los que se refleja muy

34 Arcos Ramírez, F., *La seguridad jurídica. Una teoría formal*, Dykinson, Madrid, 2000, p. 44.

35 A ellos se refiere de Montalvo, F., «Potestad legislativa y evaluación ex post de las normas. Hacia un mejor Parlamento a través de la regulación inteligente», en *Revista de las Cortes Generales*, núms. 97-98-99, 2016, p. 102.

36 Art. 130.1 de la Ley de Procedimiento Administrativo Común y de las Administraciones Públicas.

difuminada la presencia de especialistas en Derecho[37]. Lo que reverdecerá debates con trasfondo político más que deliberaciones técnico-jurídicas. La opción por este modelo contagia la propia naturaleza del sistema de evaluación retrospectivo elegido, que parece separarse, en general, de un control evaluador basado en criterios y argumentaciones jurídico-técnicas.

5. OTRAS HERRAMIENTAS ALTERNATIVAS PARA EL *RURAL PROOFING*

Las técnicas de la auditoría retrospectiva están más avanzadas en los países del «*common law*» que en los países continentales. En EE.UU se conocen distintas técnicas de control ex post, que pueden aportar interés y contraste a la hora de introducir el «mecanismo rural de garantía» en el ordenamiento. En realidad son otras herramientas del «*toolbox*» que van encaminadas al mismo fin: evaluar la efectividad de las normas, en el caso que nos ocupa, en materia de despoblación y reto demográfico. Las más significativas pueden ser la técnica denominada «*Sunrise legislation*» (en la que la propia ley prevé su evaluación, pasado un cierto tiempo de vigencia de la norma); y la «*Sunset legislation*». Esta última consiste en que se aprueba con una vigencia limitada en el tiempo; de modo que quedaría derogada si llegado el término, el legislador no decide expresamente su prórroga, con fundamento en una evaluación de resultados. Si tal evaluación no es superada satisfactoriamente, a criterio del legislador, la norma y las medidas contenidas en ella quedan automáticamente derogadas.

Se trata (esta última) de una técnica interesante por el método que utiliza; de una parte, sobre la norma se cierne una «amenaza de derogación» que exige a las nuevas mayorías políticas que quieran mantenerla vigente, acreditar su necesidad mediante el control retrospectivo. Y de otra, la cláusula requiere la evaluación de la efectividad de las medidas incorporadas a la ley; es decir, valorar si todavía sirven al objeto de su creación, apreciando bien su actualización o bien la poca utilidad de su permanencia en el ordenamiento. Lo característico de esta herramienta es que si la evaluación resulta favorable, la norma continúa su vigencia[38].

---

37 La composición de estos órganos de representación y seguimiento frente al reto demográfico puede verse en las leyes de las comunidades autónomas y del Estado mencionadas.

38 Un mecanismo relativamente parecido lo encontramos en el ordenamiento autonómico de la Comunidad de Madrid, que en la Disposición Adicional 1ª de la Ley 4/2017, de 9 de marzo, *de derechos y garantías de las personas en el proceso de morir*, incorpora, bajo el rótulo de «Evaluación de la ley», la previsión de que al año de su entrada en vigor, debería elaborarse un informe sobre los datos más significativos de su efectividad, grado de satisfacción ciudadana, protección de los derechos regulados, así como de los aspectos susceptibles de mejora. Se desconoce su existencia, s.e.u.o.

La doctrina alude a alguna herramienta más de técnica normativa que merece ser destacada, por su originalidad. Por ejemplo, la incluida en la reforma constitucional francesa de 2003, que prevé que las autoridades territoriales puedan «derogar, con carácter experimental y para un propósito y duración limitados, las disposiciones legislativas o reglamentarias que rigen el ejercicio de sus poderes» (art. 72). O la del territorio de Victoria (Australia), que desde 1994 (*Subordinate Legislation Act*) establece para todas las leyes la vigencia limitada a 10 años. De manera que si se pretende su prórroga debe procederse a su evaluación. En este caso, se valora si la naturaleza y extensión del problema sigue necesitando de regulación, la eficacia real de la regulación vigente, si la respuesta dada es la mejor posible y se efectúa el análisis coste/beneficio[39].

En la Unión europea, el análisis de impacto se hizo obligatorio desde el *Informe Mandelkern (2001)*. Pero los mecanismos han sido y son hoy todavía lábiles, incluso para la propia Comisión, que desde 2010 otorga a la evaluación ex post una posición central en el sistema de mejora de la legislación[40] y que instituyó, en mayo de 2015, el Comité de Control Regulatorio, órgano independiente de la Comisión, cuya función es el control de calidad y apoyo técnico a la labor de evaluación completa, *ex ante* y *ex post*.

V. «RURAL PROOFING» Y DERECHOS EN EL ÁMBITO RURAL

La realidad heterogénea que representa y condiciona la vertebración territorial de las prestaciones y servicios públicos, sugiere también algunas reflexiones en el plano constitucional. Es un dato constatable que las diferencias personales y territoriales en cuanto al ejercicio de los derechos en zonas aisladas, alejadas o con escasa población, pueden llegar a comportar consecuencias incompatibles con los grandes valores constitucionales de igualdad, justicia o dignidad personal, si no se toma en consideración la realidad territorial y personal.

En el mundo rural pueden estar en juego los derechos (en especial derechos sociales) que el ciudadano ejercita día a día (educativos, sanitarios, relativos a servicios sociales, menores, dependencia, infraestructuras, etc.), que, en cuanto implican la recepción de servicios esenciales, la Constitución exige su satisfacción unida al principio de igualdad de todos los ciudadanos en todos los territorios (arts. 1.1, 9.2 y 14 CE).

39 *Vid. op. cit.* DE MONTALVO, F., «Potestad legislativa y ...», págs. 151 y ss.

40 *Comunicación de la Comisión* al Parlamento, al Consejo, al Consejo Económico y Social, al Comité de las Regiones, de 8 de octubre de 2010. (COM-2010; 543-final).

El problema de la heterogeneidad territorial aplicada al ejercicio de los derechos, a veces está enmascarado bajo el rótulo del «reto demográfico», que encierra una problemática más amplia que la derivada de la despoblación. La visión global del mismo, y las circunstancias derivadas de aquel y de otros factores añadidos, hace aflorar el amplio y complejo problema constitucional de la efectividad de los derechos en el mundo rural, que en ocasiones está unido a la insuficiencia de servicios y prestaciones públicas, como una realidad que complica de facto, a su vez, el ejercicio de la libertad de residencia (art. 19 CE). Por ello, el «mecanismo rural de garantía» en cuanto tamiz a través del cual la realidad rural contagia a todas las políticas públicas y a todas las normas, también es aplicable a la efectividad de los derechos de los ciudadanos en el mundo rural o en las zonas territoriales alejadas o despobladas.

Las reflexiones del jurista en este campo abarcan aspectos sustantivos que tienen su encaje en los problemas que plantea este perfil del «*rural proofing*», pues ponen a prueba el sistema de derechos reconocidos en la Constitución, el Derecho europeo y en los Estatutos de autonomía, en cuanto desafío a la igualdad de oportunidades y a la dignidad de la persona. Forma parte ineludible del mismo la constatación de que las diferencias territoriales pueden traer consigo implicaciones incompatibles con la equidad territorial en la recepción de las prestaciones de servicios públicos en el mundo rural. Y de ahí pueden deducirse cuestiones constitucionales teóricas (pero con evidentes implicaciones prácticas), como, entre otras, hasta qué punto los derechos y las correlativas facultades y prestaciones en que se traducen en la realidad rural son parte de su contenido mínimo o esencial; o como el problema del ejercicio pleno de los derechos en el mundo rural y sus límites fácticos, en comparación con el mundo urbano.

Las instituciones y organismos públicos han hecho análisis, diagnósticos y esfuerzos por aportar soluciones. Y sin embargo el problema parece quedar encallado en un círculo vicioso entre la perezosa decisión pública de aproximar recursos y servicios a zonas aisladas o de escasa densidad de población, y la libre decisión personal de elegir residencia, que se ve inclinada y condicionada, como es natural, por las zonas del territorio colmadas de una mayor oferta de servicios públicos. Desde el Tratado de Funcionamiento de la Unión Europea (que, en sus arts. 174 y 175, promueve «un desarrollo armonioso» de la cohesión territorial, mediante la atención especial a zonas que padecen «desventajas demográficas graves»), hasta las últimas leyes autonómicas aprobadas para promover servicios públicos en determinadas zonas del territorio, hay numerosos documentos normativos orientados a hacer exigibles los derechos mediante la vertebración territorial de las prestaciones y servicios públicos. El propio Estatuto de Autonomía de Castilla y León expresa su preocupación por el problema, reconociendo «derechos sociales» autonómicos (art. 13) y elevando a principio rector de las políticas públicas la modernización y dotación «de servicios suficientes» en el territorio de la comunidad (art. 16.10).

En todos los estudios y en los preceptos aludidos está latente la efectividad de los derechos (principalmente sociales), el ejercicio de las prestaciones que conlleva y los servicios que recibe el ciudadano en el territorio; todos ofrecen propuestas que persiguen superar la consideración de algunos derechos sociales como simples mandatos orientadores de la acción de los poderes públicos en el territorio, para convertirse en derechos subjetivos exigibles.

Así pues, cuando se alude a esta versión del «*rural proofing*», que pone en relación derechos y ruralidad del territorio, la cuestión de fondo es asegurar al ciudadano que reside en cualquier lugar de este, la homogeneidad razonable en la recepción de las prestaciones y servicios y una tutela jurídica igual de los derechos y servicios esenciales. El «mecanismo rural de garantía» opera a modo de herramienta de reflexión sobre qué mecanismos jurídico-constitucionales pueden arbitrarse para que el Estado garantice servicios públicos suficientes, independientemente de la zona concreta del territorio donde las personas habitan o tienen fijada su residencia.

Se sabe que los derechos (principalmente los sociales) requieren la presencia del Estado en su más amplia dimensión. Y que su ejercicio viene condicionado no sólo por las concretas circunstancias personales, sino también por las territoriales y fácticas. Por ello, el contexto territorial (ruralidad, despoblación, aislamiento, orografía, etc.) ha de ser tenido en cuenta en el diseño de las políticas públicas y en la aprobación de nuevas medidas normativas para la efectividad de los derechos en el territorio. Si en el plano político los derechos han calado en el sistema (la oferta electoral incluye exhibir la inversión en políticas sociales como un éxito), sin embargo, el *status quaestionis* en el plano jurídico-constitucional plantea cuestiones de especial calado.

Al margen de que la relación de los derechos con el territorio abarca, por tanto, implicaciones teóricas y de evidente dimensión práctica, sobre las que la doctrina lleva tiempo reflexionando, la cuestión de fondo es cómo asegurar al ciudadano tal homogeneidad de prestaciones y servicios y una tutela igual de sus derechos, al margen de su residencia. Con ello quisiera dejar constancia de que la tormenta de ideas jurídicas que insinúa el «mecanismo rural de garantía», también abarca la problemática del ejercicio de los derechos en las zonas rurales, aisladas o despobladas, y contiene implicaciones que requieren un tratamiento más exhaustivo que estas líneas[41].

Termino. Recientemente, en las Cortes de Castilla y León se ha presentado una *Proposición de Ley por la que se garantiza la prestación de los servicios autonómicos esenciales en la Comunidad de Castilla y León*[42]. Tal iniciativa

41 Algunas de estas cuestiones he tenido oportunidad de abordarlas: Sánchez De Vega, A., «Derechos sociales y territorio», en Fernando Pablo, M. M. y Domínguez Álvarez, J. L. (Dirs.), *Rural renaissance: territorio, precio y valor,* Aranzadi, Navarra, 2023, págs. 95 y ss.

42 *Vid. Boletín Oficial de las Cortes de Castilla y León (XI Legislatura)*, núm. 203, 19 octubre de 2023, p. 19643.

parlamentaria centra su objetivo en garantizar los servicios autonómicos esenciales de un modo homogéneo y equitativo, tomando en consideración las circunstancias y el contexto territorial en que se prestan. La garantía del disfrute de los derechos y del bienestar de sus ciudadanos en todas las partes del territorio autonómico obliga a los poderes públicos a *remover obstáculos* (art. 9.2 CE) para que la realidad territorial en que se integran se transforme en homogénea a los efectos de la igualdad efectiva en el ejercicio de sus derechos.

Establecer las condiciones de prestación de los derechos educativos, sanitarios, de servicios sociales, mediante un modelo que persigue garantizar a los ciudadanos su disfrute, al margen de su lugar de residencia, es buena noticia. Y confirma que la universalidad de los derechos ha de aplicarse en el territorio de forma compatible con la necesaria consideración de la igualdad real y efectiva.

La Proposición de Ley da un paso adelante en este objetivo constitucional y estatutario, pues exige replantear en cierto modo el trato diferenciado a los sujetos beneficiarios de las prestaciones esenciales. La asunción de un modelo de igualdad real en el ejercicio de los derechos, obliga al poder público a configurar la prestación de los servicios con la cautela de que la universalidad no contribuya a intensificar las desigualdades fácticas; sino todo lo contrario: que las políticas públicas tengan reflejo en la individualización de las circunstancias concretas en que los derechos han de ser prestados. Lo que sirve para constatar que las desigualdades de hecho son el punto de partida para la individualización normativa adaptada a las circunstancias personales y territoriales que impone el reto demográfico, a fin de paliar posibles consecuencias discriminatorias derivadas de la realidad. Al fin y al cabo, «*rural proofing*» y derechos en el ámbito rural.

VI. BIBLIOGRAFÍA

Arcos Ramírez, F., *La seguridad jurídica. Una teoría formal*, Dykinson, Madrid, 2000.

Consejo Consultivo de Castilla y León, *Informe: la evaluación del impacto demográfico en el procedimiento de elaboración de las normas*, 2020.

Carbonell Porras, E., «Los gobiernos locales y su misión en la lucha contra la despoblación», en Gómez Sánchez, Y. (Coord.), *Despoblación, cohesión territorial e igualdad de derechos*, CEPC, Madrid, 2023, págs. 185-200.

Domínguez Álvarez, J.L., Fernando Pablo, M. M. y Talavera Cordero, P., «Ventajas y potencialidades de ruralizar la legislación y las políticas públicas: del Pacto Rural europeo al supuesto del caso castellano-leonés», en Bello Paredes, S. *et al.* (Coords.), *Gestionando la despoblación*, Aranzadi, Navarra, 2023, págs. 303-326.

Hortelano Mínguez, L. A., «Los retos demográficos de Castilla y León para el siglo XXI», en Bello Paredes, S. *et al.* (Coords.), *Gestionando la despoblación*, Aranzadi, Navarra, 2023, págs. 23-42.

García Escudero, P., «40 años de técnica legislativa», en *Revista de las Cortes Generales*, núm. 104, 2018, págs. 179-213.

Montalvo (De), F., «Potestad legislativa y evaluación ex post de las normas. Hacia un mejor Parlamento a través de la regulación inteligente», en *Revista de las Cortes Generales*, núms. 97-99, 2016, págs. 79-184.

Picón Arranz, A., «El «mecanismo rural de garantía»: un objetivo prioritario para la Unión Europea y sus primeros pasos en España», en Bello Paredes, S. *et al.* (Coords.), *Gestionando la despoblación*, Aranzadi, Navarra, 2023, págs. 285-301.

Quadra-Salcedo Janini (De La), T., «Distribución de competencias y reto demográfico: algunas cuestiones generales», en Gómez Sánchez, Y. (Coord.), *Despoblación, cohesión territorial e igualdad de derechos*, CEPC, Madrid, 2023, págs. 157-168.

Rubio Llorente, F., «El papel del Consejo de Estado en el control de la calidad técnica de las normas», en *Revista Española de la Función Consultiva*, núm. 6, 2006, págs. 27-40.

Sanz Larruga, F.J., et al., «El «rural proofing» o «mecanismo rural de garantía» como instrumento de dinamización de las áreas rurales», en Gómez Sánchez, Y. (Coord.), *Despoblación cohesión territorial e igualdad de derechos*, CEPC, Madrid, 2023, págs. 117-155.

Sáiz Arnáiz, A., «Tribunal Europeo de Derechos Humanos y procesos políticos nacionales: democracia convencional y margen de apreciación», en *Teoría y realidad constitucional*, núm. 42, 2018, págs. 221-245.

Sieira Mucientes, S., «La necesaria objetividad en la evaluación ex ante de la calidad de las normas. Estudio de la memoria de análisis del impacto normativo», en *Revista de las Cortes Generales*, núm. 107, 2019, págs. 137-194.

Sánchez de Vega, A., «Derechos sociales y territorio», en Fernando Pablo, M. M. y Domínguez Álvarez, J. L. (Dirs.), *Rural renaissance: territorio, precio y valor*, Aranzadi, Navarra, 2023, págs. 95-136.

Sánchez de Vega, A., «Leyes autonómicas de dinamización demográfica, evaluación de impacto y papel de la función consultiva», en *Revista Española de la Función Consultiva*, núm. 33, 2020, págs. 29-52.

CAPÍTULO II

LA ECONOMÍA SOCIAL Y SU RENOVADA FUERZA EN EL MEDIO RURAL (DE LA LEY 5/2011 A LA RECOMENDACIÓN DEL CONSEJO DE LA UNIÓN EUROPEA DE 2023)

Enrique Cabero Morán
Presidente del Consejo Económico y Social de Castilla y León
Profesor Titular de Derecho del Trabajo
Universidad de Salamanca

SUMARIO: I. EL FOMENTO INSTITUCIONAL DE LA ECONOMÍA SOCIAL EN EL AÑO 2023. II. EL ARTÍCULO 129.2 DE LA CONSTITUCIÓN ESPAÑOLA, LAS COOPERATIVAS Y LAS SOCIEDADES LABORALES Y PARTICIPADAS POR LOS TRABAJADORES. III. LA PIONERA LEY 5/2011, DE 29 DE MARZO, DE ECONOMÍA SOCIAL, Y LA ESTRATEGIA ESPAÑOLA DE 2023. IV. LA LEGISLACIÓN AUTONÓMICA Y LA RENOVADA FUERZA DE LA ECONOMÍA SOCIAL EN EL MEDIO RURAL.

I. EL FOMENTO INSTITUCIONAL DE LA ECONOMÍA SOCIAL EN EL AÑO 2023

En 2023 se aprobó un notable conjunto de normas, estrategias e iniciativas sobre la economía social, con la firme voluntad institucional de fomentarla y relanzarla como instrumento idóneo contra la actual crisis económica y social, así como para la requerida transformación sistémica en busca del desarrollo sostenible, entre las que sobresalen las siguientes:

- Resolución «Promover la Economía Social y Solidaria para el Desarrollo Sostenible» (A/RES/77/281), adoptada por la Asamblea General de las Naciones Unidas, en su 66.ª reunión plenaria, el 18 de abril de 2023, cuyo contenido se relaciona con el informe de la Organización

Internacional del Trabajo (OIT) titulado «El trabajo decente y la economía social y solidaria», debatido en la 110.ª reunión de la Conferencia Internacional del Trabajo, celebrada en junio de 2022, que contiene una estrategia y un plan de acción.

- «Estrategia Española de Economía Social 2023-2027», acordada por el Consejo de Ministros de 11 de abril de 2023 y publicada mediante Resolución de 17 de mayo de 2023, de la Secretaría de Estado de Empleo y Economía Social (BOE 1 de junio de 2023). Recuérdese que el Consejo de Ministros, en su reunión de 31 de mayo de 2022, aprobó el «Proyecto Estratégico para la Recuperación y Transformación Económica (PERTE) de la Economía Social y de los Cuidados», que contempla una inversión de 808 millones de euros de 2022 a 2026.
- Creación de la Secretaría de Estado de Economía Social en la estructura del Ministerio de Trabajo y Economía Social, el cual mantiene esta denominación dada en el inicio de la legislatura anterior por el Real Decreto 2/2020, de 12 de enero (artículo 9.2 del Real Decreto 829/2023, de 20 de noviembre, por el que se reestructuran los departamentos ministeriales).
- Resolución del Parlamento Europeo, de 23 de noviembre de 2023, sobre creación de empleo: transición justa e inversiones con impacto [2022/2170(INI)], que se fundamenta, entre otros documentos, en la Resolución del Parlamento Europeo, de 6 de julio de 2022, sobre el Plan de acción de la Unión para la Economía Social [2021/2179(INI), DOUE 7 de febrero de 2023].
- Recomendación del Consejo de la Unión Europea de 27 de noviembre de 2023 sobre el desarrollo de condiciones marco para la economía social (C/2023/1344, DOUE 29 de noviembre de 2023).
- Dictamen del Comité Económico y Social Europeo sobre la economía social y la lucha contra la pobreza y la exclusión social (dictamen exploratorio aprobado en Sección el 20 de diciembre de 2023 y en Pleno el 17 de enero de 2024).
- Nuevas o renovadas estrategias aprobadas por las Comunidades Autónomas, como el «Plan estratégico para el impulso y la modernización de la Economía Social en Andalucía (2023-2026)» (Acuerdo de 24 de octubre de 2023 del Consejo de Gobierno, BOJA del 27), el «Plan estratégico de fomento de la Economía Social en Castilla y León 2023-2025» (Acuerdo 105/2023, de 21 de diciembre, de la Junta de Castilla y León, BOCYL del 26), la «Estrategia de Economía Social de Castilla-La Mancha 2023-2026» (presentada por el Gobierno de Castilla-La Mancha el 18 de diciembre de 2023) y la «Estrategia gallega de Economía Social, horizonte 2027» (EGAES H27, presentada por el Gobierno de Galicia el 31 de enero de 2024); que se suman a los también vigentes «Plan aragonés de impulso a la Economía Social 2022-2025», «Plan estraté-

gico interdepartamental de Economía Social, 2021-2024» del Gobierno del País Vasco y «II Plan integral de Economía Social, 2021-2025» del Gobierno de la Comunidad Foral de Navarra.

La Resolución «Promover la Economía Social y Solidaria para el Desarrollo Sostenible» de 18 de abril de 2023, de las Naciones Unidas, «alienta a los Estados Miembros a que promuevan y apliquen estrategias, políticas y programas nacionales, locales y regionales para apoyar y potenciar la economía social y solidaria como posible modelo de desarrollo económico y social sostenible, habida cuenta de las circunstancias, los planes y las prioridades nacionales, entre otras cosas, desarrollando marcos jurídicos específicos, cuando proceda, para la economía social y solidaria, dando visibilidad, siempre que sea factible, a la contribución de la economía social y solidaria a la hora de elaborar las estadísticas nacionales y ofreciendo incentivos fiscales y de contratación pública, reconociendo el papel de la economía social y solidaria en los programas educativos y las iniciativas de desarrollo de capacidades e investigación y reforzando el espíritu empresarial y el apoyo a las empresas, en particular mediante un mayor acceso de las entidades de la economía social y solidaria a los servicios financieros y a la financiación, y alienta la participación de los agentes de la economía social y solidaria en el proceso de elaboración de las políticas» (apartado 1).

Ofrece también, por primera vez y de la mano de los documentos de la OIT sobre la materia y, en concreto, del informe de 2022 titulado «El trabajo decente y la economía social y solidaria», un concepto general de economía social y solidaria (se opta por esta expresión, aunque seguramente toda economía social ha de ser necesariamente solidaria): «(...) la economía social y solidaria engloba a empresas, organizaciones y otras entidades que realizan actividades económicas, sociales y medioambientales de interés colectivo o general, que se basan en los principios de la cooperación voluntaria y la ayuda mutua, la gobernanza democrática o participativa, la autonomía y la independencia, y la primacía de las personas y el fin social sobre el capital en la distribución y el uso de los excedentes o los beneficios, así como de los activos, que las entidades de la economía social y solidaria aspiran a la viabilidad y la sostenibilidad a largo plazo y a la transición de la economía informal a la economía formal, y operan en todos los sectores de la economía, que ponen en práctica un conjunto de valores que son intrínsecos a su funcionamiento y acordes con el cuidado de las personas y el planeta, la igualdad y la equidad, la interdependencia, la autogobernanza, la transparencia y la rendición de cuentas, y el logro del trabajo decente y de medios de vida dignos, y que, en función de las circunstancias nacionales, la economía social y solidaria comprende cooperativas, asociaciones, mutuales, fundaciones, empresas sociales, grupos de autoayuda y otras entidades que operan según sus valores y principios».

La insistencia de esta resolución en la consideración de la economía social como una herramienta especialmente útil para la consecución de los objetivos (ODS) de la Agenda 2030 de Desarrollo Sostenible, así como para la inclusión social y la erradicación de la pobreza, explica el interés creciente de las Naciones Unidas sobre la misma y la invitación a los Estados miembros a que se esfuercen por su fomento mediante una legislación adecuada, en los términos ya expresados por la Constitución Española de 1978 (CE) en su artículo 129.2. La sucesión de graves crisis económicas y sociales a nivel internacional, al menos desde 2008, de orígenes y causas diversas, incluida una pandemia mundial, ha motivado la eclosión de políticas públicas dirigidas al impulso de la economía social. Se ve en este modelo un contexto favorecedor de la promoción de los derechos laborales y de protección social («trabajo decente»), con la vertebración territorial y demográfica («arraigo local» y evitación de la deslocalización), con especial incidencia en la prestación de trabajo en igualdad efectiva de las personas jóvenes y las mujeres de las zonas rurales, la producción de bienes y servicios, atendiendo a criterios de proximidad, y la sostenibilidad financiera y ambiental.

La destrucción de una parte del tejido productivo como resultado de la crisis financiera iniciada en 2008, que agudizó los efectos del desinterés por una producción propia en los distintos sectores, ante las exageraciones del proceso de globalización de los mercados dadas en los años noventa del siglo pasado, se encadenó a las profundas insuficiencias manifestadas por obra de la pandemia de COVID-19 en el sistema económico-productivo y la logística internacional. La capacidad de resistencia, o de resiliencia, como se prefiere decir ahora, de las entidades de la economía social, junto a las valoraciones ya indicadas, han relanzado en los últimos decenios este sector (así se le suele considerar, aunque desde el punto de vista de las actividades económicas desarrolladas se trata realmente de un sector transversal, esto es, de un espacio complejo o multisectorial). No es casual que en España se aprobara en plena crisis económico-financiera la Ley 5/2011, de 29 de marzo, de Economía Social (LES), primera con carácter integral y con tales denominación y objeto, o que como respuesta a la crisis de la pandemia se haya diseñado el PERTE de la Economía Social y de los Cuidados [2022-2026] (artículo 8 del Real Decreto-ley 36/2020, de 30 de diciembre, por el que se aprueban medidas urgentes para la modernización de la Administración Pública y para la ejecución del Plan de Recuperación, Transformación y Resiliencia) y la «Estrategia Española de Economía Social 2023-2027» (artículo 8 LES).

La economía social en la Unión Europea ha suscitado igualmente un especial interés. Debe recordarse en este punto el Dictamen del Comité Económico y Social Europeo (CESE) de 26 de mayo de 1992 sobre la «Propuesta de Reglamento (CEE) del Consejo por el que se establece el Estatuto de la Sociedad Cooperativa Europea» y la «Propuesta de Directiva del Consejo por la que se completa el Estatuto de la Sociedad Cooperativa Europea en lo que respecta al cometido de los trabajadores» (DOCE, C 223, 31 de agosto de 1992). Sucede, como a nivel estatal, que las fórmulas pioneras que condujeron a la acuñación de la noción de la economía social fueron las sociedades cooperativas y, más tarde, las sociedades laborales. En dicho dictamen se esgrime que, «Dado su estatuto especifico y opcional, estas sociedades podrán contribuir en gran medida a la construcción de la Europa de los ciudadanos, lo que es una condición de la cohesión social, esencial para el propio éxito del gran mercado». Así, el artículo 1.3 del Reglamento (CE) n.º 1435/2003 del Consejo, de 22 de julio de 2003, relativo al Estatuto de la sociedad cooperativa europea [SCE] (DOUE 18 de agosto de 2003), establece que «La SCE tendrá por objeto principal la satisfacción de las necesidades y el fomento de las actividades económicas y sociales de sus socios, en particular mediante la conclusión de acuerdos con ellos para el suministro de bienes o servicios o la ejecución de obras en el desempeño de la actividad que ejerza o haga ejercer la SCE. La SCE podrá asimismo tener por objeto la satisfacción de las necesidades de sus socios mediante el fomento de su participación en actividades económicas, en el modo mencionado, en una o más SCE o sociedades cooperativas nacionales. La SCE podrá llevar a cabo sus actividades a través de una filial».

En noviembre de 2000 se fundó la organización europea que representa a las entidades de la economía social. Se convirtió en el interlocutor necesario para facilitar el diálogo permanente entre el sector de la economía social y las instituciones europeas. Su primera denominación fue Conferencia Europea de Cooperativas, Mutualidades, Asociaciones y Fundaciones (CEPCMAF). Desde 2008, en sintonía con la evolución del sector, se llama *Social Economy Europe* (SEE), de la que es presidente el español Juan Antonio Pedreño, que también preside la Confederación Empresarial Española de Economía Social (CEPES), constituida en 1992. Con la interlocución de la SEE, las instituciones europeas han impulsado notablemente las normas y estrategias en este ámbito. En esta línea, los planes europeos de recuperación, transformación y resiliencia han relanzado la economía social y su fomento en el marco de la Unión Europea y sus Estados miembros. Sobresale el reciente «Plan de acción de la Unión para la economía social», aprobado por Resolución del Parlamento Europeo de 6 de julio de 2022 [2021/2179(INI)], publicada en el DOUE de 7 de febrero de 2023. Señala el Parlamento Europeo que, «para aprovechar todo el potencial del sector de la economía social a la hora de afrontar los retos socioeconómicos, es necesario que las autoridades públicas y las entidades de la economía social determinen claramente cuáles son las prioridades sociales; destaca que los proyectos de la economía social requieren a menudo una estrecha colaboración con las entidades públicas; pide, por consiguiente, a la Comisión y a los Estados miembros que desarrollen, dentro del marco de gobernanza macroeconómica previsto a escala de la Unión, una nueva estrategia de inversión social en la que se determinen claramente las prioridades sociales, en consonancia con el pilar europeo de derechos sociales, y que proporcione un marco para la cooperación entre las autoridades públicas y las entidades de la economía social».

A finales del año 2023, asimismo, se aprobó la Recomendación del Consejo de 27 de noviembre de 2023 sobre el desarrollo de condiciones marco para la economía social (C/2023/1344) [DOUE, Serie C, 29 de noviembre de 2023], promovida por la Presidencia española del Consejo de la Unión Europea. En su contenido, de claro parecido al de la LES en sus conceptos y orientaciones, se incluyen «definiciones, teniendo en cuenta al mismo tiempo los marcos jurídicos vigentes de los Estados miembros», como la de economía social: «conjunto de entidades de Derecho privado que proporcionan bienes y servicios a sus miembros o a la sociedad, incluidas formas organizativas como las cooperativas, las mutualidades, las asociaciones (también las organizaciones benéficas), las fundaciones o las empresas sociales, así como otras formas jurídicas, que funcionan de conformidad con los siguientes principios y características fundamentales:

i) la primacía de las personas, así como de la finalidad social o medioambiental, sobre el beneficio,

ii) la reinversión de todos o la mayoría de los beneficios y excedentes para perseguir sus fines sociales o medioambientales y llevar a cabo actividades en interés de sus miembros/usuarios («interés colectivo») o de la sociedad en general («interés general»), y

iii) gobernanza democrática o participativa».

Estos acuerdos se han visto acompañados de importantes reuniones, entre las que sobresalen la «Conferencia Europea de Economía Social: personas, planeta, acción», celebrada en San Sebastián/Donostia los días 13 y 14 de noviembre de 2023, organizada por el Ministerio de Trabajo y Economía Social, en el marco de la Presidencia española del Consejo de la Unión Europea, porque «Los acontecimientos de los últimos años a nivel europeo y mundial han evidenciado la necesidad de unos modelos de gestión económica y social que integren economía, bienestar y medioambiente»; y el «Encuentro Europeo de Economía Social: la economía social en el centro de las transiciones», que tuvo lugar en Lieja (Bélgica) los días 12 y 13 de febrero de 2024, promovida por la Presidencia belga del Consejo de la Unión Europea, en el que se abordó el estudio de «las transiciones inclusivas, verdes y digitales», puesto que constituyen «una oportunidad única para la economía social de reunir a profesionales, científicos, responsables políticos y otros actores para debatir modelos económicos innovadores, resilientes e inspiradores para una Europa más social y sostenible».

El CESE ha aprobado el 17 de enero de 2024 un Dictamen exploratorio, solicitado por el Presidencia del Consejo el 10 de julio de 2023, sobre la economía social y la lucha contra la pobreza y la exclusión social (INT/1044), en el que «aboga por adoptar un enfoque territorial sólido que incluya a las regiones y los municipios y que reúna a diversos agentes en las políticas de implantación de la economía social. Gracias al impulso de los poderes públicos, es posible favorecer el desarrollo local, la relocalización de los medios de producción, la creación de puestos de trabajo dignos no deslocalizables, la promoción de colaboraciones entre agentes económicos (por ejemplo mediante la puesta en común de herramientas o el intercambio de buenas prácticas) y la creación de un ecosistema estimulante en el que se congreguen agentes asociativos, cooperativas, mutualidades, empresas tradicionales, inversores del sector bancario, la sociedad civil o el mundo académico, entre otros representantes». Solicita, además, que la Comisión Europea «incluya la economía social entre las iniciativas que llevará a cabo al desarrollar las líneas de acción de su informe sobre prospectiva estratégica para aumentar, ante todo, la participación en el mercado laboral de las mujeres, lo que constituye un reto para los demás segmentos vulnerables de la población, como las personas con discapacidad, la juventud y otros grupos infrarrepresentados o excluidos, que ni participan en el mercado laboral ni reciben educación o formación, o que viven en condiciones de pobreza extrema».

II. EL ARTÍCULO 129.2 DE LA CONSTITUCIÓN ESPAÑOLA, LAS COOPERATIVAS Y LAS SOCIEDADES LABORALES Y PARTICIPADAS POR LOS TRABAJADORES

El artículo 129.2 CE, situado en el título VII, «Economía y Hacienda», afirma que «Los poderes públicos promoverán eficazmente las diversas formas de participación en la empresa y fomentarán, mediante una legislación adecuada, las sociedades cooperativas. También establecerán los medios que faciliten el acceso de los trabajadores a la propiedad de los medios de producción». Contiene tres mandatos a los poderes públicos, en evidente sintonía metodológica con los principios rectores de la política social y económica del capítulo tercero del título I, «De los derechos y deberes fundamentales», por lo que requiere el desarrollo por ley de estas materias:

- «Los poderes públicos promoverán eficazmente las diversas formas de participación en la empresa».
- Los poderes públicos «fomentarán, mediante una legislación adecuada, las sociedades cooperativas».
- Los poderes públicos «También establecerán los medios que faciliten el acceso de los trabajadores a la propiedad de los medios de producción».

No procede entrar ahora en el análisis del primero de los mandatos y su firme subrayado de la promoción de las diversas formas de participación en la empresa con la inclusión del adverbio «eficazmente». Ahí halló la Ley del Estatuto de los Trabajadores (LET) el engarce constitucional del «Del derecho de representación colectiva» de los trabajadores en sus centros de trabajo (capítulo I del título II, «De los derechos de representación colectiva y de reunión de los trabajadores en la empresa»): «De conformidad con lo dispuesto en el artículo 4 y sin perjuicio de otras formas de participación, los trabajadores tienen derecho a participar en la empresa a través de los órganos de representación regulados en este título» (artículo 61 del texto refundido de la LET, aprobado por Real Decreto Legislativo 2/2015, de 23 de octubre). Con todo, no está de más recordar que la implicación de los trabajadores en las empresas, en su mejor versión de origen en el Derecho de la Unión Europea, encuentra su inspiración y modelo en la legislación dedicada a las sociedades y, en concreto, a las cooperativas [Directiva 2001/86/CE del Consejo, de 8 de octubre de 2001, por la que se completa el Estatuto de la Sociedad Anónima Europea en lo que respecta a la implicación de los trabajadores (DOCE 10 de noviembre de 2001), Directiva 2003/72/CE del Consejo, de 22 de julio de 2003, por la que se completa el Estatuto de la sociedad cooperativa europea en lo que respecta a la implicación de los trabajadores (DOUE 18 de agosto de 2003), y Ley 31/2006, de 18 de octubre, sobre implicación de los trabajadores en las sociedades anónimas y cooperativas europeas; véase también, por ejemplo, en la legislación estatal, el párrafo cuarto del artículo 33 de la Ley 27/1999, de 16 de julio, de Cooperativas: «Cuando la cooperativa tenga más de cincuenta trabajadores con contrato por tiempo indefinido y esté constituido el comité de empresa, uno de ellos formará parte del Consejo Rector como miembro vocal, que será elegido y revocado por dicho comité; en el caso de que existan varios comités de empresa, será elegido por los trabajadores fijos»].

Los mandatos segundo y tercero, dedicados a las sociedades cooperativas (con cita de la denominación) y a las sociedades laborales (así llamadas después por la legislación de desarrollo), pueden considerarse el vínculo entre las previsiones constitucionales y la aparición posterior del sector de la economía social. El entonces novedoso contenido del artículo 129.2 recoge las principales aportaciones en esta materia producidas en los años setenta del pasado siglo en los Estados más avanzados. Las cooperativas y los principios que inspiraron su nacimiento, habitualmente identificados con los proclamados en la Inglaterra de 1844 por la Sociedad Equitativa de los Pioneros de Rochdale, sistematizados por la Alianza Cooperativa Internacional (ACI, fundada en 1895) y su «Agenda Común Cooperativa», elaborada conjuntamente con la Organización Internacional del Trabajo (OIT), ofrecieron una alternativa social y solidaria para la generación de actividad económica, la producción de bienes y la prestación de servicios. La economía social compatibiliza la rentabilidad económica con la social y permite explicar que la actividad económica sin ánimo de lucro resulta rentable económica y socialmente. Asimismo, abre vías de acceso de los trabajadores a la propiedad de los medios de producción a través de las sociedades laborales, en cuya regulación se adapta la legislación de las sociedades mercantiles a esta nueva orientación jurídica y socioeconómica. El éxito de estos modelos ha propiciado la aparición de otras entidades, ordenadas por la LES en España, que dotan de un contenido más amplio a la economía social.

La preferencia constitucional por el fomento de las sociedades cooperativas «mediante una legislación adecuada» dio lugar a la promulgación de la Ley 3/1987, de 2 de abril, General de Cooperativas (que deroga su homónima Ley 52/1974, de 19 de diciembre), y de la Ley 13/1989, de 26 de mayo, de Cooperativas de Crédito. Señala la Ley 3/1987 en su preámbulo que «El cambio experimentado tanto en el sistema político español como en la estructura del Estado, con la atribución de distintas competencias en materia cooperativa a las Comunidades Autónomas, y el mandato de la Constitución Española que, en el apartado 2 de su artículo 129 ordena a los poderes públicos el fomento, mediante una legislación adecuada, de las Sociedades Cooperativas, son nuevos hechos que reclaman una reforma del régimen jurídico de las Sociedades Cooperativas y de las posibilidades de asociación de las mismas». La legislación adecuada pasó, así las cosas, por la dotación de una regulación mejor al régimen societario, incluida la prestación de servicios por los socios trabajadores (y socios de trabajo), y por la articulación de una especial posición tributaria, lógicamente más favorable (véase la Ley 20/1990, de 19 de diciembre, sobre Régimen Fiscal de las Cooperativas, en vigor con una veintena de modificaciones, la última introducida por la Ley 31/2022, de 23 de diciembre, de Presupuestos Generales del Estado para el año 2023). La Ley 3/1987 fue derogada por la vigente Ley 27/1999, de 16 de julio, de Cooperativas, con el «objetivo prioritario» de «reforzar la consolidación empresarial de la cooperativa, para lo que ha sido preciso flexibilizar su régimen económico y societario y acoger novedades en materia de financiación empresarial», reforzando los «valores éticos que dan vida a los principios cooperativos formulados por la alianza cooperativa internacional, especialmente en los que encarnan la solidaridad, la democracia, igualdad y vocación social», los cuales «tienen cabida en la nueva ley que los consagra como elementos indispensables para construir una empresa viable con la que los socios se identifican al apreciar en ella la realización de un proyecto que garantiza su empleo y vida profesional» (del preámbulo).

Además, la Ley 27/1999, que prefirió rotularse como «de Cooperativas» y no «General de Cooperativas», atiende la necesidad de adaptar la legislación cooperativa de ámbito estatal a las novedades procedentes del Derecho de la Unión Europea y de reordenar la adecuada convivencia de la legislación estatal con las leyes autonómicas de cooperativas. Y es que los estatutos de autonomía, desde su primera generación (1979-1983), se habían decantado por reconocer como competencia exclusiva la legislación sobre cooperativas, apartándose de la opción de únicamente ejecutar la legislación estatal. La ausencia de una mención expresa en el reparto competencial diseñado por los artículos 148 y 149 CE, unida a la razonable exclusión de la legislación cooperativa del ámbito temático de otras (legislación mercantil o legislación laboral, por ejemplo, de competencia exclusiva del Estado según el artículo 149.1.6.ª y 7.ª), llevaron a la aplicación de la previsión del artículo 149.3 («Las materias no atribuidas expresamente al Estado por esta Constitución podrán corresponder a las Comunidades Autónomas, en virtud de sus respectivos Estatutos. La competencia sobre las materias que no se hayan asumido por los Estatutos de Autonomía corresponderá al Estado, cuyas normas prevalecerán, en caso de conflicto, sobre las de las Comunidades Autónomas en todo lo que no esté atribuido a la exclusiva competencia de éstas. El derecho estatal será, en todo caso, supletorio del derecho de las Comunidades Autónomas»). Adviértase, en relación con el último inciso del artículo 149.3, que «la norma estatal que dispusiere la aplicación supletoria de la norma autonómica incurriría en inconstitucionalidad, bien porque supondría la degradación de la eficacia directa de la norma autonómica dictada al amparo del correspondiente título competencial o, en otro caso, porque vendría a atribuírsele una eficacia que, aun siendo supletoria, nunca podría tener al no disponer dicha norma de cobertura competencial y ser, por tanto, inválida. La supletoriedad, en suma, en la relación Derecho estatal-Derecho autonómico, opera a favor de aquel y no de este último, de manera que no cabe la pretendida norma autonómica supletoria de la estatal, siendo inconstitucional la que así lo disponga» (de la Sentencia del Tribunal Constitucional 155/1993, de 6 de mayo, fundamento jurídico 3.º, párrafo segundo).

Se sucedió, desde la Ley 1/1982, de 11 de febrero, sobre Cooperativas [de Euskadi] (BOPV de 10 de marzo de 1982, publicada extemporáneamente en el BOE de 26 de abril de 2012, a fin de corregir el olvido, pues estaba derogada desde 1993), la entrada en vigor de leyes autonómicas de cooperativas, con relativa frecuencia cambiadas o sustituidas y hasta refundidas. Se enumeran seguidamente las vigentes por orden de antigüedad en su promulgación. Entre 2017 y 2023 se han modificado todas estas leyes (se indica entre paréntesis la fecha de la última reforma) y se han aprobado cinco nuevas:

- Ley 5/1998, de 18 de diciembre, de Cooperativas de Galicia (2021).
- Ley 4/2001, de 2 de julio, de Cooperativas de La Rioja (2022).
- Ley 4/2002, de 11 de abril, de Cooperativas de la Comunidad de Castilla y León (2018).
- Ley 8/2006, de 16 de noviembre, de Sociedades Cooperativas de la Región de Murcia (2020).
- Ley Foral 14/2006, de 11 de diciembre, de Cooperativas de Navarra (2022).
- Ley 4/2010, de 29 de junio, de Cooperativas [del Principado de Asturias] (2021).
- Ley 11/2010, de 4 de noviembre, de Cooperativas de Castilla-La Mancha (2017).
- Ley 14/2011, de 23 de diciembre, de Sociedades Cooperativas Andaluzas (2018).
- Ley 6/2013, de 6 de noviembre, de Cooperativas de Cantabria (2020).

- Decreto Legislativo 2/2014, de 29 de agosto, del Gobierno de Aragón, por el que se aprueba el texto refundido de la Ley de Cooperativas de Aragón (2022).
- Decreto Legislativo 2/2015, de 15 de mayo, del Consell, por el que aprueba el texto refundido de la Ley de Cooperativas de la Comunitat Valenciana (2023).
- Ley 12/2015, de 9 de julio, de Cooperativas [de Cataluña] (2017).
- Ley 9/2018, de 30 de octubre, de Sociedades Cooperativas de Extremadura (2022).
- Ley 11/2019, de 20 de diciembre, de Cooperativas de Euskadi (2023).
- Ley 4/2022, de 31 de octubre, de Sociedades Cooperativas de Canarias.
- Ley 2/2023, de 24 de febrero, de Cooperativas de la Comunidad de Madrid (diciembre de 2023).
- Ley 5/2023, de 8 de marzo, de Sociedades Cooperativas de las Illes Balears.

Con la Ley 15/1986, de 25 de abril, de Sociedades Anónimas Laborales, se abordó el establecimiento, en el marco de las sociedades mercantiles, de una vía eficaz de acceso de los trabajadores a la propiedad de los medios de producción («sociedades anónimas en las que al menos el 51 por 100 del capital social pertenezca a los trabajadores que presten en ellas sus servicios retribuidos en forma directa, personal, cuya relación laboral lo sea por tiempo indefinido y en jornada completa», según su artículo 1). En aquel contexto de dificultades del sector industrial, que habían «ocasionado el cierre de numerosas empresas con la consiguiente pérdida de empleo», la «falta de regulación jurídica suficiente de estas sociedades ha venido dificultando hasta ahora su promoción, quedando esta limitada al área financiera». Por ello, la «elaboración de una Ley de Sociedades Anónimas Laborales va a permitir, además de dar una suficiente seguridad jurídica a estas empresas, articular una serie de medidas tendentes a fomentar adecuadamente esta fórmula de organización económica y de participación de los trabajadores en la empresa, de acuerdo con el mandato recogido en el artículo 129.2 de la Constitución Española en el que se indica que los poderes públicos establecerán los medios que faciliten el acceso de los trabajadores a la propiedad de los medios de producción». Nótese que hasta la entrada en vigor de esta ley, el entonces Ministerio de Trabajo y Seguridad Social había venido «regulando por orden ministerial anual las condiciones que deberían cumplir las sociedades civiles y mercantiles para ser consideradas como laborales y así equipararse en ayudas a las cooperativas de trabajo asociado» (los entrecomillados pertenecen al preámbulo de la Ley 15/1986).

La Ley 4/1997, de 24 de marzo, de Sociedades Laborales, derogó la Ley 15/1986 y acuñó la denominación de sociedades laborales, ampliando su ámbito: «Las sociedades anónimas o de responsabilidad limitada en las que la mayoría del capital social sea propiedad de trabajadores que presten en ellas servicios retribuidos en forma personal y directa, cuya relación laboral lo sea por tiempo indefinido, podrán obtener la calificación de «Sociedad Laboral» cuando concurran los requisitos establecidos en la presente ley» (artículo 1.1). Se explica que son «consecuencia de estas ideas matrices y garantía de los beneficios fiscales que se atribuyen a estas sociedades, la adición del adjetivo «laboral» al nombre que ostenten, la adscripción al Ministerio de Trabajo y Asuntos Sociales de las competencias para calificar como laboral a una sociedad determinada, la creación de un registro administrativo que sirva de control de sus características, entre ellas, principalmente, la proporcionalidad de capital que debe existir entre acciones y participaciones de las dos diversas clases previstas y los efectos que su alteración producen en la existencia o pérdida de su calificación de laboral. Todo ello sin perjuicio de las competencias de las Comunidades Autónomas» (del preámbulo de la Ley 4/1997). Esta última frase se refiere a la asunción de competencias por las Comunidades Autónomas «en materia de calificación y registro administrativo» de las sociedades laborales, considerada ejecución por la autoridad laboral de la legislación estatal, de conformidad con lo ya fijado durante la vigencia de la Ley 15/1986, mas no del diseño legal de estas sociedades, pues resulta competencia exclusiva del Estado como legislación mercantil (artículo 149.1.6.ª CE).

La vigente Ley 44/2015, de 14 de octubre, de Sociedades Laborales y Participadas, deroga la Ley 4/1997 y encuadra estas sociedades en la entonces reciente noción legal de economía social. En palabras de su preámbulo, «La nueva regulación no solo actualiza, moderniza y mejora el contenido de la Ley 4/1997, de 24 de marzo, como consecuencia de las últimas reformas del Derecho de sociedades, sino que en cumplimiento de la previsión contenida en la Ley 5/2011, de economía social, refuerza la naturaleza, función y caracterización de la sociedad laboral como entidad de la economía social, poniendo en valor sus especificidades». En su artículo 1.2 se detallan los requisitos para que las sociedades anónimas o de responsabilidad limitada puedan obtener la calificación de sociedad laboral:

> «a) Que al menos la mayoría del capital social sea propiedad de trabajadores que presten en ellas servicios retribuidos de forma personal y directa, en virtud de una relación laboral por tiempo indefinido.
>
> b) Que ninguno de los socios sea titular de acciones o participaciones sociales que representen más de la tercera parte del capital social, salvo que:
>
> La sociedad laboral se constituya inicialmente por dos socios trabajadores con contrato por tiempo indefinido, en la que tanto el capital social como los derechos de voto estarán distribuidos al cincuenta por ciento, con la obligación de que en el plazo máximo de 36 meses se ajusten al límite establecido en este apartado.
>
> Se trate de socios que sean entidades públicas, de participación mayoritariamente pública, entidades no lucrativas o de la economía social, en cuyo caso la participación podrá superar dicho límite, sin alcanzar el cincuenta por ciento del capital social. (...)

c) Que el número de horas-año trabajadas por los trabajadores contratados por tiempo indefinido que no sean socios no sea superior al cuarenta y nueve por ciento del cómputo global de horas-año trabajadas en la sociedad laboral por el conjunto de los socios trabajadores. No computará para el cálculo de este límite el trabajo realizado por los trabajadores con discapacidad de cualquier clase en grado igual o superior al treinta y tres por ciento. (...)».

Se determina que «Corresponde al Ministerio de Empleo y Seguridad Social [actual Ministerio de Trabajo y Economía Social] o, en su caso, a los órganos competentes de las Comunidades Autónomas que hayan recibido los correspondientes traspasos de funciones y servicios en materia de calificación y registro de sociedades laborales, el otorgamiento de la calificación de «Sociedad Laboral», así como el control del cumplimiento de los requisitos establecidos en esta ley y, en su caso, la facultad de resolver sobre la descalificación. La calificación otorgada por una autoridad competente tendrá plena eficacia en todo el territorio nacional, sin necesidad de que la sociedad realice ningún trámite adicional o cumpla nuevos requisitos» (artículo 2.1, párrafo primero).

La Ley 44/2015 define como novedad y regula las sociedades participadas por los trabajadores como figura complementaria de las sociedades laborales, cuya constitución y desarrollo habrán de promoverse asimismo por los poderes públicos (artículo 18.1). Se considerarán sociedades participadas por los trabajadores, según el artículo 19.1, «las sociedades anónimas o de responsabilidad limitada que no alcancen los requisitos establecidos en el capítulo I, pero promuevan el acceso a la condición de socios de los trabajadores, así como las distintas formas de participación de los mismos, en particular a través de la representación legal de los trabajadores, y cumplan alguno de los siguientes requisitos:

«a) Que cuenten con trabajadores que posean participación en el capital y/o en los resultados de la sociedad.

b) Que cuenten con trabajadores que posean participación en los derechos de voto y/o en la toma de decisiones de la sociedad.

c) Que adopten una estrategia que fomente la incorporación de trabajadores a la condición de socios.

d) Que promuevan los principios recogidos en el artículo anterior».

Estos principios versan sobre la «Promoción del acceso de los trabajadores al capital social y/o a los resultados de la empresa», el «Fomento de la participación de los trabajadores en la toma de decisiones de la sociedad» y la «Promoción de la solidaridad interna y con la sociedad que favorezca el compromiso con el desarrollo local, la igualdad de oportunidades entre hombres y mujeres, la cohesión social, la inserción de personas en riesgo de exclusión social, la generación de empleo estable y de calidad, la conciliación de la vida personal, familiar y laboral y la sostenibilidad» (artículo

18.3). Repárese en que la actuación de las sociedades participadas «deberá ser diligente, leal, responsable y transparente, y deberán favorecer la generación de empleo estable y de calidad, la integración como socios de los trabajadores, la igualdad de oportunidades entre hombres y mujeres, y la conciliación de la vida personal, familiar y laboral» (artículo 19.2), así como que «adoptarán políticas o estrategias de responsabilidad social, fomentando las prácticas de buen gobierno, el comportamiento ético y la transparencia» (artículo 19.3).

III. LA PIONERA LEY 5/2011, DE 29 DE MARZO, DE ECONOMÍA SOCIAL Y LA ESTRATEGIA ESPAÑOLA DE 2023

La constatación de la existencia de actividades empresariales de producción y prestación de servicios presididas por el principio de solidaridad, interna (interés colectivo) y hacia la sociedad (interés general), con rentabilidad económica y social y sin ánimo de lucro, aconsejó el esfuerzo legislativo por definir la economía social y dotarla de una regulación como categoría más amplia que las correspondientes a las sociedades cooperativas y las sociedades laborales, aunque capaz de subsumirlas.

El desarrollo legal de los principios rectores de la política social y económica recogidos en la CE y de los mandatos del artículo 129.2, entre otros, dio origen a un conjunto de nuevas figuras, entidades y realidades socioeconómicas que comparten en esencia con cooperativas y sociedades laborales fines, valores y principios informadores. Recuérdese, por ejemplo, la búsqueda de la igualdad efectiva en el acceso al empleo por las personas con discapacidad (texto refundido de la Ley General de derechos de las personas con discapacidad y de su inclusión social, aprobado por Real Decreto Legislativo 1/2013, de 29 de noviembre, que refunde y deroga la Ley 13/1982, de 7 de abril, de integración social de los minusválidos), con la aparición de los centros especiales de empleo y la correlativa relación laboral de carácter especial, la regulación de las empresas de inserción (Ley 44/2007, de 13 de diciembre) o el crecimiento de la actividad económica y solidaria de las organizaciones (asociaciones, federaciones o fundaciones) del tercer sector de acción social (Ley 43/2015, de 9 de octubre), directamente o mediante la promoción de otras entidades, prevista expresamente también en la Ley 9/2017, de 8 de noviembre, de Contratos del Sector Público, por la que se transponen al ordenamiento jurídico español las Directivas del Parlamento Europeo y del Consejo 2014/23/UE y 2014/24/UE, de 26 de febrero de 2014 [contratos reservados a «centros especiales de empleo de iniciativa social y a empresas de inserción reguladas» (disposición adicional cuarta), facilitación del acceso a la contratación pública de las empresas de economía social (artículo 1.3), etc.].

Adviértase, además, que la Ley 18/2022, de 28 de septiembre, de creación y crecimiento de empresas, en su disposición adicional décima, decidió regular en el Derecho español

> «la figura de las Sociedades de Beneficio e Interés Común [SBIC], como aquellas sociedades de capital que, voluntariamente, decidan recoger en sus estatutos:
> - Su compromiso con la generación explícita de impacto positivo a nivel social y medioambiental a través de su actividad.
> - Su sometimiento a mayores niveles de transparencia y rendición de cuentas en el desempeño de los mencionados objetivos sociales y medioambientales, y la toma en consideración de los grupos de interés relevantes en sus decisiones.
> - Mediante desarrollo reglamentario [que sigue pendiente] se contemplarán los criterios y la metodología de validación de esta nueva figura empresarial, que incluirá una verificación del desempeño de la sociedad, quedando sujetos tanto los criterios como la metodología a estándares de máxima exigencia».

La LES, sin perjuicio del necesario mantenimiento de las legislaciones propias sobre las distintas figuras («En todo caso, las entidades de la economía social se regularán por sus normas sustantivas específicas», artículo 5.3 LES), dio el transcendental paso de regular la economía social como tal, anticipándose notablemente a la línea que recientemente se propone por la Unión Europea y con carácter internacional (en este sentido, las citadas Recomendación del Consejo de la Unión Europea, de 27 de noviembre de 2023, sobre el desarrollo de condiciones marco para la economía social, y Resolución de Naciones Unidas para «Promover la Economía Social y Solidaria para el Desarrollo Sostenible», de 18 de abril de 2023). Marcó como «objetivo básico» la configuración de «un marco jurídico que, sin pretender sustituir la normativa vigente de cada una de las entidades que conforma el sector, suponga el reconocimiento y mejor visibilidad de la economía social, otorgándole una mayor seguridad jurídica por medio de las actuaciones de definición de la economía social, estableciendo los principios que deben contemplar las distintas entidades que la forman». Y valorizó «la interlocución de los poderes públicos con las organizaciones que representan a las distintas entidades que componen la economía social, propias por su figura jurídica y actividad, subrayando el papel a desempeñar por las confederaciones intersectoriales de ámbito estatal representativas del sector y restaurando con el encaje jurídico más acertado, el Consejo para el Fomento de la Economía Social como órgano asesor y consultivo vinculado al Ministerio de Trabajo e Inmigración [actual Ministerio de Trabajo y Economía Social], vinculándolo al sector mediante esta ley, ya que anteriormente estaba incardinado en la legislación estatal de sociedades cooperativas» (del preámbulo de la LES).

El artículo 2 LES define la economía social como el «conjunto de las actividades económicas y empresariales, que en el ámbito privado llevan a cabo aquellas entidades que, de conformidad con los principios recogidos en el artículo 4, persiguen bien el interés colectivo de sus integrantes, bien el interés general económico o social, o ambos». Esos principios orientadores son los siguientes:

> «a) Primacía de las personas y del fin social sobre el capital, que se concreta en gestión autónoma y transparente, democrática y participativa, que lleva a priorizar la toma de decisiones más en función de las personas y sus aportaciones de trabajo y servicios prestados a la entidad o en función del fin social, que en relación con sus aportaciones al capital social.
>
> b) Aplicación de los resultados obtenidos de la actividad económica principalmente en función del trabajo aportado y servicio o actividad realizada por las socias y socios o por sus miembros y, en su caso, al fin social objeto de la entidad.
>
> c) Promoción de la solidaridad interna y con la sociedad que favorezca el compromiso con el desarrollo local, la igualdad de oportunidades entre hombres y mujeres, la cohesión social, la inserción de personas en riesgo de exclusión social, la generación de empleo estable y de calidad, la conciliación de la vida personal, familiar y laboral y la sostenibilidad.
>
> d) Independencia respecto a los poderes públicos».

Se incorporan a la economía social «las cooperativas, las mutualidades, las fundaciones y las asociaciones que lleven a cabo actividad económica, las sociedades laborales, las empresas de inserción, los centros especiales de empleo, las cofradías de pescadores, las sociedades agrarias de transformación y las entidades singulares creadas por normas específicas que se rijan por los principios establecidos en el artículo anterior» (artículo 5.1). Se señala que también «podrán formar parte de la economía social aquellas entidades que realicen actividad económica y empresarial, cuyas reglas de funcionamiento respondan a los principios enumerados en el artículo anterior, y que sean incluidas en el catálogo de entidades establecido en el artículo 6 de esta ley» (artículo 5.2). Completa el marco este mandato al Ministerio de Trabajo y Economía Social: «previo informe del Consejo para el Fomento de la Economía Social, y en coordinación con las Comunidades Autónomas, elaborará y mantendrá actualizado un catálogo de los diferentes tipos de entidades integrantes de la economía social, teniendo en cuenta los principios establecidos en la presente ley y de forma coordinada con los catálogos existentes en el ámbito autonómico. Los catálogos de entidades de economía social deberán ser públicos. La publicidad se hará efectiva por medios electrónicos» (artículo 6).

En el artículo 8.1 LES «Se reconoce como tarea de interés general, la promoción, estímulo y desarrollo de las entidades de la economía social y de sus organizaciones representativas». Si bien no se menciona la existencia de una estrategia (solamente se utiliza esta palabra en la disposición adicional cuarta de la LES), los criterios para el fomento y la difusión de la economía social marcados por la ley a los poderes públicos (artículo 8.2) y, en concreto, el mandato «Al Gobierno, para la aplicación de esta ley», al que «le corresponderá, con carácter general, a través del Ministerio de Trabajo e Inmigración [ahora Ministerio de Trabajo y Economía Social], impulsar en su ámbito la realización de las actuaciones de promoción, difusión y formación de la economía social, sin perjuicio de las facultades de otros departamentos ministeriales en relación con la actividad económica, empresarial y social que desarrollen las entidades de economía social para el cumplimiento de su objeto social» (artículo 8.3), aconsejan la elaboración de una estrategia de ámbito estatal. La vigente, que es la Estrategia Española de Economía Social 2023-2027, se aprobó por Acuerdo del Consejo de Ministros de 11 de abril de 2023 y se publicó por Resolución de 17 de mayo de 2023, de la Secretaría de Estado de Empleo y Economía Social (BOE 1 de junio de 2023). En ella «se identifican tres ejes de actuaciones prioritarios de carácter temático y un eje de actuación prioritario de carácter transversal, que, en conjunto, aglutinan la práctica totalidad de debilidades, amenazas, fortalezas y oportunidades consideradas claves para la economía social por sus principales actores:

Eje 1. Visibilidad y participación institucional de la Economía Social.

Eje 2. Mejora de la competitividad.

Eje 3. Emprendimiento y sectores emergentes.

Eje 4. Sostenibilidad social y territorial».

IV. LA LEGISLACIÓN AUTONÓMICA Y LA RENOVADA FUERZA DE LA ECONOMÍA SOCIAL EN EL MEDIO RURAL

Las Comunidades Autónomas podrán aprobar leyes, reglamentos, estrategias y planes para fomentar la economía social, siempre que no alteren el concepto, ni los principios informadores, y que respeten la competencia exclusiva del Estado en la determinación de las «Bases y coordinación de la planificación general de la actividad económica» (artículo 149.1. 13.ª CE). Naturalmente, los repartos competenciales sobre las distintas figuras que integran la economía social se mantienen inalterados. Aunque, como se ha indicado antes, la primera generación de estatutos de autonomía introdujo entre las competencias de las Comunidades la legislación cooperativa, solo seis emplean la expresión economía social en sus versiones más recientes:

- Ley Orgánica 5/1982, de 1 de julio, de Estatuto de Autonomía de la Comunidad Valenciana (artículo 80.4, añadido por la Ley Orgánica 1/2006, de 10 de abril).
- Ley Orgánica 6/2006, de 19 de julio, de reforma del Estatuto de Autonomía de Cataluña (artículos 45.5 y 124.4).
- Ley Orgánica 2/2007, de 19 de marzo, de reforma del Estatuto de Autonomía para Andalucía (artículos 58. 4.º, 157.4, 163.2 y 172.2).

- Ley Orgánica 5/2007, de 20 de abril, de reforma del Estatuto de Autonomía de Aragón (artículo 71. 31.ª).
- Ley Orgánica 14/2007, de 30 de noviembre, de reforma del Estatuto de Autonomía de Castilla y León (artículos 16.5 y 70. 28.º).
- Ley Orgánica 1/2018, de 5 de noviembre, de reforma del Estatuto de Autonomía de Canarias (artículo 118).

Se han promulgado en este marco la Ley 6/2016, de 4 de mayo, de la Economía Social de Galicia, la Ley 3/2022, de 13 de junio, de Economía Social de Canarias, la Ley 9/2022, de 20 de julio, sobre Economía Social y Solidaria de La Rioja, y la Ley 7/2022, de 1 de diciembre, de Economía Social de Aragón. Estas leyes suman a los principios enumerados por la LES otros, que no dejan de ser pormenorizaciones de los estatales, pero que inciden en la relevancia de la economía social en el desarrollo del medio rural y el mejor afrontamiento del reto demográfico:

- «El compromiso con el territorio, frente a la despoblación y el envejecimiento en el medio rural gallego, inyectando estabilidad y futuro» y «El fortalecimiento de la democracia institucional y económica» (Galicia).
- «El compromiso con el territorio, frente a la despoblación y el envejecimiento en el medio rural canario, inyectando estabilidad y futuro», «El fortalecimiento de la democracia institucional y económica» y el «Fomento de la integración de la perspectiva de género en la gestión y organización de la empresa o entidad, mediante una participación paritaria de mujeres y hombres en los ámbitos de dirección y de toma de decisiones, incrementando la incorporación de las mujeres al ámbito laboral contrarrestando los efectos derivados de los estereotipos sociales sobre la división de las funciones de los hombres y las mujeres en la sociedad y buscando un reparto equitativo de las responsabilidades familiares, laborales y sociales» (Canarias).
- «El compromiso con el territorio y el desarrollo local, frente a la despoblación y el envejecimiento en el medio rural riojano, favoreciendo formas de producción y consumo sostenibles y respetuosas con el medioambiente» (La Rioja).
- «El compromiso con el territorio y el desarrollo local, frente a la despoblación y el envejecimiento en el medio rural aragonés», «El desarrollo sostenible, favoreciendo formas de producción y consumo sostenibles y respetuosas con el medio ambiente» y «La participación y representación equilibrada de mujeres y hombres» (Aragón).

En las Comunidades Autónomas, con independencia de la existencia o no de una ley propia de economía social y teniendo presente que «En el desarrollo de las actividades de fomento de la economía social se respetarán las competencias de las Comunidades Autónomas» y que «Desde la Administración General del Estado se impulsarán los mecanismos de cooperación y colaboración necesarios con las Administraciones Autonómicas para el desarrollo de las actividades de fomento de la economía social» (artículo 8.4 LES), se han aprobado en 2023 nuevas o renovadas estrategias, todas ellas con programas dirigidos al medio rural, como:

- El «Plan estratégico para el impulso y la modernización de la Economía Social en Andalucía (2023-2026)» (Acuerdo de 24 de octubre de 2023 del Consejo de Gobierno, BOJA del 27).
- El «Plan estratégico de fomento de la Economía Social en Castilla y León 2023-2025» (Acuerdo 105/2023, de 21 de diciembre, de la Junta de Castilla y León, BOCYL del 26).
- La «Estrategia de Economía Social de Castilla-La Mancha 2023-2026» (presentada por el Gobierno de Castilla-La Mancha el 18 de diciembre de 2023).
- La «Estrategia gallega de Economía Social, horizonte 2027» (EGAES H27, presentada por el Gobierno de Galicia el 31 de enero de 2024).

Estas se suman a los anteriores, y aún en vigor, «Plan aragonés de impulso a la Economía Social 2022-2025», «Plan estratégico interdepartamental de Economía Social, 2021-2024» del Gobierno del País Vasco y «II Plan integral de Economía Social, 2021-2025» del Gobierno de la Comunidad Foral de Navarra.

Conservan su relevancia, con la misma finalidad en este ámbito, las sociedades agrarias de transformación, SAT («sociedades civiles de finalidad económico-social en orden a la producción, transformación y comercialización de productos agrícolas, ganaderos o forestales, la realización de mejoras en el medio rural, promoción y desarrollo agrarios y la prestación de servicios comunes que sirvan a aquella finalidad», artículo 1.1 del Real Decreto 1776/1981, de 3 de agosto, por el que se aprueba el Estatuto que regula las Sociedades Agrarias de Transformación), y las cofradías de pescadores («corporaciones de Derecho Público que actúan como órganos de consulta y colaboración con la Administración sobre temas de interés general y referentes a la actividad extractiva pesquera y su comercialización, especialmente en los sectores artesanal y de bajura», artículo 1.1 del Real Decreto 670/1978, de 11 de marzo, sobre Cofradías de Pescadores), para las que deviene de aplicación una cuidada legislación autonómica que, si bien ha mantenido en el «nuevo contexto el mismo carácter de contenido social y de desarrollo económico y social que propugnaban los antiguos gremios», ha procedido acertadamente al «establecimiento de unos nuevos cometidos para que las cofradías puedan impulsar procesos asociativos y comerciales con otras entidades con el fin de garantizar una mayor participación en los procesos de transformación y comercialización de los productos pesqueros y una mayor influencia en los mercados de los mismos» (del preámbulo de la Ley 16/1998, de 25 de junio, de Cofradías de Pescadores de Euskadi). Resultó el asunto más novedoso sobre las cofradías de pescadores «la posibilidad legal, que no imposición, de que las cofradías dediquen en su organización una sección especial para realizar actividades en los campos relativos a la organización y comercialización de los productos pesqueros, propiciando así el que puedan obtener reconocimiento como organizaciones de productores» (del preámbulo de la Ley 9/1993, de 8 de julio, de Cofradías de Pescadores de Galicia).

Seguidamente se enumeran las leyes de las Comunidades Autónomas que regulan las cofradías de pescadores (por orden cronológico de promulgación de las leyes vigentes), tan importantes para el desarrollo con éxito de la economía azul en el medio rural:

- Ley 9/1993, de 8 de julio, de Cofradías de Pescadores de Galicia.
- Ley 2/1993, de 29 de octubre, de pesca marítima en aguas interiores y aprovechamiento de recursos marinos [del Principado de Asturias] (artículo 22).
- Ley 16/1998, de 25 de junio, de Cofradías de Pescadores [de Euskadi].
- Ley 1/2002, de 4 de abril, de ordenación, fomento y control de la pesca marítima, el marisqueo y la acuicultura marina [de Andalucía] (artículos 41 a 44 y Decreto 86/2004, de 2 de marzo, sobre Cofradías de Pescadores y sus Federaciones).
- Ley 22/2002, de 12 de julio, de Cofradías de Pescadores [de Cataluña].
- Ley 17/2003, de 10 de abril, de pesca de Canarias (artículos 37 a 56).
- Ley 2/2007, de 12 de marzo, de pesca marítima y acuicultura de la Región de Murcia (artículos 36 a 49).
- Ley 6/2013, de 7 de noviembre, de pesca marítima, marisqueo y acuicultura en las Illes Balears (artículos 30 a 43).
- Ley 5/2017, de 10 de febrero, de pesca marítima y acuicultura de la Comunitat Valenciana (artículos 57 a 67).
- Ley 1/2021, de 4 de marzo, de pesca marítima, marisqueo y acuicultura de Cantabria (artículos 68 a 74).

Coincide el CESE con la relevancia de la economía social para el medio rural. En su dictamen previo a la aprobación del «Plan de acción de la Unión para la economía social», de 18 de mayo de 2022 (INT/972), «acoge con satisfacción el plan de acción para la economía social, que incorpora muchos puntos clave planteados por el Comité a lo largo de los años, desde su Dictamen INT/447 de 2009. El plan de acción señala claramente que las instituciones europeas deben promover y reconocer las diferentes formas jurídicas que caracterizan el ecosistema de la economía social, en particular debido a su papel particular en el apoyo a la economía local y a la proximidad a los territorios y comunidades locales». Valora muy positivamente que «la Comisión proponga acompañar a los Estados miembros a la hora de definir medidas en favor de la economía social, a fin de apoyar el modelo de desarrollo económico y social más sostenible, inclusivo e innovador. En particular, la

Comisión se propone intervenir, de forma directa o con los Estados miembros, en tres ámbitos prioritarios: i) crear unas condiciones justas para la economía social, ii) ofrecer oportunidades para poner en marcha y ampliar sus actividades, y iii) garantizar el reconocimiento de la economía social». En desarrollo de este plan, se han introducido novedades relevantes sobre la economía social, tanto en la Decisión (UE) 2023/2528 del Consejo de 9 de octubre de 2023, relativa a las orientaciones para las políticas de empleo de los Estados miembros (DOUE 14 de noviembre de 2023), como en la Resolución del Parlamento Europeo, de 23 de noviembre de 2023, sobre creación de empleo: transición justa e inversiones con impacto [2022/2170(INI)].

Finalizan estas páginas «Reconociendo la función que, por su arraigo local, pueden desempeñar las entidades de la economía social y solidaria para ofrecer oportunidades de trabajo decente y empoderar a las mujeres, incluidas las mujeres de las zonas rurales, los jóvenes, las personas con discapacidad y las personas en situaciones vulnerables, y reconociendo su contribución al desarrollo comunitario y la cohesión social y al fomento de la diversidad, la solidaridad y la protección y el respeto de los conocimientos y las culturas tradicionales, incluidos los de los Pueblos Indígenas y las comunidades locales» (de la Resolución «Promover la Economía Social y Solidaria para el Desarrollo Sostenible» (A/RES/77/281), adoptada por la Asamblea General de las Naciones Unidas, en su 66.ª reunión plenaria, el 18 de abril de 2023).

Y es que «Las entidades de la economía social pueden estimular el desarrollo económico e industrial sostenible y promover la participación activa de los ciudadanos en la sociedad. También contribuyen de manera significativa a los sistemas de protección social de la Unión al complementar los servicios públicos, revitalizar las zonas rurales y despobladas de la Unión y desempeñar un papel importante en la política internacional de desarrollo. (...) En las zonas remotas y rurales con menos empleo y menos ofertas educativas, las entidades de la economía social pueden ofrecer oportunidades muy necesarias, haciendo que esas regiones sean más atractivas. Por lo tanto, el desarrollo de los ecosistemas de la economía social de la Unión contribuye a mitigar las consecuencias del envejecimiento de la población, la despoblación y otras tendencias demográficas, y a promover el desarrollo económico e industrial local, como la agricultura, la producción de alimentos ecológicos y la economía azul, incluido en las zonas rurales y remotas y en las regiones ultraperiféricas de la Unión» (de la Recomendación del Consejo de la Unión Europea, de 27 de noviembre de 2023, sobre el desarrollo de condiciones marco para la economía social, DOUE 29 de noviembre de 2023).

CAPÍTULO III

REPENSANDO EL RÉGIMEN LOCAL DESDE EL PRISMA DEL RETO DEMOGRÁFICO Y TERRITORIAL[1]

José Luis Domínguez Álvarez
Profesor de Derecho Administrativo
Universidad de Salamanca

«[l]as leyes generales, no ejercen más que una influencia indirecta y a menudo invisible sobre la condición y el bienestar de cada ciudadano. La Administración local, en cambio, tiene un contacto directo con ellos; toca continuamente sus puntos más sensibles: influye en todos los pequeños intereses que forman el gran interés que se pone en la vida, es el objeto principal de sus temores y también el de sus esperanzas más queridas, los mantiene vinculados a ella por una infinidad de lazos invisibles que los arrastran sin que se den cuenta»[2].

---

1 La presente contribución científica forma parte de los resultados del proyecto de I+D+i «Agricultura climática: marco regulatorio para la transición»; (ACLIMATRA), liderado por el Prof. Dr. Marcos M. Fernando Pablo. Así mismo, el presente capítulo de libro se enmarca en la estancia de investigación desarrollada por el autor en la Faculdade de Direito da Universidade do Porto bajo la dirección de la Profa. Dra. Juliana Manuela Alves Ferraz Coutinho.

2 *Vid.* De Tocqueville, A., *L'Ancien Régime et la Rèvolution*, Alianza Editorial. Madrid, 1982, p. 15.

I. REPENSAR EL CORPUS NORMATIVO Y EL APARATO INSTITUCIONAL PARA REVITALIZAR LAS COMUNIDADES RURALES: LA IMPORTANCIA DE LA MIRADA LOCAL

Como se ha puesto de relieve en infinidad de foros y debates en los últimos tiempos, el reto demográfico y territorial es, en esencia, como señala con sobrado acierto FERNANDO PABLO «un problema de personas; un problema de territorios; un problema, en primer lugar, *jurídico*[3], pues a ese campo pertenece la regulación de las relaciones no solo entre personas, sino también entre poderes públicos y ciudadanos, y entre personas y medio»[4].

Ciertamente, si detenemos nuestra atención en analizar la influencia que ejerce el universo de normas que componen nuestro corpus normativo en los procesos de vaciamiento demográfico que experimentan extensas regiones de la geografía peninsular, observamos con pasmosa facilidad como el derecho positivo, el derecho vigente, está contribuyendo extraordinariamente a agravar aún más los problemas propios de la ruralidad, dificultando cualquier intento de revitalización del medio rural y fomentando el fenómeno de la despoblamiento.

En la actualidad, encontramos numerosos ejemplos de esta perniciosa influencia ejercida por el régimen jurídico en el desarrollo de las sociedades rurales, especialmente en lo que se refiere a ámbitos tan relevantes como la protección del medio ambiente, el urbanismo, la ordenación del territorio y el despliegue de los servicios esenciales, la contratación pública, la suficiencia financiera municipal o la gestión de fondos Next Generation EU, ámbitos normativos que constituyen algunas de las principales preocupaciones de los gestores municipales de aquellas comunidades rurales con desafíos demográficos.

En efecto, en los últimos años hemos asistido a la multiplicación de los problemas derivados de la rígida aplicación de una normativa administrativa desmedida[5], que en muchos casos surge del total desconocimiento de

---

3 *Vid.* DOMÍNGUEZ ÁLVAREZ, J. L., «Legislative and institutional reforms to address the demographic and territorial challenge: a global perspective», en AAVV, *Administrative rural proofing for territories with demographic challenges*, Colex, A Coruña, 2024, págs. 17-67.

4 *Vid.* FERNANDO PABLO, M. M., «Devolver el alma a los pueblos: el encuentro «Rural Renaissance»», en *AIS: Ars Iuris Salmanticensis*, vol. 7, núm. 2, 2020, p. 12.

5 Esta situación no deja de ser en sí misma una paradoja, puesto que «el Derecho administrativo se construyó y desarrolló en torno a las Administraciones publica (...) Es el Derecho que se fue desarrollando al filo de su sometimiento a la ley y los tribunales y cuyo objetivo era y es alcanzar un punto de equilibrio entre los poderes atribuidos a la Administración, para la tutela del interés público que se le encomienda, y los derechos de los particulares, estableciendo fórmulas justas y efectivas de recomposición de esos derechos en los

la realidad objeto de regulación: el ámbito rural. En este sentido, conviene señalar que el medio rural dispone de su propia idiosincrasia y representa en sí mismo una realidad totalmente diferente y alejada del ruido de las grandes ciudades y, especialmente, de los despachos donde se adoptan, cuando no imponen, las decisiones administrativas que acaban tensionando aún más la cotidianeidad de las comunidades rurales[6].

Ahora bien, conviene clarificar que la finalidad última de estas líneas no es realizar una enmienda a la totalidad al conjunto de normas que constituyen nuestro sistema normativo, ni de fomentar la proliferación[7] y complejidad de un ya de por si nutrido régimen jurídico, sino más bien advertir acerca de la acuciante necesidad de racionalizar los procesos legislativos e iniciar un minucioso proceso de revisión del corpus normativo desde el prisma del rural. Con todo ello, lo que se pretende es alcanzar una correcta regulación de las especificidades propias del medio rural, sin que ello suponga desvirtuar en forma alguna los principios generales del Estado de Derecho, especialmente en lo que se refiere al escrupuloso cumplimiento de los principios de igualdad[8], legalidad y seguridad jurídica[9].

---

supuestos en que resultaran mermados por la actividad de la Administración». *Vid.* ESTEVE PARDO, J., *Lecciones de Derecho Administrativo*, Marcial Pons. Novena edición, Barcelona, 2019, p. 49.

6 Véase el Informe de la Dirección General de Administración Local de la Generalitat Valenciana en el que insta a un Ayuntamiento de dicha Comunidad Autónoma a incoar un procedimiento sancionador de los previstos en la Ley 7/2002, de 3 de diciembre, de la Generalitat Valenciana, de Protección contra la Contaminación Acústica, ante las denuncias presentadas por una persona frente a los problemas de ruidos propiciados por el cantar de los gallos todos los días al amanecer en una parcela situada en el casco urbano, donde una vecina posee varias gallinas y gallos, circunstancia que constituye, en palabras del secretario-interventor del municipio afectado, práctica relativamente corriente en los municipios del medio rural. Más información disponible en: https://lc.cx/CeoHeG

7 En efecto, lo que se propugna en estas líneas no solo hace referencia a la necesidad de que el sistema normativo recoja entre sus disposiciones las particularidades propias de la ruralidad, sino también la necesidad de racionalizar los procesos de legislación, reduciendo significativamente el elenco de normas que regulan de forma contradictoria una misma realidad, llevando a cabo consigo un proceso de «neocolonialismo normativo» que conduce al inmovilismo y reduce las iniciativas en el medio rural a la mínima expresión.

8 Ahora bien, conviene recordar que «el principio de igualdad no excluye las desigualdades, antes al contrario, las admite siempre que tengan una justificación objetiva y razonable, el control de constitucionalidad de la desigualdad legislativa es, en el fondo, un control de su razonabilidad». *Vid.* MARTÍNEZ TAPIA, R., *Igualdad y razonabilidad en la justicia constitucional española*, Universidad de Almería, Almería, 2000, p. 11.

9 En este punto, conviene recordar que nuestra Constitución, en su art. 9.3 «garantiza el principio de legalidad, la jerarquía normativa, la publicidad de las normas, la irretroactividad de las disposiciones sancionadoras no favorables o restrictivas de derechos individuales, la seguridad jurídica, la responsabilidad y la interdicción de la arbitrariedad de los poderes públicos».

No debemos olvidar que «las leyes que la Constitución legitima son generales y comunes, y ante ellas todos los españoles son iguales»[10]. No se pretende, por tanto, quebrar este criterio de generalidad, sino más bien de encontrar un correcto equilibrio entre lo rural y lo urbano, partiendo de la idea de que ambas realidades presentan matices y características diferenciadas. Por tanto, si lo que se procura es que el sistema normativo lleve a cabo una regulación efectiva y eficaz del orden social y contribuya resolver los conflictos de la ciudadanía, y no a incentivar los mismos, este sistema necesariamente deberá contemplar entre sus disposiciones las particularidades propias de la ruralidad, con la finalidad de no conculcar de manera sistemática el elenco de derechos y libertades fundamentales que también tienen atribuidas las comunidades rurales, requerimiento esencial para el correcto funcionamiento del Estado social y democrático de Derecho[11].

Así las cosas, avanzar hacia un sistema de ordenación territorial que se construya sobre la base de la racionalización normativa y la simplificación administrativa en favor de los territorios rurales no solamente es un clamor entre aquellos servidores públicos que se encuentren gestionando la despoblación en primera línea de batalla, sino que constituye además una prioridad impostergable en la hoja de ruta del conjunto de las Administraciones públicas en materia de reto demográfico y territorial, vehiculando las agendas públicas de la Unión Europea, el Estado español y las Comunidades Autónomas.

Esta premisa ya fue proclamada en la Declaración de Cork 2.0. «Una vida mejor en el medio rural», que incluía dentro de sus orientaciones políticas la aplicación de un mecanismo rural de garantía que asegure que el desarrollo rural se incluye en todas las estrategias y políticas de la Unión[12]. Esta idea ha cristalizado, de igual forma, en la «Visión a largo plazo para las zonas rurales de la Unión Europea». En dicho documento la Comisión Europea reconoce la necesidad, so pretexto de alcanzar la cohesión económica, social y territorial, de revisar las políticas de la Unión Europea desde una perspectiva rural, teniendo en cuenta sus posibles repercusiones e implicaciones sobre el empleo y el crecimiento rurales, así como sobre las perspectivas de desa-

10 *Vid.* García De Enterría, E., «Principio de legalidad, Estado material de Derecho y facultades interpretativas y constructivas de la jurisprudencia en la Constitución», en *Revista Española de Derecho Constitucional*, núm. 10, 1984, págs. 22-23.

11 *Vid.* Peces-Barba, G., «Ética, Poder y Derecho. Reflexiones ante el fin de siglo», en *Cuadernos y Debates,* núm. 54, 1995, p. 95; quien afirmaba hace ahora treinta años que el Estado de Derecho comprende los valores de libertad, igualdad, seguridad y solidaridad, así como los derechos fundamentales y otros principios derivados de aquellos.

12 *Vid.* Sanz Larruga, F. J., «Instrumentos de evaluación y participación para la cohesión territorial y ante el reto demográfico», en *Revista Española de la Función Consultiva*, núm. 33, 2023, págs. 71-72.

rrollo, bienestar social e igualdad de oportunidades para todos, y sobre la calidad ambiental de las zonas rurales.

Para ello, se propone, como parte del Programa de Mejora de la Legislación[13], la aplicación de un mecanismo de verificación rural, especialmente para evaluar de forma anticipada la repercusión de las principales iniciativas legislativas de la Unión Europea en las zonas rurales. Su finalidad será garantizar la coherencia, consistencia y complementariedad entre políticas para el beneficio de las zonas y comunidades rurales[14].

Por su parte, el Plan de Recuperación 130 Medidas frente al Reto Demográfico del Gobierno de España contempla como parte esencial de la transformación estructural de las áreas rurales y los pequeños municipios, junto a la articulación de un amplio conjunto de planes e inversiones orientadas a estos espacios, la realización de reformas normativas e institucionales, especialmente en lo que atañe a la reforma del régimen local y la simplificación administrativa con la finalidad de facilitar el liderazgo y la toma de decisiones de los gobiernos locales[15].

Esta premisa tiene su reflejo, de igual forma, en el conglomerado de documentos de planificación y legislaciones sectoriales autonómicas que se han ido adoptando de manera paulatina para hacer frente al reto demográfico y territorial. Sirva como ejemplo la Ley 5/2021, de 2 de febrero, de Impulso Demográfico de Galicia, siendo la primera ley aprobada en España sobre esta materia. En su larga exposición de motivos se destaca la importancia

13 Como señala el Gobierno de España, la mejora de la regulación ha de entenderse como una política pública en sí misma, de corte transversal y de carácter indispensable, que debe funcionar como premisa de desarrollo de cualquier intervención pública para garantizar la consecución de sus principales objetivos al mínimo coste. En este sentido, la mejora de la regulación puede definirse como un conjunto de principios (necesidad, proporcionalidad, no discriminación, etc.) e instrumentos que deben aplicarse durante todo el ciclo de intervención pública en sus diferentes fases (planeamiento, elaboración, aprobación, implementación y seguimiento, revisión y evaluación) para garantizar que ésta se realiza de la mejor forma posible.

14 La aplicación de este mecanismo estuvo recomendada por la Declaración de Cork 2.0 «Una vida mejor en el medio rural», confirmada por la Comunicación de la Comisión «El futuro de los alimentos y de la agricultura» de 2017, así como por la recientemente adoptada Comunicación sobre la mejora de la legislación, y recalcada por las autoridades locales y regionales.

15 Se contemplan en dicho documento, así mismo, la incorporación de la perspectiva rural y el impacto demográfico en la elaboración de normas, planes y programas de inversión, la articulación de informes de impacto de género e infancia aplicados al reto demográfico, la reforma del sistema de financiación autonómica y local, la aprobación de la Ley de Trabajo a Distancia, la elaboración de la Estrategia de Turismo Sostenible España 2030, la eliminación del copago farmacéutico para colectivos vulnerables, el impulso de la gobernanza multinivel frente al reto demográfico, el impulso de la Estrategia Conjunta de Desarrollo Transfronterizo con Portugal, el despliegue de la Agenda 2030 a nivel local o la creación del Observatorio de Reto Demográfico.

de considerar la perspectiva demográfica en el diseño y desarrollo de todas las políticas públicas. Esta idea-fuerza se refleja igualmente en el art. 7 de la norma, precepto según el cual «*[l]as Administraciones públicas de Galicia incorporarán la perspectiva demográfica en la producción normativa y en la elaboración, ejecución y seguimiento de todas las políticas y todas las acciones desarrolladas en el ejercicio de sus competencias. En la elaboración de los presupuestos generales de la Comunidad Autónoma de Galicia se tomarán en consideración indicadores que permitan integrar la perspectiva demográfica en las políticas presupuestarias de manera transversal [...]*»[16].

En igual sentido, el art. 8 de la Ley 2/2021, de 7 de mayo, de Medidas Económicas, Sociales y Tributarias frente a la Despoblación y para el Desarrollo del Medio Rural en Castilla-La Mancha[17], en el que se positiviza la necesidad de instaurar un auténtico informe de impacto demográfico[18] en los siguientes términos: «*[e]n los procedimientos de elaboración de proyectos de ley y de disposiciones reglamentarias que las desarrollen, así como en la elaboración de planes y programas que se tramiten por la Administración Regional, se deberá incorporar un informe sobre impacto demográfico, teniendo en cuenta la perspectiva de género, que analice los posibles efectos sobre las zonas rurales con problemas de despoblación y establezca medidas para adecuarla a la realidad del medio rural y para luchar frente a la despoblación [...] En la elaboración*

16 Por su parte, en el art. 8 de la misma norma preceptúa la obligación, en el marco de los procedimientos de elaboración de proyectos de ley y decretos, así como de documentos de planificación sectorial que se tramiten por la Administración autonómica, de dar traslado del texto proyectado, junto con un análisis de su impacto demográfico, al órgano de dirección con competencias en materia de dinamización demográfica, concediéndole un plazo de diez días hábiles para la formulación, en su caso, de las observaciones que estime procedentes en esta materia. Para ello, se prevé la creación de la Comisión para el Impulso Demográfico (art. 20), como órgano de colaboración y cooperación de las administraciones públicas gallegas en materia de impulso demográfico, y la Comisión Técnica para el Impulso Demográfico (art. 21), como órgano de la Administración autonómica para la coordinación de las políticas autonómicas en materia demográfica. Dicho organismo «se configura como un órgano colexiado de asesoramento, colaboración institucional e participación social en materia de demografía, adscrito á consellaría competente en materia de benestar social. Na súa composición prevese a presenza, como vogal, dunha persoa en representación da FEGAMP». *Vid.* Marquina Fuentes, J., «As políticas de fomento das administracións públicas ante a despoboación e o reto demográfico. Especial referencia á Administración local», en *Revista Galega de Administración Pública* (REGAP), núm. 57, 2019, p. 144.

17 *Vid.* Blasco Hedo, E., «Ley 2/2021, de 7 de mayo, de Medidas Económicas, Sociales y Tributarias frente a la Despoblación y para el Desarrollo del Medio Rural en Castilla-La Mancha», en *Actualidad Jurídica Ambiental,* núm. 113, 2021, p. 121.

18 A mayor abundamiento, el art. 24 del mismo texto legal preceptúa lo siguiente: «[l]a Administración Regional, promoverá en colaboración con todas las Administraciones públicas, iniciativas de simplificación normativa y administrativa, con el fin de facilitar el desarrollo de proyectos e iniciativas públicas y privadas, que contribuyan a la revitalización económica y social de las zonas rurales, en particular de las escasamente pobladas y en riesgo de despoblación».

de los presupuestos regionales se tomarán en consideración indicadores que permitan integrar el impacto demográfico y de lucha frente a la despoblación en las políticas presupuestarias[19].

Por su parte, la Ley 3/2022, de 17 de marzo, de medidas ante el reto demográfico y territorial de Extremadura no solamente contempla la incorporación de la perspectiva demográfica y territorial «*en la elaboración, ejecución y seguimiento de las políticas de su competencia, velando, en la medida de lo posible, por el equilibrio en la aplicación de medidas e inversiones en aquellas comarcas donde la despoblación sea más acentuada*» (art. 5.1). De igual forma, las cuestiones demográficas y territoriales deberán impregnar las actuaciones orientadas a la elaboración de los Presupuestos Generales de la Comunidad Autónoma de Extremadura, mediante la toma en consideración de indicadores que permitan integrar la perspectiva demográfica y territorial en las políticas presupuestarias (art. 5.2)[20].

Otra de las últimas Comunidades Autónomas en sumarse a esta oleada de instrumentos de planificación y legislaciones sectoriales en materia demográfica ha sido Aragón. Recientemente dicho territorio ha adoptado la Ley 13/2023, de 30 de marzo, de dinamización del medio rural de Aragón, hito jurídico que contiene diversas e importantes referencias a la cuestión que nos ocupa.

La norma tiene por objeto «*establecer el marco normativo de medidas de discriminación positiva y de los mecanismos de promoción, desarrollo y dinamización que permitan garantizar los servicios públicos básicos, los servicios públicos esenciales, así como los servicios de interés general, e impulsar las actividades socioeconómicas con el fin de lograr la igualdad de oportunidades y una calidad de vida equivalente para todos los habitantes del territorio aragonés cualquiera que sea su lugar de residencia*» (art. 1).

No obstante, el pasaje más relevante en lo que respecta a nuestro objeto de estudio, lo encontramos en el art. 5, el cual preceptúa la obligación de articular un verdadera Mecanismo Rural de Garantía al señalar lo siguiente: «*[e]l mecanismo rural de garantía se configura como el principio rector de*

19 Esta cuestión es ya una realidad en Castilla-La Mancha, como demuestra la Memoria de Impacto Demográfico y de Lucha contra la Despoblación que acompaña al Proyecto de Ley de Presupuestos Generales 2024, situando a la Comunidad como una referencia incontestable en este concreto campo. Más información disponible en: https://despoblacionguadalajara.es

20 Así mismo, se prevé que «[e]n los procedimientos de elaboración de proyectos de ley, de decretos y de documentos de planificación sectorial que se tramiten por la Junta de Extremadura, el centro directivo que inicie el expediente incorporará un análisis de su impacto demográfico y territorial, en el marco de lo que establezca la Estrategia ante el Reto Demográfico y Territorial de Extremadura». El apartado inmediatamente posterior remite a la vía reglamentaria tanto para el establecimiento de los criterios, como de la metodología para la elaboración del análisis previsto en el art. 6.1.

actuación en virtud del cual la Administración de la Comunidad Autónoma, impulsará y revisará todas las políticas sectoriales y de desarrollo socioeconómico, mediante la observación de la perspectiva del cambio demográfico y de lucha contra la despoblación, el análisis de sus impactos reales y potenciales y sus efectos en el medio rural, y promoverá medidas de discriminación positiva en las zonas rurales que se determinen conforme a los criterios de delimitación establecidos en el título II de esta ley»[21].

Finalmente, hace escasas fechas fue publicado el último instrumento normativo sectorial elaborado por una Comunidad Autónoma en la materia. Nos estamos refiriendo a la Ley 2/2024, de 30 de abril, de Impulso Demográfico del Principado de Asturias[22], hito normativo que representa un auténtico jalón en el proceso de incorporación de la perspectiva demográfica en el ejercicio de las potestades normativas[23] y en el desarrollo de políticas públicas de reto demográfico y territorial (art. 4.1).

Así mismo, la norma preceptúa la obligatoriedad de fomentar la eficiencia administrativa [art. 3.2.c)]. A tal fin, las Administraciones públicas deberán promover reformas en su normativa sustancial y procedimental, a los efectos de simplificar y agilizar los procedimientos administrativos que tengan una incidencia favorable en la esfera jurídica de la ciudadanía y en sus relaciones interadministrativas e interdepartamentales.

Por todo ello, esta cuestión parece presentarse como una alternativa de futuro cierta para las Entidades Locales de aquellos territorios en los que, el reto demográfico se plantea como un desafío de primer nivel. A este respecto, conviene recordar que, si bien es cierto que España ha experimentado un importante crecimiento demográfico en el siglo XXI, hasta superar los

21 A mayor abundamiento, el mismo precepto señala que los planes estratégicos de subvenciones y las bases reguladoras de las subvenciones de los departamentos de la Administración de la Comunidad Autónoma, en el marco de la Ley 5/2015, de 25 de marzo, de Subvenciones de Aragón, incorporarán criterios de discriminación positiva para promover acciones de dinamización, desarrollo y lucha contra la despoblación en las zonas rurales siempre que las medidas resulten compatibles con el objeto y finalidad de las ayudas.
Así mismo, el Gobierno de Aragón en el ejercicio de su acción ejecutiva e iniciativa legislativa, tendrá en cuenta los fines y medidas reguladas en la presente ley y los ejes, objetivos y medidas establecidas en la Directriz especial de política demográfica y contra la despoblación.
Para ello, la Comisión delegada para la política territorial y el Observatorio de dinamización demográfica y poblacional, en ejercicio de sus atribuciones, garantizarán el cumplimiento del mecanismo rural de garantía con las acciones de seguimiento que se establezcan, de acuerdo con lo previsto en los artículos 89 y 90 del instrumento normativo objeto de estudio.

22 *Vid.* Belmonte Peláez, B. y Fernández Gutiérrez, M., «Crónica parlamentaria de la Junta General del Principado de Asturias en el año 2023», en *Revista Jurídica de Asturias,* núm. 47, 2024, p. 230.

23 La norma hace alusión de forma específica a la urgencia de emplear una fiscalidad diferenciada que favorezca el asentamiento y la actividad económica en las zonas despobladas y en riesgo de despoblamiento [art. 3.1.g)].

47 millones de habitantes, en este tiempo se ha intensificado el proceso de despoblación como demuestran los datos de gran parte de los municipios de la geografía española. Así, como recuerda Carbonell Porras «de los 8131 municipios que hay en España, 6815 cuentan con menos de 5000 habitantes, en los que se concentran 5, 7 millones de personas, el 12 % de la población. Desde 2001, 5102 municipios pierden población, pero en la última década ya son 6232. En 14 provincias españolas más del 80 % de sus municipios no alcanzan los 1000 habitantes; en apenas década y media 358 municipios han pasado a engrosar la lista de los que no superan los 100 vecinos»[24].

Todos estos indicadores sociodemográficos dan cuenta del acuciante grado de la despoblación que padece este territorio, al tiempo que permiten obtener una foto fija de su planta local, en la que predominan municipios de pequeño tamaño que requieren de facilidades normativas para simplificar la gestión municipal, eliminar trabas burocráticas y procedimentales innecesarias y potenciar el carácter prestacional y asistencial en aras de fomentar el desarrollo local y la ampliación del bienestar y la calidad de vida de las comunidades rurales.

II. EL MUNICIPALISMO COMO PIEDRA ANGULAR DEL BIENESTAR Y LA CALIDAD DE VIDA DE LOS TERRITORIOS RURALES CON DESAFÍOS DEMOGRÁFICOS

El azote de la despoblación y el abandono institucional de extensas regiones de nuestro territorio ha permitido evidenciar el protagonismo que poseen las Administraciones locales a la hora de dotar de dignidad y bienestar a la población que se asienta en el seno de las comunidades rurales. Lejos quedan aquellas perniciosas teorías que abogaban abiertamente por la supresión de municipios y Entidades Locales en aras de una hipotética y ficticia eficiencia, como receta milagrosa para hacer frente al reto demográfico y territorial[25]. En otro tiempo, esta tesis llegó a ser mayoritaria en el seno de la

24 *Vid.* Carbonell Porras, E., «Movilidad sostenible en la lucha contra la despoblación: algunas medidas en la provincia de Jaén», en *Revista Estudios Jurídicos. Segunda Época*, núm. 24, 2024, p. 3.

25 Debe tenerse en cuenta, como subraya Arenilla Sáez, que las iniciativas orientadas a la supresión y fusión de municipios no han cuajado en la agenda política española, en particular por las siguientes cuestiones fruto de la fuerte identidad y el vínculo de pertenencia de sus habitantes; a que son la base de la configuración del sistema de partidos español; y a haber fracasado los intentos de agrupación municipal generalizada en los últimos dos siglos. *Vid.* Arenilla Sáez, M., «El pequeño municipio: núcleo democrático vs. prestación de servicios», en AA.VV, *Elementos para un debate sobre la Reforma Institucional de la Planta Local en el Estado Autonómico: documento técnico.* Fundación Democracia y Gobierno Local, Madrid, 2012, p. 209.

doctrina iuspublicista[26], sin embargo, el paso del tiempo, el valor de las raíces y la constatación empírica de que potenciar la fusión de municipios por la vía de la ley tenía escasos o nulos resultados, pues más allá de generar crispación social, no ha logrado su finalidad primigenia[27]: adelgazar la planta local y mejorar la prestación de servicios públicos en clave local[28].

En contraposición, cada vez son más las voces que señalan que la supresión de municipios en el medio rural, lejos de presentar efectos positivos en términos de ahorro y eficiencia[29], supondría ahondar aún más en los procedimientos de abandono de las zonas rurales, agravando con ello la problemática de la despoblación, e incrementando la desigualdad social y territorial entre el medio urbano y el medio rural[30].

---

26 En este sentido, BELLO PAREDES afirma que «resulta curioso, y realmente preocupante en términos de eficiencia y sostenibilidad, que la Constitución gaditana de 1812 exigiera más de 1.000 habitantes para constituir un municipio, y actualmente no se exija cifra alguna para el mantenimiento como entidad local de las ya existentes con independencia de su población y sostenibilidad». *Vid.* BELLO PAREDES, S.A., «Castilla y León vacía (vaciada): esperando a Ulises», en Revista de Estudios de la Administración Local y Autonómica, Nueva época, núm. 13, 2020, p. 117.
En idéntico sentido opina una parte de la doctrina, la cual apoya medidas de fusión obligatoria de municipios para conseguir la existencia de una planta municipal viable y sostenible. *Vid.* COSCULLUELA MONTANER, L., «Reforma de la Administración local. Una oportunidad de modificar la planta que no se puede perder», en *Revista Española de Derecho Administrativo,* núm. 157, 2013, p. 11; MARTÍNEZ LÓPEZ-MUÑIZ, J. L., «Cooperación y subsidiariedad intermunicipal», en *Revista de Estudios de la Administración Local y Autonómica*, núm. 302, 2006, p. 67.

27 El 20 de febrero de 2022 se celebraba la consulta ciudadana para saber si los municipios de Don Benito y Villanueva de la Serena se unirían en un solo. Tras conocerse los resultados definitivos, los regidores municipales anunciaron que se pondrían a trabajar para continuar con este proceso de fusión para materializarlo en los plazos previstos. Sin embargo, dos años después este proceso, el cual se erigió como el ejemplo paradigmático de las bonanzas que plantea la fusión de municipios por parte de sus acérrimos defensores, la unión no se ha producido hasta la fecha.

28 Sobre esta cuestión existe una prolífica bibliografía, a saber: PALOMAR OLMEDA, A., «La supresión-fusión de municipios», en *Cuadernos de derecho local*, núm. 37, 2023, págs. 225-265; DURÁN GARCÍA, F. J., *La fusión de municipios como estrategia*, Dykinson, Madrid, 2016, p. 366; DURÁN GARCÍA, F. J., "La fusión coactiva de municipios en España: principios, estrategia y resultados», en *El Cronista del Estado Social y Democrático de Derecho,* núm. 57, 2016, págs. 44 y ss.; CALONGE VELÁZQUEZ, A., «La fusión de municipios, único instrumento de la Ley 27/2013, de 27 de diciembre, de racionalización y sostenibilidad de la Administración Local para la modificación de la planta municipal: una oportunidad perdida», en *Revista de Estudios de la Administración Local y Autonómica*, núm. extra, 2015, págs. 47-58.

29 *Cfr.* QUINTANA LÓPEZ, T., «Debate previo a la reforma de la legislación del Estado de Régimen Local», en QUINTANA LÓPEZ, T. (Dir.), *La reforma del Régimen Local,* Tirant lo Blanch, Valencia, 2014, p. 35.

30 Recuérdese que la determinación del concepto y la estructura de la planta municipal es competencia del legislador estatal, pues: «corresponde al Estado optar, de entre los posibles, por un determinado modelo municipal. Así, el Estado podía haberse inclinado por un

En cierta forma, existe una correlación entre la importancia otorgada por el aparato del Estado a las Entidades Locales y la evolución[31] propia de las comunidades asentadas en el medio rural[32]. En efecto, la evolución de la Administración Local se ha caracterizado inexorablemente por un progresivo declive, tanto a nivel estructural como funcional, cuestión no exenta de controversias, que ha suscitado prolíficos debates en la doctrina administrativista en los últimos siglos.

Esta problemática de las Administraciones locales se ha planteado tradicionalmente como un enfrentamiento dialectico entre dos ideas-fuerza antagónicas: la centralización y la autonomía. Durante el siglo XIX y el primer tercio del siglo XX, la centralización se apoyaba en la idea de implantar un modelo de Estado racional y eficaz, que funcionase de manera unitaria y sincronizada en todas sus piezas, tanto centrales como locales; la conveniencia de instrumentalizar las Corporaciones locales como mecanismos electoralistas; y, en fin, la desconfianza ante la probable irresponsabilidad y/o incompetencia de los gestores locales. Sus manifestaciones eran también notorias: implantación de un completo abanico de controles ejercidos por la Administración estatal, congelación práctica de las competencias tradicionalmente atribuidas a los Ayuntamientos; y mantenimiento de un sistema tributario local anticuado, de una extraordinaria rigidez e insuficiente por naturaleza para sostener sus gastos[33].

modelo minifundista, basado en la existencia de núcleos de población sin exigencia alguna de un mínimo territorial, o por un modelo basado en mayores exigencias de población y territorio, si es que lo hubiera considerado necesario para garantizar la viabilidad del ejercicio de las competencias que se atribuyen a los municipios y con ello su autonomía, o por una combinación de ambos en función de la realidad existente o, finalmente, por un modelo que dejase un amplio margen de decisión a las Comunidades Autónomas para configurar el elemento territorial de los municipios». *Vid.* STC 103/2013, de 25 de abril, FJ. 5.

31 Como señala García De Enterría, las ideas modernas del régimen local surgen en Francia a partir de la segunda mitad del Siglo XVIII, con el movimiento social y político conocido como «reforme de l'impót», corriente que trascendía la simple transformación del sistema impositivo y que pretendía replantear las técnicas políticas medievales y degeneradas en las que se sustentaba la monarquía absolutista. *Vid.* García De Enterría, E., «Turgot y los orígenes del municipalismo moderno», en *Revista de Administración pública*, núm. 33, 1960, p. 80.

32 Como señala Turgot, pese a sus fervorosas convicciones centralistas, la realidad «natural» del pueblo es «*susceptible d'une administration politique aussi claire que l'administration réligieuse que le curé y exerce.* Adicionalmente señala que a estas administraciones de parroquia debe encomendárseles atender las «necesidades especiales de cada lugar», o lo que es lo mismo, las materias en que todos los habitantes, tanto ricos como pobres, «tienen un interés común». *Vid.* Scheixe, *Oeuvres de Turgot et dácuments le concernant.* Tomo IV, Paris, 1922, p. 581.
Surge de esta forma, una primera noción o el principio básico de la autonomía local, entendido como el autogobierno por los que «viven o están sobre el lugar», en el sentido social o político del moderno municipalismo.

33 *Cfr.* Santamaría Pastor, J. A., *Fundamentos de Derecho Administrativo,* Centro de Estudios Ramón Areces, vol. 1, Madrid, 1998.

En contraposición, otros teóricos no menos importantes se apresuraron a reseñar la importancia de fomentar el establecimiento de una Administración local poderosa, que contribuyera a garantizar de forma efectiva los intereses generales de la ciudadanía. En este sentido, cobran especial relevancia los posicionamientos de numerosos pensadores que como De Tocqueville advierten de forma acertada que «las leyes generales, no ejercen más que una influencia indirecta y a menudo invisible sobre la condición y el bienestar de cada ciudadano. La Administración local, en cambio, tiene un contacto directo con ellos; toca continuamente sus puntos más sensibles: influye en todos los pequeños intereses que forman el gran interés que se pone en la vida, es el objeto principal de sus temores y también el de sus esperanzas más queridas, los mantiene vinculados a ella por una infinidad de lazos invisibles que los arrastran sin que se den cuenta»[34].

Transcurrido más de un siglo desde esos antiguos postulados centralizadores que buscaban un Estado fuertemente centralizado, la situación se pretende revertir mediante la atribución de autonomía a las Entidades Locales, algo que a todas luces se ha revelado marginal y con efectos superficiales[35].

Esta idea de la autonomía local[36] defendida de forma fervorosa por los autodenominados «municipalistas», tiene su origen en la ideología del muni-

---

34 *Vid.* De Tocqueville, A., *L'Ancien Régime et la Rèvolution,* Alianza Editorial, Madrid, 1982, p. 15.

35 Recuérdese que el sistema de competencias de las Entidades Locales se reguló sobre la idea de participación competencial, lo que supone que, siendo los titulares primarios de todas las materias el Estado y las Comunidades Autónomas, en la medida en que únicamente esto disponen de potestad legislativa, las competencias concretas de la Administración Local serán aquellas que les atribuyan las leyes estatales y autonómicas reguladoras de los sectores concretos de la acción pública.
Esta idea se desprende del art. 2 de la Ley 7/1985, de 2 de abril, Reguladora de las Bases del Régimen Local, (RLBRL) modificado por la Ley 27/2013, de 27 de diciembre (LRSAL), según el cual: «1. Para la efectividad de la autonomía garantizada constitucionalmente a las entidades locales, la legislación del Estado y la de las Comunidades Autónomas, reguladora de los distintos sectores de acción pública, según la distribución constitucional de competencias, deberá asegurar a los Municipios, las Provincias y las Islas su derecho a intervenir en cuantos asuntos afecten directamente al círculo de sus intereses, atribuyéndoles las competencias que proceda en atención a las características de la actividad pública de que se trate y a la capacidad de gestión de la Entidad Local, de conformidad con los principios de descentralización, proximidad, eficacia y eficiencia, y con estricta sujeción a la normativa de estabilidad presupuestaria y sostenibilidad financiera. 2. Las Leyes básicas del Estado previstas constitucionalmente deberán determinar las competencias que ellas mismas atribuyan o que, en todo caso, deban corresponder a los entes locales en las materias que regulen».

36 Recuérdese que el Preámbulo de la Carta Europea de Autonomía Local, considera a las Entidades Locales como uno de los principales fundamentos de un régimen democrático en el que dar cabida al derecho de participación de los ciudadanos, y en el que por su proximidad a ellos ha de permitir una administración más eficaz de los asuntos públicos.

cipalismo romántico alemán[37], y ha terminado logrando una consagración constitucional enfática que se refleja de forma indubitativa en los artículos 137 y 140 de la Constitución española. Una autonomía cuyo único fruto ha sido conferir un cierto grado de independencia formal a la actuación de los administradores locales, pero que no ha atacado el problema de raíz, ya que a los esfuerzos centralizadores tradicionales hay que añadir un nuevo «centralismo autonómico» tremendamente virulento que muestra una gran resistencia a despojarse de algunas de sus competencias, las cuales sobre la idea de la tan ansiada eficiencia administrativa, estarían mejor ejercitadas en manos de las Entidades Locales. Todo ello propicia un futuro incierto para la Administración local, la cual sigue estando en claro peligro de extinción, con los devastadores efectos que esto puede producir en las zonas rurales, las cuales verán aún más olvidados sus intereses y seguirán sufriendo los efectos de una (des)regulación derivada de la adopción de multitud de nuevos instrumentos normativos que en nada se corresponderán con la realidad rural, lo que propiciará aún más el abandono del territorio con los elevados costes sociales que esto conlleva.

Si a esta problemática de las Entidades Locales derivada de un esquema competencial que adolece la necesidad de abordar una nueva ola de descentralización del poder político, con la finalidad de empoderar a la Administración Local, es decir, al elemento institucional más próximo a la ciudadanía y, por tanto, el más indicado para satisfacer en mejor medida los intereses generales[38] —eficacia—; le añadimos una financiación insuficiente y el establecimiento de unos ilógicos controles financieros y presupuestarios de talla única, los cuales lejos de fomentar el *accountability* o la rendición de cuentas de los gestores municipales, propician el obstruccionismo y la minimización de la capacidad de acción de la Administración Local, entendemos el porqué del declive de las Entidades Locales, y al mismo tiempo, buena parte de

37 En esta línea, conviene recordar que será el socialismo municipal el que a finales del siglo XIX, gracias a la extensión de los nuevos valores de solidaridad y de igualdad impulsen de forma decidida el desarrollo de los servicios públicos esenciales en toda Europa, permitiendo a la ciudadanía acceder a prestaciones hasta la época desconocidas y tan importantes como el alumbrado público, transporte, electricidad, redes de abastecimiento de agua potable, saneamiento y alcantarillado, mercados de abastos, etc. *Cfr.* Sánchez Morón, M., *Derecho Administrativo*, Tecnos, Madrid, 2021, págs. 767 y ss.

38 Esta idea que ahora exponemos confronta con el argumento de quienes apuestan por la supresión de Entidades Locales como mecanismo para la supresión de duplicidades funcionales en el sector público, y coincide a la perfección con la apreciación señalada por Velasco Caballero, según el cual «las duplicidades funcionales no son una característica propia de las Administraciones públicas españolas. Mirando a otros países europeos claramente se observa cómo las duplicidades funcionales son un fenómeno normal en la distribución de poder entre regiones y entidades locales en otros Estados». *Vid.* Velasco Caballero, F., «Duplicidades funcionales de Comunidades Autónomas y entidades locales», en *Anuario de Derecho Municipal,* n.º 5, 2011, p. 24.

las reclamaciones de quienes abogan por la sostenibilidad de los pequeños municipios.

Esta perniciosa tendencia obstruccionista del Derecho y, especialmente, del Derecho Administrativo, puede observarse en diferentes aspectos de la gestión municipal[39] y de la ruralidad, algo que choca frontalmente con los postulados propios del derecho local, entendido como el derecho de la cercanía y la inmediatez, como el conjunto de instituciones destinado a regular a las EELL y a las relaciones de estas con los ciudadanos, que son las que los vecinos perciben con mayor cercanía[40].

Por todo ello, consideramos necesario no solo poner en valor la importancia capital de las Entidades Locales en la lucha contra la despoblación del entorno rural, sino también recordar el concepto de «poder municipal»[41], el cual constituye una de las piedras angulares de la historia administrativa contemporánea, y uno de los rasgos distintivos de la propia concepción de nuestro régimen local[42]. Y es que, la salvación del medio rural pasa en gran medida por el empoderamiento de la Administración Local, no solo mediante la ampliación de la atribución de competencias, sino también mediante la mejora de los instrumentos de financiación de este tipo de Administraciones públicas, y especialmente, por la simplificación de los procedimientos administrativos, con la finalidad de garantizar ese principio de inmediatez latente en la propia noción del derecho local, el cual constituye la llave maestra para

39 Si analizamos algunos de los hitos administrativos más recientes, observamos con pasmosa perplejidad como los mismos han sido confeccionados y pensados desde una óptica exclusivamente urbanita, sin tener en cuenta los efectos que ello conlleva para las áreas rurales. Un ejemplo palmario de esta tendencia es el impulso de los procedimientos de digitalización administrativa, ideados para mejorar la calidad de la prestación de servicios en aras de una mayor y mejor eficacia y eficiencia. Pues bien, transcurrida más de una década desde la adopción de la Ley 11/2007, de 22 de junio, de acceso electrónico de los ciudadanos a los Servicios Públicos, norma que reconoce el derecho de la ciudadanía a relacionarse por medios electrónicos con las Administraciones públicas, buena parte de la población, la que habita en las zonas rurales no tiene acceso a esta administración electrónica, la cual constituye una quimera y está a un paso de convertirse en uno de esos mitos y múltiples leyendas que atesora la cultura tradicional del medio rural.

40 *Vid.* García Rubio, F., *El derecho local tras la «racionalización». Entre la transparencia, la remunicipalización y el ajuste presupuestario*, Tirant lo Blanch, Valencia, 2020, p. 21.

41 El concepto de «*pouvoir municipal*», que aparece en su formulación estricta en la Asamblea Constituyente en el año crítico de 1789 y que será objeto más adelante de un debate teórico importante que terminará por precisar sus rasgos distintivos y sus pretensiones organizativas. El concepto se formula en el siguiente texto del famoso Decreto de la Asamblea de 14 de diciembre de 1789, de organización de las «*municipalités*», artículo 49: *les corps municipaux auront deux espéces de fonctions á remplir, les unes propres au pouvoir municipal, les autres propres á l'Administration genérale de l'Etat et deléguées par elle aux municipalités. Cfr.* Monnet, E., *Histoire de Administration Provinciales départamentale et communale en France,* París, 1885.

42 *Vid. op. cit.* García De Enterría, E., «Turgot y los...», p. 80.

la correcta satisfacción de los intereses generales de quienes un día decidieron loablemente confiar su proyecto vital a la ruralidad[43].

III. LA PROBLEMÁTICA DE LA POBLACIÓN FLOTANTE Y SU AFECTACIÓN NUCLEAR EN LA PRESTACIÓN DE SERVICIOS ESENCIALES EN LAS COMUNIDADES RURALES

El Gobierno de España y las Comunidades Autónomas convinieron en la VI Conferencia de presidentes, celebrada el 17 de enero de 2017, afrontar los cambios demográficos que afectan a España, y, de forma concreta, acordaron las siguientes cuestiones:

i. Impulsar medidas específicas para hacer frente a los desafíos demográficos.

ii. Elaborar y desarrollar una Estrategia Nacional frente al Reto Demográfico, de naturaleza global y transversal, que diseñe una respuesta conjunta y de futuro para paliar la problemática del progresivo envejecimiento poblacional, del despoblamiento territorial y de los efectos de la población flotante.

iii. Defender ante las autoridades de la Unión Europea la necesidad de que las políticas de la Unión tengan en cuenta y den respuesta a los desafíos demográficos, que en la mayoría de los aspectos son comunes a todos los Estados miembros.

Como resultado, el Consejo de Ministros aprobó, con fecha 29 de marzo de 2019, un importante Acuerdo sobre las Directrices Generales de la Estrategia Nacional frente al Reto Demográfico, elaboradas por el Comisionado del Gobierno frente al Reto Demográfico[44], adscrito al Ministerio de Política Territorial y Función Pública.

---

43 Como señala acertadamente el profesor FERNANDO PABLO, son estas Entidades Locales de la ruralidad, incluidas aquellas de menor tamaño y capacidad económica, las que realizan una labor impagable en la gestión y gobierno del territorio, garantizando la protección integral de elementos naturales tan relevantes para la pervivencia de nuestra sociedad como las aguas, los montes, la biodiversidad o los recursos naturales en su sentido más amplio, lo que les confiere una importancia capital. Pese a todo ello, conviene recordar que desde la promulgación de la Ley 27/2013, de 27 de diciembre, de racionalización y sostenibilidad de la Administración Local son estas entidades las que se encuentran en serio riesgo de extinción, con las repercusiones sociales que ello conlleva no solo para las poblaciones de la España rural, sino también para el conjunto de la sociedad. *Cfr.* FERNANDO PABLO, M.M., «Inframunicipalidad y Gobierno del territorio en Castilla y León», en RIVERO ORTEGA, Ricardo (Dir.), *Derecho local de Castilla y León*, Iustel, Madrid, 2015, págs. 175-206.

44 En este sentido, recuérdese que el Gobierno de España aprobó el Real Decreto 40/2017, de 27 de enero, por el que se crea el Comisionado del Gobierno frente al Reto Demográ-

Dichas directrices plantean una Estrategia de carácter global y transversal, desde una perspectiva multidisciplinar y con la participación de todos los departamentos a través del trabajo de un grupo interministerial, incorporando una perspectiva demográfica en el análisis de las actuaciones sectoriales. Entre los objetivos transversales de dicho documento destacan:

a) Garantizar una plena conectividad territorial, con una adecuada cobertura de internet de banda ancha y de telefonía móvil en todo el territorio, de acuerdo con la Agenda Digital Europea 2020.

b) Asegurar una apropiada prestación de servicios básicos a toda la población en condiciones de equidad, adaptada a las características de cada territorio.

c) Incorporar el impacto y la perspectiva demográfica en la elaboración de leyes, planes y programas de inversión, favoreciendo la redistribución territorial en favor de una mayor cohesión social.

d) Avanzar en la simplificación normativa y administrativa para los pequeños municipios, con el fin de facilitar la gestión de los ayuntamientos.

e) Eliminar los estereotipos y poner en valor la imagen y la reputación de los territorios más afectados por los riesgos demográficos.

f) Mejorar los mecanismos para una mayor colaboración público-privada, potenciando la incorporación de los factores demográficos en la responsabilidad social del sector privado, para convertir todos los territorios, sin exclusiones, en escenarios de oportunidades.

g) Alinear las líneas de acción y los propósitos de la Estrategia con el cumplimiento de los Objetivos de Desarrollo Sostenible y de la Agenda 2030.

En lo que respecta a las líneas de acción prioritarias, las directrices contemplan los siguientes extremos:

(1) Afrontar la despoblación

- Garantizar la funcionalidad de los territorios afectados por la despoblación y la baja densidad.
- Mejorar la competitividad y facilitar el desarrollo de nuevas actividades económicas y el fomento del emprendimiento.
- Favorecer el asentamiento y la fijación de población en el medio rural.

(2) Afrontar los desequilibrios de nuestra pirámide de población

- Coordinar las acciones referidas a personas mayores, envejecimiento activo y atención a la dependencia en todo el territorio.

---

fico y se regula su régimen de funcionamiento, y al que corresponde la elaboración y el desarrollo de una estrategia nacional frente al reto demográfico y aquellas tareas que contribuyan a dar respuesta a la problemática del progresivo envejecimiento poblacional, del despoblamiento territorial y de los efectos de la población flotante.

- Apoyar la puesta en marcha de proyectos de desarrollo socioeconómico de jóvenes, que garanticen el relevo intergeneracional.
- Facilitar el desarrollo de proyectos que garanticen la libertad de residencia efectiva de las mujeres en el territorio.
- Garantizar las condiciones que favorezcan la crianza de hijas e hijos, y que faciliten la equiparación de la tasa de natalidad al promedio de la UE.
- Asegurar la igualdad de oportunidades y la no discriminación de la infancia por ámbito de residencia.
- Trabajar, en coordinación con la UE, para canalizar una migración regular y ordenada, y su arraigo en todo el territorio.
- Facilitar la vuelta de los españoles residentes en el exterior que deseen regresar a España.

(3) Gestionar los efectos de la población flotante

- Garantizar la prestación de servicios básica para la población residente y flotante en todo el territorio.
- Asegurar el dimensionamiento de las infraestructuras y equipamientos necesarios para el desarrollo socioeconómico sostenible de las áreas con intensos flujos de población flotante.

Cuantificar y valorar estas variaciones poblacionales no es tarea fácil para la administración por la cantidad de variables estacionales, demográficas y económicas distintas que inciden en estos fenómenos[45]. No obstante, su efecto y omisión de previsión puede provocar fuertes desajustes de servicios ya que en algunas ocasiones puede que los recursos públicos no estén adaptados al número de personas que se encuentren en un determinado lugar, puesto que dependiendo de la época del año en la que nos encontremos, la población puede llegar a ser muy distinta a las personas censadas o empadronadas para las que la administración había tenido previsto prestar sus servicios básicos[46].

Según los datos de la Encuesta de Turismo de Residentes (ETR/FAMILITUR) de 2017, los residentes en España realizaron 193,7 millones de viajes durante el año 2017. El 91,1 % de los viajes tuvieron como destino principal el territorio nacional. Las principales Comunidades Autónomas de destino de los viajes de

---

45 En palabras de DELGADO URRECHO, J. M. y MARTÍNEZ FERNÁNDEZ, L. C., «Importancia de la población flotante en los municipios rurales del interior peninsular», en *Boletín de la Asociación de Geógrafos Españoles,* núm. 65, 2014, p. 207; quienes afirman que este fenómeno constituye «una realidad a tener en cuenta por su efecto socioeconómico dinamizador, ante el extraordinario número de municipios incapaces de mantener recursos y prestar servicios».

46 *Vid.* MINISTERIO DE POLÍTICA TERRITORIAL Y FUNCIÓN PÚBLICA, *Diagnóstico Estrategia Nacional Frente Al Reto Demográfico. Eje efectos población flotante,* Madrid, 2021, p. 6.

los residentes durante el año 2017, fueron Andalucía (16,8 % del total), Cataluña (13 %) y Comunitat Valenciana (9,6 %). Si se relacionan los viajes internos de los residentes con la población de destino, el fenómeno viajero tiene más intensidad en Cantabria (con 9.214 viajes por cada 1.000 habitantes), Castilla y León (8.260) y Castilla-La Mancha (7.489).

Esta cuestión hace necesario según la opinión cada vez más extendida de los regidores municipales que batallan diariamente por la pervivencia de sus municipios, proceder a la reformular del padrón municipal[47]. El objetivo de esta propuesta no es otro que el de habilitar fórmulas innovadoras que permitan consignar y reflejar los efectos que la población flotante posee en los municipios de los territorios rurales despoblados.

La legislación española recoge la figura del padrón municipal, por vez primera, en el Decreto XLV, de 3 de febrero de 1823, para el gobierno económico-político de las provincias. En su art. 6 se señala que los ayuntamientos «*formarán en el mes de enero de cada año el padrón general para el gobierno y administración de su respectivo pueblo, comprendiendo en él los particulares que sean necesarios para que sirva a los objetos de policía, de seguridad y orden de repartimiento de contribuciones y cargas, y de los alistamientos para el Ejército permanente, y para las milicias nacionales activa y local*»[48].

Por su parte, el art. 15 LRBRL establece con rotundidad que «*toda persona que viva en España está obligada a inscribirse en el Padrón del municipio en el que resida habitualmente. Quien viva en varios municipios deberá inscribirse únicamente en el que habite durante más tiempo al año. El conjunto de personas inscritas en el Padrón municipal constituye la población del municipio. Los inscritos en el Padrón municipal son los vecinos del municipio. La condición de vecino se adquiere en el mismo momento de su inscripción en el Padrón*».

Esta ordenación del padrón municipal contribuye al establecimiento de una concepción restrictiva y estática de la población de los municipios rurales, que impide cuantificar, con objetividad, los efectos derivados de la presencia creciente de población flotante o pendular en los municipios de la España rural. Ciertamente, en los últimos años, el aumento de población registrado, principalmente durante los meses estivales, algo que deriva del traslado de la población del medio urbano a sus localidades de segunda residencia, representa una constante en gran parte de los municipios de las áreas rurales despobladas.

---

47 El Padrón municipal es el registro administrativo donde constan los vecinos de un municipio. Sus datos constituyen prueba de la residencia en el municipio y del domicilio habitual en el mismo. Las certificaciones que de dichos datos se expidan tendrán carácter de documento público y fehaciente para todos los efectos administrativos —art. 16 LRBRL—.

48 *Vid.* Aguado i Cudolà, V., «Hacia una nueva población municipal: el padrón como instrumento para la realización de políticas públicas y para el ejercicio de derechos de españoles y extranjeros», en *Anuario del Gobierno Local 2003,* 2004, p. 198.

Este desequilibrio entre la población de derecho, censada y correctamente inscrita en el padrón municipal, y la población de hecho, asentada de forma efectiva sobre estos territorios, derivada de la llegada de población flotante, la cual constituye un motor fundamental para dinamizar la economía local y generar rentas[49], está dando lugar a una doble problemática a la que urge buscar respuesta: por un lado, el incremento sustancial de usuarios de los servicios municipales exige realizar un importante desembolso de recursos financieros, lo que pone en serio riesgo la suficiencia financiera de las Entidades locales[50]; y por otro, ese aumento puntual del número de habitantes incide de forma directa en la correcta prestación de los servicios esenciales por parte de la Administración local, dando lugar a problemas de abastecimiento de agua potable, funcionamiento del alcantarillado público, etc., elemento que colisiona una vez más con el bienestar y la calidad de vida de los habitantes de las áreas rurales.

Urge, por tanto, una vez más, promover la adaptación de las medidas jurídico-administrativas pertinentes para corregir este peligroso desequilibrio entre la población de hecho y de derecho que late en el seno del padrón municipal de las áreas rurales, con la finalidad de garantizar la correcta prestación de los servicios municipales[51], avanzar en el establecimiento de un sistema de financiación de las haciendas locales acorde a las necesidades de su población real, y salvaguardar la suficiencia financiera de las Entidades locales, y con ella, la plena vigencia de la autonomía local[52].

49 *Vid.* Vinuesa Angulo, J., «De la población de hecho a la población vinculada», en *Cuadernos Geográficos,* núm. 36, 2005, págs. 79-90.

50 Como tantas veces se ha reiterado, la exigencia de que las Entidades locales han de estar dotadas de recursos suficientes es consustancial a la consagración de la autonomía local. En efecto, de forma prácticamente unánime, sobre la base de que el principio de suficiencia constituye el «complemento y presupuesto» de dicha autonomía, la doctrina no ha cesado de poner de manifiesto la indisociable relación de necesidad que vincula la vigencia efectiva de la autonomía local con un suficiente suministro de medios económicos. *Vid.* Leguina Villa, J., «Gobierno municipal y Estado autonómico», en *Escritos sobre autonomías territoriales,* Tecnos, Madrid, 1984, págs. 273- 274; García Roca, J., «El concepto actual de autonomía local según el bloque de la constitucionalidad», en *Revista de Estudios de la Administración Local y Autonómica,* núm. 282, 2000, p. 67; González Sánchez, M., «Reflexiones sobre la autonomía o suficiencia financiera de las corporaciones locales según la Constitución española», en *Revista de Estudios de la Administración Local y Autonómica,* núm. 229, 1986, p. 103; Ramallo Massanet, J. y Zornoza Pérez, J., «Autonomía y suficiencia en la financiación de las haciendas locales», en *Revista de Estudios de la Administración Local y Autonómica,* núm. 259, 1993, págs. 500-501

51 Desde los postulados del Estado social el padrón es un instrumento que permite la definición de las políticas públicas a través del conocimiento de la población a las que estas van dirigidas. Y, en definitiva, desde las exigencias del Estado de derecho, el padrón debe asegurar efectivamente el más riguroso respeto a los derechos y libertades públicas. *Vid. op. cit.* Aguado i Cudolà, V., «Hacia una nueva...», p. 202.

52 Quizá, en un horizonte temporal no muy lejano, sería recomendable sondear las ventajas y potencialidades que presenta el sistema de desplazamiento temporal aplicado por los

IV. ANÁLISIS DE LA INSUFICIENTE REFORMA DEL RÉGIMEN LOCAL OPERADA POR EL REAL DECRETO-LEY 6/2023, DE 19 DE DICIEMBRE

Mediante la adopción del Real Decreto-ley 6/2023, de 19 de diciembre, por el que se aprueban medidas urgentes para la ejecución del Plan de Recuperación, Transformación y Resiliencia en materia de servicio público de justicia, función pública, régimen local y mecenazgo, se acomete una nueva modificación, otra más, de la Ley 7/1985, de 2 de abril, Reguladora de las Bases del Régimen Local (LRBRL), con el propósito de contribuir al cumplimiento del hito número 147 del Plan de Recuperación, Transformación y Resiliencia.

La reforma aborda temas de diferente naturaleza si bien conectados con los objetivos señalados en relación con la garantía de prestación de los servicios públicos, en particular, de los de menor población, y el refuerzo de la accesibilidad de los servicios públicos locales a través de medios electrónicos[53].

La primera de las modificaciones de relevancia es la que atañe a la creación de nuevos municipios. Trascurrida una década desde la promulgación de la Ley 27/2013, de 27 de diciembre, de Racionalización y Sostenibilidad de la Administración Local (LRSAL), la cual establecía un mínimo de población de 5.000 habitantes para proceder a la creación de nuevos municipios, se reduce dicho mínimo a 4.000 habitantes. De este modo, solo podrá realizarse sobre la base de núcleos de población territorialmente diferenciados, de al menos 4.000 habitantes y siempre que los municipios resultantes sean financieramente sostenibles, cuenten con recursos suficientes para el cumplimiento de las competencias municipales y no suponga disminución en la calidad de los servicios que venían siendo prestados.

En segundo lugar, la reforma de la LRBRL incorpora novedades en materia de gestión electrónica del padrón municipal con una doble dimensión. Por un lado, se refuerza el canal electrónico como elemento básico en la gestión municipal de este registro administrativo, y, en consecuencia, la validez, en términos de seguridad y trazabilidad de la información recogida en el mismo. Por otro lado, con la nueva redacción del art. 16, LRBRL se mejora el sistema de recogida de información, al actualizar los datos obligatorios que deben constar en la inscripción conforme a la nueva normativa en materia de extranjería, al tiempo que se concreta la obligación de que los datos relativos al domicilio habitual incluyan la correspondiente referencia catastral, siempre que ello sea posible, incluyendo la aportación de datos voluntarios.

---

servicios sanitarios, y su extrapolación al ámbito del padrón municipal, algo relativamente sencillo si tenemos en cuenta los crecientes procesos de digitalización y datificación que están experimentando el conjunto de las Administraciones públicas.

53 *Vid.* Campos Acuña, C., RD Ley 6/2023, novedades de régimen local: nuevo mínimo para crear un municipio (4.000 habitantes) y gestión electrónica de los padrones municipales, en *Noticias Jurídicas,* 21 de diciembre de 2023. Disponible en: https://acortar.link/EVitRW

En tercer lugar, también es objeto de reforma el sistema de atribución de competencias municipales. Como es sobradamente conocido, uno de los ejes sobre los que había pivotado la reforma del régimen local del año 2013 era precisamente el sistema de atribución de competencias a los municipios, para evitar, por una parte, la asunción de competencias impropias, y por otra, la atribución de nuevas competencias sin medios ni recursos para su ejercicio. A tal fin, el art. 25.4 la LRBRL exigía que las leyes de asignación de competencias deberían ir acompañadas de una memoria económica que refleje el impacto sobre los recursos financieros de las Administraciones públicas afectadas y el cumplimiento de los principios de estabilidad, sostenibilidad financiera y eficiencia del servicio o la actividad. La Ley debe prever la dotación de los recursos necesarios para asegurar la suficiencia financiera de las Entidades Locales sin que ello pueda conllevar, en ningún caso, un mayor gasto de las Administraciones públicas.

La reforma operada por el Real Decreto-Ley refuerza dicha inercia legal, introduciendo el principio de diferenciación en la atribución de competencias. De esta forma, el nuevo art. 25.6 LRBRL establece con carácter previo a la atribución de competencias a los municipios, la necesidad de realizar una ponderación específica de la capacidad de gestión de la entidad local, dejando constancia de tal ponderación en la motivación del instrumento jurídico que realice la atribución competencial, ya sea en su parte expositiva o en la memoria justificativa correspondiente.

Seguidamente, el Real Decreto-ley 6/2023, de 19 de diciembre se detiene en paliar uno de los pasajes más perniciosos de la LRSAL: el vaciamiento de contenido del art. 28 LRBRL, el cual supuso un auténtico mazazo para la capacidad prestacional de los pequeños municipios. A tal fin, el nuevo texto aboga abiertamente por la instauración de «sistemas de gestión colaborativa», entendidos estos como una fórmula de carácter potestativo, para determinados municipios de menos de 20.000 habitantes, con la finalidad de garantizar los recursos suficientes para el cumplimiento de las competencias municipales y, en particular, para una prestación de calidad, financieramente sostenible, de los servicios públicos mínimos obligatorios.

Sobre el concepto de estos sistemas, la norma apunta ya una serie de posibilidades mediante el recurso al uso de medidas: (i) de racionalización organizativa y de funcionamiento; (ii) de garantía de la prestación de dichos servicios mediante fórmulas de gestión comunes o asociativas; (iii) de sostenimiento del personal en común con otro u otros municipios; y (iv) en general, de fomento del desarrollo económico y social de los municipios[54].

54 No obstante, la aplicación efectiva a un municipio de la gestión colaborativa requerirá decisión en tal sentido de la Comunidad Autónoma respectiva, adoptada conforme a su legislación de régimen local propia, y en todo caso, con la conformidad previa del municipio afectado y el informe de las entidades locales afectadas.

Finalmente, la reforma del régimen local incorpora una serie de importantes previsiones acerca de la necesaria digitalización de los servicios públicos locales. Para ello, se introduce un nuevo art. 70 quater LRBRL. Esta norma se orienta a la finalidad de promover una mayor accesibilidad de los vecinos a los servicios públicos locales a través de medios tecnológicos, y contribuir así, a reducir la brecha digital. Para ello, el nuevo precepto impone a las entidades locales el deber de adoptar las medidas necesarias para facilitar la accesibilidad de los servicios públicos a los vecinos, promoviendo la utilización de las tecnologías de la información y la comunicación en la prestación de los mismos. Para ello, elaborarán planes que tengan por objeto la implementación de mecanismos digitales que faciliten la accesibilidad de los vecinos y de las empresas a los servicios públicos.

Las Entidades Locales deberán adoptar las medidas necesarias para facilitar la accesibilidad de los servicios públicos a los vecinos, promoviendo la utilización de las tecnologías de la información y la comunicación en la prestación de los mismos. Para ello, elaborarán planes que tengan por objeto la implementación de mecanismos digitales que faciliten la accesibilidad de los vecinos y de las empresas a los servicios públicos.

Así mismo, se establece que las Entidades Locales deberán crear y mantener un portal de internet de información a los vecinos y de acceso a los servicios públicos digitalizados para los que así se determine, que opere como plataforma tecnológica de comunicación entre aquellos y la Administración local destinada a promover la digitalización progresiva de los servicios públicos[55].

Para garantizar el cumplimiento de estas nuevas obligaciones, la reforma recoge un sistema de garantía para los municipios de menos de 20.000 habitantes, tomando en consideración el necesario apoyo a los municipios de menor población, al disponer que estos servicios se prestarán con las adaptaciones y plazos de implementación correspondientes a sus especialidades en los términos que se determinen por la legislación autonómica. Por consiguiente, habrá que estar a las disposiciones legales que, en su caso, adopten las diferentes Comunidades Autónomas.

V. LA NECESARIA APUESTA POR ARTICULAR UN RÉGIMEN JURÍDICO ESPECÍFICO PARA LOS MUNICIPIOS DE MENOR POBLACIÓN: DE LAS PROMESAS A LA ACCIÓN

En el Estado español existen 6.827 municipios de menos de 5.000 habitantes, los cuales representan el 84 % de municipios totales de nuestra planta local, donde vive el 12 % de la población española.

55 En este portal deberán publicar la información que las Administraciones locales consideren adecuada a este efecto y, en su caso, la relación de servicios públicos a los que se pueda acceder por el portal o los vínculos a la información sobre el acceso a los servicios públicos disponibles en el territorio, en los términos en los que disponga la normativa autonómica.

Según los datos del Instituto Nacional de Estadística, de los 8.131 municipios que hay en España, 5002 tienen una población inferior a 1.000 habitantes, especialmente en las comunidades de Castilla y León (2.009 municipios), Castilla-La Mancha (641) y Aragón (630); y hay 2.370 municipios con población entre 1.001 y 10.000 habitantes. Los porcentajes más elevados de personas que residen en estos municipios más pequeños se dan en Extremadura (50,2 %), Castilla-La Mancha (44,0 %) y Castilla y León (43,6 %), mientras que los más bajos corresponden a la Región de Murcia (3,8 %) y a la Comunidad de Madrid (5,8 %)[56].

Conscientes de esta realidad, el 18 de junio de 2020, la Ministra de Política Territorial anunciaba, además de otras reformas de carácter local, la elaboración de un «Estatuto Básico de los Pequeños Municipios», como una novedad enmarcada en la Estrategia Nacional frente al Reto Democrático, que perseguiría tres objetivos: (i) fijar la población al territorio; (ii) mantener la calidad democrática del municipio, de acuerdo con nuestro Estado democrático; y (iii) garantizar las condiciones de vida de los ciudadanos con independencia del territorio en el que residan, con la prestación de unos servicios públicos de calidad[57].

Para alcanzarlos se incorporarían, tal y como se desprende de la Proposición no de Ley sobre la elaboración del Estatuto Básico de los Municipios de Menor Población, de fecha 20 de noviembre de 2020 (161/001839) las siguientes medidas: simplificación orgánica, agilización procedimental, especialidades en el ámbito de la contratación pública y en la gestión económica-financiera y patrimonial, especialidades en el régimen de los habilitados nacionales y mecanismos de asistencia por parte de las restantes administraciones a los pequeños municipios.

De conformidad con el informe presentado por el Secretario de Estado de Política Territorial y Función Pública en la Comisión Nacional de Administración Local (CNAL) el 16 de noviembre de 2020, en el que se concreta que se está elaborando un Anteproyecto de Ley del Estatuto Básico de Menor Población, cuya aprobación comportaría la adición de un nuevo título a la LRBRL. Según el citado informe, los principios informadores que vehicularán este Estatuto Básico de los Municipios de Menor Población destacan: (i) el servicio efectivo a la ciudadanía; (ii) simplificación organizativa y procedimental; (iii) cogobernanza multinivel; (iv) diferenciación (trato diferenciado

---

56 El 39,9 % de la población empadronada en España reside en municipios mayores de 100.000 habitantes y el 20,2 % en municipios menores de 10.000 habitantes. *Cfr.* Secretaría General para el Reto Demográfico, *El reto demográfico y la despoblación en España en cifras,* Madrid, 2020.

57 *Vid.* Carbonell Porras, E., ¿Un estatuto básico para los municipios pequeños?: Un comentario de urgencia, en Revista de Estudios de la Administración Local y Autonómica, núm. 15, 2021, p. 65.

en el ámbito competencial en favor de estos municipios por exigencias del principio de equidad); y (v) colaboración en la asistencia a estos municipios[58].

Entre las medidas de actuación que se vislumbran en el horizonte destacan cuestiones tales como:

- La revisión periódica de procedimientos para su simplificación y disminución de las cargas burocráticas.
- El refuerzo de la colaboración interadministrativa.
- Colaboración en la potenciación de la Administración electrónica.

También se alude a medidas relativas al empleo local para garantizar el desempeño adecuado de las funciones reservadas a funcionarios con habilitación de carácter nacional, la creación de agrupaciones de municipios para sostener en común puestos o agrupaciones de personal con sede administrativa común, el uso de medios electrónicos y telemáticos, la posibilidad de que las entidades locales puedan encomendar la selección de sus funcionarios propios y la de articular Planes de Empleo para mejorar la eficiencia la garantía del empleo público y de calidad.

Si bien es cierto que existe un consenso mayoritario en que las medidas en las que se está trabajando desde el Gobierno de España para diseñar este Estatuto Básico de los Municipios de Menor Población[59] son adecuadas y pertinentes para mejorar la gestión de la despoblación en clave local, la demora —a estas alturas ya injustificada— en su adopción no solamente representa un incumplimiento de los compromisos de la Estrategia Nacional frente al Reto Demográfico, sino también de los hitos contemplados en el Plan de Recuperación, Transformación y Resiliencia. Urge, por tanto, pasar de las musas al teatro, de la parálisis a la acción, pues buena parte de los municipios de menor población que resisten de manera estoica en los territorios rurales con desafíos demográficos se encuentran en una situación insostenible: plantillas mermadas, (in)suficiencia financiera, sobrerregulación irracional y burocracia incomprensible, son solamente algunas de las características de una planta local que requiere transformaciones reales para lograr una Administración eficaz y eficiente, con capacidad de acción real para la defensa de los intereses y aspiraciones de las comunidades rurales con desafíos demográficos.

58 Más información disponible en: https://acortar.link/5egpfw

59 *Vid.* Almeida Cerreda, M., «Un posible régimen especial para los pequeños municipios: justificación, naturaleza, contenido y articulación», en *Revista de Estudios de la Administración Local y Autonómica*, núm. 19, 2023, págs. 59-81.

VI. *DE LEGE FERENDA*: PROPUESTAS PARA LOGRAR LA ANSIADA SIMPLIFICACIÓN ADMINISTRATIVA EN LOS PEQUEÑOS MUNICIPIOS Y FACILITAR LA «GOBERNANZA DE LA DESPOBLACIÓN»

Repensar el régimen local desde el prisma del reto demográfico y territorial exige acometer una serie de importantes y urgentes transformaciones institucionales y normativas con la finalidad de devolver a las comunidades rurales la capacidad de decisión sobre su futuro y, especialmente, con el propósito de edificar una Administración local vigorosa, centrada en la prestación de servicios esenciales, para ampliar la esfera vital de la ciudadanía que puebla nuestro preciado medio rural. A tal fin, desde el Estudio salmantino abogamos abiertamente por emprender las siguientes actuaciones:

Fortalecer el esquema competencial de las Entidades Locales de Menor Población (<1.000 habitantes), como instrumento institucional esencial para garantizar el bienestar de las comunidades rurales.

Garantizar la suficiencia financiera de los pequeños municipios para que puedan prestar correctamente los servicios obligatorios contemplados en el art. 26 LRBRL.

Modificar el Sistema de Financiación Autonómica para incluir los efectos que ejerce la población flotante en la prestación de los servicios municipales esenciales (agua potable, alcantarillado, recogida de residuos, etc.) de las comunidades rurales con desafíos demográficos.

Renovar la regulación del padrón municipal con el propósito de corregir el peligroso desequilibrio existente entre la población de hecho y de derecho de las áreas rurales con desafíos demográficos, con la finalidad de garantizar la correcta prestación de los servicios municipales.

Potenciar el protagonismo que posee la labor desarrollada por las Diputaciones provinciales en materia de asistencia y cooperación jurídica, económica y técnica a los municipios de menor capacidad económica y de gestión. También en relación a la prestación de servicios públicos de carácter supramunicipal o la coordinación de los servicios municipales entre sí para la garantía de la prestación integral y adecuada de los mismos.

Avanzar en la simplificación procedimental de los pequeños municipios, mediante la fusión de procedimientos conexos para evitar duplicidades, la supresión de procedimientos que han perdido la finalidad originaria, la reformulación de las bases del procedimiento administrativo mediante la aplicación de los principios de proporcionalidad de la intervención administrativa, de racionalidad administrativa y de salvaguardia de los intereses de la ciudadanía y el interés general; o el impulso del régimen jurídico de las comunicaciones previas y las declaraciones responsables como alternativa a las autorizaciones administrativas.

Impulsar un auténtico Estatuto Básico de los Municipios de Menor Población que permita estructurar un régimen jurídico especial que apueste, desde el diseño y por defecto, por la simplificación orgánica y la agilización procedimental en ámbitos tan relevantes para la gestión municipal como la contratación pública, la gestión económica-financiera y patrimonial, el régimen de los habilitados nacionales o la puesta en marcha de mecanismos de asistencia por parte de las restantes administraciones a los pequeños municipios.

Repensar el régimen jurídico de los habilitados nacionales, los cuales desarrollan una labor esencial e indispensable en la lucha contra la despoblación. A tal fin, sería conveniente encomendar la selección del personal municipal a las diputaciones provinciales, fomentar la articulación de las agrupaciones de los puestos de trabajo para el sostenimiento de personal común. De igual forma, es preciso desplegar una serie de medidas de carácter retributivo (mejora del complemento de destino en puestos de trabajo de atención al ciudadano), de movilidad interadministrativa, de incentivos a la fijación de residencia o mejoras de las condiciones de trabajo en núcleos rurales (ayudas, permisos o medidas de conciliación de la vida personal y familiar), de formación o de trabajo colaborativo, entre otras.

Discriminación normativa positiva en favor de las comunidades rurales. No solamente es del todo necesario derogar disposiciones normativas obsoletas, evitar la dispersión normativa y otorgar más poder a los ayuntamientos y consejos insulares, sino también realizar un ejercicio de adecuación del marco normativo general a la idiosincrasia y las peculiaridades propias de los pequeños municipios del medio rural.

Blindar la prestación de servicios sociales de proximidad, así como la garantía de una mejor accesibilidad y calidad de los servicios básicos de sanidad y educación en las áreas rurales, laboriosa tarea en la que las mancomunidades de municipios están llamadas a tener un protagonismo extraordinario. A tal fin, debe otorgárselas un estatus dinámico, adaptativo, flexible, de geografía variable y de carácter funcional, que contribuya a la operatividad de la institución y de las políticas públicas emergentes que se pretendan implantar, lo que redundará en una mejora de la calidad de vida de sus vecinos.

VII. BIBLIOGRAFÍA

Aguado i Cudolà, V., «Hacia una nueva población municipal: el padrón como instrumento para la realización de políticas públicas y para el ejercicio de derechos de españoles y extranjeros», en *Anuario del Gobierno Local 2003,* 2004.

ALMEIDA CERREDA, M., «Un posible régimen especial para los pequeños municipios: justificación, naturaleza, contenido y articulación», en *Revista de Estudios de la Administración Local y Autonómica*, núm. 19, 2023.

ARENILLA SÁEZ, M., «El pequeño municipio: núcleo democrático vs. prestación de servicios», en AAVV, *Elementos para un debate sobre la Reforma Institucional de la Planta Local en el Estado Autonómico: documento técnico.* Fundación Democracia y Gobierno Local, Madrid, 2012.

BELLO PAREDES, S.A., «Castilla y León vacía (vaciada): esperando a Ulises», en *Revista de Estudios de la Administración Local y Autonómica, Nueva época,* n.º 13, 2020.

BELMONTE PELÁEZ, B. y FERNÁNDEZ GUTIÉRREZ, M., «Crónica parlamentaria de la Junta General del Principado de Asturias en el año 2023», en *Revista Jurídica de Asturias,* núm. 47, 2024.

BLASCO HEDO, E., «Ley 2/2021, de 7 de mayo, de Medidas Económicas, Sociales y Tributarias frente a la Despoblación y para el Desarrollo del Medio Rural en Castilla-La Mancha», en *Actualidad Jurídica Ambiental,* núm. 113, 2021.

CALONGE VELÁZQUEZ, A., «La fusión de municipios, único instrumento de la Ley 27/2013, de 27 de diciembre, de racionalización y sostenibilidad de la Administración Local para la modificación de la planta municipal: una oportunidad perdida», en *Revista de Estudios de la Administración Local y Autonómica*, núm. extra, 2015.

CAMPOS ACUÑA, C., RD Ley 6/2023, novedades de régimen local: nuevo mínimo para crear un municipio (4.000 habitantes) y gestión electrónica de los padrones municipales, en *Noticias Jurídicas,* 21 de diciembre de 2023.

CARBONELL PORRAS, E., «Movilidad sostenible en la lucha contra la despoblación: algunas medidas en la provincia de Jaén», en *Revista Estudios Jurídicos. Segunda Época*, núm. 24, 2024.

¿Un estatuto básico para los municipios pequeños?: Un comentario de urgencia, en *Revista de Estudios de la Administración Local y Autonómica*, núm. 15, 2021.

COSCULLUELA MONTANER, L., «Reforma de la Administración local. Una oportunidad de modificar la planta que no se puede perder», en *Revista Española de Derecho Administrativo,* núm. 157, 2013.

DELGADO URRECHO, J.M. y MARTÍNEZ FERNÁNDEZ, L.C., «Importancia de la población flotante en los municipios rurales del interior peninsular», en *Boletín de la Asociación de Geógrafos Españoles,* núm. 65, 2014.

DE TOCQUEVILLE, A., *L'Ancien Régime et la Rèvolution,* Alianza Editorial. Madrid, 1982.

Domínguez Álvarez, J.L., «Legislative and institutional reforms to address the demographic and territorial challenge: a global perspective», en AAVV, *Administrative rural proofing for territories with demographic challenges,* Colex, A Coruña, 2024.

Durán García, F. J., *La fusión de municipios como estrategia*, Dykinson, Madrid, 2016.

«La fusión coactiva de municipios en España: principios, estrategia y resultados», en *El Cronista del Estado Social y Democrático de Derecho,* núm. 57, 2016.

Esteve Pardo, J., *Lecciones de Derecho Administrativo,* Marcial Pons. Novena edición, Barcelona, 2019.

Fernando Pablo, M.M., «Devolver el alma a los pueblos: el encuentro «Rural Renaissance», en *AIS: Ars Iuris Salmanticensis,* vol. 7, núm. 2, 2020.

«Inframunicipalidad y Gobierno del territorio en Castilla y León», en Rivero Ortega, Ricardo (Dir.), *Derecho local de Castilla y León*, Iustel, Madrid, 2015.

Garcia de Enterría, E., «Principio de legalidad, Estado material de Derecho y facultades interpretativas y constructivas de la jurisprudencia en la Constitución», en *Revista Española de Derecho Constitucional,* n.º 10, 1984.

«Turgot y los orígenes del municipalismo moderno», en *Revista de Administración pública*, núm. 33, 1960.

García Roca, J., «El concepto actual de autonomía local según el bloque de la constitucionalidad», en *Revista de Estudios de la Administración Local y Autonómica,* núm. 282, 2000.

García Rubio, F., *El derecho local tras la «racionalización». Entre la transparencia, la remunicipalización y el ajuste presupuestario*, Tirant lo Blanch, Valencia, 2020.

González Sánchez, M., «Reflexiones sobre la autonomía o suficiencia financiera de las corporaciones locales según la Constitución española», en *Revista de Estudios de la Administración Local y Autonómica,* núm. 229, 1986.

Leguina Villa, J., «Gobierno municipal y Estado autonómico», en *Escritos sobre autonomías territoriales,* Tecnos, Madrid, 1984.

Marquina Fuentes, J., «As políticas de fomento das administracións públicas ante a despoboación e o reto demográfico. Especial referencia á Administración local», en *Revista Galega de Administración Pública* (REGAP), núm. 57, 2019.

Martínez López-Muñiz, J.L., «Cooperación y subsidiariedad intermunicipal». *Revista de Estudios de la Administración Local y Autonómica*, núm. 302, 2006.

Martínez Tapia, R., *Igualdad y razonabilidad en la justicia constitucional española*, Universidad de Almería, Almería, 2000.

Ministerio de Política Territorial y Función Pública, *Diagnóstico Estrategia Nacional Frente Al Reto Demográfico. Eje efectos población flotante,* Madrid, 2021.

Monnet, E., Histoire de Administration Provinciales départamentale et communale en France, París, 1885.

Palomar Olmeda, A., «La supresión-fusión de municipios», en *Cuadernos de derecho local*, núm. 37, 2023.

Peces-Barba, G., «Ética, Poder y Derecho. Reflexiones ante el fin de siglo», en *Cuadernos y Debates,* núm. 54, 1995.

Quintana López, T., «Debate previo a la reforma de la legislación del Estado de Régimen Local», en Quintana López, T. (Dir.), *La reforma del Régimen Local,* Tirant lo Blanch, Valencia, 2014.

Ramallo Massanet, J. y Zornoza Pérez, J., «Autonomía y suficiencia en la financiación de las haciendas locales», en *Revista de Estudios de la Administración Local y Autonómica,* núm. 259, 1993.

Sánchez Morón, M., *Derecho Administrativo,* Tecnos, Madrid, 2021.

Santamaría Pastor, J.A., *Fundamentos de Derecho Administrativo,* Centro de Estudios Ramón Areces, vol. 1, Madrid, 1998.

Sanz Larruga, F. J., «Instrumentos de evaluación y participación para la cohesión territorial y ante el reto demográfico», en *Revista Española de la Función Consultiva*, núm. 33, 2023.

Scheixe, *Oeuvres de Turgot et dácuments le concernant.* Tomo IV, Paris, 1922.

Secretaría General para el Reto Demográfico, *El reto demográfico y la despoblación en España en cifras,* Madrid, 2020.

Velasco Caballero, F., «Duplicidades funcionales de Comunidades Autónomas y entidades locales», en *Anuario de Derecho Municipal,* núm. 5, 2011.

Vinuesa Angulo, J., «De la población de hecho a la población vinculada», en *Cuadernos Geográficos,* núm. 36, 2005.

CAPÍTULO IV

¿TIENE HERRAMIENTAS EL PODER POLÍTICO LOCAL PARA LUCHAR CONTRA LA DESPOBLACIÓN?

José Luis Mateos Crespo
Profesor Asociado Derecho Constitucional
Universidad de Salamanca

SUMARIO: I. INTRODUCCIÓN. II. LA AUTONOMÍA LOCAL COMO GARANTÍA CONSTITUCIONAL. III. LA FINANCIACIÓN DE LAS ENTIDADES LOCALES PARA EL EJERCICIO DE SUS COMPETENCIAS. IV. LA REPRESENTACIÓN POLÍTICA LOCAL. V. CONCLUSIONES. VI. BIBLIOGRAFÍA.

I. INTRODUCCIÓN

La despoblación de los municipios es una preocupación que se ha generalizado de forma especial en los últimos años entre los partidos políticos de todo el espectro ideológico, al tiempo que ha ido ganando presencia en los debates públicos tanto en los medios de comunicación como en la academia. Este interés ha provocado, a su vez, la necesidad de articular con cierta urgencia planes o estrategias para revertir el progresivo vaciamiento poblacional o, al menos, articular medidas para mitigar sus efectos negativos sobre zonas del territorio que han sufrido de forma sustancial la pérdida de habitantes en las últimas décadas[1].

La dimensión que ha alcanzado este asunto entre la opinión pública es tal que ha permeado al mismo tiempo en el debate político y en la oferta programática de los partidos que compiten electoralmente, de modo aún

1 PINILLA, V. y SÁEZ, L. A., «La despoblación rural en España: características, causas e implicaciones para las políticas públicas», en *Presupuesto y Gasto Público*, núm. 102, 2021, p. 76.

más destacable entre las formaciones políticas vinculadas a aquellas zonas del país donde los efectos de la pérdida de población son más evidentes, como puede ser el caso de las provincias de Soria y Teruel. Pero, sobre todo, a través del lenguaje utilizado para abordar el problema, llegándose a calificar de «reto demográfico», como si la reversión de la tendencia fuera, como en efecto podemos observar, un verdadero reto de difícil alcance, pero no imposible.

El impulso de políticas públicas en torno a la despoblación ha partido sobre todo de las comunidades autónomas y el Gobierno central y, en menor medida, a través de ayuntamientos y diputaciones, pese a ser las más cercanas. El mayor protagonismo de las administraciones autonómicas y central se explica por las competencias en materia de ordenación del territorio y la mayor cantidad de recursos disponibles para abordar este tipo de políticas que requiere una sólida planificación estratégica, algo de lo que carecen las entidades locales.

Sin embargo, a pesar de estas limitaciones, las entidades locales no han permanecido ajenas la problemática de la despoblación, sino que han buscado fórmulas de intervención porque es precisamente en su ámbito territorial donde más se han percibido las consecuencias. El análisis a través de este trabajo de la distribución competencial y la configuración del ejercicio de la representación política en las entidades locales nos permitirán también, desde otra perspectiva, obtener una radiografía sobre la incapacidad real del poder político en el ámbito municipal para influir en el desarrollo de políticas públicas de lucha contra la despoblación.

II. LA AUTONOMÍA LOCAL COMO GARANTÍA CONSTITUCIONAL

La Constitución española de 1978 comienza su Título VIII, dedicado a la organización territorial del Estado, garantizando la autonomía de los municipios, las provincias y las comunidades autónomas «para la gestión de sus respectivos intereses» (art. 137 CE). El constituyente español, además, ahondó en la garantía específica de los municipios en el artículo 140 CE[2], con el reconocimiento de su personalidad jurídica plena, la forma de gobierno y administración, y la elección de los concejales por los vecinos del municipio mediante sufragio universal, igual, libre, directo y secreto, remitiéndose a la ley para determinar el modo concreto en que se producirá la elección[3].

---

2 Sosa Wagner, F., «Los artículos sobre la Administración Local de la Constitución», en *Temas para el debate,* núm. 258, 2016, págs. 33-36.

3 La Ley Orgánica 5/1985, de 19 de junio, del Régimen Electoral General, establece en su Título III (arts. 176 y siguientes) las disposiciones especiales para las elecciones municipales.

No puede decirse, en particular, que el constituyente español dedicara muchos esfuerzos a concretar la extensión y límites de la autonomía local, sino más bien todo lo contrario porque, en realidad, la autonomía local, «parece circunscribirse a un reconocimiento meramente existencial de municipios y provincias, como si intencionadamente se detuviese en su dimensión formal —reconocimiento de personalidad jurídica propia, modo de elección y base territorial (arts. 140 y 141 CE)—, y rehuyese de aquellos otros aspectos procedimentales y materiales o de carácter competencial», lo que contrasta con el detalle que sí otorgó a las comunidades autónomas[4]. Esta falta de interés por la planta local no quiere decir que el constituyente no pensara en su importancia para la representación política ni para la consolidación del naciente sistema democrático español en 1978, sino que centró sus esfuerzos en torno al consenso sobre un nuevo modelo de organización territorial pivotante sobre las comunidades autónomas, dando por hecho que la Administración local ya contaba con experiencia previa y los ajustes debían ser sólo adaptativos.

El modelo territorial de la Constitución de 1978 ha incorporado elementos del pasado, como la provincia o los municipios, pero también una apuesta decidida por la descentralización del poder a través del reconocimiento de la autonomía de nacionalidades y regiones. No obstante, la indefinición constitucional es una de las características del modelo territorial, permaneciendo como «proceso abierto» cuatro décadas después de la promulgación del texto constitucional[5]. De hecho, con algunas excepciones, en general la academia ha dedicado más estudios e investigaciones al modelo territorial desde el punto de vista de la innovación que ha supuesto el Estado autonómico que lo dedicado a la evolución y consolidación de la planta local a través de las entidades locales.

Las dudas suscitadas en torno al contenido de la autonomía local han sido resueltas por el Tribunal Constitucional, entre otras, a través de las SSTC 4/1981 y 32/1981[6], aunque tampoco ayudó en exceso la distinción que el Alto Tribunal hizo entre la naturaleza administrativa de la autonomía local frente a la naturaleza política de la de las comunidades autónomas[7]. Ade-

---

4 Caamaño Domínguez, F., «Autonomía local y Constitución. Dos propuestas para otro viaje por el callejón del gato», en *Revista Española de Derecho Constitucional,* núm. 70, 2004, p. 165.

5 De La Cuadra Salcedo, T., «El modelo territorial español treinta y cinco años después», en *Documento de trabajo 187/2014,* Fundación Alternativas, 2014.

6 Pomed Sánchez, L.A., «Jurisprudencia constitucional sobre autonomía local», en *Anuario del Gobierno Local,* núm. 1, 2015, págs. 283-324; García Aranda, S., «La autonomía en la doctrina y en la jurisprudencia del tribunal constitucional», en *RDUNED. Revista de Derecho UNED,* núm. 18, 2016, págs. 225-251.

7 Cidoncha Martín, A., «El significado constitucional de la autonomía local», en López Castillo, A. y Arroyo Gil, A. (Dirs.), *Garantías y límites de la autonomía local,* Fundación Democracia y Gobierno Local, Madrid, 2022, págs. 65-66.

más, debe mencionarse la Carta Europea de Autonomía Local de 1985 que define la autonomía como «el derecho y la capacidad efectiva de las entidades locales de ordenar y gestionar una parte importante de los asuntos públicos, en el marco de la Ley, bajo su propia responsabilidad y en beneficio de sus habitantes»[8].

La visión únicamente administrativista de la planta local es la que ha provocado ciertas dudas a lo largo de las décadas sobre la naturaleza política de la autonomía local algo que, sin embargo, no ha convencido a la doctrina constitucional porque, en efecto, el contenido y la naturaleza de la autonomía local también debe ser considerada política. Es, por tanto, incuestionable el carácter político de la autonomía local porque en los entes locales existe una capacidad de dirección política, esto es, hay acción de gobierno y función de dirigir la política en el ámbito local dentro del marco competencial establecido[9].

La parquedad en la fijación de competencias municipales por el constituyente ha derivado en la conformación de «un sistema de relaciones interadministrativas escasamente garante de una autonomía que la Constitución dice política pero que, en realidad, acaba siendo mera administración indirecta que ejecuta, sin espacio para políticas propias, las decisiones adoptadas en otros niveles de gobierno»[10].

En este sistema de relaciones entre administraciones públicas, el nivel autonómico ha adquirido un mayor peso en relación con otros y ha supuesto el desplazamiento de las entidades locales con una merma significativa en la articulación de políticas públicas de cualquier tipo, incluyendo las políticas de lucha contra la despoblación. El famoso «café para todos» que ha caracterizado el desarrollo del modelo territorial español ha derivado en una absorción de competencias y recursos por los gobiernos autonómicos en detrimento de la planta local. El vaciamiento que ha limitado el autogobierno de las entidades locales no siempre se ha producido en sentido estricto, a pesar de la normativa tendente a reforzar el papel de las comunidades autónomas y restar relevancia en el entramado político-institucional a ayuntamientos y diputaciones; lo que ha dado lugar a duplicidades en la prestación de servicios[11], abonando el terreno para quienes han mantenido discursos que, en función de la conveniencia del momento o de quien los pronunciara,

---

8 Rodríguez Bardal, M., «La autonomía local en la Constitución Española. Luces y límites», en *Revista Jurídica de la Universidad de León,* núm. 8, 2021, p. 426.

9 Salazar Benítez, O., «Constitución, Estatutos de Autonomía y Gobierno Local. Claves para una lectura constitucionalmente óptima de la autonomía local», en *Revista de estudios de la administración local y autonómica,* núm. 309, 2009, págs. 96 y ss.

10 Zafra Víctor, M., «Reflexiones sobre el gobierno local», en *Anuario del Gobierno Local 2004,* núm. 1, 2004, p. 98.

11 Velasco Caballero, F., «Duplicidades funcionales de Comunidades Autónomas y entidades locales», en *Anuario de Derecho Municipal 2011,* núm. 5, 2012, págs. 21-60.

han apostado bien por la supresión de las autonomías o por la de las diputaciones provinciales.

Además de la capacidad de autogobierno, la otra cuestión de relevancia en torno a la autonomía local son las competencias asociadas[12]. El debate competencial ha sido, y sigue siendo, central en la vida de las corporaciones locales, habiendo sido objeto de reformas legislativas hace escasamente más de una década para integrar en nuestro ordenamiento jurídico un conjunto de normas bajo la denominada racionalización de la Administración local[13], con sus derivaciones en las normativas autonómicas reguladoras del régimen local[14]. Estos cambios legislativos, motivados por la crisis económica vivida desde el año 2008 que obligó a realizar políticas de ajuste en los diferentes niveles de la Administración, pusieron el foco en las competencias municipales y, sobre todo, en las posibles duplicidades existentes con las ejercidas por otras administraciones, lo que nos conecta también con el modelo de financiación de los ayuntamientos para el ejercicio de estas competencias, lo que será abordado en el siguiente apartado.

III. LA FINANCIACIÓN DE LAS ENTIDADES LOCALES PARA EL EJERCICIO DE SUS COMPETENCIAS

Las competencias de las entidades locales y, en particular, de los ayuntamientos, están definidas en la Ley 7/1985 reguladora de las Bases del Régimen Local (LBRL). En concreto, el artículo 25 de la citada Ley relaciona un catálogo competencial que ejercerán los municipios, en torno a las siguientes materias: urbanismo; medio ambiente urbano; abastecimiento de agua potable y evacuación y tratamiento de aguas residuales; infraestructura viaria; evaluación e información de situaciones de necesidad social y atención a personas en situación o riesgo de exclusión social; policía local, protección civil, prevención y extinción de incendios; tráfico, estacionamiento de vehículos, movilidad y transporte colectivo urbano; información y promoción de la actividad turística de interés y ámbito local; ferias, abastos, mercados, lonjas y comercio ambulante; protección de la salubridad pública; cementerios y actividades funerarias; promoción del deporte e instalaciones deportivas y de ocupación del tiempo libre; promoción de la cultura y equipamientos culturales, entre otras.

---

12 Baño León, J. M., «Autonomía y competencias locales», en *Documentación Administrativa,* núm. 6, 2019, págs. 9 y ss.

13 Font i Llovet, T. y Galán Galán, A., «Racionalización y sostenibilidad de la Administración local: ¿es ésta la reforma?», en *Anuario del Gobierno Local,* núm. 1, 2012, págs. 11-43.

14 Velasco Caballero, F., «Desarrollos normativos autonómicos de la Ley de Racionalización y Sostenibilidad de la Administración Local», en *Anuario de Derecho Municipal,* núm. 8, 2014, págs. 22-53.

El artículo 26.1 LBRL añade que, en todo caso, los municipios deben prestar determinados servicios en función de la población. En todos los municipios, deben prestarse servicios como: alumbrado público, cementerio, recogida de residuos, limpieza viaria, abastecimiento domiciliario de agua potable, alcantarillado, acceso a los núcleos de población y pavimentación de las vías públicas. En aquellos municipios con población superior a 5.000 habitantes, además de los anteriores, se añaden los servicios de parque público, biblioteca pública y tratamiento de residuos. En los de población superior a los 20.000 habitantes, además: protección civil, evaluación e información de situaciones de necesidad social y la atención inmediata a personas en situación o riesgo de exclusión social, prevención y extinción de incendios e instalaciones deportivas de uso público. Así mismo, en aquellos municipios con población superior a los 50.000 habitantes, se añaden los servicios del transporte colectivo urbano de viajeros y el medio ambiente urbano.

El legislador, consciente de la dificultad para la prestación de servicios para los ayuntamientos con menor población —los de menos de 20.000 habitantes— atribuye la coordinación a la Diputación provincial o entidad equivalente. En concreto, en el artículo 26.2 LBRL, hace referencia al papel de las diputaciones provinciales[15] para la prestación de servicios como son la recogida y tratamiento de residuos; el abastecimiento de agua potable a domicilio y evacuación y tratamiento de aguas residuales; limpieza viaria; acceso a los núcleos de población; pavimentación de vías urbanas; y el alumbrado público. A pesar del reconocimiento del papel en la prestación de determinados servicios por las diputaciones provinciales, éstas no siempre han gozado de buena *prensa,* lo que ha llevado a realizar planteamientos proclives a su desaparición[16]. Si bien también se han empleado otras fórmulas para la prestación conjunta de servicios en los municipios, como pueden ser las mancomunidades y los consorcios[17], con el objetivo de abaratar costes y aumentar la eficacia y eficiencia en los servicios prestados[18].

La ejecución de las competencias por las entidades locales debe corresponderse con fuentes de financiación que aseguren los recursos necesarios

---

15 Rodríguez-Arana, J., «Las competencias de las diputaciones provinciales», en *Cuadernos de derecho local,* núm. 42, 2016, págs. 229-262; Cacharro Gosende, F., «Las competencias de las diputaciones provinciales de régimen común», en *Cuadernos de derecho local,* núm. 10, 2006, págs. 141-165.

16 Linde Paniagua, E., «Las diputaciones provinciales y su futuro incierto», en *Teoría y Realidad Constitucional,* núm. 41, 2018, págs. 113-135.

17 Fernández de Gatta Sánchez, D., «Fórmulas asociativas para la mejor prestación de los servicios públicos: mancomunidades de municipios y consorcios», en *Revista de estudios locales. Cunal,* núm. 1, 2007, págs. 203-228.

18 Medina Arnáiz, T., «Las mancomunidades y los consorcios como fórmulas de prestación de servicios locales en Castilla y León», en *Revista jurídica de Castilla y León,* núm. 20, 2019, págs. 303-343.

para llevarlas a cabo. Así, el texto constitucional español, en su artículo 142 CE, establece que las haciendas locales deberán disponer de los medios suficientes para el desempeño que la ley atribuye a las corporaciones locales, nutriéndose de tributos propios y de participación en los del Estado[19] y de las Comunidades Autónomas[20]. Las cuantías que reciben los ayuntamientos de la recaudación del Estado y de las haciendas autonómicas son, en muchos casos, la principal fuente de ingresos de las entidades locales, aunque en ocasiones la percepción está condicionada a una finalidad concreta, lo que limita el margen de actuación de los representantes municipales para determinar libremente el destino de los fondos. La financiación de los ayuntamientos, especialmente en los más pequeños, es un factor, a nuestro juicio, para tener en cuenta y relacionada con la despoblación[21].

La regulación de los ingresos propios de las entidades locales se establece por medio del Real Decreto Legislativo 2/2004, de 5 de marzo, por el que se aprueba el texto refundido de la Ley Reguladora de las Haciendas Locales. En particular, los principales ingresos propios que obtienen los ayuntamientos provienen del cobro de los impuestos municipales, esto es, el impuesto de bienes inmuebles (IBI o contribución urbana), el impuesto sobre el incremento de terrenos de naturaleza urbana (más conocido como *plusvalía municipal*), el impuesto sobre actividades económicas (IAE), el impuesto de construcciones, instalaciones y obras (ICIO), y el impuesto sobre vehículos de tracción mecánica (conocido como *impuesto de circulación*). Además, los ayuntamientos perciben ingresos por la prestación de servicios tales como el abastecimiento y depuración de agua, la recogida de basuras, transporte colectivo de viajeros, o por la ocupación de la vía pública con diferentes usos, entre otros tipos de ingresos. Así como la recepción de transferencias corrientes de otras administraciones públicas, al margen de la participación en los tributos del Estado y las Comunidades Autónomas, para determinados fines establecidos. Además, los ayuntamientos reciben fondos que no están condicionados por parte del Estado a través del Fondo Complementario de Financiación, con incrementos significativos en los últimos años tras atender las demandas procedentes de la Federación Española de Municipios y Provincias (FEMP) y que, en algunos casos, estos recursos llegan a suponer en torno a un 20 % de sus ingresos totales, lo que no deja de ser una fuente de financiación principal para sufragar las políticas públicas y servicios municipales.

---

19 Marín-Barnuevo Fabo, D., «La financiación de las. Haciendas locales a través de la participación en tributos estatales», en *Anuario de Derecho Municipal,* núm. 1, 2007, págs. 115-140.

20 Anglès Juanpere, B., «Naturaleza y evolución de las PICAS en las Comunidades Autónomas de régimen común», en *Crónica Tributaria,* núm. 163, 2017, págs. 7-46.

21 Velasco Caballero, F., «Financiación de los municipios pequeños y despoblación», en *Revista Galega de Administración Pública (REGAP),* núm. 64, 2022, págs. 227-268.

Resulta evidente que la suficiencia financiera que proclama la Constitución es clave y guarda conexión directa con la autonomía local, puesto que sólo a través de la disposición de recursos, los ayuntamientos pueden desarrollar políticas públicas en su marco competencial. En efecto, si no se garantizan ingresos estables a las entidades locales difícilmente podrán asumir aquellas tareas que el legislador atribuye en forma de competencias, por lo que debe asegurarse un mínimo de financiación estable a los ayuntamientos para garantizar la prestación de servicios, tarea que en última instancia corresponde al Estado[22].

No podemos dejar de mencionar en este apartado, además, las competencias *impropias*, esto es, aquellas materias o servicios que, sin ser competencia de los municipios sino de otras administraciones, son asumidas por los ayuntamientos y el coste por la prestación de estos servicios se sufraga por las arcas municipales. Entre ellos, podemos destacar las materias de educación o empleo. En cuanto al empleo, por ejemplo, los ayuntamientos ponen en marcha, con recursos propios, políticas de promoción económica, el desarrollo de suelo industrial en el término municipal, e incluso planes de empleo para promover políticas activas que fomenten la creación de empresas y de puestos de trabajo vinculados, con ayudas directas al emprendimiento por el inicio de una actividad empresarial en el municipio y por la nueva contratación de trabajadores; cuestiones que, en puridad, corresponden a las administraciones estatal y autonómica, pero no a los ayuntamientos ni diputaciones. Del mismo modo, en el ámbito educativo, los ayuntamientos asumen los costes de mantenimiento de los colegios de educación infantil y primaria que se ubican en edificaciones municipales y, por este motivo, a pesar de que las competencias educativas corresponden a las comunidades autónomas, son los ayuntamientos quienes sufragan los gastos de calefacción o las pequeñas reparaciones que sean necesarias en el edificio y recinto escolares, así como la limpieza de los centros e incluso el servicio de conserjería del centro educativo es por cuenta del ayuntamiento. Este tipo de competencias *impropias* cuyos costes no son compensados a los ayuntamientos por las administraciones que deberían hacerse cargo de la prestación de los servicios asociados, suponen una merma en la disponibilidad de recursos para ejecutar políticas públicas que sí son propias de las instituciones municipales.

IV. LA REPRESENTACIÓN POLÍTICA LOCAL

La representación política en las entidades locales en España se caracteriza por un modelo mixto que combina las funciones administrativas y políticas por parte de los alcaldes, quienes tienen la presidencia de las corpora-

22 García-Manzano Jiménez de Andrade, P., «Financiación local y responsabilidad del Estado», en *Asamblea: revista parlamentaria de la Asamblea de Madrid,* núm. 20, 2009, págs. 67 y ss.

ciones municipales, y los concejales; lo que ha dado lugar a cierta confusión funcional[23]. Además, el importante número de cargos electos en las entidades locales —más de 67.000 concejales— no permite identificar homogéneamente el perfil de representantes políticos en el ámbito local, sino que la nota característica es la heterogeneidad[24], con un bajo índice de profesionalización política[25], aunque esto depende en buena medida del tamaño del municipio.

En los procesos electorales desde la Transición hasta nuestros días, ha variado la tendencia con la participación en las candidaturas municipales de personas con mayor formación académica en contraste con lo que sucedía en las elecciones de finales de los años ochenta del siglo pasado[26], en las que la profesión más común entre las élites políticas locales era la de agricultor y el porcentaje de estudios superiores era de apenas el 7 % del total[27]. No obstante, también existe un número significativo de representantes locales que permanecen durante décadas, especialmente en municipios de menor tamaño pero también en los de mayor dimensión como pueden ser ciudades o capitales de provincia, debido a los resultados electorales favorables y rara vez se produce un relevo de estos líderes locales por su formación política de pertenencia, salvo por decisión personal o *por elevación*, esto es, porque son propuestos para un cargo representativo o político de mayor nivel. El modo en que se elige a los alcaldes, además del menor tamaño de la circunscripción que coincide con el municipio, son factores que ayudan a explicar las sucesivas reelecciones de los candidatos con solidez en la gestión municipal[28].

La configuración de la forma de gobierno en los ayuntamientos tiene un sesgo claro hacia el presidencialismo con un «parlamentarismo local menos racionalizado, algo más flexible y espontáneo»[29], en el que se identifica una fuerte presencia y protagonismo del alcalde en la toma de decisiones, al mismo tiempo que las políticas públicas tienen, en general, una menor carga

---

23 BOTELLA, J., «La galaxia local en el sistema político español», en *Revista de estudios Políticos (Nueva Época)*, núm. 76, 1992, p. 147.

24 COLOME, G., «Comunidades autónomas y representación local», en *Revista de Estudios Políticos (Nueva Época),* núm. 76, 1992, págs. 179-193.

25 BARAS, M., «Las élites políticas», en *Revista del Centro de Estudios Constitucionales,* núm. 10, 1991, págs. 9-24.

26 CAPO GIOL, J., «La élite política local en España», en *Revista de Estudios Políticos (Nueva Época),* núm. 76, 1992, págs. 140 y ss.

27 URIARTE, E., «El análisis de las élites políticas en las democracias», en *Revista de Estudios Políticos (Nueva Época),* núm. 97, 1997, p. 266.

28 COLLADO-CAMPAÑA, F. y VALENCIA SÁIZ, Á., «La influencia de los factores individuales y contextuales del liderazgo en los alcaldes de larga duración en las capitales de provincia en España», en *Revista Española de Ciencia Política,* núm. 59, 2022, págs. 183-209.

29 GARCÍA ROCA, J., «Representación política y transfuguismo: la libertad de mandato», en *Cuadernos de Derecho Público,* núm. 32, 2007, p. 42.

ideológica. El peso específico de la figura del alcalde no sólo se debe a la propia práctica política y electoral, de modo que quien encabeza las candidaturas es quien adquiere mayor protagonismo, sino también porque, tras su investidura, «el alcalde es el órgano unipersonal ejecutivo por excelencia, con atribuciones propias e, incluso, reforzado como representante o delegado del Gobierno»[30].

No obstante, no conviene restar importancia a cómo se elige al alcalde de un ayuntamiento, esto es, su investidura por el Pleno, para explicar su papel al frente de la Corporación municipal. Así, la Ley Orgánica del Régimen Electoral General regula, en su artículo 196, el procedimiento de elección del alcalde en la sesión de constitución de la Corporación. Con carácter general, la elección del alcalde se produce por los concejales electos, de forma que no se produce directamente por los vecinos del municipio; y sólo puede ser elegido entre aquellos concejales que, además, hubieran encabezado la candidatura por la que fueron elegidos. En caso de recibir la mayoría absoluta de los votos de los concejales del Pleno, la persona que los recibiera sería proclamado alcalde electo; pero si ninguno de ellos obtiene la mayoría absoluta, es proclamado alcalde aquel concejal que encabece la lista con mayor número de votos populares en el municipio; y sólo excepcionalmente, en caso de empate, éste se resolverá por sorteo.

La elección del alcalde en el sistema español, sin embargo, no responde a una única modalidad como la mencionada, de tipo indirecto, sino que en la normativa se reflejan hasta tres formas de elección del alcalde directa en función de las características del municipio. Así, en primer lugar, para aquellos municipios con régimen de Concejo Abierto[31], esto es, aquellos con menos de 100 habitantes, que tradicionalmente cuenten con este régimen de gobierno y en los que hagan aconsejable este régimen político-administrativo por razones de interés municipal; la elección del alcalde se produce directamente por los vecinos a través de un sistema mayoritario, es decir, resulta elegido alcalde la persona que más votos recibe (art. 179.2 LOREG). En segundo lugar, los alcaldes de las entidades locales menores, esto es, las pedanías o las juntas vecinales, también son elegidos directamente por los vecinos del municipio (art. 199.2 LOREG). Y, por último, en tercer lugar, también se contempla una elección mixta entre la modalidad directa y la indirecta en los municipios con población entre 100 y 250 habitantes, donde pueden ser candidatos todos los concejales que son elegidos en listas abiertas, no sólo quienes encabezan las candidaturas, y es proclamado como alcalde quien obtenga la mayoría absoluta de los votos como alcalde o, en caso de

30 MÁRQUEZ CRUZ, G., «Gobernabilidad local en España», en *Política y Sociedad,* vol. 47, núm. 3, 2010, p. 43.

31 COSCULLUELA MONTANER, L., «El Concejo Abierto», en *Revista de estudios de la administración local y autonómica,* núm. 234, 1987, págs. 199-224.

no obtener esta mayoría, será proclamado quien obtuviera más votos populares en las elecciones de concejales (art. 196.5 LOREG)[32].

Así las cosas, tanto por el modo en que se elige, como por la atribución de las competencias que asume el alcalde-presidente al frente de una entidad local, es incuestionable el relevante papel que adquiere en la gestión, el autogobierno y la ejecución de las políticas en el ámbito del municipio. A nuestro juicio, además de los recursos disponibles por el ayuntamiento correspondiente, el grado de compromiso que tienen sus representantes, más en concreto el alcalde o alcaldesa, determina la puesta en práctica de políticas públicas de distinta naturaleza y, para el caso concreto que nos ocupa, para luchar contra la despoblación, un objetivo que para muchos de los municipios españoles es básico para garantizar su supervivencia futura.

V. CONCLUSIONES

El título de este capítulo partía de una pregunta sobre la que hemos intentado responder, de la forma más sintética posible, abordando diferentes aspectos relacionados con el poder político local, tales como la autonomía local, las competencias municipales, la financiación de los ayuntamientos y el poder político de sus representantes, fundamentalmente los alcaldes. Es evidente, como habrá podido comprobarse, que estas cuestiones podrían haber sido estudiadas con mayor profundidad, algo para lo que ya existen estudios específicos, pero ésa no era la intención de este trabajo, sino aproximarnos a la reflexión acerca de si, en realidad, el poder político local entendido como la capacidad de quienes representan los intereses de los vecinos de los municipios en las Corporaciones de las entidades locales, tienen herramientas suficientes en su mano para luchar de manera efectiva contra la despoblación.

En efecto, la capacidad real de los ayuntamientos para afrontar el reto de la lucha contra la despoblación es escasa, en términos competenciales y de financiación. El poder político local, a pesar de estar directamente afectado por los problemas derivados de la despoblación, es el que menos herramientas tiene a su alcance. El principal impulso para revertir, en la medida de lo posible, los efectos de la despoblación sobre el territorio, debe partir del Estado y de las Comunidades Autónomas, por dos razones fundamentalmente: en primer lugar, porque la despoblación no es sólo un problema de unos pocos municipios, sino extendido por amplias zonas del territorio que precisan de medidas comunes; y, en segundo lugar, para asegurar una mínima viabilidad de las medidas adoptadas.

32 Jesús García, M., «La elección directa del alcalde en el régimen local: justificación, alcance y repercusiones», en *Revista Española de Derecho Constitucional,* núm. 91, 2011, págs. 208 y ss.

No obstante, no consideramos que el hecho de que las políticas deban planificarse en los ámbitos estatal y autonómico sea motivo para evitar tener en cuenta la capacidad del poder político local sobre el territorio. Es más, en nuestra opinión, deberían establecerse mecanismos a través de los cuales el poder político en los ayuntamientos tenga capacidad de decisión a la hora de implementar políticas públicas para afrontar la despoblación en sus municipios. Ello puede realizarse con la distribución de fondos que deben destinarse no a actuaciones concretas, pero sí con una finalidad como es la lucha contra la despoblación; así como generar espacios para el diálogo y para la toma de decisiones, con participación de los representantes municipales dentro una planificación más amplia y con fondos suficientes para ello. Por último, no debemos olvidar la conveniencia de establecer medidas fiscales específicas para el medio rural, algo que no puede depender de las exiguas arcas municipales, sino de las administraciones con más capacidad recaudatoria, como son el Estado y las Comunidades Autónomas; de forma que se establezcan incentivos compensatorios por residir en municipios afectados por la despoblación, destinados tanto a personas físicas como jurídicas.

VI. BIBLIOGRAFÍA

Anglès Juanpere, B., «Naturaleza y evolución de las PICAS en las Comunidades Autónomas de régimen común», en *Crónica Tributaria,* núm. 163, 2017, págs. 7-46.

Baño León, J.M., «Autonomía y competencias locales», en *Documentación Administrativa*, núm. 6, 2019, págs. 8-15.

Baras, M., «Las élites políticas», en *Revista del Centro de Estudios Constitucionales*, núm. 10, 1991, págs. 9-24.

Botella, J., «La galaxia local en el sistema político español», en *Revista de estudios Políticos (Nueva Época)*, núm. 76, 1992, págs. 145-160.

Caamaño Domínguez, F., «Autonomía local y Constitución. Dos propuestas para otro viaje por el callejón del gato», en *Revista Española de Derecho Constitucional*, núm. 70, 2004, págs. 161-188.

Cacharro Gosende, F., «Las competencias de las diputaciones provinciales de régimen común», en *Cuadernos de derecho local*, núm. 10, 2006, págs. 141-165.

Capo Giol, J., «La élite política local en España», en *Revista de Estudios Políticos (Nueva Época)*, núm. 76, 1992, págs. 127-143.

Cidoncha Martín, A., «El significado constitucional de la autonomía local», en López Castillo, A. y Arroyo Gil, A. (Dirs.), *Garantías y límites de la autonomía local*, Fundación Democracia y Gobierno Local, Madrid, 2022, págs. 59-96.

Collado-Campaña, F. y Valencia Sáiz, Á., «La influencia de los factores individuales y contextuales del liderazgo en los alcaldes de larga duración en las capitales de provincia en España», en *Revista Española de Ciencia Política*, núm. 59, 2022, págs. 183-209.

Colome, G., «Comunidades autónomas y representación local», en *Revista de Estudios Políticos (Nueva Época)*, núm. 76, 1992, págs. 179-193.

Cosculluela Montaner, L., «El Concejo Abierto», en *Revista de estudios de la administración local y autonómica*, núm. 234, 1987, págs. 199-224.

De la Cuadra Salcedo, T., «El modelo territorial español treinta y cinco años después», *Documento de trabajo 187/2014*, Fundación Alternativas, 2014.

Fernández De Gatta Sánchez, D., «Fórmulas asociativas para la mejor prestación de los servicios públicos: mancomunidades de municipios y consorcios», en *Revista de estudios locales. Cunal*, núm. 1, 2007, págs. 203-228.

Font i Llovet, T. y Galán Galán, A., «Racionalización y sostenibilidad de la Administración local: ¿es ésta la reforma?», en *Anuario del Gobierno Local*, núm. 1, 2012, págs. 11-43.

García Aranda, S., «La autonomía en la doctrina y en la jurisprudencia del tribunal constitucional», en *RDUNED. Revista de Derecho UNED*, núm. 18, 2016, págs. 225-251.

García Roca, J., «Representación política y transfuguismo: la libertad de mandato», en *Cuadernos de Derecho Público*, núm. 32, 2007, págs. 25-68.

García-Manzano Jiménez de Andrade, P., «Financiación local y responsabilidad del Estado», en *Asamblea: revista parlamentaria de la Asamblea de Madrid*, núm. 20, 2009, págs. 41-84.

Jesús García, M., «La elección directa del alcalde en el régimen local: justificación, alcance y repercusiones», en *Revista Española de Derecho Constitucional*, núm. 91, 2011, págs. 205-258.

Linde Paniagua, E., «Las diputaciones provinciales y su futuro incierto», en *Teoría y Realidad Constitucional*, núm. 41, 2018, págs. 113-135.

Marín-Barnuevo Fabo, D., «La financiación de las. Haciendas locales a través de la participación en tributos estatales», en *Anuario de Derecho Municipal*, núm. 1, 2007, págs. 115-140.

Márquez Cruz, G., «Gobernabilidad local en España», en *Política y Sociedad*, vol. 47, núm. 3, 2010, págs. 37-66.

Medina Arnáiz, T., «Las mancomunidades y los consorcios como fórmulas de prestación de servicios locales en Castilla y León», en *Revista jurídica de Castilla y León*, núm. 20, 2019, págs. 303-343.

Pinilla, V. y Sáez, L.A., «La despoblación rural en España: características, causas e implicaciones para las políticas públicas», en *Presupuesto y Gasto Público*, núm. 102, 2021, págs. 75-92.

Pomed Sánchez, L.A., «Jurisprudencia constitucional sobre autonomía local», en *Anuario del Gobierno Local*, núm. 1, 2015, págs. 283-324.

Rodríguez Bardal, M., «La autonomía local en la Constitución Española. Luces y límites», en *Revista Jurídica de la Universidad de León*, núm. 8, 2021, págs. 421-444.

Rodríguez-Arana, J., «Las competencias de las diputaciones provinciales», en *Cuadernos de derecho local*, núm. 42, 2016, págs. 229-262.

Salazar Benítez, O., «Constitución, Estatutos de Autonomía y Gobierno Local. Claves para una lectura constitucionalmente óptima de la autonomía local», en *Revista de estudios de la administración local y autonómica*, núm. 309, 2009, págs. 93-134.

Sosa Wagner, F., «Los artículos sobre la Administración Local de la Constitución», en *Temas para el debate*, núm. 258, 2016, págs. 33-36.

Uriarte, E., «El análisis de las élites políticas en las democracias», en *Revista de Estudios Políticos (Nueva Época)*, núm. 97, 1997, págs. 249-275.

Velasco Caballero, F., «Duplicidades funcionales de Comunidades Autónomas y entidades locales», en *Anuario de Derecho Municipal*, núm. 5, 2012, págs. 21-60.

Velasco Caballero, F., «Desarrollos normativos autonómicos de la Ley de Racionalización y Sostenibilidad de la Administración Local», en *Anuario de Derecho Municipal*, núm. 8, 2014, págs. 22-53.

Velasco Caballero, F., «Financiación de los municipios pequeños y despoblación», en *Revista Galega de Administración Pública (REGAP)*, núm. 64, 2022, págs. 227-268.

Zafra Víctor, M., «Reflexiones sobre el gobierno local», en *Anuario del Gobierno Local 2004*, núm. 1, 2004, págs. 97-116.

CAPÍTULO V

LA DESPOBLACIÓN RURAL Y SU METÁSTASIS A LAS CIUDADES: UNAS BREVES REFLEXIONES SOBRE SU TRATAMIENTO DESDE LA ADMINISTRACIÓN PÚBLICA

Sara García García
Universidad de Valladolid

I. POBLACIÓN Y ADMINISTRACIÓN PÚBLICA

La población es un elemento esencial para todo Estado o ente territorial y, como tal, también para el Derecho administrativo. Decía COLMEIRO en su *Derecho Administrativo Español* allá por 1876 que «la población tiene la mayor importancia a los ojos del Gobierno, porque no hay derechos ni deberes administrativos sin título de ciudadano, como no hay vínculos de sociedad donde no existen una vida común e intereses recíprocos; y afirmaba que el incremento o decremento de la población es un barómetro seguro de la prosperidad pública»[1]. Si seguimos revisitando a los clásicos, también DOU y DE BASSOLS dejaba clara la necesidad de tener una población cuidada y

1 COLMERIO, M., *Derecho administrativo español.* Eduardo Martínez, Madrid, 1876, págs. 288 y 289.

hablaba, específicamente, de la utilidad para todo del aumento de población, cuyo cuidado «es sin duda una de las cosas generalmente útiles a todas las partes del estado, y citaba, que la grandeza de los reynos consiste en la muchedumbre del pueblo y su ignominia en la falta de gente»[2].

Solo la sociedad se sostiene a sí misma, «no pueden ser muchos ni grandes los tributos donde la gente es poca»[3], y la Administración únicamente es la gestora encargada de garantizar que así se produzca. En este sentido, es necesario recuperar población y mantener a la que permanezca, de forma que esta crezca y atraiga a más miembros, con lo que se recupere el sustrato social que fundamenta y sostiene al conjunto del territorio. Sin población, entonces, no hay sociedad cuyos intereses deba gestionar la Administración y el Derecho administrativo, pero es que siempre que la haya, por escasa que sea, estos deben actuar con absoluta disposición en servicio de quienes permanezcan en el territorio.

Esta es una de las principales cuestiones a abordar en este capítulo: cómo, mientras exista población, la Administración debe velar por poner a su servicio todos los instrumentos de que disponga y, al menos, intentar promover las medidas adecuadas para recuperar parte de esa población perdida. Son muchas las cuestiones que rodean esta problemática, todas analizadas desde múltiples perspectivas a lo largo de los años por juristas y expertos de otras ciencias; de todas ellas, en este momento, vamos a atender a una de sus bases jurídicas: las competencias con las que esa Administración cuenta para poder satisfacer las necesidades que rodean a esta población. Un régimen competencial que viene padeciendo un constante ir y venir, tanto a nivel político como normativo, y sobre el que conviene reflexionar.

II. LA ÚLTIMA DESPOBLACIÓN

Vivimos un momento peculiar de nuestra historia, pero no de la Historia. Del lado de la población, resulta que problemas e intentos de solución para su pérdida se llevan afrontando en España, con mayor o menor fuerza, desde el siglo XIX[4]. Pese a lo común del fenómeno, son varias las notas propias que encierra este último episodio:

---

2 Dou y De Bassols, R. L., *Instituciones del derecho público general de España con noticia del particular de Cataluña y de las principales reglas de gobierno en qualquier Estado, tomo IX,* Oficina de Don Benito García y compañía, Madrid, 1800-18003, p. 23.

3 *Ibídem.*

4 Muñiz Pérez, J. C., «La Junta Central de Colonización y Repoblación Interior: (el proyecto colonizador español de la Ley González Besada: La Junta Central de Colonización y Repoblación Interior)», en Santiago Iglesias, D., Míguez Macho, L. y Ferreira Fernández, A. J. (Dirs.), *Instrumentos jurídicos para la lucha contra la despoblación rural*, Thomson Reuters-Aranzadi, Cizur Menor, 2021, págs. 77-111.

1. DESPOBLACIÓN MIENTRAS CRECEMOS

Han sido muchos los diferentes procesos de despoblación los que ha padecido este país, si bien, lo más llamativo de esta última ocasión, pueda ser que el fenómeno se ha iniciado al mismo tiempo en que la población global en España aumentaba enormemente mediante el conocido como *baby boom*[5]. Los años sesenta del siglo pasado representan el inicio de un éxodo rural generalizado en todo el país, instigado por un desarrollo industrial urbano importante y una paupérrima situación del mundo agrario[6]. Son decenas de páginas las que ya se han escrito sobre este tema, también desde la doctrina administrativa, analizando y enumerando todas las medidas y acciones tomadas o aquellas necesarias para paliar y tratar esta cuestión; medidas todas ellas aparentemente insuficientes o infructuosas, al menos por ahora. En este sentido, y siguiendo a SANZ LARRUGA[7], el conjunto de todas estas medidas puede exponerse y clasificarse, históricamente, en ocho grandes grupos:

En primer lugar, medidas de carácter institucional y sobre el modelo territorial. Estas han sufrido tales vaivenes en la historia más reciente que han complicado el esquema competencial y organizativo de las Administraciones implicadas. Más adelante, en el presente trabajo, se comentan las claves de las últimas reformas llevadas a cabo en este sentido.

Después, y destacando como un gran y tradicional grupo de acciones aplicadas para paliar los efectos de la despoblación, así como para repercutirla, destaca el conjunto de medidas de carácter económico, fiscal y financiero y para el emprendimiento empresarial y la creación de empleo. Al respecto son múltiples e interesantes las iniciativas diseñadas y aplicadas para fomentar la vuelta al medio rural a través del diseño de medidas fiscales de discriminación positiva en favor de zonas rurales despobladas, así como también, más recientemente, se están proponiendo o desarrollando medidas similares en materia de teletrabajo[8].

---

5 MOLINA DE LA TORRE, I., «La despoblación en España: un análisis de la situación», en *Informe Comunidades Autónomas,* 2018, págs. 66-87.

6 BANDRÉS, E. y AZÓN, V., *La despoblación de la España interior,* Funcas, Madrid, 2021.

7 SANZ LARRUGA, F. C., «Incidencia de las medidas de impulso demográfico en la lucha contra la despoblación rural», en SANTIAGO IGLESIAS, D., MÍGUEZ MACHO, L. y FERREIRA FERNÁNDEZ, A.J. (Dirs.), *Instrumentos jurídicos para la lucha contra la despoblación rural,* Thomson Reuters-Aranzadi, 2021, págs. 111-145.

8 Son muchos los autores y las obras que tratan la cuestión; dicho esto, puede verse una gran panorámica actual de la cuestión en SEDEÑO LÓPEZ, J. F., *Instrumentos financieros y tributarios frente a la despoblación: retos y oportunidades en el contexto del teletrabajo,* Atelier, Barcelona, 2022. En materia de Derecho comparado no podemos dejar de recomendar la lectura al respecto de VILAROIG MOYA, R. y SIMÓN ACOSTA, E., *El sistema tributario japonés ante los retos del envejecimiento, la despoblación y la digitalización,* Aranzadi, Cizur Menor, 2023 que al analizar con maestría las propuestas procedentes de uno de los adalides del problema de la despoblación y el envejecimiento como es Japón.

El tercer bloque de medidas definidas por el autor son las relacionadas con la implantación y desarrollo de servicios públicos y viviendas en el rural. Asimismo, y muy vinculadas a las anteriores, destacarían las medidas relacionadas con el establecimiento de infraestructuras de transporte y telecomunicaciones, medidas de apoyo a diferentes sectores económicos de gran potencialidad en las zonas rurales tales como la agricultura o el sector agropecuario o medidas relacionadas con la sostenibilidad ambiental y protección del medio ambiente.

Finalmente, destacarían aquellas específicamente dirigidas a tratar cuestiones demográficas, dentro de las cuales, se habrían aplicado, en primer lugar, «medidas de naturaleza propiamente demográfica, es decir, con una finalidad de abordar específicamente los problemas derivados del reto demográfico con el objetivo de favorecer el asentamiento y fijación de la población en zonas rurales»[9], así como medidas de apoyo por colectivos de personas, que integrarían a niños, jóvenes, mujeres, personas dependientes, tercera y cuarta edad y migrantes.

2. DESPOBLACIÓN RURAL, PERO TAMBIÉN URBANA E INSUFICIENCIA GENERALIZADA

Hace poco, en un partido de fútbol de Copa del Rey que enfrentaba al Unionistas de Salamanca con el Fútbol Club Barcelona, un grupo de jóvenes aprovechó la ocasión para pedir auxilio a través de una gran pancarta en la que se podía leer «Salamanca es la ciudad donde yo quiero vivir». Esto ejemplifica otra peculiaridad que no siempre se tiene en cuenta a la hora de analizar este último fenómeno de despoblación y es que esta que, hasta ahora, era más propia del ámbito rural, ha llegado también a muchas ciudades.

En España hasta veintinueve capitales de provincia, que se dice pronto —recuérdese que son cincuenta y dos el total— han visto mermada de forma drástica su población en los últimos años[10]; todo ello especialmente sangrante en Comunidades como desde la que aún se escriben estas líneas, Castilla y León.

La despoblación se ha convertido en un problema generalizado también en el ámbito urbano, pero sin que se haya concretado ni atajado «nada al respecto en la legislación vigente sobre desarrollo rural sostenible ni en los

9 Podrían citarse aquí, como ejemplos, las diferentes Estrategias sobre el reto demográfico, incentivos a la natalidad o los planes de acogida e integración de inmigrantes, entre otros: *vid. op. cit.* SANZ LARRUGA, F. C. «Incidencia de ...», págs. 132 y 133.

10 *Vid.* el informe sobre *El reto demográfico y la despoblación en España en cifras* elaborado en 2020 por la Secretaría General para el Reto Demográfico del Ministerio para la Transición Ecológica y el Reto Demográfico: https://acortar.link/h4Bzls.

documentos actuales relativos al reto demográfico»[11]. Este es uno de los grandes errores de la gestión de la despoblación actual y una de las grandes materias que afrontar; como bien afirman AMAT MONTESINOS *et al.*, «las ciudades medias son prioritarias en la cohesión social y territorial frente al Reto Demográfico de la despoblación rural»[12] y su vaciamiento afecta directamente a empeorar la situación del medio rural de su entorno. De esta manera, como constata GARCÍA JIMÉNEZ, un núcleo urbano fuerte es esencial para la supervivencia del rural: «el vaciamiento del interior de España es alarmante y comienza a arrojar cifras muy preocupantes, que sitúan a una gran cantidad de pequeños municipios al borde de la desaparición. Los municipios cabeza de comarca y las capitales de provincia del interior peninsular han conseguido sostener su población por los flujos migratorios de los pequeños núcleos rurales cercanos, pero ante el progresivo decrecimiento de estos, pronto comenzarán a notarse los efectos en las pequeñas y medianas ciudades. Los servicios públicos básicos están sufriendo una profunda degradación en la España despoblada, cuando no se dejan de prestar directamente. A causa de esta situación son numerosos los derechos constitucionales que no tienen el mismo alcance en función del lugar donde se resida, y aunque la homogeneización absoluta es imposible e indeseable, es necesario reforzar su cumplimiento para mantener e incrementar la calidad de vida de los habitantes de los pequeños núcleos rurales»[13].

El problema no reside, por tanto, en la voluntad social, sino política. La sociedad está cambiando y en muchos casos quiere vivir donde ha nacido o crecido, llámennos locos. Los avances que se vienen produciendo en el ámbito de las telecomunicaciones, las comunicaciones, o el teletrabajo pueden favorecer en gran medida el cumplimiento de estos anhelos[14], comenzando por retener y recuperar la población en esas pequeñas y medianas ciudades y, desde ahí, restaurar la vida humana en el medio rural próximo a

11 CARBONELL PORRAS, E., «¿Un estatuto básico para los municipios pequeños? Un comentario de urgencia», en *REALA*, núm. 15, 2021, p. 67.

12 AMAT MONTESINO, X., LARROSA ROCAMORA, J.A. y MARTÍNEZ PUCHE, A., «El reto demográfico y la despoblación en ciudades medias. Una reflexión más allá de la España vaciada», en HOTERLANO MÍNGUEZ, L.A. (Dir.), *Gestionando la despoblación,* Aranzadi, Cizur Menor, 2023, p. 398.

13 GARCÍA JIMÉNEZ, A., «La despoblación: una cuestión de Estado», en *Revista jurídica de Castilla y León,* núm. 52, 2020, págs. 64 y 65.

14 Al respecto se hace un repaso actualizado, amplio y completo sobre todas estas cuestiones en, entre otros, MARTÍNEZ YÁÑEZ, N. M., «El teletrabajo como fórmula contra la despoblación de las zonas rurales», en SANTIAGO IGLESIAS, D., MÍGUEZ MACHO, L. y FERREIRA FERNÁNDEZ, A. J. (Dirs.), Instrumentos jurídicos para la lucha contra la despoblación rural, Thomson Reuters-Aranzadi, Cizur Menor, 2021, págs. 287-332; o CARBONELL PORRAS, E., «El transporte de personas en el medio rural», en SANTIAGO IGLESIAS, D., MÍGUEZ MACHO, L. y FERREIRA FERNÁNDEZ, A.J. (Dirs.), Instrumentos jurídicos para la lucha contra la despoblación rural, Thomson Reuters-Aranzadi, Cizur Menor, 2021, págs. 379-409.

estas, pero resulta necesario aplicar o ampliar los cambios diseñados para revitalizar a los municipios rurales y hacer lo propio en los núcleos urbanos más castigados por la despoblación.

Es difícil determinar cuáles son todos los motivos de esta situación y, por tanto, las políticas y las medidas a adoptar. Domínguez Álvarez, con carácter general en materia de despoblación, plantea varias causas directas, entre las que destacan la falta de apuesta por desarrollar políticas económicas que favorezcan la creación de empleo, la «progresiva y paulatina supresión de servicios esenciales» o «el establecimiento de un marco normativo exacerbado, caracterizado por el desconocimiento absoluto de la realidad y la constitución de barreras (i)lógicas e (in)franqueables que impiden el desarrollo de cualquier iniciativa personal o profesional»[15].

Constatar lo anterior conduce, irremediablemente, a una nefasta conclusión y es que hay una insuficiencia de medios, una escasez, que ya no sólo afecta al mundo rural, sino que ahora también la sufre su entorno urbano más próximo. Esto ratifica que estamos ante un problema de país, que escapa ya del llamado mundo rural, si bien este último y la gente que aún queda en él, padece los efectos más perniciosos del mismo, haciendo urgente, como dice Bustillo Bolado, cumplir con el «necesario y difícil objetivo de dignificar el medio rural»[16]. Para todo ello, desde el punto de vista jurídico y político, parece necesario afrontar reformas estructurales que promuevan cambios en todos los sectores, cambios que tengan en el centro al ciudadano y su prosperidad, más que otros intereses políticos, lo que parece cada día más utópico[17].

En este sentido, la Estrategia Nacional frente al Reto Demográfico[18] comienza a dar luz a esta relación entre los municipios rurales y las pequeñas y medianas ciudades de su entorno, que también están decreciendo en población, y a proponer medidas que pretenden evitar que se recrudezcan, aún más, la situación de los primeros. De esta manera, «el marco nacional reconoce el papel central de las ciudades y su contribución al desarrollo policéntrico y la vertebración territorial»[19] y propone medidas para estas ciuda-

15 Domínguez Álvarez, J. L., *Comunidades discriminadas y territorios rurales abandonados: políticas públicas y Derecho administrativo frente a la despoblación,* Thomson Reuters-Aranzadi, Cizur Menor, 2021, págs. 56 y 57.

16 Bustillo Bolado, R., «Capítulo 3.º- La política de desarrollo rural en España y la lucha contra el despoblamiento rural», en Sanz Larruga, F. J. y Míguez Macho, L. (Dirs.), *Derecho y dinamización e innovación rural*, Tirant lo Blanch, Valencia, 2021, p. 289.

17 *Vid. op. cit.* García Jiménez, A. «La despoblación: ...».

18 Ministerio de Política Territorial y Función Pública, *Estrategia nacional frente al reto demográfico: directrices generales*, 2019. (En adelante, Estrategia).

19 *Vid. op. cit.* Amat Montesino, X., Larrosa Rocamora, J.A. y Martínez Puche, A., «El reto demográfico ...»., págs. 399 y ss.

des menores, fundamentalmente de fomento que, junto a las aplicadas para los núcleos rurales. Algunas de estas consistirían en acciones tales como:

- El fomento de la inversión para desarrollar en estos núcleos nuevos centros de generación de riqueza que contribuyan a la lucha contra la despoblación y el reequilibrio territorial conforme a la política general[20];
- El fomento del emprendimiento con acciones específicas de dinamización del emprendimiento local y social permitiendo, entre otras opciones, el impulso de las *start-ups*, su financiación, crecimiento e internacionalización[21];
- Medidas dirigidas a ofrecer respuestas desde las políticas de urbanismo y vivienda[22].

III. LAS COMPETENCIAS DE LA ADMINISTRACIÓN FRENTE A ESTA DESPOBLACIÓN

La despoblación es un fenómeno de difícil aprehensión sobre el que la realidad ha demostrado que no caben medidas reparadoras o restitutorias eficaces a corto plazo. Este tiene múltiples causas y naturalezas: jurídica, política, social y económica generalizada, lo que hace que su tratamiento no pueda ser más que paliativo; tratamiento paliativo de los efectos que esa despoblación tiene en aquellos que deciden permanecer en el territorio abandonado que, a lo sumo, vaya acompañado de medidas que intenten fomentar el retorno de los que se han ido o invitar a nuevos interesados. En este sentido, son muchos los prismas desde los que se debe mirar a la despoblación y, por tanto, muchas las Administraciones públicas que deben intervenir y hacerlo, o sería lo deseable, de forma coordinada.

1. LA ADMINISTRACIÓN COMPETENTE

La despoblación es un asunto atendido y vigilado por todas las Administraciones públicas, desde la europea, pasando por la estatal, las autonómicas y las locales. Los títulos competenciales que sostienen estas atribuciones son múltiples, tantos como servicios públicos o necesidades se ven afectadas (piénsese en sanidad, transporte, telecomunicaciones, vivienda...). Esto hace que la tipología de competencias y potestades administrativas en la materia sea amplia, pero de todas ellas, la cuestión nuclear de la despoblación guarda relación directa con la dinamización y desarrollo del territorio: la

20 *Vid.* págs. 44 y ss de la Estrategia.

21 *Vid.* págs. 47 y ss de la Estrategia.

22 *Vid.* págs. 71 y ss de la Estrategia.

crisis territorial y demográfica tiene como primera consecuencia la desigualdad entre territorios poniendo en riesgo la cohesión social; por ello, es la ordenación del territorio y la cohesión social la base que sostiene el equilibrio entre territorios y la prosperidad de estos[23].

En este sentido, el Título XVIII del Tratado de Funcionamiento de la Unión Europea (en adelante TFUE), sobre cohesión económica, social y territorial sostiene las bases sobre la cual la Unión ostenta un título competencial al respecto, compartido con sus Estados[24], a través del cual ofrecer, fundamentalmente, el diseño de acciones conjuntas y, sobre todo, de fondos con los que luchar por alcanzar la equiparación de las condiciones económicas y sociales de todos los territorios y así aproximar los ingresos disponibles, las estructuras económicas y sociales o los niveles de bienestar y relaciones laborales de estas zonas y regiones[25]. El gran aporte de la Unión Europea en esta materia se sustenta, entonces, en la creación y mantenimiento de instrumentos económicos estructurales esenciales tales como el Fondo Europeo de Desarrollo Regional (FEDER), nucleares para el sostenimiento económico de las medidas de lucha contra la despoblación[26].

Dicho lo anterior, en sentido estricto, son las Comunidades Autónomas las que ostentan competencia directa, *ex* artículo 148.1.3º CE, en materia de ordenación y organización del territorio[27]; ahora bien, el Estado ostentaría, y de hecho lo hace, competencias en la materia «al amparo de la competencia sobre las bases del régimen jurídico de las administraciones públicas (art. 149.1.18º CE) con la finalidad de proporcionar soporte jurídico, guías de actuación y estímulos a las políticas de reforma de los mapas municipales de las Comunidades Autónomas»[28].

Con todo esto, en la trinchera de esta guerra se encuentran las Administraciones locales. Las administraciones locales, principalmente los municipios, aunque también las Diputaciones y otras entidades infra o supramunicipales, son las más próximas al ciudadano y, como tal, son aquellas obligadas a dar

---

23 Bello Paredes, S., «La despoblación en España: balance de las políticas públicas implantadas y propuestas de futuro», en *REALA*, núm. 19, 2023, págs. 125-147.

24 *Vid.* art. 4.2.c) TFUE.

25 Gómez Barahona. A, y Prieto Álvarez, T., «Título XVII Cohesión económica y social», en Calonge Velázquez, A. (Coord.), *Políticas comunitarias: bases jurídicas,* Tirant lo Blanch, Valencia, 2013, págs. 497 y 498.

26 Fernández Rodríguez, C., «La política comunitaria de la cohesión económica, social y territorial», en Linde Paniagua, E. (Coord.), *Políticas de la Unión Europea,* Colex, A Coruña, 2006, págs. 656-672.

27 Son estas quienes ostentan competencia para «para formar los respectivos mapas municipales (organización del territorio) y para intentar corregir los desequilibrios producidos por el espontáneo crecimiento económico (ordenación del territorio)» *vid. op. cit.* López Ramón, F., «La lucha contra ...», p. 48.

28 *Ibídem*.

respuesta directa a las necesidades más básicas de sus habitantes; estas son «la puerta de entrada al Estado del bienestar»[29], un régimen prestacional cuya calidad social, económica y democrática se ve mermada ante la falta de medios que provoca el abandono y la despoblación. Es sobre estas entidades locales sobre las que recae el mayor peso derivado de la despoblación, así como, por ello, el grueso de políticas y cambios normativos.

2. EL IMPORTANTE PAPEL DE LA ADMINISTRACIÓN LOCAL FRENTE A LA DESPOBLACIÓN: CAMBIOS JURÍDICOS PARA LOS PEQUEÑOS MUNICIPIOS ¿Y CIUDADES? UNA BREVE REFLEXIÓN

El principal debate sobre el papel de las administraciones locales frente a la despoblación gira, fundamentalmente, en torno a su tamaño y, por tanto, a su viabilidad y persistencia. Como se ha analizado en diversas publicaciones, en la actualidad contamos con un número cercano a las 13.000 entidades locales en España, de las cuales en torno a 5.000 no superan los mil habitantes[30]. Al respecto debe saberse que por municipio pequeño se entiende aquel que ostenta una población inferior a los 5.000 habitantes, siendo en torno al 80 % de ellos, además, municipios rurales[31]. Si bien este dato es atroz, este tiene una consecuencia extra y es que una parte menor de estos municipios, pero que se encuentra en crecimiento, es urbana lo que, sumado a las mencionadas repercusiones que tienen los núcleos urbanos sobre las poblaciones rurales de su entorno, resulta ser un elemento que se debe incorporar con urgencia en los planes de lucha contra la despoblación.

Con independencia de su población y calificación, todas esas entidades gozan de autonomía para la gestión de sus intereses, *ex* artículos 137 y 140 CE; unos intereses cuyo alcance determina primeramente la Ley 7/1985 de Reguladora de las Bases del Régimen Local (en adelante LBRL) y, con ellos, el contenido y límite de sus competencias. El ejercicio de estas competencias, entre las que destacan la prestación de servicios esenciales a su población[32], encuentra dos grandes límites: por un lado, un límite material

29 JARAMILLO FERNÁNDEZ, A., «El estatuto básico de los municipios de menor población. Los ayuntamientos pequeños del S. XXI», en *Revista digital CEMCI*, núm. 60, 2023, p. 5.

30 BELLO PAREDES, S., «Castilla y León vacía (vaciada): esperando a Ulises», en *REALA,* núm. 13, 2020, p. 117.

31 CARBONELL PORRAS, E., «Los municipios pequeños: entre la supresión y la revitalización» en *Anuario Aragonés del Gobierno Local*, núm. 14, 2022, págs. 269-303.

32 *Vid*. principalmente art. 25 LBRL para el caso específico del Municipio, si bien hay otras competencias atribuidas por Ley a las administraciones locales: *vid.* CARBONELL PORRAS, E. «Las competencias locales diez años después de la LRSAL» en *REALA* (2023) núm. 19, págs. 8-28.

representado por las competencias e intereses gestionados en esos mismos territorios por el Estado y, en especial, las Comunidades Autónomas y, por otro, un límite formal dependiente de la capacidad de gestión real de cada ente local. En este sentido, las administraciones locales ostentan competencias propias para intervenir «en cuantos asuntos afecten directamente al círculo de sus intereses»[33], que encuentran en la LBRL su Ley básica y general al respecto, así como competencias delegadas por parte del Estado o, sobre todo, su Comunidad Autónoma[34]. El problema principal llega cuando lo anterior se encuentra con la limitadísima capacidad de gestión administrativa de muchas de estas pequeñas entidades, pues esta está «directamente condicionada por la capacidad económica —y organizativa— con la que cuenten los Entes locales para desarrollar políticas locales propias»[35]. A menor población, menor sostenimiento económico y, por lo tanto, menor capacidad de actuación.

Los municipios más pequeños se encuentran ante la dificultad o imposibilidad de cumplir adecuadamente con sus competencias, en perjuicio de los pocos vecinos que les queden. La LBRL «contempla la singularidad de los pequeños municipios»[36] y permite el establecimiento de «regímenes especiales para Municipios pequeños o de carácter rural»[37]; ahora bien, estas previsiones no resultan suficientes. Afrontar tales dificultades es la principal motivación que encuentran las últimas reformas o propuestas de reforma de la planta local en España, realizadas sobre la base de las competencias de ordenación y organización del territorio, que buscan así una forma de gestionar más eficaz y eficientemente estos escasos recursos y las necesidades de los vecinos que los sostienen.

En este sentido, y como se ha apuntado al inicio de este apartado, el debate principal ha girado en torno a la subsistencia o eliminación de los municipios más pequeños. El enfoque para afrontarlo ha ido variando, sin solución de continuidad, en función del contexto o del Gobierno de cada momento. Durante las primeras dos décadas de los años 2000, en gran parte motivados por las graves consecuencias de la crisis económica y los requisitos en

33 Art. 2 LBRL.

34 *Vid.* art. 7 LBRL. Sobre la delimitación de la autonomía local y la determinación de estos límites *vid.* García Aranda, S., *La autonomía local en la Constitución de 1978*, Dykinson, Madrid, 2015 o, aplicado al objeto de estudio del presente trabajo *vid. op. cit.* Carbonell Porras, E. «Las competencias locales ...».

35 Fontana Puig, A., «Las relaciones interadministrativas en la Ley reguladora de las bases del régimen local», en *REALA*, núm. 235-236, 1987, págs. 655 y 656. Nótese al respecto cómo ya en el momento en que se escribían estas líneas a las que se hace referencia, el problema ya estaba vivo.

36 Tornos Mas, J., «La lucha contra la despoblación en España. Marco normativo», en *Cuadernos de Derecho local,* núm. 56, 2021, págs. 59 y ss.

37 Art. 30 LBRL.

materia de eficiencia impuestos por Europa, la tendencia fue acometer una reforma de la planta municipal fundamentalmente dirigida a eliminar municipios; en este sentido, el núcleo de la cuestión radicaba en la legislación sobre alteración de términos municipales y el límite e idoneidad de acometer tales cambios por parte del Estado o las Comunidades Autónomas[38] que encontró en la Ley 27/2013 de racionalización y sostenibilidad de la Administración Local su máximo exponente[39]. El problema está, como bien recuerda al respecto CARBONELL PORRAS, en que «la supresión de un municipio no suprime a sus vecinos. Es evidente que la eliminación de la institución no supone necesariamente la eliminación de la población»[40], lo que exige un análisis y planteamiento profundo de cualquier cambio o propuesta que se realice.

Cumplida una década de la reforma anterior, el escenario actual es distinto y, contrariamente a lo afirmado antes, el planteamiento actual se apoya en la idea de que «la supresión de municipios, especialmente en el medio rural, lejos de presentar efectos positivos en términos de ahorro y eficiencia, supondría ahondar más en los procedimientos de abandono de las zonas rurales, agravando con ello la problemática de la despoblación e incrementando la desigualdad social y territorial»[41]. Por ello, el objetivo ahora es dotar a estos pequeños municipios de una nueva normativa que «pretendería garantizar el acceso de los vecinos a los servicios públicos y que tendría el carácter de legislación estatal básica»[42]. Fue en el año 2020 cuando desde el Gobierno se anunció una nueva reforma de la LBRL a través de la cual aprobar un régimen singular para los pequeños municipios que afrontase tales objetivos a través de la propuesta de creación, en 2022, de lo que finalmente se dio en llamar Estatuto básico de los Municipios de Menor población[43]. Un régimen especial para estos pequeños municipios, que de tal tenía poco dado que «los municipios con población inferior a 5.000 habitantes representan el 83,96 % del total de la planta municipal española»[44]. El objetivo de esta reforma era

38 Para profundizar al respecto es obligada la lectura de REBOLLO PUIG, M., «La supresión de los pequeños municipios: régimen, alternativas, ventajas e inconvenientes», en *REALA*, núm. 308, 2008, págs. 151-205.

39 Al respecto, conviene el estudio de: BOIX PALOP, A., «Apuntes sobre algunas consecuencias sociales de la reforma local de 2013», en *Papeles de relaciones ecosociales y cambio global,* núm. 129, 2015, págs. 37-51 o la propia CARBONELL PORRAS, E. «Las competencias locales ...» *op. cit.*

40 *Vid. op. cit.* CARBONELL PORRAS, E. «Los municipios pequeños...», págs. 282 y 283.

41 *Vid. op. cit.* DOMÍNGUEZ ÁLVAREZ, J. L., *Comunidades discriminadas y ...*, p. 196.

42 *Vid. op. cit.* CARBONELL PORRAS, E. «Los municipios pequeños...», p. 300.

43 *Vid.* Boletín Oficial de las Cortes Generales de 20 de enero de 2022. Disponible en: https://acortar.link/ivyhhk.

44 BURGAR ARQUIMBAU, J. M., «Primeros apuntes en torno a la proposición no de Ley para la elaboración de un Estatuto básico de los municipios de menor población», en *El consultor de los ayuntamientos*, 2021.

luchar contra la despoblación y sus efectos en España mediante la imposición de una «simplificación orgánica, agilización procedimental, especialidades en el ámbito de la contratación y en la gestión económica-financiera y patrimonial, especialidades en el régimen de los habilitados nacionales y mecanismos de asistencia por parte de las restantes administraciones a los pequeños municipios»[45]. Una reforma que, sólo dos años después de esta propuesta, su desarrollo y aprobación «ya no ocupa un lugar primordial en la agenda política»[46].

Dicho lo anterior y en vista de que un cambio en la materia está pendiente, a la hora de afrontar una nueva reforma de la Administración local que pretenda reducir el impacto de la despoblación no se deben olvidar algunos aspectos clave:

Ni la despoblación es un fenómeno exclusivo de los pequeños municipios, especialmente los rurales, ni se ataja enfocando los esfuerzos en la existencia o no de estos. Por ello y, en primer lugar, toda reforma que se acometa en este sentido debe incluir en ella, atendiendo a sus características y especialidades, a los núcleos urbanos medios que, pese a serlo, están sumidos en un profundo proceso de despoblación en perjuicio propio y de los municipios rurales que dependen de ellos. Pese a los primeros intentos promovidos desde la Estrategia Nacional frente al Reto Demográfico, las acciones planteadas recientemente no extienden las medidas a los núcleos urbanos medios, que constituyen un eje de atracción y sostenimiento de población esencial para los municipios rurales de su entorno. Una ciudad próxima, bien comunicada, en la que existan servicios públicos continuos y de calidad constituye un incentivo adecuado para que la ciudadanía se plantee volver al pueblo.

En segundo lugar, y a la hora de coordinar el alcance de esos servicios de núcleos medios a los más pequeños, cabe recordar el importante papel de la olvidada diputación provincial, como ente local tradicional y punto de unión clave entre esos municipios rurales y urbanos cuyas sinergias deben ser reforzadas para afrontar adecuadamente los efectos de la despoblación. Un papel el de las diputaciones que la reforma de 2013 pretendió impulsar[47], pero que actualmente, parece abandonado por «razones esencialmente políticas»[48]. Al respecto y acudiendo una vez más, como referente, al magisterio de CARBONELL PORRAS, es cierto que «las acciones públicas destinadas a combatir la pérdida de población en el mundo rural son responsabilidad

45 *Vid. op. cit.* CARBONELL PORRAS, E. «¿Un estatuto básico ...», p. 65.

46 *Vid. op. cit.* CARBONELL PORRAS, E. «Los municipios pequeños...», p. 291.

47 MORCILLO MORENO, J., «El pretendido impulso a la administración provincial en la reforma española de 2013», en *Istituzioni del federalismo: rivista di studi giuridici e politici,* núm. 2, 2014, págs. 361-392.

48 *Vid. op. cit.* CARBONELL PORRAS, E. «Los municipios pequeños: ...», p. 298.

del Estado y de las Comunidades Autónomas, pero la clave no está tanto en garantizar la prestación de los servicios de competencia municipal, sino en asegurar su acceso en unas condiciones de calidad adecuadas, para lo cual existen precisamente las Diputaciones; administraciones cuyo fin es asistir a los municipios más pequeños y garantizar los servicios municipales obligatorios, para lo cual cuentan con los medios y experiencia adecuados; las diputaciones son las entidades supramunicipales idóneas para luchar contra la despoblación, los problemas del mundo rural y contribuir a una adecuada prestación de servicios a sus habitantes»[49].

Finalmente, toda reforma que se acometa en este sentido debe evitar nuevas duplicidades y respetar el tradicional y consolidado régimen local existente en España, así como su conjugación con la legislación general prevista en las Leyes 39 y 40/2015 de Régimen Jurídico y Procedimiento Administrativo o la Ley 9/2017 de Contratos del Sector Público y toda su normativa autonómica. La doctrina lleva años denunciando el poco cuidado, desconocimiento o escasa atención e interés en el desarrollo de estas reformas frente a la despoblación[50], que por ello enmarañan más que favorecen la lucha contra esta lacra.

IV. CONCLUSIONES

Sin población no hay sociedad cuyos intereses deba gestionar la Administración y el Derecho administrativo, pero es que siempre que la haya, por escasa que sea, estos deben actuar con absoluta disposición en servicio de quienes permanezcan en el territorio. La despoblación es un fenómeno que viene asolando a España desde hace siglos, pero la característica del momento actual está en que *la infección* de la despoblación que, hasta ahora, era más propia del ámbito rural, ha llegado también a muchas ciudades.

La despoblación se ha convertido en un problema generalizado también en el ámbito urbano, pero sin que se haya concretado nada al respecto la legislación vigente. Dicho esto, la Estrategia Nacional frente al Reto Demográfico comienza a dar luz a esta relación entre los municipios rurales y las pequeñas y medianas ciudades de su entorno, que también están decreciendo en población, pero esto no es algo que haya tenido su reflejo en las últimas reformas normativas diseñadas al respecto.

Este es uno de los grandes errores de la gestión de la despoblación actual y una de las grandes materias que afrontar puesto que las ciudades medias son prioritarias en la cohesión social y su vaciamiento afecta directamente a

49 *Ibídem*, págs. 298 y ss.

50 Algunos ejemplos de ello son: *Vid. op. cit.* DOMÍNGUEZ ÁLVAREZ, J. L., *Comunidades discriminadas y ...*, págs. 227 y ss.; o *vid. op. cit.* CARBONELL PORRAS, E. «Los municipios pequeños: ...», p. 293.

empeorar la situación del medio rural de su entorno. En este sentido, como hemos afirmado anteriormente, resulta necesario aplicar o ampliar los cambios diseñados para revitalizar a los municipios rurales y hacer lo propio en los núcleos urbanos más castigados por la despoblación.

Esos cambios deberán afectar de especial manera a las administraciones locales y sus competencias, pues son estas las que están en la trinchera de esta guerra. En cualquiera de esos cambios que se afronten debe quedar clara una idea: la despoblación ya no es un fenómeno exclusivo de los pequeños municipios, especialmente de los rurales, sino que ha llegado también a la ciudad y los efectos de esto sobre los primeros son devastadores. Por ello, toda reforma que se acometa en este sentido debería incluir en ella, atendiendo a sus características y especialidades, a los núcleos urbanos medios que, pese a serlo, están sumidos en un profundo proceso de despoblación en perjuicio propio y de los municipios rurales que dependen de ellos. En este sentido, resulta esencial recordar el importante papel de la olvidada diputación provincial, como ente local tradicional y punto de unión clave entre esos municipios rurales y urbanos cuyas sinergias deben ser reforzadas para afrontar adecuadamente los efectos de la despoblación en todo el país.

V. BIBLIOGRAFÍA

AMAT MONTESINO, X., LARROSA ROCAMORA, J. A. y MARTÍNEZ PUCHE, A., «El reto demográfico y la despoblación en ciudades medias. Una reflexión más allá de la España vaciada», en HOTERLANO MÍNGUEZ, L. A. (Dir.), *Gestionando la despoblación,* Aranzadi, Cizur Menor, 2023, págs. 391-406.

BANDRÉS, E. y AZÓN, V., *La despoblación de la España interior,* Funcas, Madrid, 2021.

BELLO PAREDES, S., «Castilla y León vacía (vaciada): esperando a Ulises», en *REALA,* núm. 13, 2020, págs. 110-130.

«La despoblación en España: balance de las políticas públicas implantadas y propuestas de futuro» en *REALA*, núm. 19, 2023, págs. 125-147.

BOIX PALOP, A., «Apuntes sobre algunas consecuencias sociales de la reforma local de 2013», en *Papeles de relaciones ecosociales y cambio global*, núm. 129, 2015, págs. 37-51.

BURGAR ARQUIMBAU, J. M., «Primeros apuntes en torno a la proposición no de Ley para la elaboración de un Estatuto básico de los municipios de menor población», en *El consultor de los ayuntamientos*, 2021.

BUSTILLO BOLADO, R., «Capítulo 3.º- La política de desarrollo rural en España y la lucha contra el despoblamiento rural», en SANZ LARRUGA, F. J. y

Míguez Macho, L. (Dirs.), *Derecho y dinamización e innovación rural,* Tirant lo Blanch, Valencia, 2021, págs. 270-291.

Carbonell Porras, E., «¿Un estatuto básico para los municipios pequeños? Un comentario de urgencia», en *REALA*, núm. 15, 2021, págs. 58-70.

«El transporte de personas en el medio rural», en Santiago Iglesias, D., Míguez Macho, L. y Ferreira Fernández, A.J. (Dirs.), *Instrumentos jurídicos para la lucha contra la despoblación rural*, Thomson Reuters-Aranzadi, Cizur Menor, 2021, págs. 379-409.

«Los municipios pequeños: entre la supresión y la revitalización», en *Anuario Aragonés del Gobierno Local*, núm. 14, 2022, págs. 269-303

«Las competencias locales diez años después de la LRSAL», en *REALA* núm. 19, 2023, págs. 8-28.

Colmerio, M., *Derecho administrativo español,* Eduardo Martínez, Madrid, 1876.

Domínguez Álvarez, J. L., *Comunidades discriminadas y territorios rurales abandonados: políticas públicas y Derecho administrativo frente a la despoblación*, Thomson Reuters-Aranzadi, Cizur Menor, 2021.

Dou y de Bassols, R. L., *Instituciones del derecho público general de España con noticia del particular de Cataluña y de las principales reglas de gobierno en qualquier Estado, tomo IX,* Oficina de Don Benito García y compañía, Madrid, 1800-1803.

Fernández Rodríguez, C. «La política comunitaria de la cohesión económica, social y territorial», en Linde Paniagua, E. (Coord.), *Políticas de la Unión Europea*, Colex, A Coruña, 2006, págs. 656-672.

Fontana Puig, A. «Las relaciones interadministrativas en la Ley reguladora de las bases del régimen local», en *REALA*, núm. 235-236, 1987, págs. 651-674.

García Aranda, S., *La autonomía local en la Constitución de 1978*, Dykinson, Madrid, 2015.

García Jiménez, A., «La despoblación: una cuestión de Estado», en *Revista jurídica de Castilla y León*, núm. 52, 20202, págs. 31-71.

Gómez Barahona. A. y Prieto Álvarez, T., «Título XVII Cohesión económica y social», en Calonge Velázquez, A. (Coord.), *Políticas comunitarias: bases jurídicas,* Tirant lo Blanch, Valencia, 2013, págs. 492-540.

Jaramillo Fernández, A., «El estatuto básico de los municipios de menor población. Los ayuntamientos pequeños del S. XXI», en *Revista digital CEMCI*, núm. 60, 2023, págs. 1-26.

López Ramón, F., «La lucha contra la despoblación rural», en Santiago Iglesias, D., Míguez Macho, L. y Ferreira Fernández, A. J. (Dirs.), *Instrumentos jurídicos para la lucha contra la despoblación rural*, Thomson Reuters-Aranzadi, Cizur Menor, 2021, págs. 29-76.

Martínez Yáñez, N. M., «El teletrabajo como fórmula contra la despoblación de las zonas rurales», en Santiago Iglesias, D., Míguez Macho, L. y Ferreira Fernández, A. J. (Dirs.), *Instrumentos jurídicos para la lucha contra la despoblación rural*, Thomson Reuters-Aranzadi, Cizur Menor, 2021, págs. 287-332.

Molina De La Torre, I., «La despoblación en España: un análisis de la situación», en *Informe Comunidades Autónomas*, 2018, págs. 66-87.

Morcillo Moreno, J., «El pretendido impulso a la administración provincial en la reforma española de 2013», en *Istituzioni del federalismo: rivista di studi giuridici e politici*, núm. 2, 2014, págs. 361-392.

Muñiz Pérez, J. C., «La Junta Central de Colonización y Repoblación Interior: (el proyecto colonizador español de la Ley González Besada: La Junta Central de Colonización y Repoblación Interior)», en Santiago Iglesias, D., Míguez Macho, L. y Ferreira Fernández, A. J. (Dirs.), *Instrumentos jurídicos para la lucha contra la despoblación rural*, Thomson Reuters-Aranzadi, Cizur Menor, 2021, págs. 77-111.

Rebollo Puig, M., «La supresión de los pequeños municipios: régimen, alternativas, ventajas e inconvenientes», en *REALA*, núm. 308, 2008, págs. 151-205.

Sanz Larruga, F. C., «Incidencia de las medidas de impulso demográfico en la lucha contra la despoblación rural», en Santiago Iglesias, D., Míguez Macho, L. y Ferreira Fernández, A. J. (Dirs.), *Instrumentos jurídicos para la lucha contra la despoblación rural*, Thomson Reuters-Aranzadi, Cizur Menor, 2021, págs. 111-145.

Sedeño López, J. F., *Instrumentos financieros y tributarios frente a la despoblación: retos y oportunidades en el contexto del teletrabajo,* Atelier, Barcelona, 2022.

Tornos Mas, J. «La lucha contra la despoblación en España. Marco normativo», en *Cuadernos de Derecho local*, núm. 56, 2021, págs. 55-83.

Vilaroig Moya, R. y Simón Acosta, E., *El sistema tributario japonés ante los retos del envejecimiento, la despoblación y la digitalización,* Aranzadi, Cizur Menor, 2023.

CAPÍTULO VI

LA RESPUESTA JURÍDICA DE LAS COMUNIDADES AUTÓNOMAS AL RETO DEMOGRÁFICO: UN «RETRATO ROBOT»

Francisco Javier Sanz Larruga
Universidade da Coruña

I. PRELIMINARES

Pasada ya casi una década desde que en España se ha abordado el problema de la despoblación rural como una cuestión de Estado —en la que destaca como hito relevante la aprobación por el Gobierno de España de las «Directrices Generales de la Estrategia Nacional para el Reto Demográfico», en marzo de 2019[1]—, se han sucedido múltiples iniciativas de diversa naturaleza. Pero, desde el punto de vista normativo, cabe resaltar las normas

1 *Cfr.* mi trabajo: SANZ LARRUGA, F. J., «Cohesión territorial, reto demográfico y dinamización rural: las limitadas pero necesarias respuestas desde el Derecho», en SANZ LARRUGA, F. J. Y MÍGUEZ MACHO, L. (Dirs.), Derecho y Dinamización e innovación rural, Tirant lo Blanch, Valencia, 2021, págs. 84 y ss. Fijamos como punto de partida de esta década, el Informe del Senado sobre la «adopción de medidas en relación con la despoblación rural en España», cuyas conclusiones fueron aproabas en marzo de 2015.

legales aprobadas por varias Comunidades Autónomas con una pretensión de abordar de forma integral el común problema de la despoblación en cada uno de sus territorios[2].

En efecto, hasta el día de hoy, podemos contabilizar hasta cinco Leyes autonómicas con dicho objetivo que, por orden cronológico, son las siguientes:

1.ª- la Ley 5/2021, de 2 de febrero, de Impulso Demográfico de Galicia (en adelante, LIDG)

2.ª- la Ley 2/2021, de 7 de mayo, de Medidas Económicas, Sociales y Tributarias frente a la Despoblación y para el Desarrollo del Medio Rural en Castilla-La Mancha (en adelante, LDMRCM)

3.ª- la Ley 3/2022, de 17 de marzo, de Medidas ante el Reto Demográfico y Territorial de Extremadura (en adelante, LMRDTE)

4.ª- la Ley 5/2023, de 13 de abril, Integral de Medidas contra el Despoblamiento y por la Equidad Territorial en la Comunidad Valenciana (en adelante, LIMDETV) y,

5.ª- la Ley 13/2023, de 30 de marzo, de Dinamización del Medio Rural de Aragón (en adelante, LDMRA).

Además, nos consta que hay otras Comunidades Autónomas que también están preparando proyectos normativos similares[3].

Por parte del Gobierno de España, la «política sobre el reto demográfico» constituye, desde 2017[4], una «política de Estado», lo que ha supuesto la puesta en marcha de una batería de iniciativas de naturaleza organizativa[5] y estratégicas como el «Plan 130 Medidas frente al Reto Demográfico», apro-

2 *Cfr.* las referencias recogidas a esta normativa en la obra de González Bustos, M. A., *Régimen Jurídico Administrativo de la Dinamización Rural*, Atelier, Barcelona, 2023, págs. 46 y ss.

3 Es el caso de la Comunidad de Castilla y León, con su proyecto de «Ley de medidas ante el reto demográfico e impulso del medio rural»; del Principado de Asturias, con su proyecto de «Ley de Impulso Demográfico»; de la Comunidad Autónoma de Cantabria, con su proyecto de «Ley de lucha contra el despoblamiento y frente al reto demográfico»; y la Comunidad Foral de Navarra, con un proyecto de «Ley sobre cohesión territorial y lucha contra la despoblación». *Cfr.* Santiago Iglesias, D., Míguez Macho, L., y Ferreira Fernández, J. (Dirs.), *Instrumentos jurídicos para la lucha contra la despoblación rural*, Aranzadi, Pamplona, 2021.

4 En enero de 2017 tuvo lugar la VI Conferencia de Presidentes (del Gobierno de España y de las Comunidades Autónomas y Ciudades autónomas) donde se trató de la necesidad de abordar los cambios demográficos en España, adoptando para este fin una serie de medidas.

5 La creación en el seno de la Administración General del Estado, de la «Secretaría General para el reto demográfico» en el Ministerio para la Transición Ecológica y el Reto Demográfico, de la «Comisión Delegada del Gobierno para el Reto Demográfico» y de la «Conferencia Sectorial de Reto Demográfico».

bado en marzo de 2021[6]. Cabe señalar en este punto que sigue vigente la Ley estatal 45/2007, de 13 de diciembre, para el desarrollo sostenible del medio rural, que podría desarrollar alguna funcionalidad en el tema de estudio, pero que no se está aplicando por falta de financiación.

El objetivo de este trabajo es el de exponer de forma sumaria y sintética los contenidos esenciales de las nuevas leyes autonómicas sobre el reto demográfico y territorial. Y, a partir, de esta aproximación tratar de presentar algunas reflexiones que suscita este novedoso grupo normativo.

II. ELEMENTOS FUNDAMENTALES DEL GRUPO NORMATIVO AUTONÓMICO SOBRE EL RETO DEMOGRÁFICO Y TERRITORIAL

Como ya hemos adelantado en el apartado anterior, son ya cinco textos legislativos los aprobados por las Comunidades Autónomas. En este apartado vamos a tratar de presentar de forma muy resumida sus contenidos fundamentales. Para tal fin, vamos a distinguir los siguientes apartados temáticos:

1. OBJETIVOS GENERALES Y FINALIDAD

En virtud de los títulos de las repetidas leyes autonómicas, es evidente que todas ellas hacen referencia al «reto demográfico» que ha motivado su aprobación. Lo «demográfico» aparece en los enunciados de la Ley gallega y extremeña, aunque ésta última añade al «reto demográfico» el «territorial»; además, la gallega resume su objetivo en el «impulso demográfico»[7].

---

6 El Plan se estructura en *10 ejes estratégicos*: 1.°- impulso a la transición ecológica, 2.°- transición digital y plena conectividad; 3.°- desarrollo e innovación en el territorio; 4.°- impulso del turismo sostenible; 5.°- igualdad de derechos y oportunidades; 6.°- fomento del emprendimiento; 7.°- servicios públicos y descentralización; 8.°- bienestar social y economía de los cuidados; 9.°- promoción de la cultura; y 10.°- reformas normativas e institucionales. Entre estas normas cabe señalar la elaboración «Estatuto básico de los pequeños municipios» (todavía pendiente de aprobación), las medidas para la «evaluación de impacto demográfico» (*Cfr.* la Disposición Adicional 6.ª -sobre «mecanismo rural de garantía»- de la Ley 27/2022, de 20 de diciembre, de Institucionalización de la Evaluación de Políticas Públicas en la Administración General del Estado), y la aprobación de la Ley de Trabajo a Distancia (Ley 10/2021, de 9 de julio).

7 El art. 3, c) define este concepto del «impulso demográfico» del siguiente modo: «conjunto de medidas dirigidas al desarrollo sostenible y al logro del equilibrio territorial y social, de modo que se creen entornos favorables para el asentamiento de la población, el desarrollo saludable y el bienestar de la infancia y una libre realización de los proyectos vitales que permita cumplir las expectativas y los deseos de la población de poder formar una familia y aproxime la fecundidad al promedio de la Unión Europea, que promueva el envejecimiento activo y saludable y que facilite el retorno de las gallegas y los gallegos residentes

En el caso de las Leyes castellano-manchega y valenciana lo que caracteriza su denominación es la referencia a uno de los problemas de reto demográfico: la «despoblación» o el «despoblamiento rural». La valenciana añade a la cuestión de la despoblación el concepto de «equidad territorial» aunque no lo define.

Por otra parte, las leyes castellano-manchega y aragonesa incluyen en su titulación la referencia al medio rural; la primera para incidir en su «desarrollo» y la segunda para identificar la acción que se persigue: «la *dinamización* del medio rural de Aragón».

La Ley castellano-manchega utiliza el término de la «cohesión» —que es frecuente utilizarlo al tratar de la política territorial[8]— en su triple perspectiva: económica, social y territorial, que le permite ordenar una buena parte de sus políticas sobre el reto demográfico y lucha contra la despoblación[9].

En definitiva, en mi opinión el resumen de los contenidos expuestos bien puede resumirse en el sintagma «reto demográfico y dinamización demográfica y rural».

2. PRINCIPIOS

Se recogen muchos principios rectores, de orientación y actuación de los sujetos públicos y privados implicados[10], pero destacamos los que nos parecen más específicos de la temática regulada.

Con carácter general, me parece de especial interés los principios que recoge la Ley gallega y, en particular, los relativos al «desarrollo económico inteligente y sostenible[11], al «equilibrio territorial[12] y sobre la «trans-

---

en el exterior y la atracción de nueva población al territorio de la Comunidad Autónoma de Galicia».

8 Así, por ejemplo, en la Unión Europea, la «política de cohesión económica, social y territorial», regulada en los arts. 174 a 178 del Tratado de Funcionamiento de la Unión.

9 *Cfr.* el Título IV de la LDMRCM sobre «cohesión económica, social y territorial del medio rural» (arts. 47 a 72).

10 Sin entrar en los principios específicos de las políticas públicas (familia, empleo, financiación, etc.) que también están implicados en las medidas sobre dinamización demográfico y del medio rural.

11 *Cfr.* el art. 4, d) de la LIDG, es decir, «basado en el capital humano, el aprendizaje continuo, la promoción y gestión del conocimiento y la modernización del sistema productivo mediante la innovación e incorporación de las tecnologías como instrumento de la actividad económica, y respetuoso con el medioambiente, que aproveche y vele por el uso de los recursos endógenos y por su forma de explotación y aproxime lo máximo posible el PIB per cápita al promedio de la Unión Europea».

12 *Cfr.* el art. 4, e) de la LIDG.

versalidad»[13]. Con relación a este último la Ley extremeña lo desarrolla más extensivamente[14].

Muchos de los principios que se recogen tienen que ver con el establecimiento de las relaciones interadministrativas: la «colaboración» y la cooperación[15], así como la «coordinación»[16]. Otros son específicos sobre funcionamiento de las Administraciones Públicas como la «eficacia» y la «eficiencia»[17] y la «transparencia»[18]. Y, como en las leyes se contienen un gran número de políticas públicas que requieren de su evaluación hay una referencia en algunas de las leyes a la «evaluación y seguimiento»[19].

Finalmente, no puede faltar en estas leyes una remisión a los principios de la actuación de los poderes públicos para promover políticas de dinamización demográfica y rural que pasan, en primer lugar, por una adecuada «información y sensibilización»[20] y, en todo caso, por una vigorosa «participación»[21]

3. DEFINICIONES ESPECÍFICAS

Entre las definiciones más novedosas destacamos el triplete de conceptos que recoge la pionera Ley gallega de impulso demográfico (que acogen algunas de las otras leyes autonómicas), comenzando por la propia definición de «Impulso

13 El art. 5, a) de la LIDG lo describe del siguiente modo: «Las administraciones públicas de Galicia incorporarán la perspectiva demográfica en todas sus políticas, tanto en la elaboración de la normativa que las regule como en la dotación presupuestaria, especialmente en los ámbitos familiar, laboral, de la salud, la educación, la cultura y el ocio, el deporte, la juventud, el envejecimiento, la migración, los servicios públicos y las comunicaciones». *Cfr.* también los arts. 3, a) de la LMRDTE, 3, a) de la LIMDETV.

14 *Cfr.* el art. 3, a) de la LMRDTE: «La Junta de Extremadura incorporará la perspectiva demográfica en todas sus políticas, tanto en la elaboración de la normativa que las regule como en la dotación presupuestaria, especialmente en los ámbitos familiar, laboral, de la economía, de la salud y de los servicios sociales, de la vivienda, de la educación, de la cultura, del deporte, de la juventud, del envejecimiento, de la migración, de los servicios públicos, de las comunicaciones y de la fiscalidad». En términos muy parecidos el art. 3, a) de la LIMDETV y el art. 86 de la LDMRA (si bien, referido éste a las medidas sobre «inmigración» e «inclusión social».

15 Cfr, el art. 5, b) y 10 de la LIDG. También el art. 20 de la LDMRCM, el art. 3, b) de la LMRDTE, el art. 3, b) de la LIMDETV.

16 *Cfr.* el art. 5, c) de la LIDG. También, los arts. 3, c) de la LMRDTE.

17 *Cfr.* el art. 5, e) de la LIDG. También, los arts. 3, c) de la LMRDTE. También los arts. 3, c) de la LIMDETV.

18 *Cfr.* el art. 3, g) de la LMRDTE.

19 *Cfr.* el art. 5, g) de la LIDG. También los arts. 3, e) de la LMRDTE, 3, e) de la LIMDETV.

20 *Cfr.* el art. 5, f) de la LIDG. También los arts. 3, d) de la LMRDTE, 3, d) de la LIMDETV.

21 *Cfr.* el art. 5, h) de la LIDG. También los arts. 3, f) de la LMRDTE, 3, f) de la LIMDETV.

demográfico»[22], siguiendo por el concepto más metodológico de «perspectiva demográfica»[23] y el de «Impacto demográfico»[24]. Por otra parte, no parece de interés la definición de «desarrollo rural integral»[25] de la Ley castellano-manchega.

4. INSTRUMENTO DE EVALUACIÓN DEL IMPACTO DEMOGRÁFICO Y TERRITORIAL O MECANISMO RURAL DE GARANTÍA

Quizá se trata de una de las más importantes novedades en estas leyes autonómicas sobre el reto demográfico al introducir un mecanismo de evaluación «ex ante» y «ex post» de las iniciativas públicas —normativas, de diseño y ejecución de políticas públicas, e incluso presupuestarias— de las Administraciones públicas de la respectiva Comunidad Autónoma, para hacer valer la incorporación de la perspectiva demográfica y territorial de las mismas, tras haber efectuado un análisis del impacto territorial y demográfico de las mismas. La primera versión de este peculiar modelo de evaluación lo contiene la Ley gallega[26]; la Ley castellano-manchega regula esta institución denominándolo «informe de impacto demográfico»[27]; la Ley extremeña sigue un modelo parecido al de Galicia[28]; la Ley valenciana regula el «informe

22 *Cfr.* el art. 3, c) de la LIDG: «conjunto de medidas dirigidas al desarrollo sostenible y al logro del equilibrio territorial y social, de modo que se creen entornos favorables para el asentamiento de la población, el desarrollo saludable y el bienestar de la infancia y una libre realización de los proyectos vitales que permita cumplir las expectativas y los deseos de la población de poder formar una familia y aproxime la fecundidad al promedio de la Unión Europea, que promueva el envejecimiento activo y saludable y que facilite el retorno de las gallegas y los gallegos residentes en el exterior y la atracción de nueva población al territorio de la Comunidad Autónoma de Galicia».

23 *Cfr.* el art. 3, d) de las LIDG: «metodología y mecanismos destinados a integrar en la producción normativa y en el diseño y desarrollo de las políticas públicas la consideración de las interacciones entre la acción pública y las dinámicas poblacionales».

24 *Cfr.* el art. 3, e) de la LIDG: «identificación y valoración de los diferentes efectos y resultados de una norma o de una política pública en el comportamiento de la población, al objeto de neutralizar posibles efectos que dificulten o impidan el impulso demográfico». *Cfr.* también el art. 5, 1, f) de la LDMRCM.

25 *Cfr.* el art. 5, 1 de la LDMRCM: «Proceso de planificación socioeconómica regional, realizado de modo transversal, con la finalidad de articular políticas plenas que garanticen el progreso y la cohesión económica y social del medio rural».

26 *Cfr.* sus arts. 7 («incorporación de la perspectiva demográfica»), 8 («análisis del impacto demográfico») y 9 («informe periódico e indicadores en materia demográfica») de la LIDG que inician el contenido del capítulo I (del Título I sobre «criterios de actuación») sobre «carácter sistémico de las políticas demográficas».

27 *Cfr.* art. 8 de la LDMRCM.

28 *Cfr.* los arts. 5 («Incorporación de la perspectiva demográfica y territorial»), 6 («análisis de impacto demográfico y territorial») y 18 («Informe anual e indicadores en materia demográfica y territorial») de la LMRDTE.

de perspectiva rural sobre despoblamiento y por la equidad territorial»[29]; y la Ley aragonesa utiliza el concepto del «mecanismo rural de garantía»[30], introducido por la Ley estatal de Evaluación de Políticas Públicas de 2022[31].

5. ÁMBITO TERRITORIAL DE APLICACIÓN: ZONIFICACIÓN, DELIMITACIÓN Y CATEGORIZACIÓN

Un apartado que nos parece especialmente relevante es el relativo a las zonas y territorios sobre los que se van a proyectar las innumerables medidas e iniciativas contempladas en las leyes autonómicas que estamos analizando. Así como en el caso de las Leyes gallega y extremeña, al elemento territorial no se le da gran importancia y parece que todas las medidas se extienden, por lo general, por todo el territorio[32], en cambio, las leyes manchega y la aragonesa dedican un desarrollado régimen jurídico sobre «zonificación y categorización del medio rural»[33] y sobre «delimitación y zonificación»[34],

29 *Cfr.* el art. 6 de la LIMDETV.

30 El art. 5 de la LDMRA lo configura como «el *principio rector de actuación* en virtud del cual la Administración de la Comunidad Autónoma*, impulsará y revisará todas las políticas sectoriales y de desarrollo socioeconómico*, mediante la observación de la perspectiva del cambio demográfico y de lucha contra la despoblación, el análisis de sus impactos reales y potenciales y sus efectos en el medio rural, y promoverá medidas de discriminación positiva en las zonas rurales que se determinen conforme a los criterios de delimitación establecidos en el Título II de esta ley». Los subrayados son nuestros.

31 Sobre este instrumento de evaluación *Cfr.* el trabajo de Sanz Larruga, F. J., Soriano Moreno, S., Herrero Lorente, J. y Pazos Vidal, S., «El «rural proofing» o «mecanismo rural de garantía» como instrumento de dinamización de las zonas rurales», en Gómez Sánchez, Y. (Coord.), Despoblación, cohesión territorial e igualdad de derechos, Centro de Estudios Políticos y Constitucionales, Madrid, 2023, págs. 117-155.

32 No obstante, en el caso de Galicia, el art. 76 de la LIDG se regulan las «zonas de actuación prioritaria en el impulso demográfico» y en el 77 se prevén «parámetros precisos para determinar dentro del medio rural y costero no urbano, las zonas de actuación prioritaria en el impulso demográfico». «Medio rural y costero no urbano» para aparece como un ámbito territorial para la aplicación de la Ley y que se define en el art. 3, j) como «zonas intermedias (ZIP) y zonas poco pobladas de Galicia (ZPP), según la clasificación del grado y subgrado de urbanización de las parroquias gallegas realizada por el Instituto Gallego de Estadística». *Cfr.* asimismo sus arts. 28, 2; 29, 2; 32, 3; y 74.

33 *Cfr.* los arts. 9 («delimitación de las zonas rurales que integran el medio rural»), 10 («criterios para la categorización del medio rural» que requiere de una «zonificación» del mismo) y 11 («tipología de las zonas rurales») de la LDMRCM. Una tipología que, seguidamente, se desarrolla en tres modalidades de territorios: «zona escasamente pobladas» (art. 12), «zonas en riesgo de despoblación» (art. 13), «zonas rurales intermedias» (art. 14) y «zonas rurales periurbanas» (art. 15).

34 *Cfr.* los arts. 19 a 27 de la LDMRA, sobre la definición del «medio rural» (art. 20); sobre los efectos de la clasificación de los asentamientos y municipios de carácter rural (por ejemplo,

respectivamente. Por su parte la Ley valenciana prevé la definición de «municipio en riesgo de despoblamiento»[35] y los «criterios de zonificación del riesgo de despoblamiento»[36].

6. GOBERNANZA Y ORGANIZACIÓN ADMINISTRATIVA

Todas las leyes prevén, como es lógico, un régimen jurídico de carácter organizativo para la gestión de los objetivos y asuntos que conciernen el reto demográfico y territorial. En todos los casos se especifican estas competencias sobre el Consejo de Gobierno de cada Comunidad Autónoma[37]. Por otra parte, se prevén organismos técnicos y asesores especializados[38], la colaboración del sector privado y de entidades sociales[39], así como de los «agentes dinamizadores rurales»[40].

En todo caso, hay una llamada generalizada a buscar la colaboración de las Administraciones locales y promover las ayudas oportunas. La Ley gallega

para la convocatoria de subvenciones) (art. 19); sobre los «instrumentos de valoración clasificación» de los asentamientos y municipios rurales (art. 21); sobre la definición de los «asentamientos de carácter rural» (art. 22), su calificación (art. 23) y los determinados a efectos fiscales (art. 27); sobre la definición de los «municipios de carácter rural» (art. 24) y su clasificación (art. 25); y, finalmente, sobre los «asentamientos y municipios de carácter rural ubicados en espacios metropolitanos» (art. 26) y los «deshabitados y aislados» (art. 27).

35 *Cfr.* el art. 14 de la LIMDETV que se remite al art. 15 sobre los indicadores para considerar si un municipio está «en riesgo de despoblamiento» (por ejemplo, en cuanto a la densidad de población, crecimiento demográfico, tasa de crecimiento vegetativo, índice de dependencia, etc.).

36 *Cfr.* el art. 15 de la LIMDETV.

37 *Cfr.* arts. 19 de la LIDG, 6 de la LDMRCM, 13 y 14 de la LMRDTE, 4 de la LIMDETV y 88 y 89 de la LDMRA.

38 *Cfr.* arts. 20 («Comisión para el impulso demográfico»), 21 (»Comisión Técnica para el impulso demográfico») y 22 («Observatorio Gallego de Dinamización Demográfica»); arts. 15 («Comisión interdepartamental de Población») y 16 («Mesa de Población de Extremadura»); art. 5 (»Comisión interdepartamental del Consell...»); arts. 89 («Comisión Delegada del Gobierno para la política territorial»), 90 («Observatorio para la dinamización demográfica y poblacional») y 91 («Grupo técnico de dinamización económica y social para el medio rural») de la LDMRA.

39 *Cfr.* arts. 14 y 15 de la LIDG; art. 28 de la LDMRCM («Colaboración público-privada»); art. 8 de la LMRDTE; art. 10 de la LIMDETV; y art. 11 de la LDMRA.

40 El art. 92,1 de la LDMRA los define como «Son operadores o agentes rurales las personas físicas o jurídicas que trabajan en el ámbito del desarrollo y dinamización del medio rural, entre las que se incluyen las administraciones públicas de la Comunidad Autónoma de Aragón, las entidades públicas dependientes o vinculadas a ella, y las organizaciones y estructuras, públicas o privadas que participen activamente, de forma directa o indirecta, en los procesos de promoción, dinamización y desarrollo rural de la Comunidad Autónoma de Aragón».

trata de garantizar la participación activa de las Administraciones locales para conseguir sus objetivos, mediante el reforzamiento de la «colaboración y cooperación interadministrativa»[41] y su apoyo financiero[42]. La Ley castellano-manchega incide igualmente en a «colaboración institucional» y, entre otras medidas, prevé la «formalización de instrumentos de colaboración interadministrativa con la entidades locales y supramunicipales»[43]. La Ley extremeña y valenciana tratan del mismo modo de la colaboración institucional e interadministrativa con previsión de ayudas[44].

La colaboración institucional trasciende incluso las fronteras nacionales. En el caso de Galicia se establece la «inclusión de políticas de impulso demográfico dentro de los programas desarrollados por la Eurorregión Galicia-Norte de Portugal»[45]. Y, en el caso de Extremadura se prevé en la materia una «cooperación transfronteriza e interregional»[46].

Y, por supuesto, en todas las Leyes hay innumerables llamadas —general y específica (a través de determinados órganos[47])— a la participación ciudadana y social[48].

41 *Cfr.* el art. 10 de la LIDG.

42 *Cfr.* el art. 13 de la LIDG. Establece su apartado 1.º: «La Administración autonómica, en la asignación de fondos y en el otorgamiento de ayudas y subvenciones a las entidades locales, tendrá en cuenta el desarrollo por parte de las mismas de políticas de impulso demográfico de forma coordinada, el esfuerzo presupuestario realizado en esta materia y su capacidad económica»; también prevé, a estos efectos, el reparto del Fondo de Cooperación Local (apartado 2.º) y el impulso de medidas para que «en la participación en los ingresos del Estado y de la Comunidad Autónoma se introduzcan los criterios de dispersión y envejecimiento de la población en el reparto de fondos entre las entidades locales» (apartado 4.º).

43 *Cfr.* el art. 20, 2 de la LDMRCM.

44 *Cfr.* los arts. 7 y 9 de la LMRDTE y 9 de la LIMDETV. Además, en el art. 8 de ésta última Ley se regula el «Fondo de Cooperación Municipal contra el despoblamiento»).

45 *Cfr.* el art. 10, 3 de la LIDG.

46 *Cfr.* el art. 10 de la LMRDTE. Se cita expresamente la colaboración de Extremadura con las regiones portuguesas de Alentejo y Centro (su apartado 1.º) y su disposición de participar «en aquellos grupos de regiones españolas y europeas que pongan de manifiesto ante las instituciones nacionales y europeas, la realidad de las regiones que afrontan desafíos demográficos y territoriales, instando la puesta en marcha de medidas efectivas que coadyuven a superar el reto demográfico y territorial» (apartado 2.º).

47 Por ejemplo, a través del «Observatorio Gallego de Dinamización Demográfica» previsto en el art. 22 de la LIDG; o de la «mesa de población de Extremadura» regulado en el art. 16 de la LMRDTE.

48 *Cfr.* el art. 5, h) de la LIDG: «Las administraciones públicas de Galicia promoverán la participación de la ciudadanía, la iniciativa social, los interlocutores económicos y sociales y los restantes agentes públicos y privados en la planificación y aplicación de las políticas de impulso Demográfico» y su art. 16 sobre «participación ciudadana». *Cfr.* también los arts. 76, 1 de la LDMRCM, 8 de la LMRDTE, 10 de la LIMDETV, y 11 de la LDMRA.

7. SENSIBILIZACIÓN SOCIAL EN MATERIA DEMOGRÁFICA Y RURAL

Casi todas las leyes contemplan una directriz de actuación sobre sensibilizar a la sociedad y a la opinión pública sobre la cuestión del cambio demográfico, la despoblación rural y la calidad de vida en el medio rural. La Ley gallega es la que dedica una mayor atención a este asunto, partiendo de la necesidad de promover estudios en materia demográfica[49], la sensibilización social[50], la formación en el ámbito educativo y del sector público[51], y de los medios de comunicación[52]. También las leyes manchega, extremeña y aragonesa inciden en la necesidad de una mayor sensibilidad social en materia demográfica y territorial[53].

8. PLANIFICACIÓN Y PROGRAMACIÓN DE ACTUACIONES Y MEDIDAS

La planificación es un instrumento fundamental en el desarrollo de la nueva política del reto demográfico y territorial[54]. Y para responder a esta necesaria función todas las leyes contemplan sus respectivos instrumentos de planificación que aparecen con diferentes denominaciones (Estrategias, planes, programas, etc.). En el ámbito del Estado español ya conocemos el «Plan 130 Medidas frente al Reto Demográfico», aprobado en marzo de 2021 por el Gobierno de la Nación.

Limitándonos a la planificación directamente relacionada con el reto demográfico y territorial[55], en casi todas las Leyes autonómicas aparece la

49 *Cfr.* el art. 23 de la LIDG.

50 *Cfr.* el art. 24 de la LIDG.

51 *Cfr.* los arts. 25 y 26 de la LIDG.

52 *Cfr.* el art. 27 de la LIDG.

53 *Cfr.* los arts. 7 de la LDMRCM, 11 de la LMRDTE y 6 LDMRA.

54 Cabe recordar aquí que la vigente Ley 45/2007, de 13 de diciembre, para el desarrollo sostenible del medio rural, tiene como instrumento de aplicación el «programa de desarrollo rural sostenible» (*Cfr.* sus arts. 5 a 8).

55 Dejando, por lo tanto, sin considerar aquí los innumerables instrumentos de planificación implicados en cada una de las políticas públicas (educativa, sanitaria, etc.), afectadas, sin duda, por la planificación propiamente demográfica y territorial que aquí estudiamos. En la monografía de Rodríguez de Santiago, J. M. sobre los *Planes administrativos. Una teoría general del plan como forma de actuación de la Administración* (Marcial Pons, Madrid, 2023) se pone como ejemplo de los que autor denomina «planes de Gobierno» o de «dirección política», algunos planes autonómicos aprobados contra la despoblación que se caracterizan por tener una «eficacia predominantemente indicativa», un «carácter materialmente coordinador de un ingente volumen de actividad administrativa» (*Cfr.* p. 82)

referencia a una «Estrategia de impulso demográfico»[56], o a «Estrategias Regionales frente a la despoblación y de Desarrollo Rural»[57], o a una «Estrategia ante el reto demográfico y territorial»[58]. En el caso de la Comunidad Valenciana se remite esta materia de forma genérica a la «planificación estratégica»[59], muy vinculada con su ordenación del territorio. Y, en cuanto a la Comunidad Autónoma de Aragón, su apartado de «planificación y programación» es más desarrollado que el resto de las Comunidades Autónomas[60], quizá por su experiencia previa y pionera en la materia de despoblación.

Finalmente, en algunos casos, se añaden entre las políticas públicas ante el reto demográfico (que tratamos en el siguiente apartado), referencias al «urbanismo y la ordenación del territorio». Es el supuesto más relevante de la Ley extremeña que recoge los fines de la ordenación territorial en relación con el reto demográfico y territorial[61], indica los instrumentos de ordena-

---

56 Es el caso de Galicia. La LIDG encomienda su aprobación a la Comisión para el impulso demográfico (*Cfr.* su art. 20, 3, d) y su Disposición Adicional 2ª prevé su elaboración en el plazo de una desde la entrada en vigor de la Ley.

57 Nos referimos a la Ley manchega. *Cfr.* sus arts. 18 y 19 de la LDMRCM, respectivamente.

58 Es el caso de Extremadura. *Cfr.* el art. 17 de la LMRDTE.

59 *Cfr.* el art. 7 de la LIMDETV. Esta planificación estratégica -que tendrá na vigencia mínima de diez años- se describe así en apartado 1 del referido art.: «el órgano competente en materia de políticas contra el despoblamiento se encargará de la elaboración, la evaluación y el seguimiento de una planificación estratégica de medidas contra el despoblamiento y por la equidad territorial, que sirva como referencia y visión estratégica para que las administraciones públicas competentes puedan diseñar sus políticas y medidas de lucha contra el despoblamiento en la Comunitat Valenciana. Esta planificación para los municipios incluidos tanto en el sistema rural como dentro de la franja intermedia, definidos en la Estrategia territorial de la Comunitat Valenciana, aprobada por el Decreto 1/2011, de 13 de enero, tendrá por objetivo el desarrollo de medidas efectivas para la erradicación de los desequilibrios territoriales y las desigualdades que generan entre la ciudadanía, garantizando los mismos derechos, unas infraestructuras suficientes y adecuadas y servicios públicos de calidad, y diversificando y dinamizando las economías rurales con criterios de sostenibilidad y de acuerdo con las características específicas y las necesidades de cada municipio y comarca».

60 *Cfr.* los arts. 29 («instrumentos marco de referencia» que se remiten a los instrumentos de planeamiento y gestión territorial de su legislación de ordenación del territorio), 30 («otros instrumentos de planificación y programación del medio rural»: planificación y programación sobre el medio rural de otras Administraciones, estrategias de desarrollo local, etc.), 31 («disposiciones normativas y planificación sectorial de la Comunidad Autónoma con incidencia en el medio rural»), 32 («Directrices zonales y programas de gestión territorial») y 33 («Adaptación de la planificación y programación a la evolución del desarrollo territorial») de la LDMRA.

61 *Cfr.* el art. 39 de la LMRDTE, en cuyo apartado primero, recoge dichos fines: «a) Vertebrar de manera equilibrada el sistema de asentamientos, integrando en el modelo territorial el papel de los núcleos de relevancia territorial, como elementos funcionales articuladores de los equipamientos, servicios y actividad económica diversificada. Así mismo, a través de los Planes Territoriales, se identifican los nuevos asentamientos en suelo rústico de carácter residencial autónomo, así como productivos. b) Identificar las fortalezas territo-

ción del territorio de la Comunidad que pueden contribuir a la mejora de la situación demográfica y territorial[62]; también, se refiere, con tal fin, a los instrumentos de ordenación urbanística[63] y a la «Agenda Urbana de Extremadura»[64].

9. POLÍTICAS PÚBLICAS VINCULADAS A LOS RETOS DEMOGRÁFICOS Y TERRITORIALES

Sin duda este es el apartado más voluminoso de las leyes autonómicas sobre el reto demográfico y territorial que estamos analizando. Bien se podría afirmar que la nueva «política pública sobre el reto demográfico y territorial» que introducen estas leyes en las diferentes Comunidades Autónomas —y que el Gobierno de la Nación promovió a través del ya repetido «Plan 130 Medidas frente al Reto Demográfico» de 2021— implica y sirve para reorientar un gran número de política públicas relativas a los más diversos sectores de la actividad pública y privada que deben de ayudar a resolver los problemas del reto demográfico y la despoblación rural.

Aunque son muchas las políticas sectoriales a las que se refieren las leyes autonómicas que estamos analizando y, a su vez, las mismas normas contienen varios centenares de medidas que corresponden a alguna de esas políticas, vamos a intentar presentar, a continuación, una posible clasificación de las políticas públicas que contienen:

9.1. Con relación a los servicios públicos y sus equipamientos. Acceso a la vivienda

Un ejemplo de Ley autonómica que pone de relieve, con relación al reto demográfico, la «garantía de acceso a los servicios públicos en el medio rural» en la Ley castellano-manchega, estableciendo disposiciones sobre la «garantía del acceso en igualdad»[65] a los mismos y después, más específi-

---

riales como bases estratégicas del sistema económico y social, soporte de la actividad económica y el empleo, de acuerdo con los principios del desarrollo sostenible. c) Integrar la perspectiva de género y la atención de las necesidades de la ciudadanía en general, y en especial, de menores, jóvenes, personas con discapacidad y personas mayores».

62 *Cfr.* el art. 39, 3 de la LMRDTE. Sobre la «gestión territorial», el art. 41 de la misma Ley, establece que: «se procurará que los beneficios y cargas derivadas de las actuaciones supramunicipales dirigidas a hacer frente al reto demográfico reviertan en las entidades o actores del mismo ámbito geográfico».

63 *Cfr.* el art. 40 de la LMRDTE.

64 *Cfr.* el art. 42 de la LMRDTE.

65 *Cfr.* el art. 29 de la LDMRCM.

camente, el acceso relativo a «educación pública en el medio rural»[66], a la «sanidad pública»[67], al «sistema de servicios sociales y servicios sanitarios adecuados al medio rural»[68] y al «transporte público del medio rural»[69]. También la Ley extremeña, en su catálogo de políticas incorpora la relativa al «acceso y descentralización de los servicios públicos»[70] y lo mismo, la Ley valenciana recoge las «medidas de garantía de acceso a servicios públicos» entre sus medidas de «cohesión social»[71]. Además, la Ley aragonesa señala entre sus políticas públicas ciertos «equipamientos y servicios» públicos y de interés general[72].

Hay un consenso generalizado por parte de las Leyes en reclamar unos servicios de telecomunicaciones o de conectividad y acceso a los servicios de información y comunicaciones, así como de la Administraciones digitales[73].

Por último, hay en casi todas las leyes referencia sobre ayudas y actuaciones para facilitar el acceso a la vivienda y, de modo especial, en el mundo rural[74].

9.2. Desde la perspectiva de determinados grupos y colectivos de la sociedad

Dado que la Ley gallega está especialmente orientada a la cuestión demográfica (más que a la territorial, con más presencia en las otras leyes), constituye un buen ejemplo de normativa orientada principalmente desde el punto de vista de las personas. En efecto, el Titulo II de la LIDG —«políticas para el impulso demográfico»— que ocupa, en extensión, la mayor parte de la Ley se estructura en las siguientes «sub-políticas»: «apoyo a las familias»[75], «con-

66 *Cfr.* los arts. 30 a 35 de la LDMRCM.

67 *Cfr.* los arts. 36 a 40 de la LDMRCM.

68 *Cfr.* los arts. 41 a 45 de la LDMRCM.

69 *Cfr.* el art. 46 de la LDMRCM.

70 *Cfr.* los arts. 48 y ss de la LMRDTE y, más particularmente, de los servicios de «atención sanitaria, socio-sanitaria, dependencia y economía de los cuidados» (sus arts. 49 a 54), a los «servicios educativos» (*Cfr.* sus arts. 57 a 64) y de transporte (su art. 65).

71 *Cfr.* los arts. 16 y ss. Aunque incorpora en este apartado otro tipo de servicios que nos son propiamente públicos como los «servicios bancarios» o la «vivienda».

72 *Cfr.* los arts. 52 a 70 de la LDMRA (sanidad, asistencia social, educación, servicios sociales, etc.; pero también, fomento del deporte y la cultura, servicios bancarios).

73 *Cfr.* los arts. 82 de la LIDG; 25 y 27 de la LDMRCM; 66 de la LMRDTE; 28 de la LIMDETV; y 14 y 72 a 75 de la LDMRA. Sobre esta materia *Cfr.* Pérez Zafrilla, P. J., Benlloc Doménech, C. y Sarrión Esteve, J., *E-Democracia*, Tirant lo Blanch, Valencia, 2021.

74 *Cfr.* los arts. 35 de la LIDG, 62 de la LDMRCM, 44 de la LMRDTE, y 25 de la LIMDETV.

75 *Cfr.* los arts. 31 a 44 de la LIDG.

ciliación de la vida familiar, laboral y personal»[76], «apoyo a la juventud»[77], «retorno y atracción de nueva población»[78] y «envejecimiento activo y saludable»[79]. Las demás leyes autonómicas también prevén actuaciones para determinados colectivos pero si tanta exhaustividad como la gallega[80].

Una particular llamada sobre la importancia de la mujer en estas políticas[81] se recoge en la Ley aragonesa, entre sus «principios rectores de actuación»: «Los poderes públicos de Aragón integrarán o intensificarán en su caso la perspectiva de género en todas sus acciones de desarrollo y dinamización rural, introduciendo medidas de discriminación positiva en favor de la mujer que permitan su integración laboral, así como su plena participación con equidad y contribuyan a una igualdad real de oportunidades entre mujeres y hombres en el medio rural. Para ello, se llevarán a cabo acciones de fomento del reparto equilibrado de las responsabilidades familiares para avanzar en la corresponsabilidad y el impulso de los recursos públicos de conciliación de la vida personal, familiar y laboral»[82]. No obstante, puede afirmarse que el colectivo de las mujeres es uno de los más citados en las leyes autonómicas sobre las determinadas políticas que contienen.

9.3. Sobre determinadas actividades económicas

La previsión de medidas de carácter económico afecta a todos los sectores y no sólo al sector primario, más habitual a la hora de promover medidas de dinamización económica. Con carácter general hay una llamada, en casi todas las leyes autonómicas, a la «modernización y diversificación económica» en el medio rural[83]. La Ley extremeña es la que presenta el mayor

---

76 *Cfr.* los arts. 45 a 60 de la LIDG.

77 *Cfr.* los arts. 61 a 66 de la LIDG.

78 *Cfr.* los arts. 67 a 76 de la LIDG.

79 *Cfr.* los arts. 102 a 109 de la LIDG.

80 Así, por ejemplo, las referencias a la familia en los arts. 59 y 60 de la LDMRCM; la puesta en valor de los jóvenes y mujeres en el medio rural de la LMRDTE (arts. 32 a 38) y, en la misma Ley, las medidas sobre «mayores» (*Cfr.* sus arts. 55 y 56) y sobre la «juventud» (*Cfr.* su art. 97); la referencia a las «mujeres rurales» en el art. 8 de la LDMRA y, también, en esta Ley, las medidas sobre «igualdad de genero» (sus arts. 78 a 80), «familias y conciliación» (sus arts. 81 y 82), «jóvenes» (sus arts. 83 a 85) e «inmigración e inclusión social» (arts. 86 y 87).

81 *Cfr.* González Bustos, M. A., *Mujer y desarrollo sostenible en el medio rural*, Atelier, Barcelona, 2020.

82 *Cfr.* el art. 8 de la LDMRA.

83 Así, por ejemplo, el art. 93 de la LIDG persigue este objetivo mediante el establecimiento de «estrategias de desarrollo local participativo que impulsen el respeto al medioambiente y al entorno e idiosincrasia del lugar en que se desarrollan, incorporen mayor valor añadido a los productos y actividades existentes y contribuyan a desarrollar el potencial y las ventajas competitivas de la zona». Por su parte, el art. 47 de la LDMRCM trata de promo-

abanico de políticas públicas económicas en los sectores de «agricultura, ganadería, política forestal y desarrollo rural»[84], «economía social»[85], «empleo y economía»[86], «turismo»[87] e «industria»[88]. Pero, el resto de las leyes también contemplan similares medidas que salpican sus apartados sobre fomento económico, del emprendimiento y del empleo[89]; también del comercio y, en particular, del «comercio de proximidad»[90].

Con relación al mundo y a la actividad empresarial la Ley gallega introdujo en concepto de «responsabilidad social territorial» para implicar a toda la sociedad en el desarrollo sostenible del mundo rural, definiéndolo en el art. 101 de su LIDG[91] y reconociéndole, en su caso, el acceso a ayudas públicas[92]. Un concepto que prácticamente se repite en la Ley extremeña[93] y en la Ley aragonesa[94]. No obstante, en esta Ley se hace hincapié en el «fomento de la cultura emprendedora en el mundo rural»[95].

9.4. Utilización de la contratación pública como dinamizador

Por parte de las Administraciones públicas hay una actividad con enorme potencial de orientación de las políticas que se quieren priorizar (por ejemplo,

---

ver e incentivar la diversificación en zonas en riesgo de despoblación sobre la base de acciones cofinanciadas por Fondos de la UE, mediante al apoyo del comercio en el medio rural, el turismo rural, etc. *Cfr.* también, los arts. 33 de la LIMDETV y, en particular, el Título IV –«dinamización y diversificación económica»- de la LDMRA (*Cfr.* sus arts. 34 a 40).

84 *Cfr.* los arts. 22 a 31 de la LMRDTE.

85 *Cfr.* los arts. 32 a 38 de la LMRDTE.

86 *Cfr.* los arts. 73 a 80 de la LMRDTE.

87 *Cfr.* el art. 86 de la LMRDTE. *Cfr.* también el art. 89 de la LIDG sobre «turismo sostenible inclusivo»; el art. 35 de la LIMDETV; y el art. 47 de la LDMRA.

88 *Cfr.* el art. 94 de la LMRDTE.

89 *Cfr.* por ejemplo, los arts. 42 a 50 de la LDMRA.

90 *Cfr.* los arts. 99 de la LIDG, 77 de la LMRDTE, 36 de la LIMDETV y 65 de la LDMRA.

91 Su art. 101, 3 entiende por «responsabilidad social territorial»: «todas aquellas acciones desarrolladas por empresas u organizaciones, dentro de su responsabilidad social corporativa, que supongan un incremento del empleo local, una valorización del patrimonio natural y cultural de la zona y/o una mejora de las condiciones de vida de la población residente en la zona de influencia, incidiendo de este modo en el desarrollo sostenible e integrador del medio rural...».

92 *Cfr.* el art. 101, 5 de la LIDG.

93 *Cfr.* art. 80 de la LMRDTE.

94 *Cfr.* el art. 38 de la LDMRA.

95 *Cfr.* los arts. 35 a 37 de la LDMRA. El art. 37 establece el concepto de «territorio emprendedor de Aragón» para los municipios o territorios que realicen políticas activas de fomento del emprendimiento y el trabajo autónoma, facilitando el acceso a ayudas públicas y subvenciones.

la sostenibilidad) y este es el caso de la contratación pública. Todas las leyes autonómicas prevén su utilización como instrumento para la lucha contra la despoblación y el desarrollo territorial equilibrado del medio rural. Aunque es la Ley gallega la primera que incorpora esta directriz sobre la contratación pública[96], es, quizá, la castellano-manchega la que ofrece un una previsión normativa más desarrollada, estableciendo que: «Con respeto de los principios de concurrencia, igualdad y no discriminación, los órganos de contratación del sector público regional valorarán la *posibilidad de integrar en los pliegos de condiciones de los contratos que se propongan licitar, criterios sociales y medioambientales que faciliten el acceso en condiciones de igualdad a las empresas ubicadas en las zonas escasamente pobladas o en riesgo de despoblación*, propiciando la adquisición de productos de proximidad, frescos y de temporada, productos ecológicos y acogidos a regímenes de calidad, así como la reducción de la emisión de gases de efecto invernadero, la gestión forestal sostenible, el uso de energías renovables y el ahorro energético»[97]; también prevé la participación preferente de pequeñas y medianas empresas en lis contratos menores[98]. El resto de las Leyes también contemplan esta medida incentivadora[99].

9.5. Otro tipo de actividades de dinamización rural y territorial

Entre otras actividades que son recogidas en las Leyes autonómicas con el fin de dinamizar el mundo rural están con las relativas al fomento de energías renovables como medio de «cohesión territorial»[100] y, en general, la promoción de todo lo relacionado con la «transición ecológica»: además de las energías renovables, el aprovechamiento del capital natural y los servicios ecosistémicos, la economía circular, la conservación de espacios naturales y la lucha contra el cambio climático[101].

La innovación tecnológica vinculada a la competitividad y el medio rural también constituye una medida repetida en alguna de las leyes autonómi-

96 *Cfr.* su art. 17 de la LIDG. También destaca en esta Ley la previsión de su art. 57 para promover la «conciliación en la contratación del sector público».

97 *Cfr.* el art. 21, 2 de la LDMRCM. El subrayado es nuestro.

98 *Cfr.* art. 21, 3 de la LDMRCM.

99 *Cfr.* los arts. 21 de la LMRDTE; 31,2 de la LIMDETV; y 12 de la LDMRA.

100 *Cfr.* los arts. 70 de la LDMRCM; 29 y 90 a 93 de la LMRDTE; y 39 de la LIMDETV

101 *Cfr.* especialmente el art. 90 de la LMRDTE. El art. 76 de la LDMRA hace referencia a la «custodia del territorio» como protección del «espacio vital y el patrimonio territorial». Sobre esta materia *Cfr.* García-Moreno Rodríguez, F., *Transición Ecológica y Desarrollo rural*, Aranzadi, Pamplona, 2021.

cas[102]. Y, asimismo, la protección del patrimonio cultural y el fomento de la cultura implica otra actividad de gran interés económico y turístico en muchos lugares del medio rural[103].

10. FINANCIACIÓN DE LAS POLÍTICAS DEL RETO DEMOGRÁFICO Y DINAMIZACIÓN RURAL. LA FISCALIDAD DIFERENCIADA

Para abordar la financiación de todo el conglomerado de políticas públicas y cientos de medidas que se derivan de las mismas, no hace falta enfatizar la necesidad de los recursos precisos si las leyes no quieren quedarse en meras leyes voluntaristas[104]. Y, entrando al respecto de esta materia en las leyes que estamos analizado, pueden distinguirse dos grupos de normas: un primer grupo de Comunidades Autónomas que contienen en sus leyes respectivas una previsión muy limitada de esta materia y un segundo grupo donde destaca la importancia que se les dedica a este apartado.

En el primer grupo, consideramos el caso de las Comunidades Autónomas de Galicia y de Valencia. La Ley gallega prevé la incorporación de la «perspectiva demográfica» en la elaboración de sus presupuestos[105] pero sólo recoge en su texto una disposición sobre «ayudas y subvenciones públicas»[106]. Por su parte la Ley valenciana regula de forma sumaria la «financiación de las medidas contra el despoblamiento»[107] y recoge la existencia del «Fondo de Cooperación Municipal contra el despoblamiento» que ya existía antes de la aprobación de la Ley[108].

En el segundo grupo de Leyes, destaca el caso de Aragón dedicando dos Títulos de su Ley, el Título VII sobre «financiación de las políticas de dinamización del medio rural y estímulos» y el Título VIII sobre «fiscalidad diferenciada». El art. 93, 1 de la LDMRA establece que: «La financiación de las

102 *Cfr.* los arts. 96 de la LIDG; 58 de la LDMRCM; y 41 de la LIMDETV.

103 *Cfr.* los arts. 63 de la LDMRCM; 84 y 85 de la LMRDTE; y 67 y 68 de la LDMRA.

104 Sobre esta materia *Cfr.* Velasco Caballero, F., Martínez Sánchez, C. y Loras Gimeno, D., «Incentivos económicos y medidas financieras», en Gómez Sánchez, Y. (Coord.), *Despoblación, cohesión territorial e igualdad de derechos*, Centro de Estudios Políticos y Constitucionales, Madrid, 2023, págs. 307-333.

105 *Cfr.* el art. 7, 2 de la LIDG.

106 *Cfr.* el art. 18 de la LIDG; su apartado 1.° dispone que: «El sector público autonómico diseñará y articulará su estrategia en materia de ayudas y subvenciones públicas teniendo en cuenta los principios de promoción de la igualdad de género y de desarrollo social, económico y ambiental sostenible contemplados en la presente ley».

107 *Cfr.* el art. 13 de la LIMDETV.

108 *Cfr.* el art. 8 de la LIMDETV. Este Fondo fue creado por el Decreto 182/2018, de 10 de octubre, de la Generalidad Valenciana.

medidas de dinamización del medio rural y de la lucha frente a la despoblación reguladas en esta ley o en otros instrumentos normativos corresponde a la Administración de la Comunidad Autónoma, que complementará con los fondos europeos que sean de aplicación conforme al desarrollo de las políticas comunitarias, así como con presupuestos de otras administraciones públicas»[109]; sobre la «fiscalidad diferenciada» se prevé la adopción por el Gobierno de Aragón «un conjunto de medidas de incentivos y beneficios fiscales «para el *establecimiento de un régimen de fiscalidad diferenciada específico de los asentamientos de carácter rural* a que se refiere el artículo 28, especialmente, en los ámbitos que afectan a la natalidad, la dependencia, la vivienda y el emprendimiento...»[110]. La Ley castellano-manchega también dedica sendos Títulos de la misma sobre financiación (Título V)[111] y sobre «medidas tributarias frente a la despoblación» (Título VI)[112]. Finalmente, la Ley extremeña regula igualmente la cuestión de la «financiación de las medidas ante el reto demográfico y territorial»[113].

III. REFLEXIONES FINALES

La aproximación al grupo normativo autonómico sobre el reto demográfico y la dinamización rural nos permite concluir, en primer lugar, que nos encontramos efectivamente ante un nuevo conjunto de normas de conte-

---

109 El art. 94 de la LDMRA -sobre la «Ley de presupuestos»- prevé la inclusión en la misma de una anexo específico en cada ejercicio, con detalle a nivel comarcal, sobre los gastos a la finalidad prevista por la Ley. El art. 95 de la LDMRA aborda el tema de las «ayudas y subvenciones» como medidas de apoyo específico de los solicitantes de las zonas rurales. El art. 96 de la LDMRA se dedica a la «financiación y apoyo para el trabajo autónomo y el emprendimiento en el medio rural» con una regulación bastante detallada de los supuestos susceptibles de financiación. Y, el art. 97 de la LDMRA trata de la creación de «bonificaciones para el acceso a determinados servicios».

110 *Cfr.* el art. 98 de la LDMRA. El art. 28 de la misma Ley prevé una detallada relación de supuestos de asentamientos de carácter rural a los efectos de su acceso a la financiación (por ejemplo, de los asentamientos con riesgo extremo o alto riesgo de despoblación)

111 *Cfr.* los arts. 73 y 74 de la LDMRCM. Éste último precepto se refiere a la financiación procedente de la UE (Fondos estructurales y de Inversión).

112 *Cfr.* el art. 75 de la LDMRCM sobre «medidas para la reducción de cargas impositivas en el medio rural».

113 *Cfr.* los arts. 98 a 103 de la LMRDTE. En su art. 98, 3 (sobre «principios generales») dispone que «La Junta de Extremadura priorizará la obtención de las aportaciones financieras procedentes de la Unión Europea y del Estado que contribuyan al logro de los objetivos y permitan la ejecución de las medidas contempladas en la presente ley». En el art. 101 se establece que «se reclamará al Estado un incremento sustancial del Fondo de Compensación Interterritorial». Y, en los arts. 102 y 103 se remite a las previsiones del Estatuto de Autonomía de Extremadura sobre «asignaciones complementarias» de los Presupuestos para «hacer frente a las circunstancias socioeconómicas de Extremadura» y sobre «inversiones en infraestructuras», respectivamente.

nido muy variado que tienen un objetivo común de responder al problema que desde hace una década ha pasado a formar parte de la agenda política. Ciertamente, el problema demográfico tiene en la Unión Europea[114] —y en la propia España[115]— un alcance que va más allá de la despoblación rural que, sin duda, es consecuencia del mismo fenómeno: el reto demográfico. En este sentido la pionera Ley gallega sobre «dinamización demográfica» acierta a responder plenamente al desafío del envejecimiento europeo.

En la nueva política pública del reto demográfico todas las Administraciones Públicas son necesarias, desde la Unión Europea (con sus importantes Fondos estructurales algunos de los cuales, tratan de abordarlo[116]) hasta las entidades locales que «tocan» más directamente los problemas ocasionados por la crisis demográfica; pero también es importante la función del Estado a través de sus competencias de naturaleza coordinadora y sobre la financiación global[117]. Sin embargo, a mi juicio, el escalón competencial más importante para abordar con eficacia el problema que nos ocupa el relativo a las Comunidades Autónomas, que son las que cuentan con la mayor parte de las competencias territoriales y sectoriales relevantes que se plantean en el territorio[118].

Partiendo de la base de que me parece un acierto —y una necesidad inexcusable— que las Comunidades Autónomas lideren la política del reto demográfico, otra cosa es opinar si han acertado o no —en sus respectivas formulaciones legales que hemos compendiado en este trabajo— en su planificación estratégica y en las políticas y medidas que —a raudales— presentan. En esta dirección —pero sin que podamos profundizar ahora en el

---

114 *Cfr.* la reciente comunicación de la Comisión sobre «Cambio demográfico en Europa: conjunto de instrumentos de actuación», Bruselas, 11 de octubre de 2023, COM(2023) 577 final.

115 *Cfr.* Molían Ibáñez, M., Camarero Rioja, L., Sumpsi Viñas, J. M., y Bardají Azcárate, I. y Pérez Campaña, R., «El proceso de despoblación: desequilibrios e inequidades sociales. El tiempo de las políticas públicas», en Gómez Sánchez, Y. (Coord.), Despoblación, cohesión territorial e igualdad de derechos, Centro de Estudios Políticos y Constitucionales, Madrid, 2023, págs. 15 a 79.

116 *Cfr.* Pazos, S., «Despoblación y fondos europeos», en Gómez Sánchez, Y. (Coord.), *Despoblación, cohesión territorial e igualdad de derechos*, Centro de Estudios Políticos y Constitucionales, Madrid, 2023, págs. 335-389.

117 *Cfr.* los arts. 149 de la Constitución Española de 1978 sobre competencias exclusivas del Estado, principalmente:
1.ª La regulación de las condiciones básicas que garanticen la igualdad de todos los españoles en el ejercicio de los derechos y en el cumplimiento de los deberes constitucionales (...)
13.ª Bases y coordinación de la planificación general de la actividad económica
14.ª Hacienda general

118 Por este motivo, considero que la vigente -pero inaplicada- Ley estatal 45/2007, para el desarrollo sostenible del medio rural debe someterse a una profunda revisión para reducir las funciones estatales en la materia a las imprescindibles e inexcusables.

tema— llama la atención que casi ninguna de las Leyes estudiadas regula algo parecido a una «política rural»[119] que trate de solucionar los aspectos más graves de la despoblación que afectan a gran parte de nuestro país. Por este motivo me parece que es urgente retomar una verdadera «política de desarrollo rural» que no se limite a gestionar los fondos que de la Unión Europea proceden para tal fin[120].

También, con carácter general, pienso que las políticas de lucha contra la despoblación tienen que partir de un trabajo previo —de cirugía fina— de zonificación, delimitación y categorización de las áreas rurales sobre las que deben aplicarse con prioridad las medidas y políticas correspondientes. De las leyes examinadas, me parece que la castellano-manchega y la aragonesa son las que mejor regulan este trascendental aspecto. Y, por lo que se refiere a la planificación soy de la opinión que las políticas del reto demográfico deben articularse estrechamente con los instrumentos de ordenación del territorio y urbanísticos de cada Comunidad Autónoma[121]; el caso de Aragón me parece, en este sentido, el modelo más ejemplar.

Hemos acabado de hablar de la financiación de todas las políticas que se han diseñado en las respectivas leyes autonómicas, una financiación que un medio indispensable para abordar con eficacia y eficiencia los problemas de cohesión territorial de nuestro país. Pero por muchas fórmulas imaginativas que pergeñen las Comunidades Autónomas en virtud de su ámbito competencial, no hay más remedio que afrontar una reforma global del sistema financiero y hacendístico estatal para incluir el viejo principio constitucional de la solidaridad interterritorial[122].

Nos encontramos ante una inmensa tarea, llena de obstáculos, pero como señalan GÓMEZ BENITO y MOYANO ESTRADA, «que no sea fácil no quiere decir que no deban emprenderse acciones desde el poder público para asegurar la dotación de servicios e infraestructuras en los territorios rurales, y con ello

119 Quizá la única excepción es el caso de la Ley extremeña que en uno de sus capítulos (sobre «agricultura, ganadería, política forestal y desarrollo rural») recoge unas «medidas sobre desarrollo rural» (*Cfr.* los arts. 22 a 26 de la LMRDTE. Y, sin embargo, en el periodo que han aparecido las Leyes autonómicas aquí citadas, se ha aprobado la Ley 7/2022, de 30 de junio, del Desarrollo Rural del País Vasco que, a mi juicio, ofrece interesantes soluciones a los temas aquí planteados.

120 *Cfr.* SANZ LARRUGA, F. J., «Hacia una nueva ordenación jurídica del desarrollo rural en España», en NAVARRO, C., RUÍZ PULPÓN, A. y VELASCO CABALLERO, F. (Dirs.), *Despoblación, territorio y gobiernos locales*, Marcial Pons, Madrid, 2023, págs. 143-160.

121 *Cfr.* el trabajo de FARINÓS DASI, J., «Ordenación del territorio para la cohesión territorial como equilibrio y manifestación espacial de la justicia social frete a la despoblación», en GÓMEZ SÁNCHEZ, Y. (Coord.), *Despoblación, cohesión territorial e igualdad de derechos*, Centro de Estudios Políticos y Constitucionales, Madrid, 2023, págs. 335-389.

122 *Cfr.* los arts. 2 y 138 de la Constitución Española de 1978.

garantizar un espacio de oportunidades para que los sectores tradicionales puedan superar los retos del siglo XXI y florezcan proyectos innovadores»[123].

IV. BIBLIOGRAFÍA

Farinós Dasi, J., «Ordenación del territorio para la cohesión territorial como equilibrio y manifestación espacial de la justicia social frete a la despoblación», en Gómez Sánchez, Y. (Coord.), *Despoblación, cohesión territorial e igualdad de derechos*, Centro de Estudios Políticos y Constitucionales, Madrid, 2023, págs. 335-389.

García-Moreno Rodríguez, F., *Transición Ecológica y Desarrollo rural*, Aranzadi, Pamplona, 2021.

Gómez Benito, C. y Moyano Estrada, E., «La estrategia nacional frente al reto demográfico. Una política de estado para un problema transversal de los territorios», en Moyano Estrada, E. (Coord.), *La España Rural: retos y oportunidades de futuro*, 2022, págs. 443-462.

Gómez Sánchez, Y. (Coord.), *Despoblación, cohesión territorial e igualdad de derechos*, Centro de Estudios Políticos y Constitucionales, Madrid, 2023.

Gonzalez Bustos, M. A., *Mujer y desarrollo sostenible en el medio rural*, Atelier, Barcelona, 2020.

Gonzalez Bustos, M. A., *Régimen Jurídico Administrativo de la Dinamización Rural*, Atelier, Barcelona, 2023.

Molían Ibáñez, M., Camarero Rioja, L., Sumpsi Viñas, J. M., y Bardají Azcárate, I. y Pérez Campaña, R., «El proceso de despoblación: desequilibrios e inequidades sociales. El tiempo de las políticas públicas», en Gómez Sánchez, Y. (Coord.), Despoblación, cohesión territorial e igualdad de derechos, Centro de Estudios Políticos y Constitucionales, Madrid, 2023, págs. 15-79.

Pazos, S., «Despoblación y fondos europeos», en Gómez Sánchez, Y. (Coord.), *Despoblación, cohesión territorial e igualdad de derechos*, Centro de Estudios Políticos y Constitucionales, Madrid, 2023, págs. 335-389.

Pérez Zafrilla, P. J., Benlloc Doménech, C. y Sarrión Esteve, J., *E-Democracia*, Tirant lo Blanch, Valencia, 2021.

123 *Cfr.* Gómez Benito, C. y Moyano Estrada, E., «La estrategia nacional frente al reto demográfico. Una política de estado para un problema transversal de los territorios», en Moyano Estrada, E. (Coord.), *La España Rural: retos y oportunidades de futuro*, 2022, p. 548.

Rodríguez De Santiago, J. M., *Planes administrativos. Una teoría general del plan como forma de actuación de la Administración*, Marcial Pons, Madrid, 2023.

Sanz Larruga, F. J. y Míguez Macho, L. (Dirs.), *Derecho y Dinamización e innovación rural*, Tirant lo Blanch, Valencia, 2021.

Sanz Larruga, F. J., «Cohesión territorial, reto demográfico y dinamización rural: las limitadas pero necesarias respuestas desde el Derecho», en Sanz Larruga, F. J. y Míguez Macho, L. (Dirs.), *Derecho y Dinamización e innovación rural*, Tirant lo Blanch, Valencia, 2021.

Sanz Larruga, F. J., «Hacia una nueva ordenación jurídica del desarrollo rural en España», en Navarro, C., Ruíz Pulpón, A. y Velasco Caballero, F. (Dirs.), *Despoblación, territorio y gobiernos locales*, Marcial Pons, Madrid, 2023, págs. 143-160.

Sanz Larruga, F. J., Soriano Moreno, S., Herrero Lorente, J. y Pazos Vidal, S., «El «rural proofing» o «mecanismo rural de garantía» como instrumento de dinamización de las zonas rurales», en Gómez Sánchez, Y. (Coord.), *Despoblación, cohesión territorial e igualdad de derechos*, Centro de Estudios Políticos y Constitucionales, Madrid, 2023, págs. 117-155.

Santiago Iglesias, D., Míguez Macho, L., y Ferreira Fernández, J. (Dirs.), *Instrumentos jurídicos para la lucha contra la despoblación rural*, Aranzadi, Pamplona, 2021.

Velasco Caballero, F., Martínez Sánchez, C. y Loras Gimeno, D., «Incentivos económicos y medidas financieras», en Gómez Sánchez, Y. (Coord.), *Despoblación, cohesión territorial e igualdad de derechos*, Centro de Estudios Políticos y Constitucionales, Madrid, 2023, págs. 307-333.

CAPÍTULO VII

OBSTÁCULOS NORMATIVOS Y TERRITORIOS RURALES CON DESAFÍOS DEMOGRÁFICOS EN CASTILLA Y LEÓN: REGULAR A CIEGAS. DESARROLLO RURAL Y ACTUACIONES FRENTE AL RETO DEMOGRÁFICO SIN DIAGNÓSTICO, NI ESTRATEGIA

Francisco Ramos Antón
Consejero del Consejo Consultivo de Castilla y León

«La equidad es la rectificación de la Ley en aquellas circunstancias que su generalidad produce injusticia»
Ética a Nicómaco, Aristóteles

I. PROPÓSITO

En el Proyecto de Ley de medidas tributarias, financieras y administrativas para 2024, actualmente sometido a trámite parlamentario en las Cortes de Castilla y León[1], la Junta de Castilla y León propone dos incentivos fiscales para el medio rural: uno en materia natalidad y adopción y otro por adquisi-

1 BOCCyL n.º 252 de 27 de febrero de 2024. Disponible en: https://acortar.link/fNtBXP.

ción o rehabilitación de la vivienda habitual para jóvenes. Ambas deducciones parten de dos definiciones diferentes de la ruralidad a la que se aplican y que, en ambos casos, discriminan a la población residente en entidades singulares que, reuniendo las mismas características que se exige a municipios y entidades locales menores, no tengan el estatus administrativo de cabecera de municipio o entidad local menor.

El Consejo Consultivo de Castilla y León advirtió sobre el particular en su dictamen sobre el anteproyecto de ley[2].

El anteproyecto no fue sometido a consulta pública previa en aplicación del artículo 133.4 de la Ley 30/2015, de 1 de octubre, del Procedimiento Administrativo Común de las Administraciones Públicas, ni al trámite de participación ciudadana en el gobierno abierto en virtud del artículo 17.d) de la Ley 3/2015, de 4 de marzo, de Transparencia y Participación Ciudadana de Castilla y León, al referirse a cuestiones de carácter presupuestario u organizativos, que quedan excepcionadas del trámite de participación que ambas normas regulan.

Con independencia de las dudas sobre el impacto en el desarrollo y la población rural de este tipo de medidas fiscales aisladas —particularmente de las de carácter natalista— este artículo pretende llamar la atención sobre la necesidad de un diagnóstico científico para el diseño de políticas de desarrollo rural y frente al reto demográfico, que han de formalizarse en estrategias territoriales integrales, ya que de otro modo «políticas parciales que ignoren los efectos de equilibrio general y/o la naturaleza multidimensional del reto podrían no generar los efectos deseados, o incluso desencadenar efectos de signo contrario al perseguido, pese a su coste de oportunidad»[3].

En este caso los sucesivos naufragios de las iniciativas para la definición del modelo territorial de Castilla y León, y particularmente de un mapa de unidades funcionales intermedias entre el municipio y la provincia para una intervención territorial integral, han impedido incluso disponer de una definición normativa de la ruralidad, tanto en lo que afecta a los municipios como a las zonas rurales, lo que da lugar a intervenciones incoherentes de dudoso impacto.

La nula regulación y desarrollo de los instrumentos de cohesión territorial previstos en el Estatuto de Autonomía son a un tiempo causa y consecuencia de esta indefinición de los territorios con desventajas económicas y demográficas.

---

2 Disponible en: https://acortar.link/fNtBXP.

3 Informe anual del Banco de España 2021. Citado por SAEZ PEREZ, L.A., «Analítica de la Despoblación: La pseudoterapia de la fiscalidad», en *Revista Española de la Función Consultiva*, núm. 33, 2022, págs. 235-258.

II. RELEVANCIA DEL PROCEDIMIENTO EN LA ELABORACIÓN DE NORMAS

El interés por el reto demográfico me ha llevado a conocer a verdaderos héroes del emprendimiento en el medio rural que se enfrentan, sin acompañamiento ni empatía alguna por parte de la maquinaria administrativa, a una maraña regulatoria que por errores de concepción o de aplicación desconocen el hecho de la ruralidad y sus circunstancias. Más difícil de sobrellevar les resulta este calvario cuando constatan que la parte programática de dichas normas proclama que su propósito es precisamente el contrario: facilitar, promover, agilizar... y, siempre, luchar contra la despoblación. En el mismo sentido el discurso público de los reguladores.

En una reciente «consulta ciudadana» realizada por la *Red Española de Desarrollo Rural* a administraciones, tercer sector, empresas, centros y servicios, se identificaban las siguientes áreas de intervención para mejorar la situación y oportunidades del medio rural: producción agroalimentaria, empleo y emprendimiento, acceso a los servicios sanitarios, educativos y culturales, digitalización, conectividad, transporte y vivienda. En todas ellas alguno de los retos identificados tiene que ver con la necesidad de adaptación normativa, reducción de la burocracia, revisión y adaptación de requisitos por parte de las administraciones, garantía del derecho de acceso, tener en cuenta las limitaciones de la conectividad rural en los trámites burocráticos y adaptación de incentivos, bonificaciones y ayudas públicas[4].

El Área de Derecho Administrativo de la Universidad de Salamanca, en su contribución a la elaboración de la estrategia autonómica de reto demográfico, señala que en materia de transformación normativa se trata de «combatir el neocolonialismo normativo autonomista que impera a sus anchas asfixiando la dinamización económica y social de gran parte de los territorios rurales»[5].

He llegado a oír como un catedrático de derecho administrativo decía en público que nunca imaginó llegar a pensar que el objeto de su disciplina pudiera estar ahogando al medio rural, su vida, su actividad y su futuro.

Puede que los discursos sobre la calidad normativa se queden en eso y que, con más frecuencia de la deseada, las reglas para la elaboración de normas se cumplan sólo a título de inventario, como engorrosos trámites a superar, cumplan o no con sus fines. Sea una participación pasiva, de espera,

---

4 RED ESPAÑOLA DE DESARROLLO RURAL, *Habla la ciudadanía Rural. Rural Proofing contra la España «vacilada»*, 2023.

5 DOMINGUEZ ALVAREZ, J.L., FERNANDO PABLO, M.M. y TALAVERA CORDERO, P., «Ventajas y potencialidades de ruralizar la legislación y las políticas públicas: del Pacto Rural europeo al supuesto de caso castellano-leonés», en HORTELANO MÍNGUEZ, L. A. (Dir.), *Gestionando la despoblación*, Aranzadi, Pamplona, 2023, págs. 303-326.

mínima o a destiempo; una evaluación *ex ante* de impactos sin información, prueba o metodología alguna; o una apreciación desganada de las aportaciones expertas, los dictámenes de los consejos de participación sectorial o de los órganos constitucionales o estatutarios que tienen esta tarea encomendada, a los que no siempre se facilita toda la información disponible sobre la norma que se propone.

Sin embargo, el procedimiento y el proceso de elaboración de normas pretenden formalmente incorporar el mayor número de puntos de vista relevantes e informados. Se trata de procurar que quienes se van a ver directa o indirectamente afectados por una norma, o aquellos que por razón de su competencia especializada o su función institucional participen en su elaboración, lo puedan hacer con toda la información a su disposición. «Que quienes se pueden ver afectados por una decisión participen en ella —*audi altera partem*— evita la inconsciente tendenciosidad»[6]. Es lo que pretende el Mecanismo Rural de Garantía[7], incorporando la perspectiva rural a la aprobación y la revisión de normativa, teniendo como principales referencias el reto demográfico y la igualdad de derechos en el medio rural.

En Castilla y León sigue pendiente la aprobación de «una disposición normativa que incluya la manera de realizar un estudio de impacto de todos los factores que ya se han establecido como obligatorios y aquellos otros que con posterioridad se puedan determinar, como pueden ser a título enunciativo, el test PYME, la unidad de mercado o el impacto demográfico», comprometida en el Acuerdo 190/2019, de 12 de diciembre, de la Junta de Castilla y León, por el que se aprueban medidas de mejora de la regulación en el ordenamiento jurídico autonómico de Castilla y León para el período 2019 a 2023[8].

La relevancia jurídica de un cuidadoso cumplimiento de cada paso del proceso regulatorio y de una gestión proactiva y abierta de los mecanismos de participación, se manifiesta en los frecuentes pronunciamientos de los tribunales de anulación de normas por razón de procedimiento, sea por déficit de participación, de ausencia o insuficiencia de los informes de impacto preceptivos, o de falta de información proporcionada por la Administración para el pronunciamiento de los órganos consultivos.

Cabe citar a título de ejemplo la sucesiva anulación de los decretos de especies cinegéticas de Castilla y León: el de 2011 por falta del informe pre-

---

6 Rivero Ortega, R., ¿Para qué sirve el Derecho?, Grupo Editorial Ibáñez, Bogotá, 2019.

7 El Mecanismo Rural de Garantía se ha incorporado a la Ley 27/2022, de 20 de diciembre, de institucionalización de la evaluación de políticas públicas en la Administración General del Estado (disposición adicional sexta), con un compromiso de impulso de la participación de los actores interesados, de desarrollo metodológico y de aplicación a la evaluación de las políticas públicas con impacto territorial y sobre el medio y la sociedad rural.

8 BOCyL n.° 240 de 16.12.2019. Disponible en: https://acortar.link/fNtBXP.

ceptivo del órgano colegiado asesor; el de 2017 puesto que la composición del Consejo Regional de Medio Ambiente en Castilla y León prevista en el Decreto impugnado infringía el derecho de participación; y el de 2018 por no proporcionar al Consejo Regional de Medio Ambiente de Castilla y León, información a disposición de la Administración relacionada con la propuesta de regulación, ya que «en general todo órgano consultivo, debe de disponer de toda la documentación del expediente administrativo que pueda ser calificada como relevante para la emisión de su informe, convirtiéndose en vicio invalidante que conduce a la nulidad del procedimiento el cumplimiento defectuoso de esos deberes de comunicación y transparencia por parte de la Administración»[9].

En ocasiones parece que, para el actor político regulador, el propósito de las normas se agota en su publicación, pero ese es el momento en que empiezan a operar con autonomía en el ordenamiento, y en ocasiones producen efectos no deseados para los territorios, empresas, organizaciones y ciudadanos en situación de mayor fragilidad y vulnerabilidad.

III. EL MARCO NORMATIVO DE LA RURALIDAD

La cohesión territorial ha tenido un amplio reconocimiento en el derecho de la Unión Europea desde su incorporación al tratado constitutivo de la Comunidad Europea, tras la reforma operada por el Tratado de Ámsterdam de 1997. El Tratado de Funcionamiento de la Unión Europea señala entre los objetivos de la Unión reforzar su cohesión económica, social y territorial y, en este marco, se propone reducir las diferencias entre regiones y prestar especial atención a las zonas rurales, además de a las que padecen desventajas demográficas graves y permanentes (artículo 174).

A continuación, el artículo 175 contiene un mandato a los Estados miembros para que conduzcan su política económica y la coordinen «con miras a alcanzar también los objetivos enunciados en el artículo 174. Al formular y desarrollar las políticas y acciones de la Unión y al desarrollar el mercado interior, se tendrán en cuenta los objetivos enunciados en el artículo 174, participando en su consecución. La Unión apoyará asimismo dicha consecución a través de la actuación que realiza mediante los fondos con finalidad estructural (...), el Banco Europeo de Inversiones y los otros instrumentos financieros existentes».

Estos principios inspiran, por tanto, las reglas de aplicación de los Fondos Estructurales y de Inversión Europeos[10], si bien todas las regiones aspiran a

9 Sentencia del Tribunal Supremo (Sala de lo Contencioso-Administrativo) núm. 222/2024, de 8.02.2024, en recurso de casación 3392/2022. Disponible en: https://acortar.link/fNtBXP.

10 Reglamento (UE) 2021/1060 del Parlamento Europeo y del Consejo de 24 de junio de 202, por el que se establecen las disposiciones comunes relativas al Fondo Europeo de Desa-

una definición más precisa del concepto de desventajas demográficas graves y permanentes, que opere a una escala tal que les permita identificar sus propios retos demográficos, allegar recursos e implementar políticas para responder a sus desequilibrios internos.

La aprobación de la Agenda Territorial Europea en 2007 supuso un impulso decisivo para la cohesión territorial. Su actualización y revisión mediante la Agenda Territorial 2030 europea refuerza la dimensión territorial de las políticas sectoriales teniendo en cuenta el Acuerdo de París (2015), La Nueva Agenda Urbana de las NNUU (2016), los principios de política urbana y de política rural de la OCDE (2019), la Declaración de Cork 2.0 «Una vida mejor en el medio rural», los Objetivos de Desarrollo Sostenible de NNUU, el Pacto Verde Europeo (que tanto rechazo suscitan entre los actualmente movilizados perceptores de la PAC en España y otros países de la Unión), además de otros informes, documentos de reflexión y propuestas de las Instituciones. Apuesta por un modelo de intervención territorial estratégico que integre políticas y sinergias sectoriales, con un enfoque de innovación y experimentación y un modelo de gobernanza que impulse las capacidades en todos los niveles y especialmente en el local, permitiendo el intercambio y la cooperación entre diferentes territorios[11].

En el Derecho interno, la palabra *rural* no está en la Constitución de 1978, aunque sí encontramos referencias a la cohesión territorial y noticia de un rural remoto y con desventajas singulares cuando hace referencia al «tratamiento especial a las zonas de montaña» para su modernización y desarrollo (artículo 130). El mismo artículo contempla como principio de política económica la «modernización y desarrollo de todos los sectores económicos [...], a fin de equiparar el nivel de vida de todos los españoles».

Por otra parte, en el Título VIII, artículo 139.1, proclama la igualdad de derechos y obligaciones en cualquier parte del territorio del Estado, y el 138.1 garantiza el principio de solidaridad interterritorial: orientado al «establecimiento de un equilibrio económico adecuado y justo entre las diversas partes del territorio español».

En un sentido más concreto, aunque con el carácter programático de los principios rectores de las políticas públicas, el Estatuto de Autonomía de Castilla y León (artículo 16), contempla «la modernización y el desarrollo integral de las zonas rurales [...] dotándolas de infraestructuras y servicios

rrollo Regional, al Fondo Social Europeo Plus, al Fondo de Cohesión, al Fondo de Transición Justa y al Fondo Europeo Marítimo, de Pesca y de Acuicultura, así como las normas financieras para dichos Fondos y para el Fondo de Asilo, Migración e Integración, el Fondo de Seguridad Interior y el Instrumento de Apoyo Financiero a la Gestión de Fronteras y la Política de Visados.

11 Farinós-Dasi, J., «Agenda Territorial Europea 2030: Un marco político orientado a la acción para el objetivo de la cohesión territorial», en *Ciudad y Territorio Estudios Territoriales*, vol. LIII, núm. 208, 2021, págs. 583-594.

públicos suficientes». Igualmente propone orientar las políticas de población de las Administraciones en términos de igualdad de derechos y, más concretamente, como garantía «del derecho de los ciudadanos de Castilla y León a vivir y trabajar en la propia tierra».

El Estatuto de Autonomía de Castilla y León (como el de otras Comunidades Autónomas) contempla la competencia exclusiva de la Comunidad en materia de desarrollo rural (artículo 70.1.13.º) aunque, tratándose esta de una materia tan transversal, es realmente difícil hacer efectiva tal exclusividad, sin colisionar con competencias exclusivas del Estado, como es el caso de las bases del régimen jurídico de las Administraciones públicas, la función pública, la contratación del sector público, las bases sobre protección del medio ambiente, o la seguridad ciudadana, entre otras[12].

Es esta, por tanto, una materia de competencia compartida entre todas las Administraciones públicas, ya que aunque la competencia residual de los ayuntamientos[13] fue nominalmente cercenada, en detrimento del principio de subsidiariedad, por la reforma local de la Ley 27/2013, de 27 de diciembre, de racionalización y sostenibilidad de la Administración Local, el resto de sus competencias, su propia práctica y la de las comunidades autónomas en relación con la actividad de las entidades locales redundan en los amplios objetivos del desarrollo rural.

Pues bien, resulta curioso que mostrando el Estatuto esa ambición de competencia exclusiva en materia de desarrollo rural[14], Castilla y León no cuente en el ámbito del derecho público con una definición propia de medio rural, de universal aplicación en el ordenamiento de la Comunidad, con los matices y modulaciones que cada política pública sectorial precise.

La definición de la Ley 45/2007, de 13 de diciembre, para el desarrollo sostenible del medio rural, en la que el legislador estatal define como concepto jurídico positivo el medio rural[15], se basa en criterios suficientemente inclu-

---

12 Disposición final quinta de La Ley 45/2007, de 13 de diciembre, para el desarrollo sostenible del medio rural, dictada al amparo del artículo 149.1. 13.º de la Constitución, que atribuye al Estado las competencias sobre las bases y coordinación de la planificación general de la actividad económica.

13 «El Municipio, para la gestión de sus intereses y en el ámbito de sus competencias, puede promover toda clase de actividades y prestar cuantos servicios públicos contribuyan a satisfacer las necesidades y aspiraciones de la comunidad vecinal» *vid.* artículo 25.1 del texto original de la Ley 7/1985, de 2 de abril, Reguladora de las Bases del Régimen Local.

14 En el texto original del Estatuto de Autonomía de 1983 no aparecía de forma expresa la competencia en materia de desarrollo rural, que no se incorpora hasta la reforma de 2007 (Ley Orgánica 14/2007, de 30 de noviembre). En la reforma de 1999 se incluyó como principio de la política económica «la promoción de todos los sectores económicos y, en particular, de los relacionados con el desarrollo del mundo rural» *vid.* Artículo 40 de la Ley Orgánica 4/1999, de 8 de enero.

15 Bustillo, R.O., «La política de desarrollo rural en España y la lucha contra el despobla-

sivos para considerar la diversidad de ruralidades, de estructuras de poblamiento y planta local de las distintas regiones españolas[16]. Incorpora esta Ley un criterio administrativo (la agregación de municipios o entidades locales menores) y dos criterios demográficos (el tamaño de la población —inferior a 30.000 habitantes— y la densidad inferior a los 100 habitantes por km2, en tono a la media española).

Define además *el municipio rural de pequeño tamaño* como aquél que posee una población inferior a los 5.000 habitantes, sin formar parte de un entorno periurbano.

1. LA RURALIDAD EN LAS «LEYES DE POBLACIÓN» DE LAS COMUNIDADES AUTÓNOMAS

La heterogeneidad de los paisajes rurales y de los mapas locales de las comunidades autónomas españolas no es menor que la que existe entre los diferentes estados miembros de la Unión Europea[17]. Ello exige a cada Comunidad, en consecuencia, con la voluntad de autogobierno y con su vocación de proximidad, un esfuerzo de definición conceptual y operativa de su propia ruralidad.

En consecuencia, las *leyes de población* de las comunidades autónomas contemplan sus propias definiciones.

La Ley 5/2021, de 2 de febrero, de impulso demográfico de Galicia, remite a la clasificación realizada por Instituto Gallego de Estadística, según el grado de urbanización de las parroquias gallegas (artículo 3.j). De las tres zonas definidas, zonas densamente pobladas (ZDP), zonas intermedias (ZIP) y zonas poco pobladas de Galicia (ZPP), acota el medio rural y costero no urbano a las dos últimas, desagregando las ZIP en dos subzonas (alta y baja) y las ZPP en tres (alta, intermedia y baja). La unidad territorial de referencia es el *asentamiento poblacional* o *localidad*, las parroquias gallegas.

La Ley 2/2021, de 7 de mayo, de Medidas Económicas, Sociales y Tributarias frente a la Despoblación y para el Desarrollo del Medio Rural en Castilla-La Mancha, dedica su Título II a la zonificación, categorización y planificación del medio rural (artículos del 9 al 15, ambos incluidos), poniendo

miento rural», en SANZ LARRUGA, F.J. y MÍGUEZ MACHO, L. (Dirs.), *Derecho y dinamización e innovación rural,* Deputación da Coruña-Tirant lo Blanc, Valencia, 2021, págs. 270-291.

16 Artículo 3 a): «Medio rural: el espacio geográfico formado por la agregación de municipios o entidades locales menores definido por las administraciones competentes que posean una población inferior a 30.000 habitantes y una densidad inferior a los 100 habitantes por km^2».

17 RAMOS ANTON, F., «¿Tienen que desaparecer los pequeños municipios? Para un modelo integrador de los principios de democracia y eficiencia en la organización y la planta local», en *Documentación Social*, núm. 185, 2017, págs. 67-103.

el foco en la definición de zonas funcionales, definidas según criterios demográficos, de actividad económica, uso del suelo y accesibilidad a núcleos urbanos (mayores de 30.000 habitantes). Estas zonas, que se configurarán teniendo en cuenta la contigüidad, la homogeneidad y las zonificaciones sectoriales vigentes, se clasificarán en zonas escasamente pobladas, zonas en riesgo de despoblación, zonas rurales intermedias, y zonas rurales periurbanas, concretando con detalle las condiciones y valores de las variables que determinarán la pertenencia a cada una de ellas, según los referidos criterios de clasificación. Las zonas se configuran por agrupación de municipios, pero en su definición se tienen en cuenta indicadores demográficos y de accesibilidad de los *núcleos de población*.

En Extremadura, la Ley 3/2022, de 17 de marzo, de medidas ante el reto demográfico y territorial de Extremadura, deriva la zonificación del medio rural a una regulación posterior, mediante decreto del Consejo de Gobierno que «establecerá [con criterios objetivos] una gradación en la intensidad de las intervenciones contempladas en esta Ley, con el fin de corregir desequilibrios poblacionales en aquellas zonas más afectadas por el fenómeno demográfico» (disposición adicional primera).

La Ley 13/2023, de 30 de marzo, de dinamización del medio rural de Aragón, dedica, su Título II a la delimitación, zonificación y clasificación del medio rural, en coherencia con los instrumentos de valoración y clasificación de la normativa de ordenación del territorio de la Comunidad. Se centra en la caracterización de la ruralidad de los municipios más que en su zonificación (Aragón ya cuenta con un mapa y una estructura comarcal). Establece 10 grupos de clasificación de asentamientos y municipios y 5 grupos de asentamientos a efectos fiscales. La actualización anual se encomienda al «departamento competente en materia de ordenación del territorio». El concepto de *asentamiento*, que opera como unidad territorial básica[18], equivale al de entidad singular del Nomenclator del INE.

También la Ley 5/2023, de 13 de abril, integral de medidas contra el despoblamiento y por la equidad territorial en la Comunidad Valenciana, dedica su Título II a la «zonificación del riesgo de despoblamiento». La ruralidad de los municipios se define en la Estrategia territorial de la Comunitat Valenciana, aprobada por el Decreto 1/2011 de 13 de enero. Los artículos 14 y 15 definen los criterios de zonificación del riesgo de despoblamiento con base en variables demográficas cuya validación y actualización se encomienda a los órganos de la comunidad competentes en materia de población, estadística y ordenación del territorio. La unidad territorial de referencia es el *municipio*. Con independencias del sistema de variables demográficas que se contemplan (densidad, evolución, saldo vegetativo, saldo migratorio envejecimiento,

18 Artículo 24. Municipios de carácter rural: «Son municipios de carácter rural aquellos en los que la totalidad de sus asentamientos son de carácter rural».

dependencia) se consideran en riesgo de despoblamiento los municipios con población inferior a 300 habitantes y los que pertenezcan a áreas funcionales con densidad igual o inferior a 12, 5 habitantes/ km^2.

2. LA DEFINICIÓN DE RURALIDAD PARA ABORDAR EL RETO DEMOGRÁFICO EN CASTILLA Y LEÓN

En Castilla y León, La Ley de Dinamización Demográfica, sometida a trámite de consulta pública el 4 de noviembre de 2020, no ha continuado su tramitación en la actual legislatura.

Pero, además, el modelo territorial de la Comunidad ha resultado fallido[19], al no haberse publicado las directrices complementarias de ordenación del territorio, verdadero meollo del modelo, tras la aprobación de las directrices esenciales en 2008, con incumplimiento de todos los plazos previstos tanto en la Ley 10/1998, de 5 de diciembre, de Ordenación del Territorio de Castilla y León, como en la propia Ley 3/2008, de 17 de junio, de aprobación de las Directrices Esenciales de Ordenación del Territorio de Castilla y León.

Tampoco se ha completado el mapa de unidades básicas de ordenación servicios y gobierno del territorio rurales, previsto en la Ley 7/2013, de 27 de septiembre, de Ordenación, Servicios y Gobierno del Territorio de la Comunidad de Castilla y León.

No obstante, siguen vigentes disposiciones que podrían contribuir a una definición de la ruralidad. Las Directrices Esenciales de Ordenación del Territorio, definen las unidades básicas de ordenación servicios y gobierno del territorio, como ámbito funcional básico e identifican los centros rurales de referencia como los municipios con población ente 5.000 y 20.000 habitantes o los de más de 1.000 habitantes que tengan la consideración de prestadores de servicios generales.

Por su parte la Ley 7/2013, de 27 de septiembre, define las unidades básicas de ordenación y servicios del territorio rurales como la agrupación de municipios contiguos con características similares y 20.000 o menos habitantes, y que o bien tengan entre 5.000 y 30.000 habitantes o una densidad menor de 15 habitantes/km^2 y agrupe al menos a 5 municipios.

Además, podría acudirse a una definición negativa del medio rural de Castilla y León, remitiéndonos a la Ley 9/2014, de 27 de noviembre, por la que se declaran las áreas funcionales estables de Castilla y León y se modifica la Ley 7/2013, de 27 de septiembre, de Ordenación, Servicios y Gobierno del Territorio de la Comunidad de Castilla y León. Esta ley delimita, bajo la denominación de *estables,* las áreas funcionales urbanas de Castilla y León en torno a las capitales de provincia y los municipios de Aranda de Duero, Benavente, Medina del Campo, Miranda de Ebro y Ponferrada. Con esta referencia normativa, el resto del territorio de Castilla

---

19 Ramos Antón, F., «Ordenación del Territorio y otros retos pendientes en Castilla y León», en *Castilla y León 40 años de autonomía,* (en prensa).

y León podría considerarse rural, si bien carente de zonificación para la implementación de políticas territoriales y de modulación de características o grados de ruralidad o riesgo de despoblación.

En definitiva Castilla y León, aunque dispone de numerosas zonificaciones sectoriales, no cuenta con una identificación y caracterización de municipios, entidades locales menores o entidades singulares rurales, ni con una zonificación del medio rural con criterios funcionales[20], que permitan aplicar políticas frente al reto demográfico con fundamento en una estrategia transversal, o aplicar políticas territoriales que impliquen al conjunto de organismos sectoriales de la Comunidad y a la totalidad de administraciones[21].

Cuadro 1. Variables de identificación de la singularidad territorial de Castilla y León (Art.83.6 EA)

Concepto	**Castilla y León N** (%/ España)
Territorio	94.226 km^2 (18,6 %/ España)
Territorio rural[22]	96,11 % (España: 90 %)
Población 1.01.2024	2.389.959 habitantes (4,9 % /España)
Densidad	25,4 habitantes/ km^2 (España: 96,03 h/ km^2)
Índice de envejecimiento (2023)	217,18 (España: 137,33)
Poblamiento (dispersión)	6.177 pueblos —entidades singulares /Nomenclator INE— (10 % / España)
Planta Local (dispersión/ *minifundismo* local)	4.570 entidades locales y 187 entidades dependientes.
	2.248 municipios (27,6 % / España)
	2.219 entidades locales menores (60,3 %/ España)
	9 diputaciones provinciales
	1 comarca
	273 mancomunidades y entidades asociativas tradicionales (Más del 90 % de los municipios mancomunados)

20 El Programa de Desarrollo Rural Sostenible (2010-2014), en aplicación de la Ley 45/2007, de 13 de diciembre para el desarrollo sostenible del medio rural, contemplaba en Castilla y León 38 zonas rurales; 28 zonas a revitalizar, 7 intermedias y 3 periurbanas para intervenciones de carácter territorial. Ministerio de Agricultura, Pesca y Alimentación. Disponible en: https://acortar.link/fNtBXP.

21 Almeida Cerreda, M., «Colaboración y planificación interadministrativa para la consecución de una distribución equilibrada de la población sobre el territorio», Sanz Larruga, F. J. y Míguez Macho, L. (Dirs.), *Derecho y dinamización e innovación rural*, Deputación da Coruña-Tirant lo Blanc, Valencia, 2021, págs. 399-444.

22 A partir de la definición de la Ley 45/2007, de 13 de diciembre, para el desarrollo sostenible del medio rural, y sus instrumentos de desarrollo.

De la comprensión de esta singularidad representada por la extensión territorial, la baja densidad demográfica, un sistema de poblamiento caracterizado por la dispersión de núcleos —con las características demográficas, sociológicas y económicas que de ello se derivan—, y una planta local basada en el minifundismo institucional, pero con larga tradición cooperativa, ha de derivarse el concepto de ruralidad propio de Castilla y León y sus aplicaciones operativas a las políticas concretas.

IV. ERRORES DE REGULACIÓN: QUÉ ES Y QUÉ NO ES MEDIO RURAL EN CASTILLA Y LEÓN

La ruralidad a efectos de beneficios fiscales por adquisición o rehabilitación de vivienda habitual por jóvenes en el medio rural se define en sucesivas leyes de medidas —y en el proyecto de ley para 2024, actualmente en trámite en las Cortes de Castilla y León—, como los municipios o entidades locales menores con menos de 10.000 habitantes con carácter general, o de 3.000 habitantes, si dista menos de 30 kilómetros de la capital de la provincia. Se utiliza por tanto en la definición un criterio administrativo —que se trate de municipios o entidades locales menores— y un criterio demográfico, el tamaño de la población, corregido —de forma pertinente— en las áreas periurbanas, dado que su dinamismo poblacional viene resultando más activo que el de las áreas rurales y el de los propios municipios urbanos.

Quedan fuera de la definición las entidades de población —pueblos o entidades singulares— que, formando parte claramente diferenciada de un término municipal, no tengan carácter de municipio o entidad local menor, y que pertenezcan a un municipio con más de 10.000 habitantes.

Pongamos un ejemplo: No sería elegible a efectos de estos incentivos en materia de vivienda para jóvenes en el medio rural el municipio de Béjar (Salamanca), con 12.021 habitantes, pero sí lo serían sus entidades locales menores Fuentebuena, con 49 habitantes, o Valdesangil, con 127. Sin embargo, el pueblo de Palomares, con 237 habitantes, municipio hasta la década de los 70 del siglo XX, pero que actualmente no tiene el estatus administrativo de entidad local menor, no podría participar de los mismos beneficios fiscales.

Sin embargo, a efectos de incentivos fiscales reforzados por nacimiento o adopción en el medio rural, se define la ruralidad con el mismo criterio administrativo, pero con un tamaño demográfico diferente y sin correcciones relacionadas con el fenómeno periurbano. En este caso «lo rural» se ciñe a un perímetro más estrecho: los municipios y entidades locales menores cuya población no exceda de 5.000 habitantes. Las entidades locales menores estaban excluidas hasta la actual propuesta de 2024, con advertencia del Consejo Consultivo.

Volvamos al ejemplo por su valor demostrativo. Siguiendo en la provincia de Salamanca, en el municipio de Guijuelo no serían aplicables estos incentivos incrementados, ya que queda fuera de la definición por sus 5.484 habitantes, pero sí se aplicarían en Campillo de Salvatierra (291 habitantes), entidad local menor de Guijuelo, pero no en Cabezuela de Salvatierra (50 habitantes) que forma parte del mismo municipio como entidad singular.

En relación con estas definiciones señala el Consejo Consultivo, en su dictamen de 16 de enero de 2024 sobre el anteproyecto de ley de medidas tributarias, financieras y administrativas[23], actualmente en tramitación, lo siguiente:

- Dos definiciones de lo rural tan diferentes en el mismo texto legislativo que se modifica, no se fundan ni motivan en la distinta naturaleza de la materia sobre la que se regulan incentivos fiscales en la norma que se modifica[24].
- No se justifica que se considere el fenómeno periurbano a efectos de incentivos para el acceso a la vivienda y no en materia de natalidad y adopción (cuando precisamente son los municipios periurbanos los que presentan una natalidad más dinámica, mayor que la de las ciudades, con un saldo vegetativo más equilibrado. Parece por tanto arbitrario, por falta de motivación, de coherencia normativa y con la realidad demográfica, que en un caso se tenga en cuenta la realidad periurbana y en otro no).
- También carece de fundamento jurídico o científico que no se tengan en cuenta las áreas periurbanas de municipios no capital de provincia con más población que algunas capitales, sin un mínimo análisis de las relaciones funcionales con su alfoz. Cabe destacar a este efecto que, por ejemplo, el INE en su análisis de las áreas funcionales españolas, basado en las relaciones de residencia y trabajo entre los municipios que las integran, tiene en cuenta la de Ponferrada, de la que formarían parte los municipios de Borrenes, Cabañas Raras, Cacabelos, Camponaraya, Carracedelo, Cubillos del Sil, Molinaseca, Prianza del Bierzo y Toral de los Vados, además del municipio central de Ponferrada.
- Por otro lado la Ley 9/2014, de 27 de noviembre, por la que se declaran las áreas funcionales estables de Castilla y León y se modifica la Ley 7/2013, de 27 de septiembre, de Ordenación, Servicios y Gobierno del Territorio de la Comunidad de Castilla y León, declara las siguientes áreas funcionales estables integradas por los municipios urbanos y los colindantes hasta el segundo nivel de contigüidad y hasta una distancia de en torno a los 15 Km.: Además de las de las capitales de provincia, Aranda de Duero, Benavente, Medina del Campo, Miranda de Ebro y Ponferrada.

23 Disponible en: https://acortar.link/fNtBXP.

24 Texto refundido de las disposiciones legales de la Comunidad de Castilla y León en materia de tributos propios y cedidos, aprobado por el Decreto Legislativo 1/2013, de 12 de septiembre.

- Finalmente señala el Consejo Consultivo que la condición establecida en ambos incentivos fiscales de residencia en un municipio, o en una entidad local menor, «puede resultar discriminatoria para aquellos jóvenes que, reuniendo el resto de requisitos para acceder a estos incentivos, tengan residencia o su vivienda esté ubicada en una entidad de población que, formando parte claramente diferenciada de un término municipal, no tenga carácter de entidad local menor ni de cabecera de municipio, pero reúna las mismas características de definición de la ruralidad que en cada caso se establecen, excediendo el tamaño de su municipio del establecido en cada caso: 5.000 habitantes, para las deducciones por nacimiento o adopción y 10.000 o 3.000 habitantes, para la adquisición, rehabilitación o arrendamiento de la vivienda habitual». Algunos de los muchos ejemplos de esta discriminación se han señalado ya.

Los argumentos del ejecutivo en la memoria definitiva del proyecto de ley sometido a trámite parlamentario[25], sobre el hecho de no considerar el fenómeno periurbano en los incentivos fiscales incrementados por nacimiento o adopción en el medio rural, y sí en los de vivienda para jóvenes son dos: (1) Que los incentivos por adquisición de vivienda se aplican exclusivamente en el medio rural, tal como queda definido; mientras que los beneficios fiscales por nacimiento o adopción son de general aplicación con incrementos de hasta el 40 % en el medio rural. (2) No se tiene en cuenta el fenómeno periurbano en los incentivos fiscales por nacimiento o adopción para que «la deducción llegue al mayor número de beneficiarios».

Respecto al hecho de no considerar las entidades singulares, a pesar de que la ruralidad se configura en la unidad territorial de convivencia y no en el contexto administrativo del que esta forma parte, La junta de Castilla y León indica:

> «además de la falta de oficialidad de estas subdivisiones, habría que considerar:
>
> Por un lado, la complejidad extraordinaria que conllevaría la gestión administrativa de la misma, ya que el número de estas entidades de población, entre las que se incluyen urbanizaciones y zonas residenciales de temporada, más que duplica el número de municipios y el número de entidades locales menores.
>
> Y, por otro lado, que los residentes en los municipios que no pertenecen al ámbito de la ruralidad ya se benefician de la cuantía general de la deducción».

En lo que respecta a la complejidad que se cita de caracterizar las entidades singulares elegibles a estos efectos, baste señalar que el esfuerzo de análisis se limitaría a los 23 municipios con más de 10.000 habitantes de la Comunidad excluidos de las deducciones en materia de vivienda para jóvenes en el medio rural, y a los 57 con más de 5.000 habitantes (en los que están incluidos los anteriores) que no podrían acceder a las deducciones incrementadas por nacimiento o adopción.

25 Disponible en: https://acortar.link/WuCW7K.

Cuadro 2. Criterios para la definición operativa de la ruralidad[26]

CONCEPTO
Elementos para una definición conceptual dinámica, que deberá atender a la naturaleza de la intervención y a su escala eficiente[27] Dicotomía versus continuo rural urbano Homogeneidad versus heterogeneidad social Permeabilidad a los cambios tecnológicos, sociales y culturales[28] Naturaleza de los vínculos sociales. Relaciones primarias. Tamaño de habitat[29] Densidad Desequilibrios en la estructura demográfica Desequilibrios económicos. Relación con el medio natural y capacidad para explotar los recursos cercanos Diversidad de las ruralidades Desagrarización del rural y desruralización de la agricultura **Necesidad de modelo de ordenación del territorio, como instrumento básico de cualquier estrategia de desarrollo rural sostenible**
DEFINICIÓN OPERATIVA[30]
Municipio o entidad local rural[31] Tamaño de la población Densidad Distancia/ tiempo de acceso a los servicios básicos

26 Sancho, R; G. Regidor, J. y Ruiz-Maya, L., «Medio rural y agricultura», en G. Regidor, J., *Desarrollo Rural Sostenible: Un nuevo Desafío*, Ministerio de Medio Ambiente, Medio Rural y Marino, Madrid, 2008, págs. 43-82.

27 Sancho, J. y Reinoso, D., «La delimitación del ámbito rural: una cuestión clave en los programas de desarrollo rural», en *Estudios Geográficos*, núm. 273, 2012, pág. 599-624.

28 «La definición de cuál es la población rural resulta especialmente problemática. Habitualmente existen dos criterios: uno tradicional, de base culturalista, según el cual las poblaciones rurales son aquellas que han sido refractarias al cambio; es decir, siguen diferenciándose por mantener valores y estilos de vida propios, y otro basado en el tamaño del hábitat, suponiendo que dicho tamaño pueda ir asociado a diferentes formas de sociabilidad. Los grandes hábitats son urbanos y los lugares pequeños son rurales». *Vid*. Camarero, L. (coordinador), *La Población Rural de España.* Fundación «la Cixa», en *Colección Estudios Sociales*, núm. 27, 2009.

29 García Sanz utiliza como criterio de clasificación de los municipios rurales el del INE: menos de 2.000 habitantes, rural; entre 2.000-10.000 habitantes, semirural o rural intermedio, y más de 10.000 habitantes, urbano. *Vid.* García Sanz, B., *La sociedad rural de Castilla y León ante el próximo siglo,* Junta de Castilla y León, Consejería de Agricultura y Ganadería, Valladolid, 1998.

30 CES, *El medio rural y su vertebración social y territorial. Informe. 1/2018*, 2018, p. 19. Cuyo diagnóstico y tendencias se mantienen vigentes en el informe 2/2021 del CES.

31 «En la mayoría de las regiones españolas el municipio no constituye una unidad de asentamiento, sino que, por el contrario, comprende múltiples entidades de población diversas, las cuales acentúan la ruralidad de buena parte de la población [...]pues la ruralidad no

Zonas rurales[32]
Variables demográficas
Densidad
Proporción de población residiendo en municipios rurales
Evolución de la población
Envejecimiento
Masculinidad
Variables territoriales
Dificultades físicas (aislamiento)
Accesibilidad (distancia e infraestructuras)
Uso de la tierra
Variables económicas
Especialización funcional por sectores de actividad
Niveles de renta.
Tamaño de población y de PIB (masa crítica de población y actividad para dar cuerpo a iniciativas de desarrollo)

V. CONCLUSIONES

PRIMERA.- La regulación de incentivos fiscales a residentes en el medio rural sin una definición motivada de qué es y qué no es medio rural en Castilla y León, al nivel de entidad local, de municipio y de zona funcional, lleva al establecimiento de criterios arbitrarios o sometidos al azar, generando discriminaciones injustificadas. Dado que una de las características de la nueva ruralidad es la movilidad es importante distinguir entre los tres niveles, el lugar de residencia, su ámbito administrativo y el espacio geográfico rural, como ámbito operativo y funcional de escala sub-provincial.

SEGUNDA.- La definición normativa de la ruralidad ha de plantearse en términos de igualdad de derechos y sus garantías, y ha de diseñarse con coherencia normativa. En todo caso, la ruralidad de las entidades locales viene determinada por las características del lugar de residencia y no por el estatus administrativo de éste.

TERCERA.- Tanto las políticas de desarrollo rural, como las de población son por definición políticas territoriales caracterizadas por la intervención intersectorial orientada por una estrategia. Estas políticas no se pueden implementar con eficacia y eficiencia sin un modelo territorial y un sistema

solo a poblaciones pequeñas, sino que se define también por su carácter disperso (ocupación y uso extensivo del espacio...)» *vid.* Gomez Benito, C. y González, J., *Opinión pública, agricultura y sociedad rural. Barómetro del medio rural de Castilla y León* 2010, Ministerio de Agricultura, Alimentación y Medio Ambiente, Madrid, 2014.

32 Dominguez Fernandez, R., Alvarez García, M. y Prieto Sarro, I., «Resolución geográfica de análisis en la accesibilidad y ruralidad en Castilla y León» en Hortelano Mínguez, L. A. (Dir.), *Gestionando la despoblación*, Aranzadi. Pamplona, 2023, pags.145-172.

dinámico de ordenación del territorio. Sin modelo territorial tampoco será posible en Castilla y León un desarrollo eficiente de los instrumentos de convergencia y cohesión territorial para asegurar el equilibrio económico y demográfico interno, previstos en el Estatuto de Autonomía, cuyo impulso no está previsto en la agenda institucional: EL Fondo autonómico de compensación (artículo. 78.2) y el Plan plurianual de convergencia interior (disposición adicional segunda).

CUARTA.- Las características de la comunidad de Castilla y León y las dificultades para disponer de información al nivel de entidad local o asentamiento, exigen un esfuerzo estadístico sostenido y compartido con la comunidad universitaria y los operadores públicos y privados, del que hay precedentes en otras comunidades autónomas.

QUINTA.- Las deducciones fiscales como medidas aisladas, huérfanas de una estrategia territorial transversal pueden producir desafección fiscal sin impacto —y aún con impacto negativo— en los objetivos que pretenden.

SEXTA.- La exclusión de los municipios cabecera de comarca de los incentivos fiscales en materia de vivienda para jóvenes (de más de 10.000 habitantes) o de natalidad y adopción (de más de 50.000 habitantes) desconoce las dinámicas territoriales de sostenimiento de la población y la actividad, que pivota precisamente en torno a esos núcleos intermedios, centros rurales de referencia según Las Directrices Esenciales de Ordenación del Territorio de la Comunidad.

SÉPTIMA.- La inclusión de los municipios periurbanos en los incentivos natalistas es también ejemplo de la falta de análisis que sustenta estas medidas, ya que es precisamente en estos núcleos donde menos se necesita, por presentar la natalidad más dinámica.

OCTAVA.- La discriminación que los incentivos fiscales que son objeto de este análisis perpetran respecto a los residentes en núcleos con el tamaño requerido en cada caso, pero sin la consideración administrativa de municipio o entidad local menor, es contraria a los principios constitucionales de justicia e igualdad. La complejidad del mapa local y el sistema de poblamiento de Castilla y león no pueden amparar esta discriminación. De todos modos, en el caso que nos ocupa el análisis territorial requerido para evitar esta discriminación se limitaría al análisis de los asentamientos de los 57 municipios con más de 5.000 habitantes o a los 23 de más de 10.000, incluidos en aquellos, a través del Nomenclator del INE, lo que no parece obstáculo para nadie y menos para la administración autonómica.

VI. BIBLIOGRAFÍA

Almeida Cerreda, M., «Colaboración y planificación interadministrativa para la consecución de una distribución equilibrada de la población sobre el territorio», en SANZ LARRUGA, F.J. y MÍGUEZ MACHO, L. (Dirs.), *Derecho y dinamización e innovación rural*, Deputación da Coruña-Tirant lo Blanc, Valencia, 2021.

BUSTILLO, R. O., «La política de desarrollo rural en España y la lucha contra el despoblamiento rural», en SANZ LARRUGA, F.J. y MÍGUEZ MACHO, L. (Dirs.), *Derecho y dinamización e innovación rural*, Deputación da Coruña-Tirant lo Blanc, Valencia, 2021.

CAMARERO, L. (Coord.), *La Población Rural de España.* Fundación «la Caixa», en *Colección Estudios Sociales*, núm. 27, 2009.

CES, *El medio rural y su vertebración social y territorial. Informe. 1/2018*, 2018.

DOMINGUEZ ALVAREZ, J. L., FERNADO PABLO, M. M. y TALAVERA CORDERO, P., «Ventajas y potencialidades de ruralizar la legislación y las políticas públicas: del Pacto Rural europeo al supuesto de caso castellano-leonés», en HORTELANO MÍNGUEZ, L. A. (Dir.), *Gestionando la despoblación*, Aranzadi, Pamplona, 2023.

DOMINGUEZ FERNANDEZ, R, ALVAREZ GARCÍA, M. y PRIETO SARRO, I., «Resolución geográfica de análisis en la accesibilidad y ruralidad en Castilla y León», en HORTELANO MÍNGUEZ, L. A. (Dir.), *Gestionando la despoblación*, Aranzadi, Pamplona, 2023.

FARINÓS-DASI, J., «Agenda Territorial Europea 2030: Un marco político orientado a la acción para el objetivo de la cohesión territorial», en *Ciudad y Territorio Estudios Territoriales*, vol. LIII, núm. 208, 2021.

GARCÍA SANZ, B., *La sociedad rural de Castilla y León ante el próximo siglo,* Junta de Castilla y León. Consejería de Agricultura y Ganadería, Valladolid, 1998.

GOMEZ BENITO, C. y GONZÁLEZ, J., *Opinión pública, agricultura y sociedad rural. Barómetro del medio rural de Castilla y León* 2010, Ministerio de Agricultura, Alimentación y Medio Ambiente, Madrid, 2014.

RAMOS ANTON, F., «¿Tienen que desaparecer los pequeños municipios? Para un modelo integrador de los principios de democracia y eficiencia en la organización y la planta local», en *Documentación Social*, núm. 185, 2017.

«Ordenación del Territorio y otros retos pendientes en Castilla y León», en *Castilla y León 40 años de autonomía,* (en prensa).

RED ESPAÑOLA DE DESARROLLO RURAL, *Habla la ciudadanía Rural. Rural Proofing contra la España «vacilada»,* 2023.

RIVERO ORTEGA, R., ¿Para qué sirve el Derecho?, Grupo Editorial Ibáñez, Bogotá, 2019.

Saez Perez, L. A., «Analítica de la Despoblación: La pseudoterapia de la fiscalidad», en *Revista Española de la Función Consultiva*, núm. 33, 2022, págs. 235-258.

Sancho, J. y Reinoso, D., «La delimitación del ámbito rural: una cuestión clave en los programas de desarrollo rural», en *Estudios Geográficos*, núm. 273, 2012.

Sancho, R., G. Regidor, J. y Ruiz-Maya, L., «Medio rural y agricultura», en G. Regidor, J. (Coord.), *Desarrollo Rural Sostenible: Un nuevo Desafío*, Ministerio de Medio Ambiente, Medio Rural y Marino, Madrid, 2008.

CAPÍTULO VIII

OBSTÁCULOS REGLAMENTARIOS AL DESARROLLO DE LOS TERRITORIOS RURALES CON RETOS DEMOGRÁFICOS

Suzana Tavares da Silva

Profesora de la Facultad de Derecho de la Universidad de Coimbra
Magistrada del Tribunal Supremo Administrativo de Portugal

I. LOS DIFERENTES SIGNIFICADOS DEL ESPACIO RURAL

Hoy existe una dificultad, que no es sólo portuguesa, para definir «positivamente» las zonas o territorios rurales, porque en diversos ámbitos jurídicos, la categoría jurídica parece ser una «marca de la devaluación de estos territorios». Veamos.

A efectos de la Ley de Bases Generales de la Política Pública de Suelo, el suelo rústico no es diferente del «suelo rústico». Y el legislador define el «suelo rústico» como «el que, por su reconocida aptitud, se destine, en particular, a usos agrícolas, ganaderos o forestales, a la conservación, mejora y explotación de los recursos naturales, geológicos o energéticos, así como el que se destine a espacios naturales, culturales, turísticos, recreativos y de ocio o a la protección de riesgos, aunque esté ocupado por infraestructuras, y el que no esté clasificado como urbano»[1].

1 Artículo 10 de la Ley n.° 31/2014, de 30 de mayo.

A efectos fiscales, los edificios se clasifican esencialmente como «rústicos», por oposición a los urbanos, cuando no tienen ningún uso generador de ingresos o solo pueden utilizarse para generar ingresos agrícolas, forestales y ganaderos y, de hecho, se están utilizando con este fin[2].

Básicamente, a efectos de los regímenes jurídicos basados en la determinación del valor económico del suelo es evidente que el suelo «rural» o «rústico» está devaluado en comparación con el suelo destinado a uso urbano, lo que resulta extraño dada la actual alineación de las políticas públicas.

De hecho, si observamos el protagonismo de la política de protección del clima en la red internacional de objetivos políticos prioritarios (con especial énfasis en la acción por el clima como número 13 de los 17 Objetivos de Desarrollo Sostenible de la ONU y el Pacto Verde Europeo) y en las estrategias nacionales de clima y medio ambiente[3], y el papel protagonista que se otorga a las zonas rurales, nos damos cuenta de que se trata de un ámbito claro de la crisis actual del modelo político occidental, que se centra en las proclamaciones, pero descuida la acción.

Así, la proclamación de valorización del espacio rural no va acompañada de acciones políticas concretas que contribuyan a este resultado. Por el contrario, lo que vemos en la práctica es la permanente valorización política del espacio urbano, porque está vinculada a mejores condiciones de vida (viviendas más confortables en las zonas urbanas, acceso a los servicios, acceso a la cultura, desarrollo económico y empleos más cualificados y mejor remunerados...).

Las zonas rurales, por su parte, están asociadas sociopolíticamente a condiciones de vida más difíciles: i) las viviendas son menos confortables y no se conocen incentivos en Portugal, por ejemplo, para la creación de líneas de investigación arquitectónica centradas en las zonas rurales para revertir esta tendencia e invertir en edificios sostenibles; ii) la población residente, cada vez más escasa, es en general de más edad y menos formada, pero tampoco existe un plan de acción nacional sólido para invertir la tendencia y repoblar el territorio con nuevas generaciones; y iii) el acceso a los servicios (sociales, como la sanidad y la educación, o incluso la cultura) es especialmente difícil debido a la falta de una planificación adecuada. Estos tres ejemplos del retraso en el desarrollo socioeconómico de estos territorios explican por qué nuestro modelo de organización económica y social falla estrepitosamente en uno de los primeros elementos esenciales: la cohesión territorial.

2 Artículo 3 Código Municipal del Impuesto sobre Bienes Inmuebles.

3 Estrategia Nacional de Adaptación al Cambio Climático 2020 (ampliada a 2025) [Resolución del Consejo de Ministros n.° 53/2020, de 10 de julio de 20209; Plan Nacional de Energía y Clima 2030 (PNEC 2030) [(Resolución del Consejo de Ministros n.° 53/2020, de 10 de julio]; Hoja de Ruta para la Neutralidad en Carbono 2050 [Resolución del Consejo de Ministros n.° 107/2019, de 1 de julio]; Programa de Acción de Adaptación al Cambio Climático (P-3AC) [Resolución del Consejo de Ministros n.° 130/2019, de 2 de agosto].

Sin cohesión e integración de la población con el territorio de referencia, falla el pilar de la construcción de la comunidad política, porque falla el elemento básico que vincula a las personas con el estatus de ciudadanía.

Una comunidad sólo puede considerarse políticamente organizada si todos sus miembros pueden acceder al mismo nivel de bienes y servicios que esta organización política proporciona. Y la primera responsabilidad de quienes gobiernan por representación democrática es garantizar este nivel mínimo de igualdad en el acceso a los bienes y servicios comunitarios, que son financiados por todos. Por eso los gobiernos tienen un poder público muy importante, como es la ordenación del territorio, a través del cual deben garantizar la igualdad de acceso a los servicios públicos, porque ésta es la premisa esencial para que se asienten las empresas y las personas.

Desgraciadamente en Portugal, según el Censo de 2021, la distribución de la población portuguesa en el territorio está muy desequilibrada, ya que el 20 % de la población total se concentra en el 1,1 % del territorio y el 66 % del territorio corresponde a los 208 municipios menos poblados. Además de estas cifras, el país tiene cerca del 92 % de su territorio ocupado por la agricultura, la silvicultura y la agrosilvicultura[4] y estos sectores juntos representan menos del 5 % del PIB nacional (1,6 % de la agricultura y 1,5 del sector forestal y agroforestal).

Podemos decir, por tanto, que «espacio rural» en Portugal es sinónimo de territorio despoblado, abandonado y pobre, incluso cuando está asociado a las actividades económicas que le son propias, como la agricultura, la agroganadería y la agrosilvicultura.

Incluso cuando se intenta «valorizar» estos espacios, la idea que conservamos como observadores interesados y críticos de las políticas adoptadas, tanto a escala europea como nacional, es que se adoptan varias líneas estratégicas equivocadas.

Una línea que emerge es que todos los usos del «espacio rural» deben subordinarse a actividades agrícolas, agroganaderas o agroforestales y que, entre estas zonas, la edificación debe hacerse según las reglas de un plan espacial urbano y urbanizable. Este enfoque impide pensar en el «campo» como una realidad que debe representar un modo de vida diferente del que existe en las zonas urbanas de las grandes ciudades. En países como Portugal, que no son muy grandes en términos de territorio, sería más adecuado pensar en una estrategia de ordenación del territorio próxima a la que se practica en Eslovaquia, con ciudades de tamaño medio, una ocupación mixta agrícola, ganadera, forestal y urbana, próxima a los centros de servicios y con ciudades de tamaño medio. La diferencia de nivel de vida entre las zonas rurales y urbanas no es especialmente significativa.

4 Información recopilada del mapa de ocupación y uso del suelo de 2018.

Una segunda línea que se ha desarrollado en las últimas décadas es extremadamente perversa y aniquila cualquier estrategia de desarrollo para estos territorios. Se trata de la promoción del «turismo» en el medio rural, que se caracteriza por inundar estas zonas de servicios estacionales, adulterando su esencia y promoviendo asentamientos oportunistas, donde las edificaciones son en su mayoría «segundas» o «terceras» viviendas de élites urbanas cuya conexión con el campo es disfuncional. Esta corriente se asocia también a la promoción del «medio rural» como «museo vivo», que transforma la industria tradicional en artesanía, los usos tradicionales en «experiencias» y adapta los productos habituales a las demandas cosmopolitas: todo un manual de los excesos de la sociedad Kitsch y neoKitsch del que Lipovetsky habla con cierta condescendencia, señalando que este Kitsch (estas «falsedades») también democratizan el acceso a «bienes» que antes estaban limitados a las élites[5]. La diferencia es que en este caso las premisas se invierten, ya que el neokitsch rural no pretende proporcionar a las «masas» recursos que antes estaban limitados a las élites, sino más bien dar a las «élites urbanas» una experiencia de las «dificultades que sienten las masas rurales». Por lo tanto, nos preguntamos si la democratización del acceso a bienes escasos puede incluirse en paquetes turísticos que incluyan «trabajos rurales tradicionales» como la recolección o el ordeño manuales. En nuestra opinión, se trata de neokitsch sin fundamento, que transmite una imagen de dureza y atraso de la vida rural que no se corresponde con la realidad actual y que, por tanto, no es útil ni beneficiosa para el desarrollo de estas zonas.

También hay quienes ven el «campo» como una zona adecuada para la ubicación de proyectos que podrían etiquetarse de NIMBY (Not in my Backyard, «no en mi patio trasero»), como prisiones, vertederos y sedes de industrias contaminantes, o incluso zonas mineras.

Una última tendencia, en línea con la histeria revisionista climática, consiste en tratar el «campo» como un espacio de preservación medioambiental y de producción de servicios ecosistémicos, como una especie de reserva, vedada al uso y al libre disfrute de las generaciones actuales. Una estrategia que tiene a su favor las vulnerables condiciones demográficas de estas zonas como consecuencia del envejecimiento de la población, que a menudo se corresponde también con un bajo nivel de cualificación[6].

Ahora, en medio de tantas propuestas, nuestra perplejidad es que no haya una propuesta de análisis holístico de ésta, la mayor área del país, que todos —población, políticos y empresarios— deberían percibir como una «oportunidad» y no como un «retraso» o un «retroceso». La prueba de que los eslóganes del discurso político urbano muestran la incapacidad de concebir

5 Lipovetsky, G. y Serroy, J., *La nueva era del kitsch*, Edições 70, Coimbra, 2024.

6 Sobre los diversos retos que plantea el envejecimiento de la población en las zonas rurales, véase Kaye, L. (Ed.), *Handbook of Rural Aging*, Routledge, Londres, 2021.

y operacionalizar una estrategia de planificación, programación y acción que haga efectivas y operativas las diversas acepciones de la soberanía: como soberanía alimentaria, soberanía energética, soberanía cultural, soberanía ecológica...

II. LAS ZONAS RURALES COMO REALIDAD SOCIOCULTURAL DIFERENCIADA

Las zonas rurales son diferentes en términos socioculturales y deben recibir un tratamiento adecuado en términos de planificación.

Una primera solución podría ser favorecer los instrumentos de programación estratégica frente a los de planificación territorial. La idea es que el desarrollo de las zonas rurales, debido a su tamaño y características, necesita instrumentos y metodología diferentes de los utilizados en la planificación urbana[7], necesita un enfoque ascendente en lugar de un enfoque descendente.

Por lo tanto, los responsables políticos deben evitar aprobar soluciones urbanísticas, dinamizar proyectos y trazar reglas de ocupación del espacio según sus visiones y ambiciones, estableciendo planes cuya ejecución puede no estar nunca garantizada e imponiendo restricciones que pueden no ser respetadas o, como mínimo, provocar frustración, descontento y alienación entre los afectados.

Su papel debe ser más bien el de liderar proyectos locales y aunar voluntades y acciones en torno a programas de desarrollo basados en estrategias abiertas, que fijen límites externos (prohibiciones), directrices suficientemente adaptables y soluciones diferentes, en consonancia con las orientaciones financieras de la legislación europea. El motor del desarrollo económico y social debe ser la gente, los residentes y los portadores de los conocimientos y tradiciones del «lugar».

El Programa LEADER («Vínculos entre acciones para el desarrollo de la economía rural») encarna desde 1991 este enfoque dinámico del desarrollo rural, pero ha sido muy contestado por el Tribunal de Cuentas Europeo, que cuestiona su eficacia[8], especialmente en el contexto de la gestión plurifondo.

Tal y como señalan las instituciones europeas en relación con la auditoría realizada sobre los Fondos Estructurales y de Inversión Europeos para el periodo de programación 2014-2020, el programa LEADER tiene como finalidad específica promover el enfoque ascendente, y no solo no siempre está

7 GKARTZIOS, M., GALLENT, N. and SCOTT, M., *Rural Places and Planning. Stories from the Global Countryside*, Policy Press, Bristol, 2022.

8 *Vid.* Informe especial del TCE, *LEADER and community-based local development facilitate local participation, but additional benefits are not sufficiently demonstrated,* 2022.

claro que se esté promoviendo este enfoque en la aplicación de los fondos, sino que, lo que es más importante, no está claro que este programa permita llevar a cabo los proyectos y objetivos fijados con un coste adecuado.

Recordemos que actualmente existe una plétora de programas financieros europeos para promover el desarrollo del campo europeo y garantizar los objetivos de cohesión territorial y social. Por un lado, existen dos fondos centrados en la financiación de la PAC (Política Agrícola Común): el Fondo Europeo Agrícola de Desarrollo Rural (FEADER)[9] y el Fondo Europeo Agrícola de Garantía (FEAGA)[10]. A ellos se suman, en materia de desarrollo y cohesión, el Fondo Europeo de Desarrollo Regional (FEDER)[11], el Fondo Social Europeo (FSE)[12] y el Fondo de Cohesión (FC), al que, lamentablemente, Portugal sigue perteneciendo[13].

Todos los fondos de estos programas de inversión de la UE pueden aplicarse al desarrollo inteligente de las zonas rurales, pero el FEADER es sin duda el que se ocupa de la financiación específica de las zonas rurales y sus problemas característicos. En este marco cobra especial importancia el ya mencionado programa LEADER, recientemente criticado por el Tribunal de Cuentas Europeo por, entre otras cosas, financiar parcialmente los propios costes de preparación de los proyectos (gastos administrativos y de funcionamiento de los grupos de acción local), trasladando así a este programa financiero parte del riesgo relativo a la «calidad» y «oportunidad» de los proyectos a financiar, ya que los solicitantes no tienen que correr con todos los gastos de elaboración y preparación de las propuestas, como ocurre con el resto de programas financieros. En el cuatrienio 2014-2020, LEADER dejó de estar dedicado exclusivamente a las zonas rurales y pasó a ser un componente integral de otros fondos estructurales, asumiéndose como un instrumento de apoyo al desarrollo local comunitario y, como muestra el informe del TCE, el éxito de los proyectos se localizó en zonas urbano-rurales, es decir, en la periferia de las ciudades.

---

9 El Fondo Europeo Agrícola de Desarrollo Rural (FEADER) cofinancia el refuerzo de la competitividad de los sectores agrícola y forestal, medidas agroambientales, la mejora de la calidad de vida en las zonas rurales y el fomento de la diversificación de la economía rural, así como la creación de capacidad local (iniciativa "Leader").

10 El Fondo Europeo Agrícola de Garantía (FEAGA) sustituyó al Fondo Europeo de Orientación y de Garantía Agrícola (FEOGA) en 2007 y financia todos los gastos relacionados con los pagos directos a los agricultores y todos los gastos relacionados con el mercado.

11 Este fondo pretende fomentar un desarrollo equilibrado entre las distintas regiones de la UE.

12 El FSE apoya proyectos relacionados con el empleo en toda Europa e invierte en el capital humano europeo (trabajadores, jóvenes y solicitantes de empleo).

13 El Fondo de Cohesión financia proyectos en el sector del transporte y el medio ambiente en países cuya renta nacional bruta (RNB) por habitante es inferior al 90% de la media de la UE (en 2014-2020, estos países eran Bulgaria, Croacia, Chipre, República Checa, Estonia, Grecia, Hungría, Letonia, Lituania, Malta, Polonia, Portugal, Rumanía, Eslovaquia y Eslovenia).

Este cambio de enfoque del Programa LEADER viene acompañado a nivel de política europea por la aprobación por parte de la Comisión Europea de su visión a largo plazo para las zonas rurales de la UE, que forma parte de la estrategia Europa 2040. Esta estrategia se centra en cuatro ejes principales: Fortalecer, Conectar, Desarrollar y Hacer resilientes las zonas rurales. Dentro de cada uno de estos ejes hay objetivos más específicos como la mejora del acceso a los servicios, la innovación social, el fomento de la conectividad digital y la creación de nuevas formas de movilidad inteligente, la diversificación económica y la producción agrícola sostenible, así como la mejora de la resiliencia de estos territorios a los efectos del cambio climático. Para poner en marcha este programa se creó una red, la Red Europea de Desarrollo Rural (ENRD), cuyo primer informe se publicó en 2021: Rural Voices report. Nos parece especialmente impresionante que sólo participaran 3.000 ciudadanos rurales de unos 19 Estados miembros.

El número de personas implicadas, unido a la falta de datos más concretos sobre su procedencia y pertenencia reales (¿son residentes en zonas rurales o sólo representantes de ONG que representan sus intereses desde oficinas situadas en ciudades?) son indicativos del escaso éxito de esta iniciativa y de lo alejados que están los centros de decisión política y de financiación de las políticas de la realidad rural europea.

Además, las medidas previstas y ya aplicadas en el marco del «Pacto Verde Europeo para las zonas rurales» son indicativas de la falta de sincronización, por utilizar la expresión más favorable posible, entre las necesidades de las zonas rurales y las políticas europeas. Los obstáculos que la nueva PAC crea a la producción agrícola y ganadera por la inclusión de medidas medioambientales, más la falta de regulación de las cadenas logísticas de distribución alimentaria en cuanto al cumplimiento de estos criterios de protección medioambiental y la relación comercial depredadora que establecen con la producción local, ponen de manifiesto la hipocresía que subyace en este doble rasero: a la producción agraria europea se le impone un estándar medioambiental mucho más exigente que el que se impone a las cadenas de distribución alimentaria, que pueden regirse por el estándar de la OMC en el contexto de la política exterior, lo que supone, en la práctica, empobrecer la producción local y regional y, con ella, inevitablemente, las zonas rurales europeas. E incluso aquellos productores que consiguen vender sus productos a través de contratos con cadenas europeas de distribución alimentaria, mediante procesos de selección y acuerdos sin control público, sometidos a precios injustos, no obtienen medidas de protección adecuadas por parte de los Estados europeos. Todo esto demuestra que expresiones como soberanía alimentaria, comercio justo y la estrategia «de la granja a la mesa» de la Comisión Europea para 2020[14] no son más que propaganda política sin ningún contenido útil.

14 COM(2020) 381 final.

En efecto, existe una diferencia en las zonas rurales, que todo el mundo reconoce, que la Europa de la Cohesión Social y Territorial estudia y dice cuidar, pero que, en la práctica, no ha sido más que otro pretexto para gestionar flujos financieros entre burocracias y consultoras privadas, sin aplicación visible allí donde se esperarían los resultados: en las zonas rurales.

III. LAS ZONAS RURALES COMO FOCOS DE TENSIÓN ENTRE DESARROLLO Y SOSTENIBILIDAD

Si miramos la cuestión del desarrollo de las zonas rurales a través de una «lente nacional», vemos que incluso a nivel estatal y local —en Portugal no existe un nivel político regional— hay pocas ideas estratégicas, pocas iniciativas e incluso éstas acaban siendo bloqueadas en nombre de garantizar un cierto sentido de la sostenibilidad. Es como si las zonas rurales de Portugal estuvieran efectivamente condenadas a no poder desarrollarse económicamente.

En primer lugar, nos gustaría reiterar lo que hemos dicho antes sobre la insuficiencia de los instrumentos de ordenación territorial. De hecho, a nivel nacional, el Programa Nacional de Política de Ordenación del Territorio (PNPOT)[15] se limita a aglutinar las estrategias de ordenación del territorio con los programas y planes con incidencia territorial. Como instrumento tan global, su función es principalmente orientar y coordinar las opciones de «ordenación del territorio» con instrumentos como el Programa Nacional de Inversiones (PNI)[16], el Programa de Desarrollo Interior (PVI)[17] y el Plan de Ordenación del Espacio Marítimo (POEM)[18].

En las zonas rurales no incluidas en los Planes Directores Municipales, es decir, no incluidas en las «aglomeraciones urbanas» (ciudades, pueblos y aldeas), destaca el impacto de las normas de los planes especiales de ordenación del territorio —como los planes de zonas protegidas[19], los planes de

15 Actualmente en la versión aprobada por la Ley n.° 99/2019, de 5 de septiembre, que sustituyó a la aprobada por la Ley n.° 58/2007, de 4 de septiembre.

16 El Programa Nacional de Inversiones 2030 (PNI 2030) puede consultarse en http://www.portugal.gov.pt.

17 El Programa de Mejora Interior fue aprobado por la Resolución 18/2020 del Consejo de Ministros de 27 de marzo.

18 Fue aprobado por Resolución del Consejo de Ministros 203-A/2019, de 30 de diciembre.

19 Incluidos en la Red Nacional de Áreas Protegidas - RNAP, a nivel nacional, regional, local y privado, se encuentran parques nacionales, parques y reservas naturales, paisajes protegidos, monumentos naturales y áreas protegidas privadas, todos ellos debidamente identificados en la página web del ICNF (http://www.icnf.pt). Además, existe una red regional de áreas protegidas en las regiones autónomas de Azores y Madeira.

ordenación de los embalses públicos de agua[20], los planes de ordenación de las rías[21] y los planes de parques arqueológicos— cuyos efectos son vinculantes, es decir, sus normas afectan directamente a los interesados en el uso y aprovechamiento de esos espacios.

En segundo lugar, hay que tener en cuenta también los efectos que sobre la ordenación de estos espacios tienen los programas sectoriales que, aunque no vinculan a los afectados en general, recogen las normas de diversas políticas con incidencia territorial y obligan a otros instrumentos de planificación a tener en cuenta los objetivos de interés público que en ellos se acogen y persiguen, como es el caso de planificaciones tan diversas como la de infraestructuras de servicios de interés económico general (como el transporte o la energía) o la de redes de centros sanitarios o educativos.

Por último, con especial atención a las zonas rurales, existen programas de condicionamiento del uso del suelo, como el régimen jurídico de la Reserva Agraria Nacional (RAN)[22], que regula las zonas clasificadas como más aptas para la actividad agraria en función de criterios agroclimáticos, geomorfológicos y edafológicos. En estas zonas, los usos no agrarios sólo se permiten con carácter excepcional, cuando sean compatibles con los objetivos de protección de la actividad agraria y previo dictamen vinculante o comunicación previa a la autoridad regional de la RAN con competencia territorial. Otro programa que condiciona el uso del suelo es el régimen jurídico de la reserva ecológica nacional (REN)[23], cuya gestión es compleja[24] y que establece un número muy importante de restricciones de utilidad pública.

Todos estos instrumentos de gestión rural se coordinarán posteriormente con los objetivos del citado Programa de Potenciación del Interior, que se articula en torno a cuatro líneas: i) Potenciación de los Recursos Endóge-

20 Los Planes de Gestión de los Embalses Públicos de Agua (POAAP) tienen como objetivo proteger y mejorar los recursos hídricos en el marco de la estrategia de uso sostenible de los recursos hídricos y pueden consultarse en la página web de la agencia portuguesa de medio ambiente.

21 Los planes de gestión de estuarios abarcan una zona de protección de hasta 500 metros desde la orilla y cubren aguas, lechos y riberas y ecosistemas, con el objetivo de gestionar de forma integrada la sostenibilidad de estas zonas.

22 El marco jurídico de la Reserva Nacional Agraria (RAN) fue aprobado por el Decreto-Ley 73/2009, de 31 de marzo, y modificado por última vez por el Decreto-Ley 36/2023, de 26 de mayo.

23 El marco jurídico de la Reserva Ecológica Nacional (RAN) fue aprobado por el Decreto-Ley 166/2008, de 22 de agosto, y modificado por última vez por el Decreto-Ley 11/2023, de 10 de febrero.

24 La «clasificación» e «integración» de las áreas territoriales en la REN sigue las Directrices Estratégicas Nacionales y Regionales (aprobadas por la Orden Ministerial n.° 336/2019, de 26 de septiembre), y se implementa a través de «cartas municipales» bajo la supervisión de la Comisión Nacional del Territorio (CNT), establecida por el Decreto-Ley n.° 80/2015, de 14 de mayo.

nos y de la Capacidad Emprendedora del Interior; ii) Fomento de la Cooperación Transfronteriza para la Internacionalización de Bienes y Servicios; iii) Atracción de Inversiones; y iv) Fijación de Personas en el Interior Haciendo más Competitivos los Territorios del Interior.

A pesar de que Portugal cuenta con un sinfín de instrumentos de planificación política y de organización de los intereses en los que se subdivide el interés público, todos ellos enfocados a potenciar las zonas rurales, el resultado práctico final es muy decepcionante.

En primer lugar, todos estos instrumentos normativos no han conseguido neutralizar, ni siquiera reducir, la tensión entre desarrollo y sostenibilidad o incluso entre «identidades rurales» que entran en conflicto, como se puede comprobar en innumerables casos judiciales.

Algunos de los litigios se refieren al problema de las edificaciones con fines de vivienda en el medio rural dentro de la RAN que, según la ley, sólo se permiten si se destinan a «vivienda para residencia permanente de agricultores en explotaciones agrarias» y a «vivienda para residencia permanente de propietarios y sus familias», con los límites de superficie y tipología establecidos en el régimen de vivienda de coste controlado en función del tamaño del hogar, cuando se encuentren en situación de insuficiencia económica acreditada y no posean ninguna otra edificación o fracción con fines de vivienda, siempre que de ello no se deriven inconvenientes para los intereses protegidos «por el régimen jurídico de la RAN».

Tradicionalmente, estos litigios se centraban en el problema de los niveles máximos de edificabilidad de las viviendas ocupadas por sus propietarios y por los trabajadores. Posteriormente, la cuestión se centró en el tipo de edificación (por ejemplo, límites a la posibilidad de construir una segunda vivienda o límites al número de plantas admisibles en el edificio) y en las infraestructuras respectivas (por ejemplo, límites a la ocupación del suelo con piscinas y otras infraestructuras recreativas) y, más recientemente, la cuestión se ha planteado en relación con el interés de este tipo de edificación para los fines del turismo rural. La correcta identificación de los intereses en juego —la diferencia entre el interés agrario, en el caso de las viviendas para trabajadores que deben vivir cerca de las explotaciones (por ejemplo, ganaderas), el interés de vivienda del propietario y el interés de explotación económica, en el caso de los usos turísticos—, tratando de neutralizar el fraude de ley, así como la forma exacta de conciliarlos no es tarea fácil. Pero sería importante que «todos» pudiéramos contar con la aplicación igualitaria de la ley en estas decisiones, ya que se trata de una normativa que organiza el uso de la propiedad privada. Para ello, sería imprescindible que las normas jurídicas fueran claras y precisas, que los órganos administrativos tuvieran criterios de decisión igualmente claros y transparentes y que las decisiones estuvieran suficientemente motivadas para que el control judicial de las mismas no corriera el riesgo de deslizarse hacia una casuística «cuasi arbitraria», basada en diferentes concepciones de la potestad de limitar la edificación en el medio rural.

Otro ámbito en el que existe una gran litigiosidad es el de la ganadería, que hoy en día está sujeta a numerosas normas para hacer compatible esta actividad económica con la protección del medio ambiente y asegurar la salud pública garantizando la salud y el bienestar de los animales. Si bien es totalmente comprensible que deban tenerse en cuenta aspectos típicos de esta actividad que tienen un impacto significativo en el entorno humano, como las emisiones (residuos, olores, etc.), también es cierto que este tipo de ganadería siempre ha contribuido al equilibrio del ecosistema en el contexto de las explotaciones extensivas y de pastoreo. Además, los avances de la medicina veterinaria y los nuevos instrumentos de control de las zoonosis han hecho que esta actividad sea más segura desde el punto de vista alimentario y el suministro de estos alimentos es esencial, por lo que el regulador debe desconfiar de los excesos reglamentarios que se basan en soluciones menos democráticas en materia de regulación alimentaria con el pretexto de la «nueva ética»[25].

De hecho, parece que en Europa la palabra rural nunca ha figurado tan a menudo en el léxico de las políticas públicas, ni el desarrollo de estas zonas ha estado nunca tan burocratizado como hoy. Y cuanto más se fiscaliza y regula el desarrollo rural, menos se lleva a cabo realmente. En cambio, se multiplican los ejemplos de abandono de estas zonas, con la consiguiente vulnerabilidad a la que están expuestas en cuanto a las consecuencias de factores climáticos extremos como los incendios, o incluso la depreciación del patrimonio, el medio ambiente y la cultura, que desconecta a las nuevas generaciones de su identidad y las expone sólo a entornos virtuales y ficticios que empobrecen los valores de la ciudadanía, como la vida en comunidad en un espacio físico que impone también la comunidad con los elementos naturales.

Incluso las zonas rurales que hoy pretenden recuperar su vigor económico a través del turismo a menudo acaban siendo traicionadas, porque en nombre de la necesidad de incorporar soluciones eclécticas ajustadas a un gusto masivo y global, transponen su identidad cultural, cambian una economía permanente por otra estacional e intercambian las lentas vidas de «sus gentes» por invasiones fugaces de trotamundos apátridas. Abrazan así una muerte lenta.

IV. ALGUNAS CONSIDERACIONES A PARTIR DE EJEMPLOS COMPARADOS

Nos queda examinar la cuestión del desarrollo de las zonas rurales a través de la «lente del Derecho comparado».

---

25 Nos referimos a corrientes de bioética inspiradas en ideas como las que impregnan la obra del filósofo australiano PETER SINGER, entre las que destacan publicaciones como *Animal Liberation,* Harper Collins (publicada en 1975 y reeditada en 2023) y *Why Vegan?,* Peguin books, 2020.

En Japón encontramos algunas propuestas interesantes de enfoque estratégico para revitalizar las zonas rurales a partir de su identidad o de la preservación de su identidad[26].

En primer lugar, la refundación de las comunidades locales y de la vida en las zonas rurales necesita el esfuerzo conjunto de «conocimientos interdisciplinarios», de ideas que puedan compartir antropólogos, economistas, geógrafos, politólogos y sociólogos.

En segundo lugar, es importante valorizar los «productos locales» y la «producción local» que tiene un valor añadido (por ejemplo, el vino con características únicas debidas al suelo, el clima u otros elementos naturales; el queso que también es original debido a aspectos geográficos y humanos) y no sólo simbólico o cuyo valor se limita al turismo, como es el caso de muchas artesanías.

Pero quizá la aportación que más nos llama la atención es la delineación de la estrategia basada en la identidad de pertenencia, una especie de simbiosis entre los elementos antropológicos y las dimensiones políticas de referenciación del centro de decisión. Es esencial que los que están allí contribuyan activamente al diseño de la valorización de sus territorios —de nuevo la pertinencia de la estrategia ascendente frente a la estrategia descendente— porque son ellos los que pueden y deben hacer aflorar las memorias colectivas e inculcar a las nuevas generaciones el atractivo de «la tierra» y «el origen». Corresponde entonces a las nuevas generaciones trazar las líneas de la «globalización de lo local» dentro de esa idea de identidad sin corromperla. Básicamente, comprender las necesidades de las nuevas generaciones que hay que satisfacer para que no se vean obligadas a «abandonar su tierra y su gente» para realizar un proyecto de vida ajustado a los tiempos actuales. Es en esta segunda fase donde entran en juego las políticas sociales —sanidad, transporte, conectividad y otros servicios de interés económico que forman parte de la vida cotidiana «urbano-urbana»— y la necesidad/deber/obligación del poder político de garantizar el acceso y el nivel de calidad de estos servicios a la altura de los centros urbanos. La vida en una comunidad rural no puede ser un intercambio entre ciertas comodidades de bienestar y otras que ofrece la «vida tranquila»: este es el error que han cometido muchas de las estrategias actuales. El éxito debe residir en ofrecer un nivel comparable de expectativas y desarrollo de la vida personal, con los ajustes adecuados al tiempo y al espacio de la «glocalización»[27].

---

26 GANSEFORTH, S., JENTZSCH, H., *Rethinking Locality in Japan,* Routledge, Londres, 2022.

27 "Glocalización" es la simbiosis entre la globalización o universalización de bienes, servicios e incluso aspectos del nivel de vida cotidiano, y la localización, es decir, la focalización en la "cultura de lo local". La expresión adquirió -al menos para nosotros- un significado especial gracias BAUMAN, que señaló la necesidad de cuidar lo "local" y no actuar como si sólo fuera un espacio para quienes no pueden escapar de él y que tienden a odiarlo por ese motivo y a devaluarlo. *Vid.* BAUMAN, Z., «On glocalization: Or globalization for some, localization for some others», in *Thesis Eleven*, vol. 54, núm. 1, págs. 37-49.

El nivel de servicios sociales que se requiere hoy en día en el medio rural también tiene un enfoque especial en el envejecimiento y en el hecho de que el envejecimiento en las comunidades rurales tiene características específicas que no deben ser olvidadas en las políticas públicas, porque una comunidad de proximidad no significa necesariamente la privatización de la atención: el Estado tiene el deber y la obligación legal de estar presente en este ámbito en las zonas rurales. Y son muchos los avances científicos y tecnológicos que facilitan esta tarea, como la telemedicina, los sistemas de conducción asistida y autónoma, las redes 5G asociadas al Internet de las Cosas, entre otros.

Los estudios y proyectos de investigación sobre los servicios sanitarios en las zonas rurales ya han demostrado cómo pueden y deben organizarse estos servicios para garantizar un nivel de servicio equitativo, aprovechando al máximo ciertos recursos endógenos con el uso de la tecnología[28].

Una parte importante del éxito de estas estrategias de desarrollo económico pasa necesariamente por «localizar» o «captar localmente» una parte de las rentas generadas en la región, ya sean agrícolas o industriales. Políticas fiscales que incluyan un impuesto de sociedades local[29], o incluso sistemas de cofinanciación con incentivos fiscales, es decir, servicios financiados por las comunidades de vecinos, que se beneficiarían de un tratamiento fiscal similar al de las asociaciones y cooperativas. Estos servicios podrían incluir la satisfacción de una amplia gama de necesidades, desde el transporte compartido y flexible, servicios de mantenimiento de la vivienda e incluso servicios culturales (teatro, música) o deportivos.

V. REFLEXIONES FINALES

Hay esencialmente tres notas finales en las que resumimos nuestras reflexiones.

La primera se refiere a la necesidad de caracterizar correctamente el medio rural como un espacio diferenciado dentro de las ciencias sociales multidisciplinares, que requiere, por tanto, de un tratamiento holístico y diferenciado. Desde la planificación del uso de los espacios, pasando por la arquitectura (que debe valorar la comunión con los elementos naturales, ser exigente en la interiorización de las nuevas tecnologías de sostenibilidad y ser armónica con la cultura local), hasta la planificación del acceso a los servicios, a un

28 Cox. J., Clark, C. and Sanders, T., *Rural Healthcare*, 2nd ed., CRC Press, Londres, 2023.

29 Este es el caso en Portugal del recargo municipal. Sin embargo, el hecho de que recaiga sobre el beneficio imponible sujeto, pero no exento, al impuesto sobre la renta de las sociedades ("IRC") y de que pueda "acumularse" a dicho impuesto nacional hace que su exacción, que es facultativa, reste atractivo a los municipios que lo exigen. De hecho, era esencial que este impuesto fuera neutro para el sujeto pasivo, es decir, que los municipios que lo pagaran pudieran deducir su importe del impuesto nacional a pagar. Con estos ingresos, cada comunidad local podría gestionarlos de forma autónoma y destinarlos a prioridades definidas localmente en función de opciones apoyadas democráticamente.

«gobernante rural» se le debe exigir conocimiento del espacio y de las gentes, cultura local, ambición, espíritu emprendedor y capacidad de innovación, y estar abierto al intercambio de conocimientos y experiencias para garantizar la aplicación de las mejores soluciones disponibles. Por eso, incluso en el ámbito local, la democracia de partidos deja paso a la democracia popular[30] y es posible la organización comunitaria del gobierno local.

La segunda reflexión se refiere a la mayor idoneidad de las políticas diseñadas y aplicadas mediante un modelo ascendente frente a los modelos descendentes. Contrariamente a lo que anuncian muchas estrategias, lo esencial no es dotar a todas estas zonas de servicios idénticos, sino ajustar la prestación de servicios en estas zonas a sus necesidades y condiciones especiales (geográficas, demográficas y climáticas), con el fin de garantizar a las poblaciones que viven en ellas un mismo nivel de acceso a los servicios de bienestar.

La tercera reflexión, especialmente importante hoy en día, es la constatación de que las zonas rurales, por sus especiales condiciones demográficas y sociológicas, son las comunidades más resistentes a la crisis del modelo social liberal y democrático que atravesamos. La proximidad y la facilidad de las relaciones interpersonales permiten un mayor control de la información (la verdad) y una buena gestión, que sostiene las relaciones de confianza entre votantes y cargos electos. Y ésta podría ser la clave para superar la amenaza a la democracia que nos ha traído el mundo virtual.

De hecho, el ejemplo más evidente del desbarajuste del «gobierno de las zonas rurales» subyace en todos los programas y planes que hemos enumerado, a menudo elaborados por personas que no viven allí ni conocen siquiera el «lugar». Se limitan a imponer soluciones diseñadas bajo un manto de autoridad científica y técnica y basadas en una cientificidad estadística que acumula datos, pero ignora la realidad. Quizá por eso, a lo largo de los años, desde los programas financieros de la Política Agrícola Común hasta los programas de los Fondos Estructurales, el nivel real de fracaso (el nivel estadístico, a estos efectos, no es ni puede ser relevante) ha sido enorme, como se puede comprobar si se echa un vistazo más de cerca al país. Es un país falto de gente, falto de un paisaje con valor económico añadido y falto de interés político real.

Es urgente rehumanizar el tiempo y los espacios rurales, no urbanizarlos.

VI. BIBLIOGRAFÍA

Bauman, Z., «On glocalization: Or globalization for some, localization for some others», in *Thesis Eleven*, vol. 54, núm. 1, págs. 37-49.

30 La capacidad electoral pasiva no está reservada a los designados por un partido político. Es posible que grupos de ciudadanos se presenten como candidatos a los órganos electivos de las entidades locales - artículo 16, n.° 1, letra *c)* de la Ley Orgánica n.° 1/2001, de 14 de agosto (Ley Electoral de las Entidades Locales).

Ganseforth, S., Jentzsch, H., *Rethinking Locality in Japan,* Routledge, Londres, 2022.

Gkartzios, M., Gallent, N. and Scott, M., *Rural Places and Planning. Stories from the Global Countryside,* Policy Press, Bristol, 2022.

Kaye, L. (Ed.), *Handbook of Rural Aging*, Routledge, Londres, 2021.

Lipovetsky, G. y **Serroy, J.,** *La nueva era del kitsch*, Edições 70, Coimbra, 2024.

Liu, Y., *Urban-Rural Transformation Geography,* Springer, Singapur, 2021.

Cox. J., Clark, C. and Sanders, T., *Rural Healthcare* 2nd ed., CRC Press, Londres, 2023.

CAPÍTULO IX

EL EMPLEO COMO PALANCA PARA LA SOSTENIBILIDAD EN LOS TERRITORIOS RURALES

Susana Rodríguez Escanciano
Catedrática de Derecho del Trabajo y de la Seguridad Social
Universidad de León

SUMARIO: I. REPASO DE PREOCUPANTES DATOS ESTADÍSTICOS. II. COMPROMISO INSTITUCIONAL CON EL PRINCIPIO DE COHESIÓN TERRITORIAL. III. AVANZANDO EN EL «RURAL PROOFING» EN LA UNIÓN EUROPEA. IV. POLÍTICAS PÚBLICAS INTERNAS. V. OPORTUNIDADES LABORALES DE LAS ZONAS RURALES. VI. EMPRENDIMIENTO Y ECONOMÍA SOCIAL. VII. CERRANDO BRECHAS TERRITORIALES. EL PAPEL DE LAS ADMINISTRACIONES LOCALES A LA LUZ DE LA LEY DE EMPLEO. VIII. BIBLIOGRAFÍA.

I. REPASO DE PREOCUPANTES DATOS ESTADÍSTICOS

Aun cuando el problema de la despoblación del interior peninsular no es fenómeno desconocido ni mucho menos novedoso, pues ha sido advertido desde las décadas centrales del pasado siglo XX, lo cierto es que en las postrimerías del primer cuarto de la presente centuria se ha convertido en una cuestión central de la agenda política española hasta el punto de adquirir la cualidad de asunto de Estado. Pese a que existen divergencias en las causas y en las soluciones, existe un gran consenso en la necesidad de actuar para revertir el proceso de vaciamiento demográfico que están experimentando gran parte de las comunidades rurales mediante el establecimiento de una verdadera estrategia integral de cohesión social y territorial[1].

1 Talavera Cordero, P., «El comercio de proximidad como recuso frente al reto demo-

Romper la progresiva tendencia de abandono y, su envés, dotar de un futuro a los emplazamientos más desfavorecidos, como no podía ser de otra manera, debe pasar necesariamente por proporcionar oportunidades de empleo en aquellas actividades alineadas con la idiosincrasia del medio rural, previa labor de diagnóstico a través de un pertinente análisis de cifras, pues el conocimiento de éstas permitirá la formulación de políticas específicas para reducir la brecha entre áreas rurales y urbanas, mejorar la calidad de vida de sus habitantes y atraer inversiones.

Desde los años sesenta del siglo pasado, los 6.122 municipios españoles que han reducido su densidad demográfica han perdido 5,3 millones de habitantes; en 2019, tres cuartos del territorio solo albergaban una octava parte de la población, mientras que en 1960 acogían a un 35 %, en 1950 a un 40 % y en 1900 a un 50 %[2]. Entre 2011 y 2019 se ha experimentado un crecimiento demográfico global cercano al 15 % (el país pasa de 41,1 a 47,4 millones de habitantes), pero en cuatro Comunidades Autónomas (Extremadura, Galicia, Castilla y León y Asturias) se ha intensificado la minoración de población que venían sufriendo, y cinco más (Aragón, Cantabria, Castilla-La Mancha, Comunidad Valenciana y La Rioja) se han sumado a esta tendencia[3].

Según datos de la Oficina Europea de Estadística referidos a 2021, España es el país de la Unión Europea que tiene la mayor cantidad del territorio deshabitado, al tiempo que cuenta con el mayor número de áreas superpobladas, presentando un gran desequilibrio demográfico[4]. La población residente en las ciudades se ha duplicado en el último siglo (pasando de representar el 32 % del total en 1902 al 80 % en 2020), mientras se estima que, en 2050, la España rural perderá casi la mitad de sus habitantes. En 2035 la previsión es que casi un tercio de los españoles viva repartido entre Madrid y Barcelona, alcanzando el 33 por 100 si se suman Valencia, Sevilla y Zaragoza. En la actualidad, el 30 por 100 del territorio concentra el 90 por 100 de la población[5].

---

gráfico: régimen jurídico, actividad programática y e-commerce», en *Revista Jurídica de Castilla y León*, núm. 60, 2023, págs. 157 y ss.

2 Citando a Bello Paredes, S., «La necesaria incorporación al derecho y políticas públicas del principio de sostenibilidad demográfica», en *Revista General de Derecho Administrativo*, núm. 65, 2024. También, García Coll, A., «Migraciones interiores y transformaciones territoriales», en *Papeles de Economía*, núm. 104, 2005, págs. 76 y ss.

3 Carbonell Porras, E., «¿Un Estatuto Básico para los municipios pequeños?», en *Revista de Estudios de la Administración Local y Autonómica*, núm. 15, 2021, págs. 58 y ss.

4 Azcona Alonso, S.; Bravo Bello, S.A.; Marcos Vaveira, L.A. y Marcos Naveira, S., «Experiencias de éxito en la repoblación rural en Castilla y León», en Hortelano Mínguez, L. A. (Dir.), *Gestionando la despoblación*, Aranzadi, Cizur Menor, 2023, p. 261.

5 Méndez Juez, M., «La evaluación de las políticas públicas ante el reto demográfico», en Hortelano Mínguez, L.A. (Dir.), *Gestionando la despoblación*, Aranzadi, Cizur Menor, 2023, p. 330.

En contraposición, con carácter general, los municipios rurales de menos de 10.000 habitantes han rebajado población en las últimas décadas, pero esta variable se torna más acusada cuantas menos personas se encuentren empadronadas. En España hay un total de 8.131 municipios, de los cuales 6.815 tienen menos de 5.000 habitantes. En estos últimos, 5.620 han perdido residentes en esta última década. Es más, en los municipios de menos de 1.000 habitantes la despoblación llega casi al 90 por 100[6] y los de menos de 500 habitantes solo acogen al 0,16 por 100 de la población[7]. Este fenómeno se concreta además en determinadas Comunidades Autónomas como Castilla y León con 2.006 municipios de menos de 1.000 habitantes, Castilla-La Mancha con 641, Aragón con 627 o Cataluña con 487. Además, 2.652 municipios no llegan a 501 empadronados[8]. Finalmente, también debe llamarse la atención sobre la existencia de un gran número de otras categorías de entramados territoriales, como 82 comarcas, 952 mancomunidades, 75 de agrupaciones de municipios y 3.688 Entidades Locales Menores, que suponen un total de 4.797 unidades[9].

Es menester insistir en los problemas de dispersión de la población en municipios muy pequeños y, en contrapartida, de gran concentración poblacional en un escaso número, pues sobre los 47.450.795 de habitantes con que cuenta España actualmente, en los de menos de 5.000 habitantes residen 5.690.617 personas (esto es, el 15 por 100) y, sin embargo, en el 6 por 100 de municipios (los que cuentan con más de 20.000 habitantes) residen 33.088.284 personas (el 66 por 100), en el 0,7 por 100 de los municipios que cuentan con más de 100.000 habitantes (que únicamente son 57) residen 19.039.677 ciudadanos (el 40,5 por 100) y en los 6 municipios con más de medio millón de habitantes residen 7.750.859 personas[10].

La baja densidad poblacional en los municipios más pequeños y la acusada dispersión territorial se corrobora, además, en un dato adicional: 3.926 municipios cuentan con una densidad inferior a los 12,5 km cuadrados, umbral que la Unión Europea considera como riesgo demográfico. Dicho en otros términos, los municipios de baja densidad se extienden por 243.000 km

6 Disponible en: https://acortar.link/KlbbHU.

7 Molina Ibáñez, M.; Hernando Sanz, F.J. y Pérez-Campaña, R., «La España despoblada ante los nuevos desafíos: la respuesta ciudadana en las urnas», en Hortelano Mínguez, L.A. (Dir.), *Gestionando la despoblación*, Aranzadi, Cizur Menor, 2023, p. 319.

8 García Jiménez, A., «La despoblación: una cuestión de Estado», en *Revista Jurídica de Castilla y León*, núm. 52, 2020, p. 65.

9 Fernández de Gatta Sánchez, D. y González Iglesias, M. A., «Los problemas de la estructura poblacional y municipal de España: principales instrumentos y medidas para paliarlos en la legislación básica sobre régimen local», en Rodríguez Escanciano, S. y Álvarez Cuesta, H. (Dirs.), *La economía social como palanca para la sostenibilidad en los territorios locales*, Tirant Lo Blanch, Valencia, 2020, p. 27.

10 Sobre los datos del padrón municipal *Ibídem.*, p. 26.

cuadrados, alcanzando el 48 por 100 de la superficie del país, de manera que prácticamente la mitad del territorio español está en riesgo demográfico[11].

Llegados a este punto, procede introducir una variable adicional en el discurso: el envejecimiento de la población se concentra en los pequeños municipios rurales[12], pues en los de menos de 5.000 habitantes, 1,5 millones de personas superan los 65 años (esto es, una de cada cuatro) y en los de menos de 1.000 habitantes, 3 de cada 10 personas superan los 65 años y casi el 15 por 100 alcanza los 80 años[13]. En otros términos igualmente esclarecedores, existen más de 1.000 municipios sin ningún niño entre los 0 y los 4 años, 311 sin vecinos menores de 20 años y en 402 sólo viven personas mayores de 65 años[14]. Así, el despoblamiento de la España rural se ha visto marcado por el envejecimiento progresivo. De las 10 regiones más envejecidas de Europa, cinco están en España: Zamora, Ourense, Lugo, Soria y León. Dentro de estas provincias, además, las zonas más rurales son las más envejecidas, pudiendo mencionar, en paradigmático ejemplo, tres pequeños municipios donde la longevidad es más acusada: Arandilla del Arroyo (Cuenca, con una media de edad de 77,7 años), Riba de Escalote y Tello (ambos de Soria, con una media de 74,7 % y 74,5 %, respectivamente)[15].

Cabe afirmar sin peligro de errar que los emplazamientos pequeños se quedan con la población más añosa, ya que las personas que se han ido son mayoritariamente jóvenes y de mediana edad, y, en paralelo, registran una tasa de fecundidad sustancialmente inferior a la ya muy baja existente en el resto de España. La edad media del conjunto de la sociedad española es de 43,6 años pero, en los municipios de menos de 5.000 habitantes, esta se acerca a los 50. En ellos, la proporción de personas de entre 15-19 años sobre las que se jubilaron cayó un 41 % entre 2000 y 2018. A medida que la población joven abandona sus pueblos natales por falta de oportunidades, la proporción de personas en edades avanzadas se hace cada vez mayor. Este envejecimiento impide la renovación generacional y aboca seriamente, si no se pone remedio, a la desaparición futura de las propias localidades por falta de residentes[16].

---

11 Disponible en: https://lc.cx/wdm92a.

12 Por extenso, Rodríguez Escanciano, S., *Despoblación, envejecimiento y servicios públicos de cuidado: apostando por los empleos verdes*, Aranzadi, Pamplona, 2023.

13 Disponible en: https://acortar.link/KlbbHU

14 Comparecencia de la Presidenta de la Asociación de Familias y Mujeres del Medio Rural (AFAMMER), Dña. Carmen Quintanilla Barba, en el marco de la Ponencia de estudio constituida en el Senado sobre el proceso de Envejecimiento en España.

15 Disponible en: https://lc.cx/OG45dE.

16 Quintana López, T., «Introducción», en Rodríguez Escanciano, S. y Álvarez Cuesta, H. (Dirs.), *La economía social como palanca para la sostenibilidad en los territorios rurales*, Tirant Lo Blanch, Valencia, 2020, p. 22.

Como resultado final, planteado a modo de resumen, en España hay hoy 1.109 municipios en los que no vive ningún niño de entre 0 y 4 años, y 393 en los que la mayoría de sus habitantes tienen más de 65. Los núcleos más pequeños (especialmente aquellos que no llegan a los 500 habitantes) podrían tener una pérdida de población severa y aquellos municipios más envejecidos, ante la ausencia de nuevos nacimientos y de capacidad para atraer población, podrían extinguirse de forma natural. Tal conclusión viene acompañada, además, por unas deficientes perspectivas laborales. La tasa de empleo, en 2022, para el grupo de 20 a 64 años se cifra en 69,5 %, habiendo diferencias por grado de urbanización, con un máximo del 70,4 % registrado para las personas que viven en zonas urbanas, mientras que el porcentaje más bajo fue del 68,3 % para las personas que viven en áreas rurales. Por lo que hace a la tasa de desempleo, en 2022, para las personas de entre 20 y 64 años se situó en el 12,6 %, registrándose las cuantías más bajas en las zonas rurales (12,2 %)[17].

En razón a este tensionado escenario cuantitativo, no es de extrañar que los especialistas hayan puesto la lupa en señalar que la sangrante despoblación, sin ignorar las consecuencias derivadas de la pérdida de capital humano, conlleva una falta de equidad socioterritorial que impide a los moradores de los territorios abandonados disfrutar de algunas atenciones propias del Estado de Bienestar[18] y dificulta el desarrollo de actividades profesionales. En definitiva, la despoblación tiende a mostrar una mayor voracidad contra aquellas regiones cuyos mercados locales experimenten superiores dificultades a la hora «tanto de facilitar el acceso a infraestructuras, equipamientos y servicios ... como de diversificarse y ofrecer a sus habitantes oportunidades de empleo»[19].

II. COMPROMISO INSTITUCIONAL CON EL PRINCIPIO DE COHESIÓN TERRITORIAL

Actualmente, el medio rural se enfrenta a un problema capital que afectará de forma inexorable a su futuro al condicionar tanto su actividad económica como su propia existencia[20]: el de su despoblamiento y sus consecuencias

17 EUROSTAT, *Unemployment rates by sex, age and degree of urbanisation (%)*, 2022. Disponible en: https://lc.cx/5oEOdP.

18 MOLINA IBÁÑEZ, M.; HERNANDO SANZ, F.J. y PÉREZ CAMPAÑA, R., «La España despoblada ante los nuevos desafíos. La respuesta ciudadana en las urnas», en HORTELANO MÍNGUEZ, L. A. (Dir.), *Gestionando la despoblación*, Aranzadi, Pamplona, 2023, p. 346.

19 COLLANTES, F., «Tarde, mal y... ¿quizá nunca? La democracia española ante la cuestión rural», en *Panorama Social*, núm. 31, 2020.

20 GONZÁLEZ IGLESIAS, M. A., «El régimen de los servicios sociales y sanitarios en el ámbito rural en la Comunidad de Castilla y León: la apuesta por su coordinación. Mejoras a efec-

derivadas de la erosión de las infraestructuras rurales, la deficiente prestación de servicios en este entorno, la acusada reducción de las tasas de empleo, las profundas limitaciones a la movilidad y el transporte, así como la deficiente conectividad digital[21]. Por tales razones, una ordenación territorial sostenible que priorice la supervivencia de los pequeños municipios exige la implementación de unas políticas públicas innovadoras transversales capaces de dinamizar la economía local de aquellos emplazamientos más afectados por la despoblación[22].

El concepto de «zona rural» aparece definido por el art. 3.a) de la Ley 45/2007, de 13 de diciembre, para el desarrollo sostenible del medio rural, como «el espacio geográfico formado por la agregación de municipios o entidades locales menores definido por las administraciones competentes que posean una población inferior a 30.000 habitantes y una densidad inferior a los 100 habitantes por km2». Ahora bien, dentro de estos parámetros, existen claras diferencias (en comunicaciones, dinamismo poblacional, diversidad de empleos, etc.) entre los municipios periurbanos o próximos a las ciudades y aquellos otros más desfavorecidos por encontrarse más aislados geográficamente, con más baja densidad de empadronados, escasos niveles de renta y alejados de los canales institucionales[23].

Centrando la atención en estos últimos que, por desgracia, llevan décadas perdidos en el estancamiento y la decadencia[24], salta a la vista —permítase la reiteración— que las consecuencias de la despoblación son negativas para la economía y para las perspectivas futuras de las zonas geográficas afectadas, al perder consumidores, mano de obra, atractivo para la inversión y economías de escala para la provisión de todo tipo de bienes y servicios, privados y públicos[25]. En gráfica expresión, los desequilibrios territoriales entre las zonas urbanas y el medio rural obedecen a una concatenación de «círculos vicio-

tuar tras la pandemia», en FERNÁNDEZ DOMÍNGUEZ, J.J. (Dir.), *La prestación de servicios sociosanitarios en el ámbito rural de Castilla y León. Apostando por un bienestar integral*, A Coruña, Colex, 2023, p. 97.

21 DOMÍNGUEZ ÁLVAREZ, J. L., «Internet y nuevas tecnologías como punta de lanza para la revitalización de territorios rurales despoblados. La necesaria reconstrucción de la idea de servicio público», en *Revista Digital de Derecho Administrativo*, núm. 26, 2021, págs. 91 y ss.

22 AZCONA ALONSO, S.; BRAVO BELLO, S.A.; MARCOS NAVEIRA, L.A.; MARCOS NAVEIRA, S., «Experiencias de éxito en la repoblación rural en Castilla y León», en HORTELANO MÍNGUEZ, L. A. (Dir.), *Gestionando la despoblación*, Aranzadi, Pamplona, 2023, p. 277.

23 RODRÍGUEZ ESCANCIANO, S., «Posibilidades de empleo en el marco de la rehabilitación de viviendas. Reflexiones a la luz de la Ley 7/2021, de 20 de mayo, de cambio climático y transición ecológica», en *Iuslabor*, núm. 3, 2021, p. 70.

24 MOLINERO HERNANDO, F.; ALARIO TRIGUEROS, M., *Una mirada geográfica a la España rural*, Revives, Madrid, 2022, págs. 26 y ss.

25 COLLANTES GUTIERREZ, F y PINILLA NAVARRO, J. V., ¿Lugares que no importan? La despoblación de la España rural desde 1900 hasta el presente, Prensas de la Universidad de Zaragoza, Zaragoza, 2019, págs. 74-76.

sos»[26], a saber: el círculo del declive demográfico que deteriora la posibilidad de revitalización poblacional de muchas áreas rurales, pues una gran parte de la población de estas zonas ha venido abandonando su tierra natal, emigrando principalmente a ciudades españolas —en sus provincias u otras—, o bien, en no pocos casos, al extranjero (emigración juvenil y permanencia de personas mayores), unida a un crecimiento vegetativo negativo dado el superior número de defunciones frente a nacimientos; el círculo de la accesibilidad (precarización de infraestructuras y erosión del potencial económico); el círculo de la formación (bajo nivel educativo, descualificación y escueta empleabilidad); y el círculo del mercado de trabajo (precarización del empleo local, falta de oportunidades, emigración profesional y pérdida del talento).

La ansiada cohesión territorial y el desarrollo rural deben ser considerados como una prioridad en el logro de los objetivos planteados en la Agenda 2030 de los Objetivos de Desarrollo Sostenible, en el Acuerdo de Paris sobre cambio climático y en la Nueva Agenda Urbana, que centran su atención en las personas. Revertir el proceso de despoblación y dotar a sus (cada vez más escasos) habitantes de verdaderas posibilidades de desarrollo social y laboral, abocan a buscar y potenciar todas las medidas que el ordenamiento jurídico propio de un Estado Social y Democrático de Derecho permite[27]. La sostenibilidad del medio rural pasa por adoptar una perspectiva multidisciplinar y emprender acciones de tipo económico, político, social y cultural, que revitalicen este tipo de territorios y ofrezcan a sus habitantes verdaderas oportunidades de vivir en condiciones dignas eliminando el hándicap de las carencias de empleo.

Tanto a nivel supraestatal como a nivel nacional, se han ido adoptando una serie de medidas para intentar mitigar el fenómeno de la despoblación, todas ellas sin demasiado éxito y con márgenes temporales muy dilatados[28].

III. AVANZANDO EN EL «RURAL PROOFING» EN LA UNIÓN EUROPEA

La preocupación de la Unión Europea por el mundo rural no es una novedad. Han sido múltiples las líneas comunitarias dirigidas a su desarrollo y

26 Camarero Rioja, L., «Despoblamiento, baja densidad y brecha rural: un recorrido por la España desigual», en *Panorama Social*, núm. 31, 2020, p. 70.

27 Tascón López, R., «Las empresas de inserción como cauce para la sostenibilidad y el desarrollo de los territorios rurales», en Rodríguez Escanciano, S. y Álvarez Cuesta, H. (Dirs.), *La economía social como palanca para la sostenibilidad en los territorios rurales*, Tirant Lo Blanch, Valencia, 2020, p. 435.

28 Méndez Juez, M., «La evaluación de las políticas públicas ante el reto demográfico», en Hortelano Mínguez, L.A. (Dir.), *Gestionando la despoblación*, Aranzadi, Pamplona, 2023, p. 331.

apoyo. Nadie desconoce la dilatada trayectoria de la Política Agraria Común (PAC)[29] ni el desarrollo institucional de la Red Europea de Desarrollo Rural (ENRD)[30] ni, más concretamente en la virtualidad del Programa LEADER[31]. En concreto, en su tarea de auxilio e impulso del desarrollo de las comunidades rurales, este programa LEADER —con la financiación del Fondo Europeo Agrícola de Desarrollo Rural (FEADER)— se viene aplicando en el marco de los programas de desarrollo rural nacionales y regionales de cada Estado miembro, estableciendo un sistema de subvenciones destinadas a cubrir hasta el 50 % de la inversión para proyectos de relevancia en una serie de zonas rurales determinadas con el objetivo de mejorar la calidad de vida en los territorios, favorecer el asentamiento en el medio rural, incentivar la actividad empresarial e impulsar la gobernanza local y la dinamización social.

Como manifestaciones señeras del mecanismo europeo rural de garantía, tampoco cabe silenciar, sin ánimo exhaustivo, los siguientes hitos:

- La referencia que, en el marco de la cohesión económica, social y territorial, realiza el artículo 174 del Tratado de Funcionamiento de la Unión Europea a las zonas rurales y a las regiones que padecen desventajas naturales o demográficas graves y permanentes, como las regiones más septentrionales con una escasa densidad de población y las regiones insulares, transfronterizas y de montaña[32].
- La Resolución del Parlamento Europeo de 20 de mayo de 2016, donde se señala que los aspectos demográficos deben integrarse, como prioridades a largo plazo, en las diferentes políticas a adoptar, siendo importante recopilar y supervisar datos estadísticos fiables que apoyen la investigación y el intercambio de cifras a todos los niveles con el fin de fomentar una mejor comprensión de los retos demográficos, anticipando su impacto y desarrollando soluciones innovadoras y eficaces para garantizar entornos favorables (Considerando G).
- La Conferencia Europea sobre Desarrollo Rural Cork 2.0 de 2016[33], que incluye los 10 puntos siguientes: «a) Fomentar la prosperidad del

---

29 Esparcia Pérez, J. y Escribano Pizarro, J., «Desarrollo territorial y reforma de la PAC», en *Fundación de Estudios Rurales*, Anuario 2011, p. 142.

30 Picón Arranz, A., «El mecanismo rural de garantía: un objetivo prioritario para la Unión Europea y sus primeros pasos en España», en Hortelano Mínguez, L. A. (Dir.), *Gestionando la despoblación*, Aranzadi, Pamplona, 2023, p. 288.

31 Esparcia Pérez, J. y Escribano Pizarro, J., «La dimensión territorial en la programación comunitaria y el nuevo marco de políticas públicas: Desarrollo rural territorial, reforma de la PAC y nuevo LEADER», en *Anales de geografía de la Universidad Complutense*, vol. 32, núm. 2, 2012, págs. 228 y ss.

32 Carbonell Porras, E., «¿Un Estatuto Básico para los municipios pequeños?», en *Revista de Estudios de la Administración Local y Autonómica*, núm. 15, 2021, págs. 58 y ss.

33 Disponible en: https://ec.europa.eu/enrd/sites/default/files/cork-declaration_es.pdf.

medio rural; b) Fortalecer las cadenas de valor rural; c) Invertir en la viabilidad y la vitalidad; d) Preservar el medio rural; e) Gestionar los recursos naturales; f) Fomentar la acción por el clima; g) Fomentar el conocimiento y la innovación; h) Mejorar la gobernanza rural; i) Mejorar la aplicación y simplificar las políticas; j) Mejorar los resultados y la rendición de cuentas».

- El Dictamen del Comité Económico y Social Europeo «NAT/820 Hacia una estrategia integral para un desarrollo urbano y rural sostenible», de 8 de diciembre de 2021, donde se refleja que «el crecimiento económico y la creación de empleo son importantes (para las zonas rurales), pero deben completarse con una oferta suficiente de servicios».
- El Reglamento 2021/1058 del Parlamento y Consejo relativo al empleo de los Fondos Estructurales y de Cohesión, que advierte de las dificultades concretas de las zonas por debajo de los 12,5 hab/km o con un descenso de población medio de, al menos, el 1 por 100 en el período 2007-2017, dejando a los Estados miembros la posibilidad de desarrollar planes de acción voluntarios concretos[34].
- El Documento de la Comisión Europea titulado «Visión a largo plazo para las zonas rurales de la UE: hacia unas zonas rurales más fuertes, conectadas, resilientes y prósperas antes de 2040»[35], que recoge una serie de actuaciones a llevar a cabo en el marco rural, entre las cuales destaca la lucha contra el cambio climático, la producción sostenible de alimentos, el desarrollo de los servicios públicos educativos, de movilidad, de conectividad, sanitarios y sociales, proyectando dos instrumentos: a) el Plan de Acción Rural, cuyos objetivos se centran en fomentar la cohesión territorial y crear nuevas oportunidades para atraer empresas innovadoras, facilitar el acceso a empleos de calidad, promover nuevas y mejores competencias, garantizar mejores infraestructuras y servicios, así como aprovechar el papel de la agricultura sostenible y de las actividades económicas diversificadas[36]; y b) el Pacto Rural, que ofrece un marco común para la participación y cooperación de una amplia variedad de agentes a nivel comunitario, nacional, regional y local, y contribuirá a un aumento de las sinergias, las complementariedades y la coherencia entre las políticas e intervenciones llevadas a cabo por las distintas instancias gubernamentales para responder a las aspiraciones comunes de las comunidades rurales[37].

---

34 Ruíz Pulpón, A. R., «Respuestas institucionales contra el proceso de despoblación: el ejemplo de Castilla-La Mancha», en Hortelano Mínguez, L.A. (Dir.), *Gestionando la despoblación*, Aranzadi, Pamplona, 2023, , p. 376.

35 COM(2021) 345 final.

36 Disponible en: https://rural-vision.europa.eu/action-plan_es

37 Domínguez Álvarez, J. L.; Fernando Pablo, M. M. y Talavera Cordero, P., «Ventajas y

- En fin, el Informe del Comité Europeo de las Regiones de 2022, titulado «Rural proofing — a foresight frame work for resilient rural communities —», que analiza y valora el fomento del mecanismo rural de garantía, comentando experiencias y buenas prácitcas llevadas a cabo en otros Estados y proponiendo modelos válidos de aplicación en el territorio de la Unión Europea[38].

IV. POLÍTICAS PÚBLICAS INTERNAS

Siguiendo las recomendaciones vertidas por el Derecho Comunitario y descendiendo al ordenamiento jurídico español, el primer eslabón de la cadena se encuentra en la ya mencionada Ley 45/2007, que pretende llevar a cabo un impulso al desarrollo en las zonas rurales y, prioritariamente, en las que padecen un grado mayor de atraso relativo, cualquiera que sea su localización dentro del Estado[39].

Seguidamente, el Programa de Desarrollo Rural Sostenible (2010-2014) insiste en implementar un conjunto de medidas efectivas tendentes a cubrir las carencias y necesidades en un amplio abanico de los aspectos sectoriales del medio rural, y obtener apreciables efectos positivos derivados de la sinergia entre actuaciones de

potencialidades de ruralizar la legislación y las políticas públicas: del Pacto Rural europeo al supuesto de caso castellano-leonés», en Hortelano Mínguez, L. A. (Dir.), *Gestionando la despoblación*, Aranzadi, Pamplona, 2023, p. 311.

38 *Vid. op. cit.* Picón Arranz, A.: «El mecanismo rural ...», p. 290.

39 La Ley fue ambiciosa en los objetivos que habrían de cumplir las Administraciones Públicas para conseguir el fin del desarrollo rural en los marcos de sostenibilidad exigidos destacando entre ellos los siguientes : «1.- Proceder al fomento de una actividad económica continuada y diversificada en el medio rural sin que ello suponga una pérdida del sector agrícola, ganadero, forestal y derivado de la pesca, impulsando la creación y el mantenimiento de empleo y renta en otros sectores, preferentemente en las zonas rurales consideradas prioritarias. 2.- Dotar al medio rural de infraestructuras y equipamientos públicos básicos necesarios para conseguir el asentamiento, en particular en los ámbitos de educación, sanidad y seguridad ciudadana. 3.- Definir las políticas de actuación y las medidas de protección social tomando en consideración las necesidades particulares de cuantos viven en el medio rural para así poder garantizar su éxito en este medio. 4.- Lograr altos estándares de calidad ambiental con medidas de prevención y mantenimiento tendentes a paliar el deterioro del patrimonio natural y de la biodiversidad. 5.- Establecer políticas que faciliten el acceso a la vivienda en el medio rural mediante una ordenación territorial y un urbanística adaptada a las condiciones concretas y que sean capaces de garantizar la accesibilidad. Es importante la conservación y rehabilitación del patrimonio construido en el escenario del desarrollo sostenible y respeto del medio ambiente. 6.- Fomentar la participación pública en la elaboración, implementación y seguimiento de los programas de desarrollo rural sostenible a través de políticas de concienciación, capacitación, participación y acceso a la información. 7.- Establecer mecanismos para poder garantizar el derecho a que los servicios en el medio rural sean accesibles a las personas con discapacidad y las personas mayores». *Vid.* López Ramón, F., «La lucha contra la despoblación rural», en *Anuario del Gobierno Local*, núm. 1, 2019, págs. 125 y ss.

muy diferente naturaleza y finalidad, pero aplicadas de forma concentrada y planificada sobre cada territorio[40].

En la VI Conferencia de Presidentes de Comunidades Autónomas, celebrada el 17 de enero de 2017, se defendió la necesidad de elaborar y desarrollar una estrategia nacional para intentar dar respuesta a los problemas demográficos, especialmente al progresivo envejecimiento de la población, al despoblamiento territorial y a los efectos de la población flotante.

Sobre estas metas profundiza la Estrategia Nacional frente al reto demográfico[41], cuyo fin general radica en sentar las bases de un proyecto de país que garantice la igualdad de oportunidades y el libre ejercicio de los derechos de ciudadanía en todo el territorio, a través de: la coordinación y cooperación de todas las Administraciones públicas, el aprovechamiento sostenible de los recursos endógenos y la estrecha colaboración público-privada. Para ello, se establecen siete ejes transversales, como condiciones necesarias para su adecuado desarrollo e implementación: «1) Garantizar una plena conectividad territorial, con una adecuada cobertura de internet de banda ancha y de telefonía móvil en todo el territorio, de acuerdo con la Agenda Digital Europea 2020. 2) Asegurar una apropiada prestación de servicios básicos a toda la población en condiciones de equidad, adaptada a las características de cada territorio. 3) Incorporar el impacto y la perspectiva demográfica en la elaboración de leyes, planes y programas de inversión. 4) Avanzar en la simplificación normativa y administrativa, para los pequeños municipios, con el fin de facilitar la gestión de los ayuntamientos. 5) Eliminar los estereotipos y poner en valor la imagen y la reputación de los territorios más afectados por los riesgos demográficos. 6) Mejorar los mecanismos para una mayor colaboración público-privada, potenciando la incorporación de los factores demográficos en la responsabilidad social del sector privado, para convertir todos los territorios en escenarios de oportunidades. 7) Alinear las líneas de acción de la Estrategia con el cumplimiento de los Objetivos de Desarrollo Sostenible y de la Agenda 2030».

En estas premisas penetra el Plan de Recuperación frente al Reto Demográfico, que, entre sus 130 medidas, contempla como actuación prioritaria la incorporación de los pequeños municipios en una recuperación verde, digital, e inclusiva, apostando por la mejora de la cohesión territorial del país, eliminando la brecha urbano/rural e impulsando las actuaciones en las áreas más afectadas por la desigualdad, esto es, los pequeños municipios y el conjunto de las áreas rurales[42]. A tal fin, se estructura en los diez vectores siguientes: 1) Impulso de la Transición Ecológica. 2) Transición Digital y Plena Conectividad Territorial. 3) Desarrollo e Innovación en el Territorio. 4) Impulso del Turismo Sostenible. 5) Igualdad de Derechos y Oportunidades de las Mujeres y los Jóvenes. 6) Fomento del Emprendimiento y de la Actividad Empresarial. 7) Refuerzo de los Servicios

40 Disponible en: https://lc.cx/ovnwFp.

41 Disponible en: https://lc.cx/oTnKGj.

42 Disponible en: https://lc.cx/bliZva.

Públicos e Impulso de la Descentralización. 8) Bienestar Social y Economía de los Cuidados. 9) Promoción de la Cultura. 10) Reformas Normativas e Institucionales para abordar el Reto Demográfico.

Además, el Plan Normativo 2020[43] prevé la modificación de Ley 7/1985, de 2 de abril, reguladora de las Bases del Régimen Local (LBRL), para la recuperación de la autonomía local desde un doble postulado: de un lado, «para el diseño de políticas públicas y reforma de cuestiones puntuales relativas al procedimiento de elaboración de normas locales y al ejercicio de la función representativa de los cargos electos»; de otro, «con la finalidad de establecer un Estatuto Básico de Pequeños Municipios para conseguir fijar la población al territorio, mantener la calidad democrática del municipio, cumpliendo así con la cláusula del Estado democrático, y garantizar las condiciones de vida de los ciudadanos con independencia del territorio en el que residan, a través de la prestación de unos servicios públicos de calidad»[44]. Sin embargo, esta previsión normativa todavía no ha sido desarrollada.

Todo ello sin olvidar la aprobación de la Ley 27/2022, de 20 de diciembre, de institucionalización de la evaluación de políticas públicas en la Administración General del Estado, cuya disposición adicional 6.ª establece que «el Gobierno impulsará un Mecanismo Rural de Garantía, asegurando la participación de los actores interesados en su diseño y aplicación. Dicho Mecanismo incluirá, en todo caso: a) La incorporación de la evaluación de los efectos territoriales y sobre el medio y la sociedad rural de las políticas públicas; b) La elaboración de una metodología de evaluación específica que tenga en cuenta los principios, recomendaciones y herramientas propuestas por la Unión Europea en este ámbito»[45]. Se trata, por tanto, del compromiso adquirido por el conjunto de las Administraciones públicas para revisar y examinar de forma sistemática todas las políticas públicas con el propósito de asegurar que su implementación no causa un perjuicio significativo a las áreas rurales, identificando dónde y cómo abordar las cuestiones rurales más acuciantes con la máxima eficacia posible[46].

En fin, entre las causas de discriminación que enumera la Ley 15/2022, de 12 de julio, hace referencia expresa a la «situación socioeconómica», expresión amplia que incluye la preterición por razón de territorio. Asimismo, el art. 4.2 c) Real Decreto Legislativo 2/2015, de 23 de octubre, por el que se aprueba el Estatuto de los Trabajadores reconoce el derecho a la no discriminación en las relacio-

---

43 Aprobado por el Consejo de Ministros, 8 de septiembre de 2020.

44 Plan Anual Normativo 2020: XII. POLÍTICA TERRITORIAL Y FUNCIÓN PÚBLICA 1. Leyes. Ley de modificación de la Ley 7/1985, de 2 de abril, reguladora de las Bases del Régimen Local, para la recuperación de la autonomía local, p.35.

45 Domínguez Álvarez, J. L., «El avance del rural proofing o mecanismo rural de garantía como herramienta indispensable para afrontar el reto demográfico y territorial», en Bujosa Vadell, L. M. (Dir.), *Administración, hacienda y justicia en el estado social II*, Tirant Lo Blanch, Valencia, 2021, págs. 171 y ss.

46 Sanz Larruga, F. J., «Cohesión territorial, reto demográfico y dinamización rural: las limitadas pero necesarias respuestas desde el derecho», en Sanz Larruga, F.J. y Mínguez Macho, L. (Dirs.), *Derecho y dinamización e Innovación Rural*, Tirant Lo Blanch, Valencia, 2021, p. 155.

nes laborales por razón de la «condición social», vasto extremo en el que se puede ubicar también el lugar de residencia.

Por su parte, las Comunidades Autónomas también han tenido un papel muy activo. A través de un amplio conjunto de actuaciones, con muy diversas formas y objetivos, afrontan, en el desarrollo de sus competencias, algunos de los efectos más negativos del Reto Demográfico, en cuestiones como la despoblación, la dispersión territorial, el envejecimiento, la baja natalidad, la sobrepoblación estacional, etc.[47]. Así, por ejemplo, cabe mencionar la Directriz Especial de Ordenación Territorial de Política Demográfica y contra la despoblación de Aragón (2017), el Plan Demográfico del Principado de Asturias (2017), la Estrategia Canaria de Envejecimiento Activo (2017), la Estrategia frente al Reto Demográfico de Cantabria (2021), la Agenda para la Población de Castilla y León (2010), la Estrategia para el desarrollo de zonas con despoblación y declive socioeconómico de Castilla-La Mancha (2013), la Estrategia AVANT 20-30 del Plan Estratégico Valenciano Antidespoblamiento (2021), la Estrategia ante el Reto Demográfico Territorial de Extremadura (2022), el Plan para la dinamización demográfica de Galicia (2013), la Estrategia para Revitalizar los Municipios Rurales de la Comunidad de Madrid (2018), la Estrategia Territorial de Navarra (2005), la Estrategia Vasca 2030 para el Reto Demográfico (2022) o la Agenda para la Población de La Rioja (2030).

Además, cinco son las Comunidades Autónomas que han promulgado leyes específicas en materia de despoblación: Castilla-La Mancha (2021)[48], Galicia (2021)[49],

---

47 MÉNDEZ JUEZ, M., «La evaluación de las políticas públicas ante el reto demográfico», en HORTELANO MÍNGUEZ, L.A. (Dir.), *Gestionando la despoblación*, Aranzadi, Pamplona, 2023, págs. 336 y ss.

48 Ley 2/2021, de 7 de mayo, de Medidas Económicas, Sociales y Tributarias frente a la Despoblación y para el Desarrollo del Medio Rural de Castilla-La Mancha, que señala como objetivos: «a) Garantizar el mantenimiento de la población del medio rural, mejorando su calidad de vida, así como la viabilidad económica y social del mismo. b) Atraer y retener población al medio rural, mediante la puesta en valor del mismo, la mejora de las infraestructuras y servicios a disposición de sus habitantes, así como a través de un modelo de desarrollo económico basado en una economía verde, digital, accesible y sostenible distribuida entre las localidades del entorno y cualquiera otra actividad compatible con el territorio que diversifique la economía. c) Impulsar el equilibrio y la cohesión social, económica y territorial, así como el desarrollo integral del medio rural, como principios básicos para luchar contra la despoblación, fomentando una redistribución justa y equitativa de los recursos entre el medio rural y urbano. d) Promover y conservar los valores paisajísticos, patrimoniales, culturales y de ocio de la Región, así como los modelos sostenibles de producción, como motores de desarrollo del medio rural. e) Promover y garantizar la igualdad entre mujeres y hombres en el ejercicio de sus derechos en el medio rural, y poner en marcha actuaciones para remover los obstáculos que impiden o dificultan su plenitud, así como combatir las discriminaciones múltiples que sufren las mujeres rurales».

49 Ley 5/2021, de 2 de febrero, de impulso demográfico de Galicia, cuyos principios rectores son: «a) Igualdad y respeto a la diversidad en las políticas activas de impulso demográfico, prestando especial atención a las diferencias derivadas del género, la edad, la situación de dependencia o discapacidad y la orientación sexual o religiosa, mediante la adopción de medidas específicas para prevenir o compensar las desventajas que estas diferencias pudieran causar. b) Apoyo a la libertad de constitución y organización de las familias, como elemento fundamental de organización de la sociedad, en todos los ámbitos y, particularmente, en el personal, económico y social. c) Interés superior del y de la menor. d) Desarrollo económico inteligente y sostenible, basado en el capital

Extremadura (2022)[50], Valencia (2023)[51]

humano, el aprendizaje continuo, la promoción y gestión del conocimiento y la modernización del sistema productivo mediante la innovación e incorporación de las tecnologías como instrumento de la actividad económica, y respetuoso con el medioambiente, que aproveche y vele por el uso de los recursos endógenos y por su forma de explotación y aproxime lo máximo posible el PIB per cápita al promedio de la Unión Europea. e) Equilibrio territorial, a través de una ordenación equilibrada del territorio que garantice el acceso equitativo a las oportunidades y los servicios públicos y corrija las desigualdades entre los diferentes territorios de Galicia y las zonas de interior y de costa y, particularmente, la polarización entre el medio rural y el urbano».

50 La Ley 3/2022, de 17 de marzo, de medidas frente al reto demográfico y territorial de Extremadura, recoge un elenco de políticas públicas al efecto. Incorpora medidas de fomento de los sectores agrícola, ganadero y forestal, así como de la cultura, el turismo, el deporte y el ocio, al igual que la economía social y de puesta en valor de jóvenes y mujeres en el medio rural. Define medidas de ordenación del territorio, urbanismo y vivienda. Pergeña iniciativas para revertir el saldo migratorio, facilitando el retorno de los extremeños a la región y de acogida a nuevos pobladores. Propugna la plena conectividad para toda la población, extendiendo las redes de telecomunicaciones y reduciendo la brecha digital. Fomenta la transición ecológica y sostenibilidad en el marco de las energías renovables, la economía circular, el abastecimiento de agua potable, la depuración de aguas residuales y la promoción del autoconsumo renovable. Impulsa la modernización de la Administración, incluyendo directrices sobre simplificación, accesibilidad y calidad de los servicios, así como el fomento del empleo público en el medio rural y la eficacia de la prestación de los servicios de policía local, bomberos y agrupaciones de voluntarios de protección civil. Diseña un marco favorable para la creación de empleo y autoempleo y retención del talento. Impulsa el fomento de proximidad, el acceso a servicios bancarios y la responsabilidad empresarial territorial. Redefine las rentas garantizadas de ciudadanía en beneficio de las personas en situación de exclusión social. Y contempla medidas acceso a los servicios educativos y al transporte, así como de atención sanitaria, sociosanitaria, dependencia, economía de los cuidados y envejecimiento saludable.

51 Ley 5/2023, de 13 de abril, integral de medidas contra el despoblamiento y por la equidad territorial en la Comunitat Valenciana, cuyos fines son: «a) Mejorar la calidad de vida, así como la viabilidad económica y social de los municipios en riesgo de despoblamiento y garantizar el trato institucional equitativo que ordena la legislación vigente. b) Crear y promover las condiciones para retener y atraer población en estos municipios, mediante la mejora de las infraestructuras y los servicios a disposición de sus habitantes, así como a través de un modelo de desarrollo económico diversificado, innovador y sostenible, acorde con los principios de igualdad de oportunidades, no discriminación y accesibilidad universal. c) Impulsar la cohesión social, económica y territorial en la Comunitat Valenciana, así como el progreso integral de los municipios en riesgo de despoblamiento, fomentando un desarrollo equilibrado entre la costa y el interior, y la reducción de la brecha rural-urbana y de los riesgos de exclusión de distinta naturaleza que afectan a determinados grupos de población, garantizando las mismas condiciones de vida entre la ciudadanía del interior y la de entornos urbanos. d) Promover, conservar y divulgar los valores paisajísticos, patrimoniales y culturales de los municipios en riesgo de despoblamiento, así como aquellas acciones que aumenten la resiliencia del territorio y la conservación de los recursos naturales, y contribuyan a la mitigación y adaptación al cambio climático. e) Promover y garantizar la igualdad entre mujeres y hombres en el ejercicio de sus derechos y en el acceso a oportunidades de desarrollo personal y profesional, impulsando actuaciones para eliminar los obstáculos que lo impidan o dificulten, y planes específicos destinados a la promoción y permanencia de la mujer en el medio rural, que aborden su situación con una perspectiva integral e inclusiva. f) Promover y garantizar oportunidades de empleo, ocio, formación, cuidados y acceso a servicios fundamentales, para mejorar la calidad de vida en los municipios en riesgo de despoblación, atendiendo a las necesidades específicas

o Aragón (2023)[52].

Por otro lado, el Foro de Acción Rural, integrado por asociaciones y organizaciones no gubernamentales, en el Documento por una transición justa en el medio rural, de 17 de marzo de 2022, hace referencia a las siguientes acciones[53]: «1) Asegurar la calidad de vida, los servicios públicos esenciales, la residencia y la actividad económica sostenible en las poblaciones rurales, contra el despoblamiento a través de Estrategias de ordenación territorial para el desarrollo rural, visibilizando el papel del municipalismo. 2) Prestar especial atención a las necesidades de las mujeres en el medio rural, en especial reforzando el papel de la mujer en el sector primario y atacando el círculo de masculinización-envejecimiento-despoblamiento, y sin dejar de poner en valor el trabajo realizado por las mujeres, como base del desarrollo del medio rural. 3) Apoyar efectivamente a la incorporación de jóvenes a actividades en el medio rural, especialmente en el sector agrícola, ganadero y forestal, aplicando medidas complementarias que fomenten el rejuvenecimiento del sector, con especial esfuerzo para aquellas explotaciones y modelos de mayor valor socio-ambiental. 4) Impulsar un modelo de agricultura familiar sostenible, constituido por agricultores y ganaderos familiares que residen y trabajan en el medio rural y cuya principal renta y dedicación proviene de la actividad agrícola y ganadera, que aplica métodos de producción ambientalmente sostenibles y conserva el patrimonio natural y cultural. Para ello debe asegurarse, al menos, el reconocimiento de la Agricultura Familiar a través de normativas específicas, para establecer prioridades de apoyo y otras medidas de fomento diferenciadas. 5) Promover un rendimiento económico justo en la cadena agroalimentaria, reforzando el peso de las pequeñas empresas y de la agricultura familiar en la cadena de valor, con precios justos, relación contractual, etiquetado en origen obligatorio, flexibilidad en los reglamentos higiénico-sanitarios, dando prioridad a las economías y mercados locales, fomentando las producciones de calidad diferenciada sostenibles, la venta directa y las cadenas cortas de comercialización. 6) Impulsar un sistema agro-alimentario sostenible a través

de las personas mayores, de la juventud, la adolescencia y la infancia, y de las personas con diversidad funcional o en riesgo de exclusión social. g) Promover y garantizar la permanencia en el sistema educativo del alumnado de las zonas rurales más allá de la enseñanza básica y conseguir los principios de equidad, no discriminación e igualdad de oportunidades que rigen el sistema educativo, así como el desarrollo de aquellas acciones y programas que incidan en el mantenimiento e impulso de la lengua y la cultura propias como ejes de cohesión social y territorial».

52 La Ley 13/2023, de 30 de marzo, de dinamización del medio rural de Aragón, pretende «crear un marco normativo de medidas de discriminación positiva y de los mecanismos de promoción, desarrollo y dinamización que permitan garantizar los servicios públicos básicos, los servicios públicos esenciales, así como los servicios de interés general, e impulsar las actividades socioeconómicas con el fin de lograr la igualdad de oportunidades y una calidad de vida equivalente para todos los habitantes del territorio aragonés cualquiera que sea su lugar de residencia».

53 Disponible en: https://lc.cx/zUCzD0.

de una transición justa que no deje a nadie atrás, apoyando a la producción y la alimentación ecológica, local y de temporada, inclusive la procedente de la caza social sostenible, a través de una orientación adecuada del marco político e institucional (fiscalidad, PAC, compra pública responsable, plan ganadería extensiva...). 7) Promover Planes de acción y medidas de mitigación y adaptación al cambio climático, a través del manejo sostenible de bosques y de sistemas agrarios teniendo en cuenta la sostenibilidad en la gestión de los recursos hídricos disponibles en cada zona y evitando la especulación e instalación de energías renovables en zonas protegidas y de alto valor agroecológico. 8) Proteger el medio ambiente, incluyendo la conservación de la biodiversidad (hábitats, especies), la gestión adecuada de los recursos naturales (suelo, agua...), el empleo de prácticas agrarias tradicionales sostenibles (compostaje, trashumancia) y soluciones basadas en la naturaleza, así como la restauración ecológica; todo ello mediante una planificación y financiación apropiadas, especialmente de la Red Natura 2000. 9) Impulsar medidas y políticas de fomento de la gestión forestal sostenible para el incremento del número de montes que cuentan con un proyecto de ordenación, u otro instrumento de gestión equivalente, el asociacionismo y la apuesta por el mercado de productos forestales sostenibles. 10) Establecer una política de Estado para el medio rural con todos los actores interesados, que incluya actualizar la Ley de Desarrollo Sostenible del Medio Rural, la creación de una Mesa Estatal del Medio Rural, garantizando una participación real y efectiva de la sociedad civil».

En fin, no cabe silenciar a los Grupos de Acción Local (GAL), concebidos como asociaciones público-privadas sin ánimo de lucro, con funcionamiento asambleario y de ámbito comarcal, y dedicados a la aplicación de actuaciones concretas en los «Programas de desarrollo social sostenible» y el diseño, puesta en marcha y gestión de las «Estrategias de Desarrollo Local participativo, para la dinamización y vertebración del territorio rural. Actualmente en España existen 250 Grupos[54].

V. OPORTUNIDADES LABORALES DE LAS ZONAS RURALES

Bajo la premisa de impulsar el medio rural adoptando una perspectiva multidisciplinar, cabe apostar, en síntesis, por un doble entramado de actuaciones no por conocido menos digno de reiteración:

En primer lugar, la dotación de servicios públicos que mejoren las condiciones de vida a través de viviendas, infraestructuras y equipamientos que

54 Ortiz García, M., «El Pacto Verde rural español para recuperar el mundo rural con economía de bienestar y resiliencia», en García-Moreno Rodríguez, F. (Dir.), *Transición ecológica y desarrollo rural. Algunas propuestas integradoras en el camino hacia una sinergia necesaria y mutuamente beneficiosa de ambas políticas públicas*, Aranzadi, Pamplona, 2023, p. 219.

redunden en la revalorización económica del medio rural, principalmente en materia de medio ambiente (nuevas fórmulas de gestión del territorio, ecosistemas y del hábitat natural), avanzados medios de transporte, disposición de tecnologías de la información mediante redes de comunicaciones que permitan trabajar a distancia[55] y asistencia sociosanitaria de calidad (centros de salud y hospitalarios de referencia, aulas infantiles, instituciones residenciales, ayuda a domicilio, viviendas tuteladas para mayores).

En segundo término, el diseño de medidas destinadas a la creación de empleo en aquellas actividades con mayores potenciales en el ámbito rural aprovechando las ventajas del espacio geográfico de referencia[56], tal y como sucede, a título enunciativo, con la producción alimentaria de calidad, ganadería, acuicultura, recuperación del patrimonio natural y arquitectónico, silvicultura, pesca, avistamiento de aves, recursos autóctonos, artesanía local, generación de energías verdes, parques naturales, gestión integral de montes, tratamiento de aguas, residuales o no, reciclaje de residuos, investigación ambiental, cuidado de la biodiversidad, prevención de la contaminación en los suelos, en la atmósfera o acústica, conservación del paisaje, comercio de proximidad, producción de insectos, turismo, promoción de actos culturales, recuperación de oficios tradicionales, rehabilitación urbanística, educación, salud o cuidados[57].

Situar el empleo decente en el centro de los esfuerzos se debe convertir, por ende, en el eje principal para el asentamiento[58] a través del impulso de las expectativas laborales en aquellas actividades con mayores potencialidades en el marco rural. Se trata de aprovechar los beneficios autóctonos de estos emplazamientos en lo que se refiere al contacto con la naturaleza, al aire limpio, al sentido de comunidad y al menor coste de vida[59].

Todo ello sin olvidar la posibilidad de desarrollar cualquier actividad a distancia a través de las nuevas tecnologías digitales que permiten residir en los territorios alejados de los núcleos urbanos prestando servicios a través de la conocida fórmula del teletrabajo, pues precisamente en estas zonas la oferta

---

55 Miñarro Yanini, M., «Innovación tecnológica, organización del trabajo y sostenibilidad ambiental: ¿es el teletrabajo una forma de empleo verde?», en *Revista Trabajo y Seguridad Social (Centro de Estudios Financieros)*, núm. 454, 2021, p. 15.

56 Martín Navarro, J. L. y Palma Martos, L., «Los nuevos yacimientos de empleo y la creación de empleo en la economía andaluza: implicaciones para los mercados de trabajo locales», en *Revista andaluza de Relaciones Laborales*, núm. 5-6, 1999, p. 39.

57 *Informe de la Ponencia de estudio para la adopción de medidas en relación con la despoblación rural en España*, Boletín Oficial de las Cortes Generales. Senado, núm. 505, 17 abril de 2015.

58 Organización Internacional del Trabajo: *Nota informativa. Promover la justicia social y el trabajo decente en las economías rurales*, 2023, p. 2.

59 Así lo indica el *Informe de la Ponencia de estudio para la adopción de medidas en relación con la despoblación rural en España*, Boletín Oficial de las Cortes Generales. Senado, núm. 505, 17 abril de 2015.

de inmuebles es amplia y el coste de adquisición o alquiler no es demasiado elevado, teniendo en cuenta, como ya consta, el acusado éxodo de población experimentado en los últimos años. Deviene imprescindible aprovechar las posibilidades que ofrecen las nuevas tecnologías (Inteligencia Artificial, algoritmos, robótica avanzada, Internet de las Cosas o 5G) como fórmulas para lograr no sólo la consideración de los municipios rurales como motor en la producción alimentaria y de energía limpia, el turismo, la absorción de emisiones y la potenciación de nuestros ecosistemas, sino también para conseguir servir de atractivo a aquellos «urbanitas» que prefieren trasladar su domicilio desde las ciudades a los entramados rurales, así como para dar solución a las dificultades de desplazamiento a los lugares de trabajo de las personas adultas que quieren vivir en áreas rurales alejadas[60].

La formación del talento joven, el reciclaje de personas paradas de larga duración y la alfabetización digital resultan imprescindibles para apoyar el asentamiento de población en el medio rural asociada a la creación actividad económica y empleo en el territorio desde lo local[61], superando la realidad actual consistente en la existencia de mercados de trabajo caracterizados por su estrechez[62].

VI. EMPRENDIMIENTO Y ECONOMÍA SOCIAL

las pretensiones del presente ensayo realizar un estudio detenido de todos los yacimientos de empleo clásicos o emergentes asociados al medio rural, pues son muchas las derivadas inherentes a las múltiples tareas imbricadas en cada una de las actividades principales. Así, por ejemplo, la relevancia del sector agrícola, que ocupa más del 17 por 100 del global de los municipios considerados rurales, supera su propio fin productivo al estar vinculado a otros como la ganadería, la veterinaria, la industria agroalimentaria, la industria de insumos para proveer al campo de las herramientas y servicios necesarios para la producción, la biociencia agrícola, la detección de fenómenos meteorológicos extremos, la agricultura de datos, los cultivos dulceacuícolas

60 Montes Adalid, G. M., «La digitalización y el empleo frente al fenómeno de la despoblación: especial referencia al binomio personas mayores y alfabetización digital», en *Revista Trabajo y Seguridad Social (Centro de Estudios Financieros)*, núm. 477, 2023, págs. 123 y ss.

61 Pinilla, V., «El reto demográfico: políticas frente a la despoblación rural en España», en *Papeles de Economía Española*, núm. 176, 2023, p. 148.

62 Rico González, M. y Gómez García, J. M., «Economía social e igualdad de oportunidades en el ámbito rural. Un análisis aplicado a las Comunidad Autónoma de Castilla y León», en Revesco, núm. 105, 2011, p. 87; Valiño Ces, A., «La discriminación y la desigualdad de la mujer en el mundo rural y su reflejo en la titularidad de las explotaciones agrarias», en III Xornada Universitaria Galega de Xénero, Universidad de Vigo, Vigo, 2015, págs. 110-111 o Domínguez Álvarez, J. L., «La importancia del municipalismo para la consecución del nuevo resurgir de la realidad: la disyuntiva entre devolver el alma a los pueblos o abandonar el territorio», en *Revista Jurídica de Castilla y León*, núm. 53, 2021, p. 103.

(piscicultura, veneicultura, salmonicultura, ostricultura, algas...), la conservación del paisaje, la utilización de las materias primas forestales, el control de las especies autóctonas, las repoblaciones de fauna y flora, la descontaminación o prevención de la erosión de suelos, la gestión de espacios naturales protegidos, los desbroces y otras labores de prevención de incendios, las instalaciones de generación de energías renovables, la valorización de residuos, materiales o sustancias, el ecoturismo, el turismo cinegético, el turismo de montaña, el turismo gastronómico, el turismo cultural y patrimonial, el turismo de naturaleza o el turismo activo, la educación ambiental, la cestería, etc.[63]. Algo parecido puede decirse en relación con la explotación económica de los montes y sus posibilidades de proveer múltiples productos como madera, resina, plantas aromáticas y medicinales, hongos, frutos del bosque, biomasa, corcho, trufas, piñones, setas, etc.[64]. Asimismo, sin olvidar el reciclaje doméstico en lo que hace a la etapa de recuperación y recogida, el resto de la cadena de reciclado (plantas de transferencia, de separación y de valoración), la valorización energética y la transformación en materiales que se vayan a usar como combustibles, para operaciones de relleno o para construir otros productos, constituyen una fuente importante de creación de empleos. Igualmente sucede con la apuesta por el desarrollo de energías renovables en general y las renovables en el sector eléctrico en particular (eólica, solar, geotérmica, biocarburantes...), así como la electrificación de una parte significativa de la demanda empresarial, incluyen medidas con claro potencial para emplear y fijar población en el medio rural (montaje y mantenimiento de instalaciones de generación, desarrollo del autoconsumo para las comunidades energéticas...)[65].

Las relaciones cruzadas entre estos polos meramente ejemplificativos afortunadamente tejen una red de simbiosis y sinergias con alto nivel de ocupabilidad. Ahora bien, un racional esfuerzo de síntesis explicativa aconseja señalar que además del impulso al trabajo por cuenta ajena, el emprendimiento rural es también «pieza nuclear en la dinamización del territorio en el que se inserta»[66], razón por la cual no resultan extrañas las voces que piden

63 Rodríguez Escanciano, S. y Gómez García, X., «Personas del ámbito rural. Apostando por el equilibrio inter-territorial», en *El empleo de los colectivos vulnerables en el marco de la transformación tecnológica: una aproximación jurídico-social*, Comares, Granada, 2022, págs. 67 y ss.

64 García-Moreno Rodríguez, F., «La necesaria y urgente puesta en valor (económico) de la naturaleza y dentro de esta, en particular, de los parques naturales, como potenciales motores del desarrollo rural», en García-Moreno Rodríguez, F. (Dir.), *Transición ecológica y desarrollo rural. Algunas propuestas integradoras en el camino hacia una sinergia necesaria y mutuamente beneficiosa de ambas políticas públicas*, Aranzadi, Pamplona, 2023, p. 219.

65 *Vid. op. cit.* Rodríguez Escanciano, S. y Gómez García, X., «Personas del ámbito», págs. 67 y ss.

66 Palacios Núñez, G., «Emprendimiento social: integrando a los excluidos en el ámbito rural», en *Revista de Ciencias Sociales*, vol. 16, núm. 4, 2010, págs. 579 y ss. o Arias-Var-

a la Administración un tratamiento diferencial entre el fomento del trabajo autónomo urbano y rural[67], posibilidad que tiene acomodo en la Estrategia Nacional frente al Reto Demográfico, pues uno de sus objetivos transversales predica «incorporar el impacto y la perspectiva demográfica en la elaboración de leyes»[68]. El fortalecimiento del trabajo en régimen de auto-organización, así como la creación de start-ups y micropymes son claves para el desarrollo del medio rural como también lo es el trampolín de la economía social. Esta última, anclada en un modelo empresarial caracterizado por la primacía del trabajo y del factor humano frente al capital, la aplicación de los resultados obtenidos principalmente en función del trabajo aportado y servicio o actividad realizada por las socias y socios o por sus miembros al fin social objeto de la entidad, la promoción de la solidaridad interna y con la sociedad, y la independencia respecto a los poderes públicos, aporta «soluciones (de calado) a las nuevas necesidades sociales, mediante los nuevos yacimientos de empleo» con singular proyección en el medio rural[69] (arts. 4 y 5 Ley 5/2011, de 29 de marzo, de Economía Social)[70].

Precisamente por todo ello la economía social, integrada por una serie variada de fórmulas, como las cooperativas, las mutualidades, las fundaciones y las asociaciones que lleven a cabo actividad económica, las sociedades laborales, las empresas de inserción, los centros especiales de empleo, las cofradías de pescadores, las sociedades agrarias de transformación y las entidades singulares creadas por normas específicas, cuenta con un enorme potencial para contribuir a la construcción de una sociedad más solidaria desde el punto de vista social y territorial[71]. En efecto, estas entidades de la economía social, desde la iniciativa privada (aun cuando en numerosas ocasiones en colaboración con las Administraciones Públicas), tienen como objetivo no solo la obtención de beneficios, sino también contribuir a alcanzar metas como la creación de empleo de calidad, la cohesión social, la igualdad por razón de género, el bienestar de la ciudadanía, la protección de los

---

GAS, F. J.; RIBES-GINER, G. y GARCÉS-GIRALDO, L. F., «Emprendimiento rural: una aproximación histórica», en *Revista de Ciencias de la Administración y Economía. Retos*, vol. 12, núm. 23, 2022, págs. 45 y ss.

67 CUETO, B. y ESCUDERO-CASTILLO, I., *Oportunidades de empleo y emprendimiento en economía circular y desarrollo rural sostenible*, Acción contra el Hambre, Oviedo, 2020, p.70.

68 MPTFP, *Estrategia Nacional frente al Reto Demográfico. Directrices generales*, Madrid, MPTFP, 2019, p. 37.

69 JULIÁ IGUAL, J.F.; BERNAL JURADO, E. y CARRASCO MONTEAGUDO, I., «Economía social y recuperación económica tras la crisis del covid-19», en *CIRIEC-España, Revista de Economía Pública, Social y Cooperativa*, núm. 104, 2022, p. 23.

70 RODRÍGUEZ ESCANCIANO, S., «Economía Social, eco-empleos y cuidados de larga duración: claves para una transición justa», en *CIRIEC-España, Revista de Economía Pública, Social y Cooperativa,* núm. 42, 2023, págs. 49 y ss.

71 FAJARDO GARCÍA, G., «La economía social en las Leyes», en *CIRIEC-España Revista de Economía Pública, Social y Cooperativa*, núm. 66, 2009.

consumidores y del medio ambiente y, cómo no, el desarrollo rural. Estas características confirman que el modelo de la Economía Social contribuye más que otros cauces empresariales a un «Desarrollo Sostenible e Inclusivo», tal como ha establecido las Naciones Unidas a través de la aprobación de la Agenda 2030 de Objetivos de Desarrollo Sostenible[72].

El tradicional ideal de la economía social ha demostrado su capacidad para penetrar no solo en ámbitos funcionales clásicos, sino en sectores nuevos e innovadores, satisfaciendo las más modernas necesidades y estimulando la creación de empleo de forma superior a otros canales, gracias a su capacidad para adaptarse a los cambios y mantener su actividad en situaciones de riesgo o recesión, siempre permaneciendo fieles a su misión de interés social[73]. Según el último informe publicado por la Confederación Empresarial Española de la Economía Social (CEPES) titulado «Las empresas más relevantes de la economía social 2019-2020», los sectores más significativos a los que se dedican este tipo de entidades fueron los vinculados a la agricultura y la pesca, la enseñanza y la educación, la salud, la industria (especialmente manufacturera), las finanzas, la distribución comercial y los servicios sociales y sus derivadas. Como fácilmente puede comprobarse, se trata de actividades con gran futuro en las zonas rurales.

VI. CERRANDO BRECHAS TERRITORIALES. EL PAPEL DE LAS ADMINISTRACIONES LOCALES EN LA LEY DE EMPLEO

Como no podía ser de otra manera, las oportunidades de empleo en el medio rural deben de ir acompañadas de unas condiciones laborales adecuadas (ingresos suficientes y protección social), contribuyendo, al tiempo, a reducir el impacto ambiental[74], garantizar la utilización más eficiente de los recursos existentes[75], descarbonizar de la economía[76] y vertebrar el territo-

---

72 Mozas, A., (Coord.), «El cooperativismo y la economía social en la implementación de los ODS», en *Noticias de la Economía Pública, Social y Cooperativa (Noticias del CIDEC)*, núm. 61, 2009, págs. 36-75.

73 Punto 4 de la Resolución del Parlamento Europeo, de 2 de julio de 2013, sobre la contribución de las cooperativas a la salida de la crisis (2012/2321/INI).

74 Nieto Sainz, J., «Economía sostenible y empleos verdes en tiempos de crisis», en *Ecología política*, núm. 40, 2010, p. 39.

75 Kahale Carrrillo, D. T., «Los empleos verdes en Europa», en *Revista del Ministerio de Trabajo, Migraciones y Seguridad Social*, núm. 137, 2018, p. 550.

76 Álvarez Cuesta, H., «Transición justa y lucha contra el cambio climático en el Pacto Verde Europeo, en el Proyecto de Ley de Cambio Climático en España», en *Iuslabor*, núm. 2, 2020, p. 76 o Tolosa Bailen, M. C., «La brecha digital local en España: factores explicativos», en *X Congreso de la Asociación andaluza de Ciencia Regional*, 2008, p.3.

rio. Tales desiderátums exigen cauces adecuados de intermediación entre demandas y ofertas de trabajo con idéntica eficacia independientemente del lugar de aplicación. Principio esencial de la Ley 3/2023, de 28 de febrero, de Empleo (LE), a es erradicar la brecha territorial mediante el impulso de la cohesión y el equilibrio geográfico, garantizando la igualdad de acceso a las políticas activas de empleo a cualquier persona en todo el Estado [art. 5 c) LE], promoviendo la «adecuación a las características del territorio... y las peculiaridades locales» [art. 5 f) LE] o, en expresión coincidente, atendiendo a «las peculiaridades locales» (art. 7 LE). Estas consideraciones también han de tenerse en cuenta en la Estrategia Española de Apoyo Activo al Empleo (art. 12.2 LE), en el Sistema Público Integrado de Información (art. 15 LE), en el Sistema de Formación en el Trabajo (art. 33 LE), en el Servicio Público de Intermediación Laboral que menciona de forma expresa a los entornos afectados por la despoblación (art. 32 LE), en el Catálogo de Servicios (art. 56 LE)[77] y en la distribución de los fondos de empleo (art. 62.4 LE).

La estructuración de un sistema descentralizado en materia de colocación hasta el último nivel se hace imprescindible ante la diversidad territorial del mercado de trabajo[78], máxime cuando la cercanía a los ciudadanos puede contribuir al ahorro en el gasto público y a implementar su eficacia[79]. La inclusión en el art. 40.1 CE de las Entidades Locales en cuanto poderes públicos que también han de desarrollar una acción administrativa orientada al pleno empleo no puede ofrecer dudas, por semejantes razones hermenéuticas a las que justifican la inclusión en dicho precepto de las Comunidades Autónomas. Ahora bien, el entramado geográfico que instaura la Norma Fundamental para la distribución del poder público deja a las Administraciones Locales un menor ámbito funcional, circunscrito al no ocupado por el Estado y las Comunidades Autónomas. Escasez competencial que no debe traducirse aquí, sin embargo, por irrelevancia, porque, bajo los auspicios del principio de proximidad[80], el poder local puede operar como un importante enclave para el impulso de la actividad económica y la creación de puestos de trabajo sobre todo en aquellos municipios donde es más acusada la

77 Solo podrán establecerse condiciones previas de empadronamiento, residencia o vecindad civil en el ámbito de los programas de apoyo al empleo local, así como preferencias de acceso a las acciones de fijación de población en ciertos entornos o de recolocación de personas que hayan perdido sus empleos (art. 56 LE).

78 Parejo Alfonso, L., *Derecho básico de Administración Local,* Ariel, Madrid, 1988, págs. 139 y ss.

79 Rodríguez-Piñero Royo, M. C., «Políticas de empleo y dimensión territorial», en *Relaciones Laborales,* núm. 14, 2008, págs. 2 y ss.

80 Vallecillo Gámez, M. R., «Las iniciativas locales de empleo: el modelo de gestión territorial de las políticas de empleo en Andalucía», en De La Casa Quesada, S. y Vallecillo Gámez, M. R. (Coords.), *Empleo, mercado de trabajo y sistema productivo: el reto de la innovación en políticas de empleo,* Bomarzo, Albacete, 2011, p. 222.

amenaza de despoblamiento[81]. Vista su inmediatez prospectiva, se puede convertir en un instrumento estratégico de gran importancia, canalizando las directrices estatales y autonómicas en un doble sentido, ora ascendente, transmitiendo información a las Direcciones Regionales y al poder central, ora descendente, poniendo en práctica las recomendaciones y pautas de actuación superiores[82].

Conviene tener presente que aun cuando el art. 25.2 LBRL no menciona la atención al desempleo entre el elenco de las materias sobre las que las Corporaciones Locales pueden ejercer sus competencias, ni tampoco el art. 26 LBRL lo hace en relación con las que resultan de obligada prestación por parte de los municipios en función de su población, lo cierto es que el mencionado art. 25.1 toma como punto de partida el establecimiento de un principio de autonomía funcional, al señalar que estas Entidades podrán promover toda clase de actividades y prestar cuantos servicios públicos contribuyan a satisfacer las necesidades y aspiraciones de sus habitantes, siendo obvio entender incluida dentro de las mismas la promoción del empleo[83]. Este planteamiento responde a la teoría de la participación, bajo la cual se ha organizado la distribución competencial en España, y que podría definirse, tal y como explica el mismo preámbulo de la LBRL, de la forma siguiente: «salvo algunas excepciones, son raras las materias que en su integridad puedan atribuirse al exclusivo interés de las Corporaciones Locales; lógicamente también son extrañas aquéllas en las que no exista interés local en juego»[84], ya que se ha demostrado que este ámbito permite una «identificación más precisa y aproximada de buena parte de las necesidades sociales»[85], dada la mayor cercanía y el mejor conocimiento de la realidad socioeconómica, permitiendo atender de modo más ágil y directo dichas demandas de los ciudadanos[86].

Es más, existen determinadas acciones o medidas de política de empleo que encajan perfectamente con la gestión de ámbito local, precisamente aquéllas en las que es necesario o sumamente aconsejable una delimitación

81 Martínez Abascal, V. A., «Derecho al trabajo y política de empleo», en Martín Jiménez, R. y Sempere Navarro, A. V. (Coords.), *El modelo social de la Constitución Española de 1978*, Madrid, MTSS, 2003, p. 1362.

82 Alemán Páez, F., «Sistema de empleo, redes de empleo y Derecho Social del Empleo. Tres paradigmas conceptuales, críticos y analíticos», en *Relaciones Laborales*, núm. 4, 2011, p. 24.

83 Ortega Álvarez, L., «Las competencias propias de las Corporaciones Locales», en Muñoz Machado, S. (Dir.), *Tratado de Derecho Municipal,* Civitas, Madrid, 2003, págs. 239 y ss.

84 Fanlo Loras, A., *Fundamentos constitucionales de la autonomía local,* Centro de Estudios Constitucionales, Madrid, 1990, págs. 286-287.

85 García Murcia, J., «Desempleo», en *Desempleo. XIV Congreso Nacional de Derecho del Trabajo y de la Seguridad Social,* MTAS, Madrid, 2004, págs. 27 y ss.

86 Serrano Falcón, C., *Servicios públicos de empleo y agencias de empleo privadas. Público y privado en la actividad de colocación,* Comares, Granada, 2003, p. 126.

previa de los sectores o grupos sociales en situación marginal, de exclusión social o especiales dificultades para su inserción laboral. El ámbito local permite, a su vez, una identificación más certera y aproximada de buena parte de las necesidades sociales o de las obras de interés general que pueden actuar como «viveros» de empleo[87].

Bajo tales premisas, el art. 7 LE atribuye «a las Corporaciones Locales, en el marco de sus competencias, la colaboración y cooperación con las demás Administraciones para el logro de los objetivos de la política de empleo», de manera que «las Comunidades Autónomas, en ejecución de los servicios y programas de políticas activas de empleo, podrán establecer los mecanismos de colaboración oportunos con las entidades locales».

Este precepto reconoce «la singularidad institucional de las Corporaciones Locales en la puesta en marcha y desarrollo de las políticas de empleo», que se articulará a través del principio de cooperación y de convenios con otras Administraciones, de manera que «las entidades locales podrán participar en el proceso de concertación territorial de las políticas activas de empleo, mediante su representación y participación en los órganos de participación institucional de ámbito autonómico que cada Comunidad Autónoma decida en ejercicio de su competencia», siendo «los servicios públicos de empleo de las Comunidades Autónomas ...los responsables de trasladar al marco del Sistema Nacional de Empleo la dimensión territorial de las políticas activas de empleo y de determinar la representación de las entidades locales en los órganos de participación institucional de ámbito autonómico».

Ahora bien, pese a este importante reconocimiento de la dimensión local de la política de empleo, cuatro importantes cuestiones han quedado, sin embargo, irresueltas[88]. La primera se refiere a la inexistencia de un marco financiero estable para el conjunto de las Entidades Locales, a fin de poder abordar con solvencia y eficacia la realización de los programas y actuaciones relacionados con el empleo. Esta destacada insuficiencia explica, como segunda realidad preocupante, el escaso número de Corporaciones Locales que cuentan con estructuras organizativas estables de desarrollo económico y promoción del empleo. En términos generales, los Servicios Locales de Empleo se encuadran solo en municipios de grandes dimensiones, bien en departamentos u oficinas integrados en la concejalía correspondiente, sin personalidad jurídica propia; bien en organismos autónomos locales, dependientes del Ayuntamiento; o bien en sociedades mercantiles de capital público. En tercer lugar, es necesario superar la actuación superpuesta en esta materia de diferentes Entidades de ámbito local (municipios, manco-

87 García Murcia, J., «Desempleo», en *Desempleo. XIV Congreso Nacional de Derecho del Trabajo y de la Seguridad Social,* MTAS, Madrid, 2004, p. 60.

88 Monereo Pérez, J. L.; Rodríguez Escanciano, S. y Rodríguez Iniesta, G., «La reforma del derecho del empleo: notas sobre la Ley 3/2023, de 28 de febrero, de Empleo», en *Revista Crítica de Relaciones de Trabajo*, núm. 7, 2023, p. 7.

munidades, federaciones, comarcas, cabildos, diputaciones...), evitando los conflictos e ineficiencias que ese solapamiento genera. En fin —y en todo caso—, son los servicios públicos de empleo de las Comunidades Autónomas, los que podrán establecer los mecanismos de colaboración oportunos con las entidades locales, los que se ocuparán de trasladar al marco del Sistema Nacional de Empleo la dimensión territorial de las políticas activas de empleo y los que determinarán la representación de las entidades locales en los órganos de participación institucional de ámbito autonómico.

Una adecuada financiación de políticas de fomento del empleo convenientemente desagregada con perspectiva territorial y un auxilio material y personal para su gestión en los pequeños municipios no debe demorarse.

VII. BIBLIOGRAFÍA

Alemán Páez, F., «Sistema de empleo, redes de empleo y Derecho Social del Empleo. Tres paradigmas conceptuales, críticos y analíticos», en *Relaciones Laborales*, núm. 4, 2011, págs. 229-264.

Álvarez Cuesta, H., «Transición justa y lucha contra el cambio climático en el Pacto Verde Europeo, en el Proyecto de Ley de Cambio Climático en España», en *Iuslabor*, núm. 2, 2020.

Arias-Vargas, F. J.; Ribes-Giner, G. y Garcés-Giraldo, L. F., «Emprendimiento rural: una aproximación histórica», en *Revista de Ciencias de la Administración y Economía. Retos*, vol. 12, núm. 23, 2022, págs. 45-66.

Azcona Alonso, S.; Bravo Bello, S.A.; Marcos Naveira, L.A.; Marcos Naveira, S., «Experiencias de éxito en la repoblación rural en Castilla y León», en Hortelano Mínguez, L. A. (Dir.), *Gestionando la despoblación*, Aranzadi, Pamplona, 2023, págs. 261-283.

Bello Paredes, S., «La necesaria incorporación al derecho y políticas públicas del principio de sostenibilidad demográfica», en *Revista General de Derecho Administrativo*, núm. 65, 2024.

Camarero Rioja, L., «Despoblamiento, baja densidad y brecha rural: un recorrido por la España desigual», en *Panorama Social*, núm. 31, 2020, págs. 47-73.

Carbonell Porras, E., «¿Un Estatuto Básico para los municipios pequeños?», en *Revista de Estudios de la Administración Local y Autonómica*, núm. 15, 2021, págs. 58-70.

Collantes Gutierrez, F y Pinilla Navarro, J. V., ¿Lugares que no importan? La despoblación de la España rural desde 1900 hasta el presente, Prensas de la Universidad de Zaragoza, Zaragoza, 2019.

COLLANTES, F., «Tarde, mal y... ¿quizá nunca? La democracia española ante la cuestión rural», en *Panorama Social*, núm. 31, 2020.

CUETO, B. y **ESCUDERO-CASTILLO, I.**, *Oportunidades de empleo y emprendimiento en economía circular y desarrollo rural sostenible*, Acción contra el Hambre, Oviedo, 2020.

DOMÍNGUEZ ÁLVAREZ, J. L., «El avance del rural proofing o mecanismo rural de garantía como herramienta indispensable para afrontar el reto demográfico y territorial», en BUJOSA VADELL, L. M. (Dir.), *Administración, hacienda y justicia en el estado social II*, Tirant Lo Blanch, Valencia, 2021, págs. 171-191.

DOMÍNGUEZ ÁLVAREZ, J. L., «Internet y nuevas tecnologías como punta de lanza para la revitalización de territorios rurales despoblados. La necesaria reconstrucción de la idea de servicio público», en *Revista Digital de Derecho Administrativo*, núm. 26, 2021, págs. 91-124.

DOMÍNGUEZ ÁLVAREZ, J. L., «La importancia del municipalismo para la consecución del nuevo resurgir de la realidad: la disyuntiva entre devolver el alma a los pueblos o abandonar el territorio», en *Revista Jurídica de Castilla y León*, núm. 53, 2021, págs. 73-120.

DOMÍNGUEZ ÁLVAREZ, J.L.; **FERNANDO PABLO, M. M. y TALAVERA CORDERO, P.**, «Ventajas y potencialidades de ruralizar la legislación y las políticas públicas: del Pacto Rural europeo al supuesto de caso castellano-leonés», en HORTELANO MÍNGUEZ, L. A. (Dir.), *Gestionando la despoblación*, Aranzadi, Pamplona, 2023, págs. 303-326.

ESPARCIA PÉREZ, J. y ESCRIBANO PIZARRO, J., «Desarrollo territorial y reforma de la PAC», en *Fundación de Estudios Rurales*, Anuario 2011.

ESPARCIA PÉREZ, J. y ESCRIBANO PIZARRO, J., «La dimensión territorial en la programación comunitaria y el nuevo marco de políticas públicas: Desarrollo rural territorial, reforma de la PAC y nuevo LEADER», en *Anales de geografía de la Universidad Complutense*, vol. 32, núm. 2, 2012, págs. 227-252.

FAJARDO GARCÍA, G., «La economía social en las Leyes», en *CIRIEC-España Revista de Economía Pública, Social y Cooperativa*, núm. 66, 2009, págs. 5-36.

FANLO LORAS, A., *Fundamentos constitucionales de la autonomía local,* Centro de Estudios Constitucionales, Madrid, 1990.

FERNÁNDEZ DE GATTA, SÁNCHEZ, D. y GONZÁLEZ IGLESIAS, M.A., «Los problemas de la estructura poblacional y municipal de España: principales instrumentos y medidas para paliarlos en la legislación básica sobre régimen local», en RODRÍGUEZ ESCANCIANO, S. y ÁLVAREZ CUESTA, H.

(Dirs.), *La economía social como palanca para la sostenibilidad en los territorios locales*, Tirant Lo Blanch, Valencia, 2020, págs. 25-70.

García Coll, A., «Migraciones interiores y transformaciones territoriales», en *Papeles de Economía*, núm. 104, 2005, págs. 13-40.

García Jiménez, A., «La despoblación: una cuestión de Estado», en *Revista Jurídica de Castilla y León*, núm. 52, 2020, págs. 31-72.

García Murcia, J., «Desempleo», en *Desempleo. XIV Congreso Nacional de Derecho del Trabajo y de la Seguridad Social,* MTAS, Madrid, 2004.

García-Moreno Rodríguez, F., «La necesaria y urgente puesta en valor (económico) de la naturaleza y dentro de esta, en particular, de los parques naturales, como potenciales motores del desarrollo rural», en García-Moreno Rodríguez, F. (Dir.), *Transición ecológica y desarrollo rural. Algunas propuestas integradoras en el camino hacia una sinergia necesaria y mutuamente beneficiosa de ambas políticas públicas*, Aranzadi, Pamplona, 2023, págs. 217-282.

González Iglesias, M. A., «El régimen de los servicios sociales y sanitarios en el ámbito rural en la Comunidad de Castilla y León: la apuesta por su coordinación. Mejoras a efectuar tras la pandemia», en Fernández Domínguez, J.J. (Dir.), *La prestación de servicios sociosanitarios en el ámbito rural de Castilla y León. Apostando por un bienestar integral*, A Coruña, Colex, 2023, págs. 93-126.

Juliá Igual, J.F.; Bernal Jurado, E. y Carrasco Monteagudo, I., «Economía social y recuperación económica tras la crisis del covid-19», en *CIRIEC-España, Revista de Economía Pública, Social y Cooperativa*, núm. 104, 2022, págs. 7-33.

Kahale Carrrillo, D. T., «Los empleos verdes en Europa», en *Revista del Ministerio de Trabajo, Migraciones y Seguridad Social*, núm. 137, 2018, págs. 539-567.

López Ramón, F., «La lucha contra la despoblación rural», en *Anuario del Gobierno Local*, núm. 1, 2019, págs. 29-51.

Martín Navarro, J. L. y Palma Martos, L., «Los nuevos yacimientos de empleo y la creación de empleo en la economía andaluza: implicaciones para los mercados de trabajo locales», en *Revista andaluza de Relaciones Laborales*, núm. 5-6, 1999, págs. 29-42.

Martínez Abascal, V. A., «Derecho al trabajo y política de empleo», en Martín Jiménez, R. y Sempere Navarro, A. V. (Coords.), *El modelo social de la Constitución Española de 1978*, Madrid, MTSS, 2003.

Méndez Juez, M., «La evaluación de las políticas públicas ante el reto demográfico», en Hortelano Mínguez, L.A. (Dir.), *Gestionando la despoblación*, Aranzadi, Pamplona, 2023, págs. 327-344.

Miñarro Yanini, M., «Innovación tecnológica, organización del trabajo y sostenibilidad ambiental: ¿es el teletrabajo una forma de empleo verde?», en *Revista Trabajo y Seguridad Social (Centro de Estudios Financieros)*, núm. 454, 2021.

Molina Ibáñez, M.; **Hernando Sanz, F.J.** y **Pérez Campaña, R.**, «La España despoblada ante los nuevos desafíos. La respuesta ciudadana en las urnas», en Hortelano Mínguez, L. A. (Dir.), *Gestionando la despoblación*, Aranzadi, Pamplona, 2023, págs. 345-373.

Molinero Hernando, F.; **Alario Trigueros, M.**, *Una mirada geográfica a la España rural*, Revives, Madrid, 2022.

Monereo Pérez, J. L.; **Rodríguez Escanciano, S.** y **Rodríguez Iniesta, G.**, «La reforma del derecho del empleo: notas sobre la Ley 3/2023, de 28 de febrero, de Empleo», en *Revista Crítica de Relaciones de Trabajo*, núm. 7, 2023.

Montes Adalid, G. M., «La digitalización y el empleo frente al fenómeno de la despoblación: especial referencia al binomio personas mayores y alfabetización digital», en *Revista Trabajo y Seguridad Social (Centro de Estudios Financieros)*, núm. 477, 2023, págs. 123-150.

Mozas, A., (Coord.), «El cooperativismo y la economía social en la implementación de los ODS», en *Noticias de la Economía Pública, Social y Cooperativa (Noticias del CIDEC)*, núm. 61, 2009, págs. 36-75.

Nieto Sainz, J., «Economía sostenible y empleos verdes en tiempos de crisis», en *Ecología política*, núm. 40, 2010, págs. 40-52.

Ortega Álvarez, L., «Las competencias propias de las Corporaciones Locales», en MUÑOZ MACHADO, S. (Dir.), *Tratado de Derecho Municipal,* Civitas, Madrid, 2003, págs. 239-301.

Ortiz García, M., «El Pacto Verde rural español para recuperar el mundo rural con economía de bienestar y resiliencia», en García-Moreno Rodríguez, F. (Dir.), *Transición ecológica y desarrollo rural. Algunas propuestas integradoras en el camino hacia una sinergia necesaria y mutuamente beneficiosa de ambas políticas públicas*, Aranzadi, Pamplona, 2023, págs. 361-413.

Palacios Núñez, G., «Emprendimiento social: integrando a los excluidos en el ámbito rural», en *Revista de Ciencias Sociales*, vol. 16, núm. 4, 2010, págs. 579-590.

Parejo Alfonso, L., *Derecho básico de Administración Local,* Ariel, Madrid, 1988.

Picón Arranz, A., «El mecanismo rural de garantía: un objetivo prioritario para la Unión Europea y sus primeros pasos en España», en Hortelano Mínguez, L. A. (Dir.), *Gestionando la despoblación*, Aranzadi, Pamplona, 2023, págs. 285-301.

Pinilla, V., «El reto demográfico: políticas frente a la despoblación rural en España», en *Papeles de Economía Española*, núm. 176, 2023, págs. 146-161.

Quintana López, T., «Introducción», en Rodríguez Escanciano, S. y Álvarez Cuesta, H. (Dirs.), *La economía social como palanca para la sostenibilidad en los territorios rurales,* Tirant Lo Blanch, Valencia, 2020, págs. 19-24.

Rico González, M. y Gómez García, J. M., «Economía social e igualdad de oportunidades en el ámbito rural. Un análisis aplicado a las Comunidad Autónoma de Castilla y León», en *Revesco*, núm. 105, 2011, págs. 85-114.

Rodríguez Escanciano, S., «Economía Social, eco-empleos y cuidados de larga duración: claves para una transición justa», en *CIRIEC-España, Revista de Economía Pública, Social y Cooperativa,* núm. 42, 2023, págs. 49-96.

Rodríguez Escanciano, S., «Posibilidades de empleo en el marco de la rehabilitación de viviendas. Reflexiones a la luz de la Ley 7/2021, de 20 de mayo, de cambio climático y transición ecológica», en *Iuslabor*, núm. 3, 2021.

Rodríguez Escanciano, S., *Despoblación, envejecimiento y servicios públicos de cuidado: apostando por los empleos verdes*, Aranzadi, Pamplona, 2023.

Rodríguez Escanciano, S. y Gómez García, X., «Personas del ámbito rural. Apostando por el equilibrio inter-territorial», en *El empleo de los colectivos vulnerables en el marco de la transformación tecnológica: una aproximación jurídico-social*, Comares, Granada, 2022, págs. 67-92.

Rodríguez-Piñero Royo, M. C., «Políticas de empleo y dimensión territorial», en *Relaciones Laborales,* núm. 14, 2008.

Ruíz Pulpón, A. R., «Respuestas institucionales contra el proceso de despoblación: el ejemplo de Castilla-La Mancha», en Hortelano Mínguez, L.A. (Dir.), *Gestionando la despoblación*, Aranzadi, Pamplona, 2023, págs. 375-393.

SANZ LARRUGA, F. J., «Cohesión territorial, reto demográfico y dinamización rural: las limitadas pero necesarias respuestas desde el derecho», en SANZ LARRUGA, F.J. y MÍNGUEZ MACHO, L. (Dirs.), *Derecho y dinamización e Innovación Rural*, Tirant Lo Blanch, Valencia, 2021, págs. 29-206.

SERRANO FALCÓN, C., *Servicios públicos de empleo y agencias de empleo privadas. Público y privado en la actividad de colocación,* Comares, Granada, 2003.

TALAVERA CORDERO, P., «El comercio de proximidad como recurso frente al reto demográfico: régimen jurídico, actividad programática y e-commerce», en *Revista Jurídica de Castilla y León*, núm. 60, 2023, págs. 157-194.

TASCÓN LÓPEZ, R., «Las empresas de inserción como cauce para la sostenibilidad y el desarrollo de los territorios rurales», en RODRÍGUEZ ESCANCIANO, S. y ÁLVAREZ CUESTA, H. (Dirs.), *La economía social como palanca para la sostenibilidad en los territorios rurales*, Tirant Lo Blanch, Valencia, 2020, págs. 437-472.

TOLOSA BAILEN, M. C., «La brecha digital local en España: factores explicativos», en *X Congreso de la Asociación andaluza de Ciencia Regional*, 2008.

VALIÑO CES, A., «La discriminación y la desigualdad de la mujer en el mundo rural y su reflejo en la titularidad de las explotaciones agrarias», en *III Xornada Universitaria Galega de Xénero*, Universidad de Vigo, Vigo, 2015, págs. 109-117.

VALLECILLO GÁMEZ, M.R., «Las iniciativas locales de empleo: el modelo de gestión territorial de las políticas de empleo en Andalucía», en DE LA CASA QUESADA, S. y VALLECILLO GÁMEZ, M. R. (Coords.), *Empleo, mercado de trabajo y sistema productivo: el reto de la innovación en políticas de empleo,* Bomarzo, Albacete, 2011.

CAPÍTULO X

LOS PLANES DE MEDIDAS ANTIFRAUDE COMO INSTRUMENTO PREVENTIVO DE LA CORRUPCIÓN Y EL FRAUDE, PERO DE DIFÍCIL IMPLEMENTACIÓN EN LAS PEQUEÑAS ENTIDADES LOCALES[1]

Alicia Rodríguez Sánchez
Profesora de Derecho Penal y Criminología
Universidad de Salamanca

«¿Por qué seguimos luchando?
solo te hará falta mirar las calles de tu pueblo,
y verás que no, que no luchas por ti,
luchas por todas las historias que hay en sus calles,
por todas las personas que quisiste,
que amaban sus rincones,
y ya no están para defenderlo.»
Diego Bergasa (2017)

I. INTRODUCCIÓN

El paso de los años, la modernización, las nuevas técnicas de control y gestión, así como, el innegable avance de las normas, obliga a los estados y a los

1 La presente contribución científica forma parte de una estancia de investigación en la Universidade do Porto (Portugal) en el marco del Proyecto de I+D+i «Agricultura climática: marco regulatorio para la transición» (ACLIMATRA-TED2021-129553B-I00).

ciudadanos a avanzar. El problema del fraude y de la corrupción, que parece inherente a las sociedades, es una de las preocupaciones de la Unión Europea, máxime cuando es ella quien financia, cumpliendo con los principios a la vez con el principio de protección de los intereses financieros de Europa. La corrupción, el fraude, los conflictos de intereses, así como la doble financiación son cuestiones inminentemente relacionadas con el dinero, las influencias, los tratos de favor, cuestiones reconocidas en las normativas penales como delitos por atentar contra bienes jurídicos no solo individuales, sino también colectivos. Además, estos bienes jurídicos, pueden ser dañados por el funcionariado público lo que los carga de un mayor desvalor que merece ser reprimido y retribuido. Este problema endémico intenta ser paliado por los Estados, por la propia Unión Europea, por Organismos internacionales, etcétera. No obstante, los resultados no siempre son los esperados. En el cumulo de acontecimientos corruptos y de fraude, la potenciación de medidas preventivas y no retributivas por su falta de eficacia ha llevado a la Unión a obligar a las entidades que reciban fondos de la Unión Europea, en concreto del paquete Next Generation, a contar con un mecanismo preventivo concreto, para lo que España ha generado a través de una Orden de 2021, los Planes de Medidas Antifraude. Empero en este maravilloso imaginario han surgido multitud de problemas cuando se traslada la normativa a la realidad. Al aterrizar en suelo práctico, la creación, aprobación y cumplimiento de los requisitos obligatorios y recomendados, las pequeñas Entidades Locales se tienen que enfrentar a una serie de desafíos y retos muy complejos de sortear que, en ocasiones, les obligan a renunciar a la percepción de fondos o a invertir partidas presupuestarias para externalizar el cumplimiento normativo en este sentido. Parece lógico no exigir lo mismo en la creación de un Plan de Medidas Antifraude al Ministerio de Economía, Comercio y Hacienda que al Ayuntamiento de Quintanilla del Olmo, en Zamora con una población de cuarenta y cinco empadronados. Sin embargo, aunque parezca lógico no hacerlo, se hace, y con ello, se entorpece el crecimiento, mantenimiento o salvaguarda de estos núcleos de población.

II. FINANCIACIÓN Y CONTROL ECONÓMICO DESDE EUROPA

Después de la crisis sanitaria de la Covid-19, en el año 2020 y para paliar las secuelas económicas y sociales que de ella se derivaron, el Consejo Europeo aprobó un Instrumento propio, los conocidos Fondos Next Generation, con una gran dotación económica[2]. Para el disfrute de estos fondos, la Unión

2 *Cfr.* Campos Acuña, M. C., «Las oportunidades de los fondos europeos Next Generation con los ODS y la integridad pública: planes antifraude en el plan de recuperación, transformación y resiliencia», en Regovilar, S., *Auditoría y control de la respuesta al Covid-19 y de la implementación de la iniciativa Next Generation UE: XIV Encuentros Técnicos de los*

Europea hace alusión a la necesidad de la lucha contra el fraude, la corrupción, los conflictos de intereses y la doble financiación en atención a los intereses financieros de la Unión Europea[3] como consecuencia de la gran partida económica destinada al efecto[4].

El eje central está constituido por el Mecanismo de Recuperación y Resiliencia de la Unión Europea (MRR)[5] que a través de préstamos y subvenciones a los Estados miembro busca mitigar el impacto de la pandemia. En la regulación aprobada[6] al efecto, en el artículo 22, se indica que «los Estados miembros, en su condición de beneficiarios [...] adoptarán medidas adecuadas para proteger los intereses financieros de la Unión [...] los Estados miembros establecerán un sistema de control interno eficaz y eficiente y recuperan los importes abonados o utilizados de manera incorrecta». Este artículo a su vez identifica principalmente como riesgos el fraude, la corrupción y, la doble financiación[7] y el conflicto de intereses[8] debiendo prevenirlos, identificar-

OCEX de Santiago de Compostela, Thomson Reuters-Aranzadi, Cizur Menor, 2022, págs. 129-144.

3 Todos los ingresos, gastos y activos cubiertos por, adquiridos a través de, o adeudados a el presupuesto de la Unión Europea o los de las instituciones, órganos y organismos de la Unión. Directiva UE 2017/1371 del Parlamento Europeo y del Consejo de 5 de julio de 2017 sobre la lucha contra el fraude que afecta a los intereses financieros de la Unión a través del Derecho penal. hace referencia a la Hacienda Pública de la Unión Europea, es decir, su presupuesto de gastos y de ingresos.

4 *Vid.* Jiménez Asensio, R., «Integridad pública y prevención. A propósito del diseño y aplicación de las medidas de prevención en los planes antifraude en la gestión de fondos europeos», en Rego Vilar, S., *Auditoría y control de la respuesta al Covid-19 y de la implementación de la ini-ciativa Next Generation UE: XIV Encuentros Técnicos de los OCEX de Santiago de Compostela*, Thomson Reuters-Aranzadi, Cizur Menor, 2022, págs. 91-127.

5 El Mecanismo entró en vigor el 19 de febrero de 2021 para financiar reformas e inversiones en los estados miembro de la Unión Europea que se hayan efectuado desde el inicio de la pandemia hasta el 31 de diciembre de 2026. Es justo para recibir y beneficiarse de la ayuda que los gobiernos de la UE están obligados a presentar planes nacionales de recuperación y resiliencia. El Mecanismo únicamente se basa en el rendimiento de manera que la comisión solo pagará cuando se alcancen los objetivos acordados.

6 Reglamento UE 2021/241 del Parlamento Europeo y del Consejo de 12 de febrero de 2021, por el que se establece el Mecanismo de Recuperación y Resiliencia.

7 Cuando las reformas y proyectos de inversión estén financiados por el Mecanismo y simultáneamente por otro instrumento de la Unión, comprendiendo todos los programas ya sean de gestión compartida o directa, siempre que cubran el mismo gasto o coste.
A este respecto, el Reglamento Financiero establece expresamente en su artículo 188 la prohibición de la doble financiación como principio general aplicable a las subvenciones, desarrollado en el artículo 191.3 que indica que «en ningún caso podrán ser financiados dos veces por el presupuesto los mismos gastos».

8 Existe conflicto de intereses cuando el ejercicio imparcial y objetivo de las funciones por parte de las autoridades nacionales se vea comprometido por razones familiares, afectivas, de afinidad política o nacional, de interés económico o por cualquier otro motivo directo o indirecto de interés personal (artículo 61.3 del Reglamento Financiero). En este

los y corregirlos. De esta exigencia nace la aprobación en España del Plan de Recuperación, Transformación y Resiliencia, así como la materialización de los Planes de Medidas Antifraude en toda entidad que participe con fondos provenientes de la Unión Europea, principal generador de la problemática para los entes locales. En España, se asignó cerca del 35 % del paquete económico del país a los Entes Locales durante el año 2022 estando obligados a cumplir con los requisitos y obligaciones que exigen los planes[9] a pesar de que estas partidas no se vinculas de manera escrupulosa con el impacto del PRTR[10].

1. ¿QUÉ EXISTE BAJO LA NOMENCLATURA DEL FRAUDE, EL CONFLICTO DE INTERESES Y DE LA CORRUPCIÓN?

Ambos conceptos se enmarcan en un paradigma del ámbito penal. Pese a esta última realidad, ambos conceptos están completamente inmersos en la terminología común de la sociedad española, motivo por el cuál es necesario unos breves apuntes que acerquen al lector a la verdadera problemática legal que acompaña dos de las principales conductas prohibidas y merecedoras de control a las que se refieren los Planes de Medidas Antifraude.

Sin pretender caer es explicaciones complejas, las diferencias más palpables entre ambas es que, mientras el fraude se refiere a las apropiaciones indebidas de activos, la corrupción está relacionada con el mal uso sus derechos que se le confieren por su posición de autoridad para obtener beneficios contrarios a la ley y a los principios morales. Mientras que los presupuestos legales buscan su erradicación y su castigo, a continuación se plantean mecanismos mucho óptimos que se encargan de frenar si quiera su comisión reduciendo las consecuencias a mínimos.

La Comisión Europea, y concretamente la Oficina Europea de Lucha contra el Fraude (OLAF), publicitó una Guía práctica bajo la experiencia y práctica en los Estados miembros que llevaba por título «El papel de los auditores de los Estados miembros en la prevención y detección del fraude en el caso de los

mismo sentido, la organización de cooperación y el desarrollo económico: Un conflicto de interés puede definirse como un conflicto entre el deber público y los intereses privados de un servidor público, en el que el servidor público tiene intereses personales que pueden influir de manera indebida en el desempeño de sus deberes y responsabilidades oficiales.

9 Estos datos han sido publicados por la Federación Española de Municipios y Provincias (FEMP) el 15 de diciembre de 2022, mostrando una clara mejoría en el porcentaje destinado que supera incluso las primeras previsiones de asignación presupuestaría a los Entes Locales.

10 *Vid.* GALÁN GALÁN, A., «Los gobiernos locales ante el reto de los Fondos europeos de recuperación», en *Revista Catalana de Dret Públic*, núm. 63, 2021, p. 109.

Fondos Estructurales y de Inversión de la UE» y fue elaborada por un grupo de trabajo de expertos de los Estados miembros, dirigido y coordinado por la Unidad de Lucha contra el Fraude, Presentación de Informes y Análisis de la Oficina Europea de Lucha contra el Fraude (OLAF) en la que ya se recogían los conceptos de conflicto de intereses, fraude y corrupción.

1.1. La corrupción pública y privada

La corrupción es una manera genérica de referirnos a técnicas para lograr objetivos, para los cuales, normalmente los medios y el resultado no son lícitos[11]. No obstante, la corrupción es un concepto general que asume multitud de conductas y actos que constituyen delito[12]. La corrupción no es más que un abuso de poder[13]. A pesar de que este aspecto puede caer en significancias banales por sus consecuencias en esferas de poder, la relevancia es mayúscula. Es significativo que los comportamientos delictivos más repetidos mundialmente se amparen en dichas técnicas que, además, pueden surgir vinculaciones de otras modalidades criminológicas, como el crimen organizado y la delincuencia trasnacional.

11 Si trasladamos estas complejidades a los ordenamientos jurídicos, encontramos que cada país lo ha ido adaptando de maneras diferentes, pero sirvan como ejemplos, el tráfico de influencias, el abuso de información, la malversación, el lavado de dinero o de activos (que proviene así mismo de actividades ilícitas), fraudes, entre otros muchos.

12 El punto en común es la falta de honestidad personal que deriva en la infracción de una norma legal y de una moral. La confianza depositada por una empresa, el estado, una corporación, etc., es vulnerada por un sujeto debido a su posición de autoridad y las oportunidades que le ofrece dicha situación de lo que nace un beneficio personal o ajeno y que es contrario a la ley. La posibilidad de comportamientos corruptos no se circunscribe a un ámbito. La posibilidad pública (funcionarios de la administración, jueces, políticos, etc.) y privada (empresarios) es una realidad extendida, no circunscribiéndose a ningún ámbito. Entiéndase la corrupción activa como la acción de toda persona que prometa ofrezca o conceda, directamente o a través de un intermediario, una ventaja de cualquier tipo a un funcionario, para él o para un tercero, a fin de que actúe, o se abstenga de actuar, de acuerdo con su deber o en el ejercicio de sus funciones, de modo que perjudique o pueda perjudicar los intereses financieros de la Unión y como corrupción pasiva, la acción de un funcionario que, directamente o a través de un intermediario, pida o reciba ventajas de cualquier tipo, para él o para terceros, o acepte la promesa de una ventaja, a fin de que actúe, o se abstenga de actuar, de acuerdo con su deber o en el ejercicio de sus funciones, de modo que perjudique o pueda perjudicar los intereses financieros de la Unión.

13 Según Transparencia Internacional ya que así lo recoge en el Glosario TI sobre transparencia y corrupción y en la Guía de lenguaje claro sobre la lucha contra la corrupción de 2009. Esto puede significar no solamente beneficios financieros sino también otro tipo de ventajas. Además, esta definición se aplica tanto al sector público como al privado. Naciones Unidas ha definido corrupción como el abuso de poder para obtener ganancias privadas (Pacto mundial de las Naciones Unidas - España), Convención de la ONU contra la Corrupción (UNCAC) 2005. Directamente, el abuso de poder público (o privado) para obtener un beneficio particular.

De manera muy general, se ha vinculado la corrupción con situaciones de atraso económico o desorden institucional. No obstante, esto es erróneo pues, las circunstancias corruptas se extienden en el panorama mundial, aunque presentando las consecuencias que se derivan de forma desigual. Aun dependiendo de la gravedad, los países más desarrollados estarán menos afectados por las consecuencias que aquellos en vías de desarrollo[14]. La corrupción, ya como un problema endémico, lejos de solucionarse de manera sencilla y con una cuantificación altamente compleja, tiende a extenderse a todos los rincones posibles. Las dificultades que presenta en términos de cuantificación, la multitud de posibles condutas ilícitas, la víctima invisible o desconocida[15] y la opacidad son elementos coincidentes con las formas puras. No podemos negar que, la amplitud de la autoría es significativamente amplia y no queda restringida a unas cualidades concretas del autor del delito, sino que se trata de unos comportamientos que caen en delitos especiales en las normativas penales ya que, no pueden ser realizados por todos, sino solo por unas personas en particular[16]. Las posiciones estratégicas de poder amplían las facilidades comisivas de unos comportamientos corruptos que, a pesar de estar al alcance de muchos, solo unos pocos tienen la ventaja de, además, encontrarse con la protección de la norma por las esferas de poder en las que se encuentran[17]. Los individuos con mayores posiciones sociales tienen accesos diferentes que los estamentos sociales más bajos. Es este camino diferencial el que establece relaciones privilegia-

---

14 No hay tampoco pruebas que los países más desarrollados presenten cifras inferiores de corrupción. En este sentido, *vid.* RUGGIERO, V., *Delitos de los débiles y de los poderosos, ejercicios de anti-criminología,* Ad-Hoc, Buenos Aires, 2005, págs. 131 y ss.; argumenta como en Italia en un constante crecimiento económico por su actividad, lejos de disolver o disminuir la incidencia de la corrupción, ha mantenido una cultura corrupta en todos los contextos.

15 Sobre las características y particularidades de las víctimas, *cfr.* PLANCHADELL GALLARDO, A., «Las víctimas en los delitos de corrupción (panorama desde las perspectivas alemana y española)», en *Estudios Penales y Criminológicos, vol. XXXVI, 2016,* págs. 1-77.

16 En los delitos especiales para que una persona pueda ser considerada autor, el tipo penal exige del sujeto agente unas condiciones personales naturales o jurídicas (sujeto cualificado). *Vid.* MARQUEZ CARDENAS, A. y GONZÁLEZ PAYARES, O., «La coautoría: delitos comunes y especiales, en *Diálogos de saberes; investigaciones y ciencias sociales*, núm. 28, 2008, págs. 29-50.

17 *Vid.* VIRGOLINI, J., *Crímenes excelentes. Delitos de cuello blanco, crimen organizado y corrupción,* Olejnik, Argentina, 2021, págs. 201-202; quien asegura que se produce un empleo desigual de la ley. Existe un empelo privado de la ley que es doblemente excluyente: excluye a los ciudadanos comunes de las ventajas (y les priva de la disponibilidad de la ley. *Cfr.* NIETO MARTÍN, A., «De la ética pública al Public Compliance: sobre la prevención de la corrupción en las administraciones públicas», en NIETO MARTÍN, A. y MAROTO CALATAYUD, M. (Dirs.), *Public Compliance. Prevención de la corrupción en administraciones públicas y partidos políticos,* Ediciones de la Universidad de Castilla-La Mancha, Cuenca, 2014, págs. 17-43.

das que facilitan prácticas corruptas y una dificultad de descubrimiento, que se ve potenciada por el modelo capitalista.

La corrupción se traduce genéricamente en aquellas conductas que, realizadas por un sujeto de posición autoridad, en el seno de su relación o seudo-relación laboral (de naturalidad pública o privada) y abusando de esta autoridad o posición, se desvían del deber para lograr una ganancia económica o de estatus (para sí o una persona con vínculos cercanos como un amigo o un familiar) en perjuicio de la colectividad[18]. La criminalidad de la empresa puede ser otra modalidad criminal en la que sustentar los vicios de los comportamientos corruptos No obstante, como consecuencia del fin perseguido en la investigación, no se tratará en este punto, aunque la criminalidad corporativa es una pantalla que oculta otros comportamientos igualmente perjudiciales[19].

Valga señalar que los comportamientos corruptos no caen bajo tal nomenclatura en el Código Penal, sino que es necesario reconocer comportamientos concretos como lo son la extorsión económica, el abuso de poder, los conflictos de intereses, el soborno, la malversación[20], el tráfico de influencias, etcétera. No obstante, los artículos del 419 al 427 bis, que recogen el cohecho, se asemejan a lo que la Directiva PIF marca como corrupción[21].

---

18 *Cfr.* Maranhao Costa, A., Maral Machado, B. y Zackseski, C. (Coords.), *A investigação e a persecução penal da corrupçao e dos delitos económicos. Uma pesquisa empírica no sistema de justiça federal*, Dados Internacionais de Catalogação na Publicação, Brasília DF, 2016, págs. 48 y ss.

19 La individualización de comportamientos puede llevar a la impunidad de responsabilidades de las grandes corporaciones o incluso a impunidades de los propios sujetos al no poder probar la realización del acto. *Vid.* Zúñiga Rodríguez, L., «La responsabilidad de las personas jurídicas como piedra de toque en la criminalidad organizada», en Hurtado Pozo, J. (Dir.), *Problemas actuales de Política Criminal-Anuario de Derecho Penal 2015-2016,* Pontificia Universidad Católica del Perú, Lima, 2018, págs. 186-188. De lo que se trata es de ser conscientes, que complejos igualmente, la culpabilidad no siempre va a derivar en personas jurídicas y que en ambas circunstancias la correlación con el crimen organizado es una absoluta realidad.

20 El Código Penal español lo recoge en los artículos del 432 al 435 del CP. Con especial relevancia las dos modalidades siguientes: 1. Administración desleal: cuando una autoridad o funcionario público que, teniendo facultades para administrar patrimonio público, se exceda en el ejercicio de las mismas causando un perjuicio a ese patrimonio. 2. Apropiación indebida sobre patrimonio público: cuando una autoridad o funcionario público, se apropien para sí o para un tercero, de dinero, efectos, valores o cualquier otra cosa mueble que hubieran recibido en depósito, comisión o custodia, o que les hubieran sido confiados en virtud de cualquier otro título que produzca la obligación de entregarlos o devolverlos.

21 El cohecho pasivo por el que se sanciona a la autoridad o funcionario público que, en provecho propio o de tercero, solicita o recibe, por sí o por persona interpuesta, dádiva, favor o retribución de cualquier clase, o aceptare ofrecimiento o promesa para a) realizar en el ejercicio de su cargo un acto contrario a los deberes inherentes al mismo, b) no realizar o retrasar injustificadamente el que debiera practicar, o c) realizar un acto propio de su cargo, o bien simplemente en consideración a su cargo o función. El cohecho activo por

1.2. El fraude y el «ciclo antifraude»

Por su parte el fraude se define como aquellas acciones dolosas, intencionadamente de engaño destinadas a proporcionar al autor un beneficio ilícito. El fraude tiene versiones muy diferentes como el fraude fiscal, el fraude electrónico, el fraude de valores...El fraude, a pesar de disponer de modalidades genéricas, también se presenta como un delito especial, como por ejemplo, a través del fraude de funcionario público, en un proceso de contratación pública con intención de obtener una ganancia personal[22].

En esta línea, muchos autores han trabajado el denominado ciclo del fraude, dividido en cuatro etapas y que se enmarca en el combate eficaz del mismo. Este ciclo se presenta también forma parte de los requerimientos del plan antifraude que se desgrana en los epígrafes siguientes. El fraude es por tanto un concepto general que de aplicación en la temática se traduce como aquellas conductas dolosas que tienen cabida en bajo los requisitos del artículo 308 del Código Penal[23].

Las etapas del ciclo son:

- La prevención es la mejor de las posibles defensas ante fraude —también ante la corrupción, los abusos de poder...— ya que es el mecanismo por antonomasia para reducir las actividades ilícitas. El establecimiento de políticas públicas y de procedimientos claros, la promoción y el impulso de la cultura de la ética y la implementación de mecanismos, así como de procedimientos internos diseñados de manera concreta para evitar el fraude es la opción óptima para evitar que el ciclo antifraude se desarrolle en su totalidad. La aprobación de código éticos de conductas y fomentar los valores de honradez y rendición de cuentas son complemento perfecto a las acciones formativas y de concienciación. No obstante a lo anteriores, un modelo preventivo a la altura tiene que implicarse igualmente en mecanismo

el que se sanciona a los particulares que ofrezcan o entreguen dádivas a los funcionarios públicos para realizar alguno de los hechos que se han descrito en el apartado 1, o bien atiendan la solicitud de dádiva del funcionario.

22 *Vid*. Parra, J., «Ingeniería de procesos para enfrentar la corrupción y el fraude», en *Revista de Estudios de Políticas Públicas*, vol. 5, núm.1, diciembre 2018 - junio 2019, págs. 7-24.

23 Dicta el artículo lo siguiente: que por importe superior a 10.000 euros, consistentes en las siguientes conductas dolosas: 1. La obtención fraudulenta de subvenciones falseando las condiciones requeridas para su concesión u ocultando las circunstancias que hubiesen impedido la concesión (el uso o la presentación de declaraciones o documentos falsos, inexactos o incompletos, o el incumplimiento de una obligación expresa de comunicar una información, que tengan por efecto la malversación o la retención infundada de fondos del presupuesto de la Unión o de presupuestos administrados por la Unión, o en su nombre). 2. La desviación de los fondos recibidos aplicándolos a fines distintos de aquéllos para los que la subvención o ayuda fue concedida (el uso indebido de esos fondos para fines distintos de los que motivaron su concesión inicial).

adecuados de la evolución del riesgo, identificación de los factores y de los conflictos y debe tener en cuenta los resultados de los trabajos y de los informes de auditorías.

- La detección es la primera etapa tras un fallo preventivo. Solo en aquellos casos es los que las actividades fraudulentas logren hacerse realidad necesitaremos de la utilización de sistemas de alerta para identificar de la mejor forma posible el fraude. Para ello es óptimo contar con identificadores como pueden ser las denuncias o el análisis de datos no solo con fines identificativos al conocer un hecho, sino de manera continuada para establecer patrones o incoherencias. En dicho estadio del fraude, los indicadores del fraude (banderas rojas) y la comunicación de estos al personal son elementos esenciales.
- La corrección, que consiste en que una vez que se ha detectado una actividad que es fraudulenta o que pudiera serlo se deben de seguir acciones para corregir la situación, en este sentido hay que realizar una investigación profunda, hay que evaluar el alcance los daños e intentar minimizarlos e identificar las debilidades en los controles que han permitido el desencadenamiento de los comportamientos fraudulentos[24].
- La persecución es la última de las posibles etapas y se adentra en la más grave de las consecuencias, la acción de legal que suele tener que derivarse al ámbito penal. Esta etapa hace alusión a las denuncias ante las autoridades competentes y toma de acciones legales para el enjuiciamiento y la recuperación de la situación legal previa al fraude.

1.3. El conflicto de intereses

Los conflictos de intereses fluctúan entre comportamientos corruptos y de fraude, lo que se trata de una colisión entre los deberes públicos y los inte-

24 El artículo 6.6 de la Orden: En el supuesto de que se detecte un posible fraude, o su sospecha fundada, la entidad correspondiente deberá: a) Suspender inmediatamente el procedimiento, notificar tal circunstancia en el más breve plazo posible a las autoridades interesadas y a los organismos implicados en la realización de las actuaciones y revisar todos aquellos proyectos, subproyectos o líneas de acción que hayan podido estar expuestos al mismo; b) Comunicar los hechos producidos y las medidas adoptadas a la entidad decisora, o a la entidad ejecutora que le haya encomendado la ejecución de las actuaciones, en cuyo caso será ésta la que se los comunicará a la entidad decisora, quien comunicará el asunto a la Autoridad Responsable, la cual podrá solicitar la información adicional que considere oportuna de cara a su seguimiento y comunicación a la Autoridad de Control; c) Denunciar, si fuese el caso, los hechos a las Autoridades Públicas competentes, al Servicio Nacional de Coordinación Antifraude —SNCA—, para su valoración y eventual comunicación a la Oficina Europea de Lucha contra el Fraude; d) Iniciar una información reservadapara depurar responsabilidades o incoar un expediente disciplinario; e) Denunciar los hechos, en su caso, ante el Ministerio Fiscal, cuando fuera procedente».

reses privados del personal al servicio público[25]. No obstante, la normativa hace una triple distinción entre conflicto de intereses aparente, potencial y real que merece ser tenida en cuenta a efectos de dictar las diferentes medidas preventivas[26]. Los posibles actores se diferencian en focos, por un lado aquellos beneficiarios privados, socios, contratistas que se financian con fondos y que actúan en favor de sus intereses. Por otro lado, los empleados encargados de las tareas de gestión, control, pago, etcétera. Estas conductas que pueden subsumirse con habitualidad en comportamientos corruptos se intentan prevenir con actuaciones generales de control como las declaraciones de ausencia de conflictos de intereses que deben constar en todos los casos de las personas que intervengan como pueden ser responsables de contratación, el personal redactor de las bases, licitaciones, convocatorias, los evaluadores de las solicitudes...igualmente cuando se trate de órganos colegiados. Así mismo, a pesar de aquellos mecanismos preventivos como los propios planes y la obligación de documentos DACI, la formación de personal es básica y necesaria, sirva también recordar las causas de abstención y recusación contempladas en la normativa. La problemática surgida de los conflictos de intereses es una de las grandes dificultades que tiene la aplicación de los planes de medidas antifraude en los pequeños entes locales.

Bajo este paraguas de conductas contrarias a las normas no solo nacionales, sino también internacionales y en un escenario muy concreto, se configuran los mecanismos de control que buscan prevenir estos comportamientos criminosos que desencadenan las conductas corruptas, de fraude, de abuso de poder, etcétera en el Reino de España por imperativo europeo bajo unas pautas muy concretas y que se presentan en igualdad pese a las diferencias abismales de los ámbitos de aplicación.

25 Colisión entre las competencias decisorias que tiene el titular de un órgano administrativo y sus intereses privados, familiares o de otro orden, que pueden afectar a la objetividad de las decisiones que adoptan. El conflicto de intereses determina ordinariamente el deber de abstención en la toma de decisiones, o incluso la incompatibilidad para mantener la titularidad de un determinado cargo.

26 Distíngase de la siguiente manera; conflicto de intereses aparente es aquel que se produce cuando los intereses privados de un empleado público o beneficiario son susceptibles de comprometer el ejercicio objetivo de sus funciones u obligaciones, pero finalmente no se encuentra un vínculo identificable e individual con aspectos concretos de la conducta, el comportamiento o las relaciones de la persona (o una repercusión en dichos aspectos).
El Conflicto de intereses potencial, surge cuando un empleado público o beneficiario tiene intereses privados de tal naturaleza, que podrían ser susceptibles de ocasionar un conflicto de intereses en el caso de que tuvieran que asumir en un futuro determinadas responsabilidades oficiales. Por último, el conflicto de intereses real implica un conflicto entre el deber público y los intereses privados de un empleado público o en el que el empleado público tiene intereses personales que pueden influir de manera indebida en el desempeño de sus deberes y responsabilidades oficiales. En el caso de un beneficiario implicaría un conflicto entre las obligaciones contraídas al solicitar la ayuda de los fondos y sus intereses privados que pueden influir de manera indebida en el desempeño de las citadas obligaciones.

2. PLAN DE RECUPERACIÓN, TRANSFORMACIÓN Y RESILIENCIA DEL REINO DE ESPAÑA

España, por imperativo de la Unión Europea para poder hacer uso de la financiación, aprueba el Plan de Recuperación, Transformación y Resiliencia nacional (Plan de RTR)[27], en él incluye los sistemas y medidas concretas para prevenir, detectar y corregir los conflictos de intereses, la corrupción y el fraude, así como para evitar la doble financiación con procedencia del Mecanismo aprobado por la Unión, en julio de 2021[28]. De las exigencias del Plan de RTR nacen obligaciones de sistemas de control y a través de la Orden HFP/1030/2021 de 29 de septiembre, se configura el sistema de gestión, cursando obligaciones para todas las entidades en el artículo 6, que en su apartado primero genera la obligación de los Planes de Medidas antifraude que nos llevan estas líneas.

El referido plan español detalla una agenda de inversiones y de reformas específicas con metas, objetivos, indicadores, seguimiento y control. A través de la página web creada al efecto se pueden consultar la progresión de inversiones, las convocatorias solicitadas, resueltas y otorgadas, así como el crédito presupuestario asignado. El plan estructurado en cuatro ejes transversales busca incidir en los sectores productivos con mayor capacidad de trasformación. Todos los proyectos se llevan a cabo bajo la publicidad legalmente convenida a través de convenios, licitaciones y convocatorias. Tengo

27 El Gobierno de España cuenta con una página web en la que se contiene toda la información sobre el Plan Nacional de Recuperación, Transformación y Resiliencia y como se opera bajo la estrategia española para canalizar los fondos destinados por Europa a reparar los daños provocados por la crisis del COVID-19 y, a través de reformas e inversiones, construir un futuro más sostenible. Consultar en: https://planderecuperacion.gob.es. El presente Plan de Recuperación, Transformación y Resiliencia, como instrumento fundamental para el desarrollo de los fondos europeos de recuperación *Next Generation EU*, supone el impulso más importante de la reciente historia económica de España; se centra en la primera fase de ejecución y detalla las inversiones y reformas en el período 2021-2023, movilizando casi 70.000 millones de euros de transferencias del Mecanismo de Recuperación y Resiliencia con el fin de impulsar la recuperación y lograr el máximo impacto contra-cíclico. A partir de 2022 se irán movilizando los créditos asignados a España para financiar, en particular, inversiones y reformas de magnitud variable, así como para completar el conjunto de programas de inversión más allá de 2023. El Plan de Recuperación, Transformación y Resiliencia se concibe como un proyecto de país que traza la hoja de ruta para la modernización de la economía española, la recuperación del crecimiento económico y la creación de empleo, tras la crisis del COVID-19, así como para preparar al país para afrontar los retos del futuro. Las medidas que recoge el Plan cumplen con los seis pilares establecidos por el Reglamento del Mecanismo de Recuperación y Resiliencia, y se articulan alrededor de cuatro ejes principales: la transición ecológica, la transformación digital, la cohesión social y territorial y la igualdad de género.

28 Resolución de 29 de abril de 2021, de la Subsecretaría, por la que se publica el Acuerdo del Consejo de ministros de 27 de abril de 2021, por el que aprueba el Plan de Recuperación, Transformación y Resiliencia. BOE» núm. 103, de 30 de abril de 2021.

en cuenta el lector que el Plan abarca muchas circunstancias que van allá de la mera prevención, detección o corrección del fraude, sino que su complejidad es mucho mayor pues sus fines son más complejos entrelazándose con la Agenda 2030, los Objetivos de Desarrollo Sostenible y la Agenda del Cambios a través de unos objetivos convenientemente pactado y aprobados.

La gestión de los fondos Next Generation obliga a las unidades ejecutoras a garantizar los principios de integridad pública, en el caso de España, a través de la Orden HPF/1031/2021 en la que se establece la obligación de disponer del citado Plan de Medidas Antifraude en el plazo inferior a noventa días desde la entrada en vigor o desde que se tenga conocimiento de la participación en la ejecución del Plan de Recuperación, Transformación y Resiliencia.

III. LOS PLANES DE MEDIDAS ANTIFRAUDE: UN MODELO GENERAL

Los Planes Antifraude tienen como objetivo establecer los principios y las normas que serán de aplicación y observancia en materia antifraude, anticorrupción y a fin de evitar los conflictos de intereses en relación con los fondos provenientes del MRR. Para ello, se promoverá una cultura que ejerza un efecto disuasorio para cualquier tipo de actividad fraudulenta, haciendo posible, no solo su prevención y detección, sino también desarrollando unos procedimientos que faciliten la investigación del fraude y de aquellos delitos que se puedan derivar y que estén relacionados con el mismo, que permitan garantizar que tales casos se abordan de forma adecuada y en el momento preciso. Por todo ello, los Planes de Medidas Antifraude se configuran bajo la enunciación de las medias que permitan garantizar la utilización correcta y acorde a las normas de los fondos del Plan Nacional de Recuperación, Trasformación y Resiliencia, en cumplimiento de las obligaciones que se derivan el artículo 22 del Reglamento del MRR. De la aprobación de los Planes de Medias Antifraude se debe encargar el órgano o autoridad decisoria o ejecutora que, la Orden, sin identificar a las mismas, recomienda[29]. Estos planes se formulan bajo la premisa de preparar a las Administraciones que reciban Fondos del Plan, obligando al cumplimiento de los intereses financieros de la Unión.

La finalidad de estos planes no es otra que preparar a las Administraciones para la implementación de mecanismos internos de control. Algo similar a los conocidos *compliance* en las empresas privadas[30] que se centran en

29 En el caso de la Administración Local que sean los máximos órganos o autoridades de gobierno de la respectiva Entidad Local, respetando a las unidades y órganos administrativos con relación a competencias en materia de organización de las diferentes unidades. Artículo 4.1.a) Ley 7/1985, de 2 de abril, Reguladora de las Bases del Régimen Local.

30 El término proviene del mundo jurídico anglosajón y se desarrolló en el marco de la auto-

garantizar el cumplimiento normativo. Con ellos se garantiza la protección de los intereses de la Unión y la no exoneración de la responsabilidad en la gestión de fondos económicos públicos.

1. CONTENIDO DEL PLAN DE MEDIDAS ANTIFRAUDE

Los contenidos de los Planes de Medidas Antifraude se establecen en la Orden HFP/1030/2021 y son, la evaluación del riesgo del fraude, la cumplimentación de la Declaración de Ausencia de Conflictos de Intereses, y un procedimiento para abordar los conflictos de intereses sin señalar medidas concretas de prevención, ni de detección, aunque siempre garantizando los intereses de la Unión[31]. No obstante, de conformidad con el artículo 6.5 de la Orden precedente, el «Plan de medidas antifraude» deberá cumplir los siguientes requerimientos mínimos:

- «Aprobación por la entidad decisora o ejecutora, en un plazo inferior a 90 días desde la entrada en vigor de la Orden HFP/1030/2021 o, en su caso, desde que se tenga conocimiento de la participación en la ejecución del PRTR».
- «Estructurar las medidas antifraude de manera proporcionada y en torno a los cuatro elementos clave del denominado «ciclo antifraude»: prevención, detección, corrección y persecución».
- «Prever la realización, por la entidad de que se trate, de una evaluación del riesgo, impacto y probabilidad de riesgo de fraude en los procesos clave de la ejecución del PRTR y su revisión periódica, bienal o anual según el riesgo de fraude y, en todo caso, cuando se haya

---

rregulación de las corporaciones privadas. Tras los escándalos políticos y financieros de los años 80' y 90', que dieron lugar a leyes que exigen a las empresas una mayor transparencia y rendición de cuentas, se consolida como herramienta de prevención de sobornos a funcionarios y políticos. En la actualidad, sin embargo, ha adquirido una dimensión mayor destinada no solo a la prevención de sobornos, sino a la prevención de los riesgos de la actividad empresarial y delitos que puedan ser cometidos en el marco de la actividad empresarial. Desde una perspectiva integral los programas de compliance son expresión de la cultura empresarial y de una cultura de la legalidad. Tras analizar los distintos aspectos jurídicos inherentes al compliance, se concluye que la cultura empresarial no puede existir sin tener como punto de partida el cumplimiento del Derecho. *Vid.* Bacigalupo Saggese, S., «Compliance, Eunomia», en *Revista Cultura de la Legalidad*, núm. 21, 2021, págs. 260-276.

31 *Vid.* Silva Sánchez, J. (Dir.), *Criminalidad de empresa y compliance. Prevención y reacciones corporativas,* Atelier, Barcelona, 2014. En este mismo sentido, *Cfr.* Moreno García, P., «Obligaciones y retos en la creación de planes antifraude en las entidades locales: repercusiones de la Orden HFP/1030/2021, de 29 de septiembre», en *Consultor de los Ayuntamientos y de los Juzgados: Revista Técnica Especializada en Administración Local y Justicia Municipal*, núm. 12, 2021.

detectado algún caso de fraude o haya cambios significativos en los procedimientos o en el personal».

- «Definir medidas preventivas adecuadas y proporcionadas, ajustadas a las situaciones concretas, para reducir el riesgo residual de fraude a un nivel aceptable».
- «Prever la existencia de medidas de detección ajustadas a las señales de alerta y definir el procedimiento para su aplicación efectiva».
- «Definir las medidas correctivas pertinentes cuando se detecta un caso sospechoso de fraude, con mecanismos claros de comunicación de las sospechas de fraude».
- «Establecer procesos adecuados para el seguimiento de los casos sospechosos de fraude y la correspondiente recuperación de los Fondos de la UE gastados fraudulentamente».
- «Definir procedimientos de seguimiento para revisar los procesos, procedimientos y controles relacionados con el fraude efectivo o potencial, que se transmiten a la correspondiente revisión de la evaluación del riesgo de fraude».
- «Específicamente, definir procedimientos relativos a la prevención y corrección de situaciones de conflictos de interés conforme a lo establecido en los apartados 1 y 2 del artículo 61 del Reglamento Financiero de la Unión Europea. En particular, deberá establecerse como obligatoria la suscripción de una DACI por quienes participen en los procedimientos de ejecución del PRTR, la comunicación al superior jerárquico de la existencia de cualquier potencial conflicto de intereses y la adopción por este de la decisión que, en cada caso, corresponda».

El documento de la Declaración de Ausencia de Conflicto de Intereses (DACI) es de obligado cumplimiento para los órganos gestores y evaluar con ello el riesgo del fraude. No obstante, la elección de las medidas de prevención y de detección quedan a juicio de la entidad atendiendo a las especiales características de cada una de ellas y poniendo en valor los intereses de la Unión. Además de ese contenido obligatorio, con el fin de que existe un modelo homogenizado y armónico y pese a que se puede establecer medidas adicionales en atención a las características concretas de la entidad, en el Anexo III.C. se referencian posibles medidas de prevención, detección y corrección del fraude, corrupción y conflicto de intereses como modelo de muestra y orientación y en el Anexo II.B.5. los estándares mínimos de los cuestionarios de autoevaluación, dejando libertad en la ampliación. Los resultados de los mismos serán de necesidad para la evaluación en sucesivas circunstancias ya que los planes deben ser actualizados de manera periódica[32].

32 Artículo 6.5.c) de la Orden HFP/1030/2021.

Cada uno de los planes de medidas antifraude se circunscribe a un ámbito de aplicación, es decir, cada plan es válido solamente para el ente u organismo que lo aprueba. Aunque los requisitos básicos serán iguales, las medidas concretas tendrán que adecuarse a la idiosincrasia de cada uno. Sin embargo, y poniendo de ejemplo un pequeño municipio, estos se aplicarán a los actores del ámbito municipal o que tengan relación con la gestión, ejecución o destino de los fondos europeos, esto son, los responsables públicos municipales, ya sean representantes políticos o cargos ejecutivos, así como, en su caso, personal eventual. Los empleados públicos municipales que realizan tareas de gestión, control y pago, así como cualquier otro agente en el que hayan delegado o encomendado, así como externalizado, alguna o algunas de esas tareas. Los asesores externos, profesionales o miembros de comisiones o grupos de trabajo que participen en la preparación o trabajos preliminares de procesos de contratación pública o de subvenciones o ayudas, así como en la elaboración de estudios o dictámenes, que puedan incurrir en conflicto de intereses y los beneficiarios privados, socios, contratistas y subcontratistas, cuyas actuaciones sean financiadas con fondos, que puedan actuar a favor de sus propios intereses, pero en contra de los intereses financieros de la Unión, en el marco de un conflicto de intereses.

2. PROCEDIMIENTO DE APROBACIÓN DEL PLAN

Con base a todo lo anteriormente expuesto y analizada la normativa de aplicación, principalmente la Orden HFP/1030/2021, así como otros documentos sin carácter normativo pero con un gran valor aclaratorio, podemos esgrimir que para aprobar un plan, se deben seguir las siguientes pautas. En primer lugar, se deberá designar una Comisión Antifraude, que será la responsable del diseño de la estrategia de lucha contra el fraude sobre la que se elaborará el «Plan de medidas antifraude» del Ayuntamiento, de la elaboración del mismo, su seguimiento, actualización y evaluación de su resultado. En segundo lugar, una vez conformada la Comisión Antifraude, ésta deberá realizar el cuestionario de autoevaluación del riesgo de fraude que se recoge en el Anexo II.B.5 de la Orden 1030/2021. A la vista de los resultados de la autoevaluación del riesgo de fraude realizada por la Comisión, ésta diseñará las medidas necesarias que permitan prevenir, detectar, corregir y perseguir los intentos de fraude en base pudiendo tomar como ayuda y ejemplo lo contenido en la Orden. Una vez que la Comisión Antifraude esté conforme con el borrador del «Plan de medidas antifraude» se procederá a su aprobación por el alcalde o en mejor caso, a elevarlo al Pleno de la Corporación para su aprobación en ejercicio de las competencias reconocidas en la ley y atendiendo a la recomendación incluida en la Guía para la aplicación de medidas antifraude en la ejecución del PRTR publicada por el Servicio Nacional de Coordinación Antifraude. Dicho Plan aprobado por el Pleno del Ayuntamiento será remitido al Servicio Nacional de Coordinación Antifraude dependiente de la Intervención General de la Administración de Estado, aunque esto solo se trata de una recomendación del Servicio Nacional de Coordinación Antifraude, que ha establecido una dirección de correo electrónico para su realización y su objetivo es la elaboración de la Estrategia Nacional Antifraude en el ámbito de la protección de los intereses financieros de la Unión Europea frente al fraude, la corrupción y otras actividades ilegales. Además la Guía para la aplicación de medidas antifraude en la ejecución del PRTR publicada por el Servicio Nacional de Coordinación Antifraude establece que el contenido «Plan de medidas antifraude» deberá estar a disposición de la ciudadanía en la página web del ente y organismo que lo aprueba. Además, en función de la población, se crea la obligación de habilitar un canal de denuncias al trasponer en 2021 la directiva sobre *whistleblowers*[33] que debe estar alojado así mismo en la web para el acceso de la ciudadanía. Así mismo, tanto la Orden HFP/1030/2021 como la Guía para la aplicación de medidas antifraude en la ejecución del PRTR publicada por el Servicio Nacional de Coordinación Antifraude, exigen la publicación en las webs institucionales los anexos al Plan que son; los resultados del cuestionario de autoevaluación del riesgo de fraude que se recoge en el Anexo II.B.5 realizado por la Comisión Antifraude. El modelo oficial de Declaración de Ausencia de Conflicto de Intereses (DACI) aprobado por el Pleno. El Listado de Banderas Rojas detectadas y a evitar por el normal desarrollo institucional. El Código de Conducta y Ética de los representantes políticos, funcionarios y empleados públicos. La Declaración político-institucional de compromiso por el refuerzo de los mecanismos de integridad en la prevención y lucha contra las irregularidades administrativas, el fraude, la corrupción y los conflictos de intereses en la gestión, ejecución o destino de Fondos Europeos, que deberá ser aprobada.

IV. LOS REQUISITOS QUE COMPLEJIZAN EL CUMPLIMIENTO EN LAS ENTIDADES LOCALES

Los Entes Locales de zonas escasamente pobladas, que además representan un porcentaje significativamente elevado de la totalidad de los municipios, son precisamente los que más dificultades van a tener para poder beneficiarse de estos fondos. Lo anterior como consecuencia de que las unidades ejecutoras están obligadas a garantizar la integridad pública a través de la aprobación y aplicación de los Planes de Medidas Antifraude. Olvidando las generalidades y centrándonos en Ayuntamientos de municipios con escasa población, se conoce y se sabe que no cuentan con las infraestructuras no solo para realizar los planes, sino para quiera para poder solicitar y benefi-

33 Directiva (UE) 2019/1937 del Parlamento Europeo y del Consejo de 23 de octubre de 2019 relativa a la protección de las personas que informen sobre infracciones del Derecho de la Unión. *Cfr.* Aparisi Aparisi, M. C., «Y llegaron los planes antifraude, las entidades locales en el foco de atención», en *El Consultor de los Ayuntamientos, LA LEY*, núm. 4, Sección Presupuestos, contabilidad y control interno, abril 2022, p. 39.

ciarse de los fondos, empero les exigimos lo mismo[34]. La propia creación del plan ya es un requisito mayúsculo para los Entes Locales en los que las composiciones de los Ayuntamientos constan de una secretario-interventor funcionario (que no siempre y muchas veces compartido con otros tantos municipios) y una pequeña corporación municipal de entre tres y siete miembros.

La primera de las dificultades se despliega en la creación del propio plan, pues la competencia parece derivarse al alcalde o al titular de la dirección financiera en trasposición de la correspondencia del Nivel 1 (órganos gestores en la Administración General del Estado). Además, el alcalde es el componente para su aprobación en atención al artículo 21.1.s) de la LBRL puesto que no existe ninguna atribución expresa a otro responsable. Imagine el lector un alcalde de un pequeño municipio que no dispone de estudios y que tiene una edad avanzada y tiene no solo que generar el Plan, sino que además tiene que leer y comprender normativa jurídica europea y española, así como completar anexos y establecer medidas preventivas y de control[35]. Si bien, la Guía para la aplicación de medidas antifraude en la ejecución del PRTR publicada por el Servicio Nacional de Coordinación Antifraude no tiene valor normativo y no hay norma que establezca la competencia para la aprobación del «Plan de medidas antifraude», siguiendo dicha Guía todos los Entes Locales ejecutores del PRTR han considerado conveniente su aprobación por el Pleno del Ayuntamiento como máximo órgano de gobierno de la Entidad Local, empero, respecto a su aprobación o de creación, el panorama valorativo no cambia demasiado.

La siguiente dificultad, bien merece primero una aclaración. El cumplimiento de la normativa y de los modelos preventivos de la corrupción, el fraude, los conflictos de intereses, así como cualquier otro comportamiento al margen de la ley tienen, como obligación, que ser eliminados, no obstante, las exigencias en un pequeño municipio no pueden ser igual en una gran urbe, en cuestiones de conflictos de intereses, que una aplicación restrictiva de las conceptualizaciones y las interpretaciones de los marcos jurídicos parecen llevar a contrataciones fuera de dichos municipios[36]. Recuerde, en los pueblos pequeños donde las relaciones personales son más intensas y

34 *Vid.* Jiménez Asensio, R., «Integridad pública y prevención. A propósito del diseño y aplicación de las medidas de prevención en los planes antifraude en la gestión de fondos europeos», en Rego Vilar, S., *Auditoría y control de la respuesta al Covid-19 y de la implementación de la iniciativa Next Generation UE: XIV Encuentros Técnicos de los OCEX de Santiago de Compostela,* Thomson Reuters-Aranzadi, Cizur Menor, 2022, págs. 91-127.

35 Sirvan como ejemplos alcaldes como José Antonio Torres, alcalde Chercos (Almería) de 302 habitantes y que tiene 98 años, Sesén Pousa, alcalde en Beade (Orense) con 404 habitante y que tiene 83 años o Arturo Calvo de Villaseco de los Reyes (Salamanca) de 324 habitantes y que tiene 90 años.

36 García Hernandez, J., «Habemus plan antiraude en las entidades locales», en *Lefebre, el Derecho.com*, 2021. Disponible para su consulta en: https://elderecho.com/habemus-plan-antifraude-en-las-entidades-locales#671a7640249b5

es posible que se pueda dar más de un conflicto aparente y /o un conflicto potencial, pensemos que los Alcaldes y los concejales suelen tener relaciones familiares con contratistas del municipio, pues existen pocos habitantes y las relaciones suelen ser más estrechas y sin la pretensión de vaciar el significado de ambos preceptos cuanto menos induce a pensar que muchos contratos que se puedan celebrar en las pequeñas poblaciones podrían ser causa de un conflicto aparente y/ o potencial. Por ejemplo el suministro de la ferretería única en el pueblo o la compra de periódico en el kiosco pueden ser familiares de algún edil incluso del alcalde[37]. Por lo tanto estos conceptos son idóneos para las grandes poblaciones y ciudades donde se concentra la mayor parte de los fondos Next Generation[38].

El tercero de los grandes inconvenientes es la creación de los propios Comités Antifraude. Es cierto que la creación del mismo no es una cuestión obligatoria pero si es recomendable y además es una práctica completamente extendida. No obstante, de su no creación de derivaría la necesidad de nombrar a alguien para realizar el seguimiento del Plan y de las medidas, así como para darle cumplimiento, empero esta recomendación de conforma bajo el paraguas de un órgano colegiado, lo que nos lleva de nuevo a la necesidad del propio Comité Antifraude. Volvamos a los ejemplos del primer caso en el que la población de las corporaciones municipales es envejecida y sin conocimiento normativos. Hay que ser conscientes de que además en la mayoría de los municipios el personal cualificado contratado suele tratarse de una o a lo sumo dos personas. En una estructura de Ayuntamiento pequeña para que no tenga sentido la creación del comité podrían tratarse otras alternativas para velar por el cumplimiento del Plan. Sin embargo es altamente complejo armonizar posibles soluciones a un requerimiento que es más costumbre que legal y para el que tampoco existe una composición clara, sino simples recomendaciones y seguimiento de decisiones tomadas por otros entes[39]. Al final queda al arbitrio de cada corporación o en quien

37 Consultada el artículo 71.1.g de la Ley 9/2017, de 8 de noviembre, de Contratos del Sector Público -LCSP 2017, relativo a las prohibiciones de contratar, expresamente dispone que la prohibición se extiende igualmente, en ambos casos, a los cónyuges, personas vinculadas con análoga relación de convivencia afectiva, ascendientes y descendientes, así como a parientes en segundo grado por consanguineidad o afinidad de las personas a que se refieren los párrafos anteriores, cuando se produzca conflicto de intereses con el titular del órgano de contratación o los titulares de los órganos en que se hubiere delegado la facultad para contratar o los que ejerzan la sustitución del primero.

38 Aparisi Aparisi, M.C., «Y llegaron los planes antifraude, las entidades locales en el foco de atención», en *El Consultor de los Ayuntamientos, LA LEY*, núm. 4, Sección Presupuestos, contabilidad y control interno, abril 2022, p. 39. Además, en la guía práctica de declaración de conflicto de intereses elaborada por la OLAF, oficina europea de lucha contra el fraude, encontramos un ejemplo de conflicto de intereses.

39 La Orden HFP 1030/2021 establece como funciones orientativas del Comité antifraude, que no obligatorias: 1. Realizar o, en su caso, supervisar y aprobar la evaluación de riesgo. 2. Participar en la identificación de los indicadores de riesgo realizando una labor técnica,

deleguen la decisión de crear el comité o no y cuál es su composición. En la mayoría de los casos los comités están compuestos por personal en representación de la intervención municipal, de la contratación, de la gestión de fondos y de la asesoría jurídica, de todo punto utópico en el caso de los pequeños municipios que acaban necesitando contar con los representantes políticos a pesar de que el carácter del comité es técnico porque no se cuenta con más personal. Un ejemplo pueden ser los comités conformados por el secretario-interventor municipal, el alcalde y el teniente de alcalde o el concejal encargado de las materias propias. Quedo probado que es altamente complejo desarrollar las funciones del Comité antifraude por personal no formado o especializado en asuntos tan serios y complejos como la evaluación del riesgo, la detección de indicadores, el cumplimiento efectivo de la normativa, la resolución de expedientes, etcétera.

Si bien es cierto que las entidades locales no tienen más remedio que intentar adaptarse a las nuevas exigencias, cumpliendo con la obligación de aprobar los correspondientes planes antifraude, como efectivamente están

al objeto de concretar la planificación de controles a realizar en el ejercicio del control de gestión, primando los ámbitos en los que se observe un mayor riesgo. 3. Proponer al órgano competente la aprobación del Plan de medidas antifraude y su actualización periódica, proponiendo los indicadores de riesgo aplicables. 4. Velar por la comunicación al personal de la organización de la aprobación y actualización del propio Plan de medidas antifraude y del resto de comunicaciones que en relación con él y sus medidas deban realizarse. 5. Analizar los asuntos que reciba que pudieran ser constitutivos de fraude o corrupción y, en su caso, propuesta de elevación a órgano competente para su remisión a la institución que proceda de acuerdo con la tipología y alcance del presunto fraude o corrupción. 6. Validar los modelos de documentos necesarios para la prevención, detección, corrección y persecución del conflicto de intereses, el fraude y la corrupción y la documentación de las actuaciones relacionadas. 7. Proponer medidas correctoras y de mejora de los procedimientos relativos a la prevención, detección, corrección y persecución del conflicto de intereses, el fraude y la corrupción. 8. Evaluar la oportunidad de incorporar esta materia a través de cursos específicos en el Plan de Formación de la organización. 9. Abrir un expediente informativo ante cualquier sospecha de fraude, solicitando cuanta información se entienda pertinente a las unidades involucradas en la misma, para su oportuno análisis. 10. Resolver los expedientes informativos incoados, ordenando su posible archivo, en el caso de que las sospechas resulten infundadas, o la adopción de medidas correctoras oportunas si llegase a la conclusión de que el fraude realmente se ha producido. 11. Estudiar y dar respuesta a las denuncias recibidas que expongan conductas susceptibles de ser encuadradas en cualquiera de los supuestos de fraude o similares recogidos en este Plan (Canal/Buzón de Denuncias). 12. Suministrar la información necesaria a las entidades u organismos encargados de velar por la recuperación de los importes indebidamente recibidos por parte de los beneficiarios, o proponer la incoación de las consiguientes sanciones en materia administrativa y/o penal. 13. Evaluar y revisar los procedimientos de detección y corrección diseñados en este Plan de medidas antifraude. 14. En relación con los ámbitos de gestión con elevada carga de trabajo por razón del número de expedientes o características de los procedimientos, definir un sistema de muestreo suficiente, priorizando los riesgos asociados a sus actuaciones, proyectos y/o subproyectos, estableciendo criterios de muestreo; y en caso de detección de debilidades modificar los citados criterios, ampliando, en su caso, las muestras.

haciendo, deben sobre todo asegurarse, en aplicación de los planes o simplemente en aplicación de sus estándares habituales de cumplimiento, de gestionar adecuadamente los fondos europeos recibidos. La extensión de los planes de medidas antifraude —o de los correspondientes planes de integridad o cumplimiento— más allá de los límites temporales de la gestión de los fondos del PRTR debería valorarse en función de la eficacia que puedan demostrar y no en función de una sustitución irreflexiva de la cultura de la legalidad por la nueva cultura del cumplimiento[40].

V. UNA REFLEXIÓN

Las medidas preventivas y su potenciación desde la Unión Europea alejando las represivas y de persecución del primer foco es un avance que no es sencillo encontrar en el panorama normativo. Los fondos Next Generation, su desarrollo nacional normativo y a través del Plan Nacional de Recuperación, Trasformación y Resiliencia así como la obligatoriedad de aprobación de los Planes de Medidas Antifraude causan un claro avance en la lucha de las conductas de corrupción, fraude y conflictos de interés que pueden ser comportamientos ilícitos muy graves y que se resuelven a través de la intervención penal. No obstante, y a pesar de los avances y mejoras, estos Planes de Medidas Antifraude suponen un reto, a veces imposibles, para los pequeños Entes Locales como lo son los municipios de menos de cien o de quinientos habitantes, como ejemplo. La necesidad de participar en los fondos económicos provenientes de Europa obliga a la aprobación de unas medidas que dificultan el normal desarrollo de los ayuntamientos, cargando en última instancia a alcaldes y concejales de cuestiones alejadas de su comprensión. Las medidas contenidas en la Orden HFP 1030/2021 lejos de facilitar el desarrollo municipal y la mejora de la calidad de vida de los vecinos, obliga a las corporaciones municipales a un estrangulamiento difícil de salvar que lo es incluso para los expertos dada la complejidad normativa de la que se deriva y de las diferentes exigencias que nacen.

Es claro que la toma de decisiones, medidas, contratos, licitaciones y un largo etcétera acorde a la ley, no puede suponer una obligación insalvable para algunos entes. Si la práctica habitual de los Planes Antifraude y las comisiones *ha venido para quedarse* se necesita de un desarrollo normativo más extenso, en particular el caso español, que contemple la idiosincrasia especial del territorio y las diferentes formas de gobierno así como las limitaciones a las que están sometidos, favoreciendo la obtención de fondos públicos sin incurrir en prácticas ilegales. Esto puede reducirse creando planes de medidas desde organismos públicos o instituciones que respondan a

40 *Cfr.* DARNACULLETA GARDELLA, M.M., «Planes antifraude, integridad y compliance de las entidades locales», en *Anuario de Derecho Municipale*, núm. 16, 2022, Sección Estudios, págs. 47-76.

las especiales necesidades, conformando Comités Antifraude generales por zonas o formando al personal al servicio pues el acceso debe ser igualitario.

No podemos cargar de mayores trabas y exigencias a aquellos que más que intentar vivir, intentan ya sobrevivir.

VI. BIBLIOGRAFÍA

1. DOCTRINA CIENTÍFICA

Aparisi Aparisi, M.C., «Y llegaron los planes antifraude, las entidades locales en el foco de atención», en *El Consultor de los Ayuntamientos, LA LEY*, núm. 4, Sección Presupuestos, contabilidad y control interno, abril 2022.

Bacigalupo Saggese, S., «Compliance, Eunomia», en *Revista en Cultura de la Legalidad*, núm. 21, 2021.

Campos Acuña, M. C., «Las oportunidades de los fondos europeos Next Generation con los ODS y la integridad pública: planes antifraude en el plan de recuperación, transformación y resiliencia», en S. Regovilar, *Auditoría y control de la respuesta al Covid-19 y de la implementación de la iniciativa Next Generation UE: XIV Encuentros Técnicos de los OCEX de Santiago de Compostela*, Thomson Reuters-Aranzadi, Cizur Menor, 2022.

Darnaculleta Gardella, M. M., «Planes antifraude, integridad y compliance de las entidades locales», en *Anuario de Derecho Municipale*, núm. 16, 2022, Sección Estudios.

Galán Galán, A., «Los gobiernos locales ante el reto de los Fondos europeos de recuperación», en *Revista Catalana de Dret Públic*, núm. 63, 2021.

García Hernandez, J., «Habemus plan antiraude en las entidades locales», en *Lefebre, el Derecho.com*, 2021.

Iglesias Rey, P., La gestión de riesgos en la contratación pública de una entidad local. Los planes de medidas antifraude en los Fondos Next Generation EU, en *Consultor de los ayuntamientos y de los juzgados: Revista técnica especializada en administración local y justicia municipal*, núm. Extra 4, 2023.

Jiménez Asensio, R., «Integridad pública y prevención. A propósito del diseño y aplicación de las medidas de prevención en los planes antifraude en la gestión de fondos europeos», en Rego Vilar, S., *Auditoría y control de la respuesta al Covid-19 y de la implementación de la iniciativa Next Generation UE: XIV Encuentros Técnicos de los OCEX de Santiago de Compostela*, Thomson Reuters-Aranzadi, Cizur Menor, 2022.

Maranhao Costa, A., Maral Machado, B. y Zackseski, C. (Coords.), *A investigação e a persecução penal da corrupçao e dos delitos económicos. Uma pesquisa empírica no sistema de justiça federal*, Dados Internacionais de Catalogação na Publicação, Brasília- DF, 2016.

Marquez Cardenas, A. y González Payares, O., «La coautoría: delitos comunes y especiales, en *Diálogos de saberes; investigaciones y ciencias sociales*, núm. 28, 2008, págs. 29-50.

Moreno García, P., «Obligaciones y retos en la creación de planes antifraude en las entidades locales: repercusiones de la Orden HFP/1030/2021, de 29 de septiembre», en *Consultor de los Ayuntamientos y de los Juzgados: Revista Técnica Especializada en Administración Local y Justicia Municipal*, núm. 12, 2021.

Nieto Martín, A., «De la ética pública al Public Compliance: sobre la prevención de la corrupción en las administraciones públicas», en Nieto Martín, A. y Maroto Calatayud, M. (Dirs.), *Public Compliance. Prevención de la corrupción en administraciones públicas y partidos políticos,* Ediciones de la Universidad de Castilla-La Mancha, Cuenca, 2014.

Naciones Unidas, *Convención de la Organización de las Naciones Unidas contra la Corrupción (UNCAC)*, 2005.

Parra, J., «Ingeniería de procesos para enfrentar la corrupción y el fraude», en *Revista de Estudios de Políticas Públicas*, vol. 5, núm.1, diciembre 2018 - junio 2019.

Planchadell Gallardo, A., «Las víctimas en los delitos de corrupción (panorama desde las perspectivas alemana y española)», en *Estudios Penales y Criminológicos, vol. XXXVI, 2016.*

Ruggiero, V., *Delitos de los débiles y de los poderosos, ejercicios de anti-criminología,* Ad-Hoc, Buenos Aires, 2005.

Silva Sánchez, J. (Dir.), *Criminalidad de empresa y compliance. Prevención y reacciones corporativas,* Atelier, Barcelona, 2014.

Virgolini, J., *Crímenes excelentes. Delitos de cuello blanco, crimen organizado y corrupción,* Olejnik, Argentina, 2021.

Zúñiga Rodríguez, L., «La responsabilidad de las personas jurídicas como piedra de toque en la criminalidad organizada», en Hurtado Pozo, J. (Dir.), *Problemas actuales de Política Criminal-Anuario de Derecho Penal 2015-2016,* Pontificia Universidad Católica del Perú, Lima, 2018.

2. NORMATIVA

Directiva (UE) 2017/1371, del Parlamento Europeo y del Consejo, de 5 de julio de 2017, sobre lucha contra el fraude que afecta a los intereses financieros de la Unión a través del derecho penal.

Directiva (UE) 2019/1937 del Parlamento Europeo y del Consejo, de 23 de octubre de 2019 relativa a la protección de las personas que informen sobre infracciones del Derecho de la Unión.

Reglamento (UE, Euratom) 2018/1046, del Parlamento Europeo y del Consejo, de 18 de julio de 2018, sobre normas financieras aplicables al presupuesto general de la Unión.

Reglamento 2021/241, del Parlamento Europeo y del Consejo, de 12 de febrero, por el que se establece el Mecanismo de Recuperación y Resiliencia.

Ley Orgánica 10/1995, de 23 de noviembre, del Código Penal.

Ley 53/1984, de 26 de diciembre, de Incompatibilidades del Personal al Servicio de las Administraciones Públicas.

Ley 7/1985, de 2 de abril, reguladora de las Bases del Régimen Local.

Ley 38/2003, de 17 de noviembre, general de subvenciones.

Ley 19/2013, de 9 de diciembre, de transparencia, derecho de acceso a la información pública y buen gobierno.

Ley 3/2015, de 30 de marzo, reguladora del ejercicio del alto cargo de la Administración General del Estado.

Real Decreto 424/2017, de 28 de abril, por el que se regula el régimen jurídico del control interno en las entidades del Sector Público Local.

Ley 9/2017, de 8 de noviembre, de contratos del sector público.

Real Decreto 128/2018, de 16 de marzo, por el que se regula el régimen jurídico de los funcionarios de Administración Local con habilitación de carácter nacional.

Real Decreto-ley 36/2020, de 30 de diciembre, por el que se aprueban medidas urgentes para la modernización de la Administración Pública y para la ejecución del Plan de Recuperación, Transformación y Resiliencia.

Orden HFP 1030/2021, de 29 de septiembre, por la que se configura el sistema de gestión del Plan de Recuperación, Transformación y Resiliencia.

Resolución de 29 de abril de 2021, de la Subsecretaría, por la que se publica el Acuerdo del Consejo de ministros de 27 de abril de 2021, por el que aprueba el Plan de Recuperación, Transformación y Resiliencia.

CAPÍTULO XI

PRESTACIÓN Y GARANTÍA DE LOS SERVICIOS DE PROXIMIDAD CON UN CARÁCTER SOCIAL EN EL MEDIO RURAL DE CASTILLA Y LEÓN: MEDIDA IMPRESCINDIBLE FRENTE AL RETO DEMOGRÁFICO[1]

Luis Alfonso Hortelano Mínguez
Departamento de Geografía
Universidad de Salamanca

I. INTRODUCCIÓN

La Comunidad Autónoma de Castilla y León es la segunda región, tras el Principado de Asturias, que más población ha perdido desde comienzos del siglo XXI en un panorama nacional de ganancia de habitantes. A escala provincial, excepto Segovia y Valladolid, todas han padecido la caída demográfica e, incluso, varias se sitúan en los primeros lugares del ranking con mayor porcentaje de retroceso del padrón: Zamora, Palencia y León. En la

1 Esta aportación forma parte del proyecto derivado del Convenio firmado entre la Administración General de la Junta de Castilla y León y la Universidad de Burgos, con la colaboración Técnica de las Universidades de León, Salamanca y Valladolid, por el que se instrumenta la concesión directa de una subvención para la realización de actuaciones en materia de Dinamización Demográfica (31 de agosto de 2021).

actualidad, existe una asimetría, desde el punto de vista poblacional entre las provincias interiores y las periféricas respecto a la fachada marítima y las insulares, con visibilidad y arraigo social de las primeras a partir de la generalización de la expresión «*España vacía*»[2] y, posteriormente, con las referencias de «*España vaciada*» y «*España despoblada*». La denominada «segunda oleada de despoblación»[3] que ha contribuido de manera sustancial a la merma de los efectivos humanos se caracteriza por la marcha de la población joven cualificada, tanto de los pueblos del mundo rural como de las ciudades pequeñas e intermedias, incluso capitales de provincia, y de las cabeceras comarcales[4]. El destino de estos emigrantes son las grandes urbes y parte de las provincias litorales que ofrecen oportunidades de empleo y mayor diversificación de ofertas culturales. Las derivadas de la sangría humana se agudizan, con mayor o menor intensidad, con la reducción de los nacimientos, el incremento de la mortalidad, el elevado índice de envejecimiento, la masculinización, la desigual distribución geográfica de la población y el descenso de la densidad humana por debajo de los 10 hab./km^2 (umbral de la «*desertización demográfica*») en numerosas comarcas rurales. A estas fracturas, se contrapone un tibio flujo de población inmigrante extranjera y los movimientos pendulares urbano-rurales (habitantes temporales vinculados por trabajo, segunda residencia o recreación) en la fase post-productivista motivados por la «*globalización del campo*»[5] que conforman los aspectos a gestionar en los «*retos demográficos*» a corto y medio plazo en el territorio castellanoleonés[6].

Las propuestas dirigidas a hacer frente y mitigar la actual crisis demográfica, sobre todo, con el objeto de anclar a la población residente y atraer a nuevos vecinos hacia el medio rural pasan por garantizar la equidad y la calidad de la prestación de la cartera de servicios públicos esenciales con independencia de la situación específica de la zona geográfica y de la renta disponible[7]. Las manifestaciones de las comisiones políticas, los informes

---

2 Del Molino, S., *La España vacía. Viaje por un país que nunca fue*, Turner, Madrid, 2016.

3 González-Leonardo, M. y López-Gay, A. «Del éxodo rural al éxodo interurbano de titulados universitarios: la segunda oleada de despoblación», en *Ager. Revista de Estudios sobre Despoblación y Desarrollo Rural*, núm. 31, 2021, págs. 7-42.

4 González-Leonardo, M. y López-Gay, A. «Emigración y fuga de talento en Castilla y León», en *Boletín de la Asociación de Geógrafos Españoles*, 80, 2019, págs. 1-31.

5 Molina De La Torre, I. y Martínez Fernández, L. C., «La normativa de Ordenación del Territorio en áreas rurales de baja densidad demográfica: una revisión desde la Geografía», en *Polígonos, Revista de Geografía,* 26, 2014, págs. 277-320.

6 Hortelano Mínguez, L. A. «Visiones sobre el «reto demográfico» de la España interior despoblada, las múltiples miradas desde la prensa española», en Martínez Puche, A. y Amat Montesinos, X. (Dirs.), *Buenas prácticas y reto demográfico. Propuestas para afrontar procesos de despoblación desde la acción*, Aranzadi, Cizur Menor, 2024, págs. 113-138.

7 Domínguez Álvarez, J. L., Comunidades discriminadas y territorios rurales abandonados. Políticas públicas y derecho administrativo frente a la despoblación, Thomson Reuters-Aran-

académicos, las noticias en prensa y las demandas de la sociedad en general inciden en la urgencia de consensuar un modelo territorial que, desde la Ordenación del Territorio, consiga alcanzar la vertebración de la región y los máximos estándares de eficiencia de los servicios públicos: la estructura de atención sanitaria, la oferta educativa en su totalidad, la adecuación de los servicios sociales y asistenciales, la modernización de la seguridad, el sistema de transporte público, la dotación de las nuevas tecnologías y las telecomunicaciones para alcanzar la plena conectividad de banda ancha de alta velocidad (100 Mbps), etc. Así mismo, también se pone el acento en la necesidad de asegurar la prestación de los servicios de proximidad de gestión privada con un carácter social que refuerzan la cohesión en el mundo rural (las farmacias como centros sociosanitarios, los pequeños comercios en otro tiempo llamados «tiendas de ultramarinos», los bares y cafeterías, las oficinas bancarias, las estaciones de servicio, etc.) y porque juegan un papel estratégico en el bienestar de la población local.

El objetivo de esta investigación es analizar la realidad de la oferta territorial de los servicios privados con un fin social y recoger las propuestas que se están realizando para minimizar el impacto sobre las comunidades rurales de Castilla y León. El mantenimiento de estos servicios responde a la ley de la oferta y la demanda donde tiene que darse una rentabilidad económica al sector privado con el fin de asegurar su continuidad. La escasa productividad por falta de masa crítica de consumidores desalienta a los jóvenes para que se produzca un relevo generacional al frente de los negocios. Por estos motivos, las administraciones públicas, los responsables institucionales de estos servicios y las empresas están aplicando soluciones creativas y con las máximas condiciones favorables de cara a captar a emprendedores locales y foráneos[8]. El alma de los pueblos está supeditada a contar con establecimientos de servicios cotidianos que faciliten la vida y las relaciones de los vecinos, en muchas ocasiones personas mayores, dependientes, vulnerables y en situación de extrema soledad.

II. METODOLOGÍA

1. ESTADO DE LA CUESTIÓN

El estudio de los equipamientos, las infraestructuras y los servicios públicos esenciales en Castilla y León constituye uno de los aspectos clásicos aborda-

zadi, Cizur Menor, 2021.; Hortelano Mínguez, L. A. y Fernández Sangrador, L., «El papel de los servicios públicos básicos y con un fin social frente a los retos demográficos de Castilla y León», en Fernando Pablo, M. M. y Domínguez Álvarez, J. L. (Dirs.), Rural Renaissance: Territorio, precio y valor, Thomson Reuters-Aranzadi, Cizur Menor, 2023, págs. 155-176.

8 Hortelano Mínguez, L. A. «Propuesta de diseño y elaboración de la Estrategia Autonómica frente al Reto Demográfico de Castilla y León», en Fernando Pablo, M. M. y Domínguez Álvarez, J. L. (Dirs.), *Rural Renaissance: Acción, promoción y resiliencia*, Thomson Reuters-Aranzadi, Cizur Menor, 2022, págs. 147-164.

dos desde la ciencia geográfica desde múltiples perspectivas. Sin embargo, a raíz de la emergente preocupación por las nuevas dinámicas demográficas y las posibles medidas para ayudar a revertir las secuelas del progresivo vaciamiento del mundo rural, también se ha tornado la mirada sobre la sostenibilidad de los servicios de proximidad privados. Las reiteradas noticias publicadas en los medios de comunicación, sobre todo, a raíz de la pandemia de la Covid-19 han puesto el foco en el déficit del medio rural en relación a estos servicios que se vieron abocados al cierre y no volvieron a reabrir.

El principal enfoque de análisis está representado por la imbricación entre la localización y la gestión de los equipamientos y servicios públicos y la vertebración territorial en busca de su máxima operatividad administrativa[9]. La producción científica ha profundizado en esta interrelación y ha puesto de manifiesto las peculiaridades que congrega la Comunidad Autónoma de Castilla y León a la hora de diseñar ámbitos funcionales o geográficos homogéneos, «unidades operativas supramunicipales»[10], con el fin de fortalecer la calidad de los servicios. La malograda iniciativa de las Unidades Básicas de Ordenación del Territorio (UBOST), en el marco de la Ley 7/2013, de 27 de septiembre, de Ordenación, Servicios y Gobierno del Territorio de la Comunidad de Castilla y León, ha constatado que el asunto de definir un modelo territorial a escala intermedia o comarcal representa un problema arduo y desde el punto de vista político complejo en esta región[11].

Sin embargo, el mantenimiento en el medio rural de las iniciativas empresariales privadas con un enfoque de «servicios de carácter social» depende del relevo generacional y de la rentabilidad de los establecimientos. La disminución de la demanda por la reducción de los consumidores, el envejecimiento de los titulares y la competencia de las compras fuera de la localidad (en grandes superficies periurbanas o mediante comercio electrónico) o por la venta ambulante incide en el cese de estos negocios de carácter familiar. Además, la crisis económica del año 2008 y las consecuencias de la pandemia de la Covid-19 con las restricciones de entrada en los locales han influido en el retroceso de negocios en los pueblos. Recientemente, el contexto internacional actual

---

9 López Trigal, L. (Coord.), *La ordenación del territorio en Castilla y León*, Consejo Económico y Social, Informe a Iniciativa Propia IIP 6/02, Valladolid, 2002.; Bachiller Martínez, J. M. y Molina De La Torre, I., «La localización de equipamientos y servicios en el medio rural: claves para la articulación territorial de Castilla y León», en *Ería*, núm. 93, 2014, págs. 77-100.

10 Plaza Gutiérrez, J. I., «Ordenación y desarrollo del territorio en Castilla y León: análisis y valoraciones», en *Cuadernos Geográficos*, vol. 47, núm. 2, 2010, págs. 523-552.; Méndez García, B. y Morales Matos, G., «Reto demográfico y servicios esenciales: una propuesta metodológica para definir unidades operativas supramunicipales», en *Práctica urbanística: Revista mensual de urbanismo*, núm. 162, 2020.

11 Santos Y Ganges, L. y Peiret I Carrera, A., «Articulación regional y comarcas en Castilla y León: las Directrices de Ordenación del Territorio», en *Boletín de la Asociación de Geógrafos Españoles*, 32, 2001, págs. 177-190.

tampoco ayuda a la supervivencia de las tiendas rurales por la espiral inflacionista, la retracción del consumo por la guerra de Ucrania, la subida de los tipos de interés o el aumento de los costes energéticos. El cierre de la actividad de las farmacias, las tiendas de alimentación, las entidades bancarias, los bazares, los estancos o los bares dejan sin suministro de medicamentos, de comestibles o de dinero en efectivo a los vecinos y desaparece el único punto de encuentro de los residentes. Las soluciones y alternativas con el fin de mantener o reabrir locales destinados a estos servicios de proximidad son variadas, en muchas ocasiones, con una implicación directa de las instituciones públicas y con propuestas imaginativas por parte de la población local.

2. RECURSOS Y FUENTES

El estudio y análisis de los denominados servicios de proximidad, que cumplen una finalidad social a pesar de recaer sobre el sector privado, parte de la recopilación de los datos aportados por fuentes primarias y secundarias. Al tratarse de iniciativas empresariales, con la adscripción a uno de los epígrafes y subepígrafes de las ramas del sector Servicios determinados en la Clasificación Nacional de Actividades Económicas (CNAE-2009)[12] y que cada licencia tributa el Impuesto sobre Actividades Económicas (IAE), contamos en el Sistema de Información Estadística de Castilla y León (SIE) con la relación de las altas inscritas en las siguientes secciones de actividad en el año 2022 a nivel municipal:

- Sección G: Comercio al por mayor y al por menor. Reparación de vehículos de motor y bicicletas. Comercio al por menor, excepto de vehículos de motor y motocicletas. El epígrafe del comercio al por menor se desagrega en: frutas, verduras, hortalizas y tubérculos; carnes y despojos, de productos y derivados cárnicos elaborados y de huevos; pescados y otros productos de la pesca y de la acuicultura y de caracoles; pan, pastelería, confitería y similares y de leche y productos lácteos; vinos y bebidas de todas clases; labores del tabaco y productos alimenticios y bebidas en establecimientos autorizados.
- Sección G: Comercio al por mayor y al por menor. Reparación de vehículos de motor y bicicletas. Comercio al por menor de otros artículos en establecimientos especializados: Comercio al por menor de productos farmacéuticos en establecimientos especializados.
- Sección I: Hostelería. Servicios de comidas y bebidas. Las licencias seleccionadas corresponden al servicio en restaurantes, en cafeterías y en cafés y bares con y sin servicio de comidas.

12 Real Decreto 475/2007, de 13 de abril, por el que se aprueba la Clasificación Nacional de Actividades Económicas 2009 (CNAE-2009) (BOE n.° 102, de 28 abril 2007).

- Sección K: Actividades financieras y de seguros: banca, Cajas de Ahorro y otras instituciones financieras (Instituciones de crédito, Entidades de cambio de moneda y Otras entidades financieras).

Junto al registro de licencias empresariales del sector terciario, hemos utilizado las bases de datos en abierto aportadas por la administración regional y otras instituciones (por ejemplo, el Banco de España) que han servido para contrastar y completar la información. La consulta y extracción de los datos a escala municipal nos ha permitido, mediante la utilización del software Sistema de Información Geográfica (QGIS), la generación de la cartografía temática.

III. PRESTACIÓN DE LOS SERVICIOS DE PROXIMIDAD DE CARÁCTER SOCIAL

Los servicios de proximidad cumplen un cometido prioritario como proveedores de bienes de primera necesidad pero, al mismo tiempo, constituyen un factor de dinamización económica y generación de empleo. En esta coyuntura de crisis del medio rural, además se han erigido como puntos de encuentro, de socialización y de cohesión social de los vecinos de la localidad porque favorecen la interacción y anteponen el trato más personalizado.

El desconocimiento de la situación de estos servicios hace necesario un diagnóstico y un censo pormenorizado para comprender la realidad actual y la situación a corto plazo en las nueve provincias de Castilla y León. En numerosas ocasiones, la prensa regional se hace eco de las «zonas sombrías» por la escasez de servicios en muchas localidades, como en los Montes Torozos vallisoletanos o en el Campo de Peñaranda en Salamanca, y los vecinos tienen que recorrer más de 20 kilómetros para tener acceso a una farmacia, a un cajero automático o a una estación de servicio. Algunos alcaldes y concejales resignados viven en la «*metaCastilla* y León vaciada», una «España vaciada» dentro de la «España vaciada» y reiteran las quejas por la falta de servicios como los siguientes.

- Tienda tradicional de pueblo. Las tiendas minoristas de pueblo de comercio al por menor se han visto afectadas por la negativa dinámica demográfica (envejecimiento y despoblación). Las tiendas de cercanía cumplen un papel esencial en el tejido social del mundo rural pero, en la actualidad, muchas han cerrado y otras resisten convertidas en «tiendas de los olvidos» para compras de urgencia. En numerosos casos, los tenderos tienen que complementar las rentas con otras actividades para continuar con el negocio activo. Según el último análisis del sector, elaborado por la Junta de Castilla y León para abordar la Estrategia de Comercio Minorista y Rural de Castilla y León 2024-2027, existen 939 municipios sin ningún comercio de proximidad[13]. Unos años antes, el estudio de base del III Plan de

13 *Vid*. SANTIAGO, A., *Un millar de pueblos de la región carecen por completo de establecimientos comerciales* (El Norte de Castilla, 15 de abril de 2024).

Comercio 2016-2019 identificaba 733 municipios con carencia de tiendas asentados en 24 zonas con déficit comercial[14]. Hoy en día, algunas publicaciones estiman que existen un millar de municipios sin ningún local comercial al por menor (supermercado o alimentación en general). A pesar de la trascendencia que tienen en la vida cotidiana, se observa en los últimos años una tendencia sostenida de reducción del número de estos pequeños establecimientos.

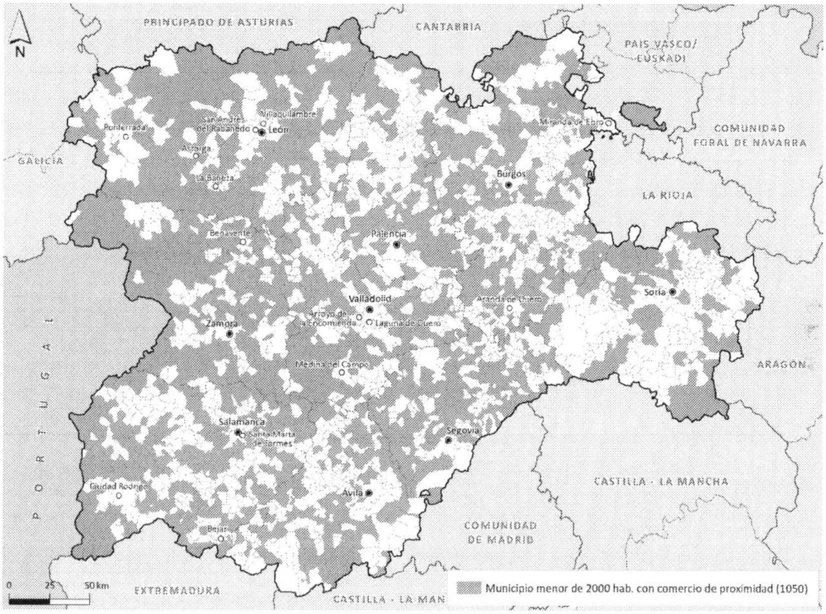

Mapa 1.- Distribución de la licencia de comercio al por menor en municipios de menos de 2.000 habitantes

- Establecimientos farmacéuticos. Las farmacias rurales se resienten por la dinámica demográfica negativa que deja a los municipios menguados de habitantes y la bajada de los precios de los medicamentos. Las boticas inviables denominadas farmacias de Viabilidad Económica Comprometida (VEC), más de 150 dispensarios en Castilla y León (25 % de las farmacias rurales), están al límite de la sostenibilidad a pesar de recibir ayuda por el índice corrector de facturación por parte de la administración regional. En el entorno rural, a medida que disminuye el tamaño de los municipios descienden los ingresos de los establecimientos farmacéuticos por venta de medicamentos. Las diferencias de facturación son muy amplias entre las ubicadas en micromunicipios rurales y las localidades por encima de los 2.000 habitan-

14 *Vid*. G. ROJO, S. *733 pueblos carecen de tienda y en el resto subsisten con compras mínimas de urgencia* (El Norte de Castilla, 3 de febrero de 2020).

tes. El cierre de la farmacia arrastra la pérdida de otras funciones que realizan los farmacéuticos, no sólo el abastecimiento y adecuado uso de los medicamentos, sino que va más allá al recomendar los primeros auxilios (solicitar consulta médica, ir a urgencias o permanecer en casa), el trabajo de prevención (por ejemplo, el cribado del cáncer de colon o del VIH, casos de violencia de género, alcoholismo, etc.), la implicación en la educación sanitaria, la preocupación por el bienestar de los pacientes (ayuda o compañía de personas vulnerables) y el resto de prestaciones asistenciales de estos facultativos.

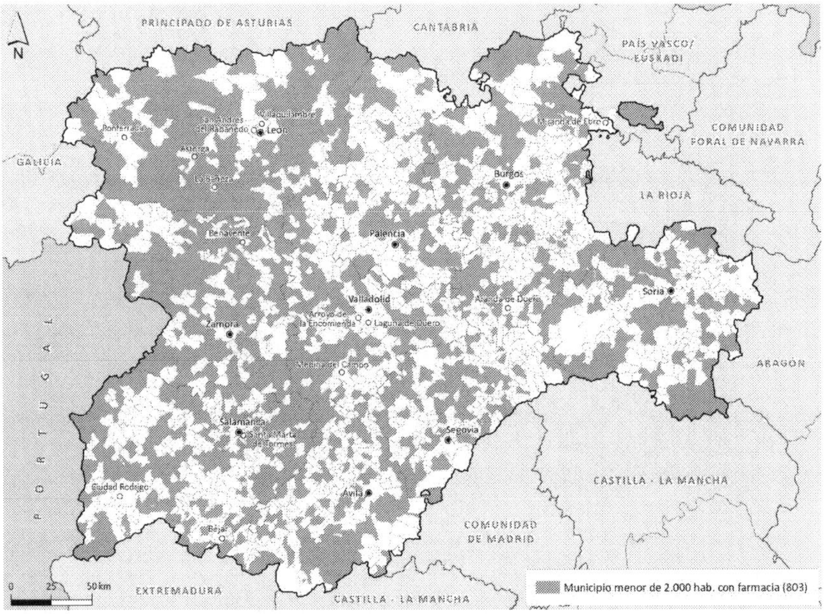

Mapa 2.- Distribución de establecimientos farmacéuticos en municipios de menos de 2.000 habitantes

- Bares, cafeterías y restaurantes. Los locales destinados a bares, cafeterías y restaurantes en los pequeños pueblos rurales van cesando el negocio por falta de clientela, de relevo generacional y de rentabilidad ante el aumento de los gastos fijos. Los bares cumplen varias funciones: favorecen la cohesión y la integración, fomentan la mayor disposición a participar en la vida municipal y contribuyen a la lucha contra la soledad no deseada y el aislamiento porque son el punto de encuentro de los vecinos a la hora de tomar algo, reunir a las cuadrillas de amigos y echar la partida por la tarde y charlar. Las numerosas opiniones de regidores municipales coinciden al sentenciar que un «pueblo sin bar es un pueblo muerto», un «pueblo sin bar es algo terrible» o «sin bar, el pueblo es un fantasma, la gente no se relaciona». La desaparición de bares, por la depresión demográfica y el envejecimiento rural, donde más afecta es a Castilla y León que presenta el mayor número de pequeños municipios y de habitantes sin acceso a estos establecimientos. Y, en el conjunto de las provincias españolas, sobresalen Burgos, Salamanca y Zamora en el ranking de poblaciones y de residentes sin un espacio de ocio de referencia. El papel social de los bares de los pequeños municipios (menos de 200 habitantes) fue reconocido en el Congreso de los Diputados con una propuesta para que fueran considerados entidades de economía social y pudieran recibir ayudas y exenciones fiscales.

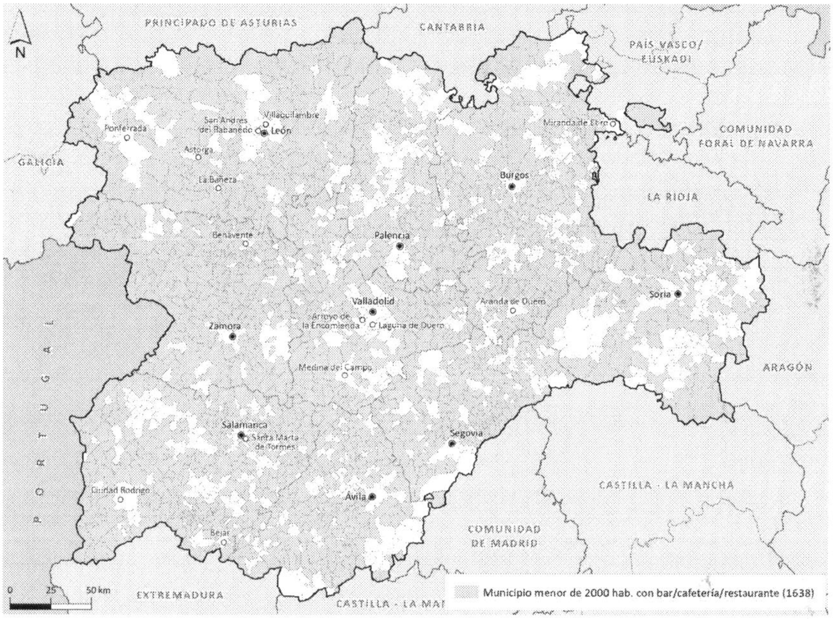

Mapa 3.- Distribución de bares, cafeterías y restaurantes en municipios de menos de 2.000 habitantes

- Entidades bancarias (Bancos, antiguas Cajas de Ahorros y cooperativas de crédito). El problema de la exclusión financiera (o apartheid financiero) en el mundo rural se agudizó a raíz de la crisis financiera y la reconversión de las Cajas de Ahorros, entre el año 2008 y 2015, al dejar sin este servicio a un amplio número de municipios. Según algunos estudios e informes[15], entre ambos años cerraron 17.000 oficinas bancarias (el 37 % de la red) y, principalmente, en entornos con población con problemas de cultura tecnológica. La lista de «zonas oscu-

15 Maudos, J., «El acceso a los servicios bancarios en España. El impacto de la reducción del número de oficinas», en *Mediterráneo económico*, 29, 2017, págs. 265-286.; Posada Restrepo, D. *Infraestructura del efectivo y vulnerabilidad en el acceso al efectivo en España*, Banco de España, Boletín económico, 3, 2021.

ras» con peores prestaciones del servicio bancario en el mundo rural está encabezada por Zamora, Segovia, Ávila, Palencia, Salamanca, León, Burgos, Soria y Teruel, prácticamente, todas las provincias de Castilla y León son vulnerables por falta de puntos tradicionales (oficinas y cajeros automáticos) y la distancia media al más próximo está a más de 10 km. Las causas de la ausencia de oficinas bancarias ha sido la despoblación pero, también, está detrás la necesidad de las entidades de minimizar costes, la baja rentabilidad bancaria y la digitalización de los servicios (gestiones a través del ordenador y teléfono móvil). Además, la irrupción de la pandemia de la Covid-19 ha acentuado el problema del ajuste de oficinas y el avance de la banca digital (pago con tarjeta, hacer Bizum, etc.) que dificulta la vida a una población envejecida. El colectivo más afectado por la reestructuración de la planta de sucursales, la clausura de los cajeros automáticos y la modificación de las condiciones de atención al público es el grupo etario de los mayores de 65 años por los problemas de moverse al punto más cercano y la carencia de competencias telemáticas. De este modo, la implantación de la banca digital redunda en la pérdida de calidad de vida en el mundo rural al cercenar el contacto personal en ventanilla, la transparencia y la seguridad. La presión social y la campaña «Soy mayor, no idiota», encabezada por los pensionistas, ha logrado que la asociación de la banca española anunciara un plan de choque para reducir el impacto de la transformación digital en los usuarios mayores.

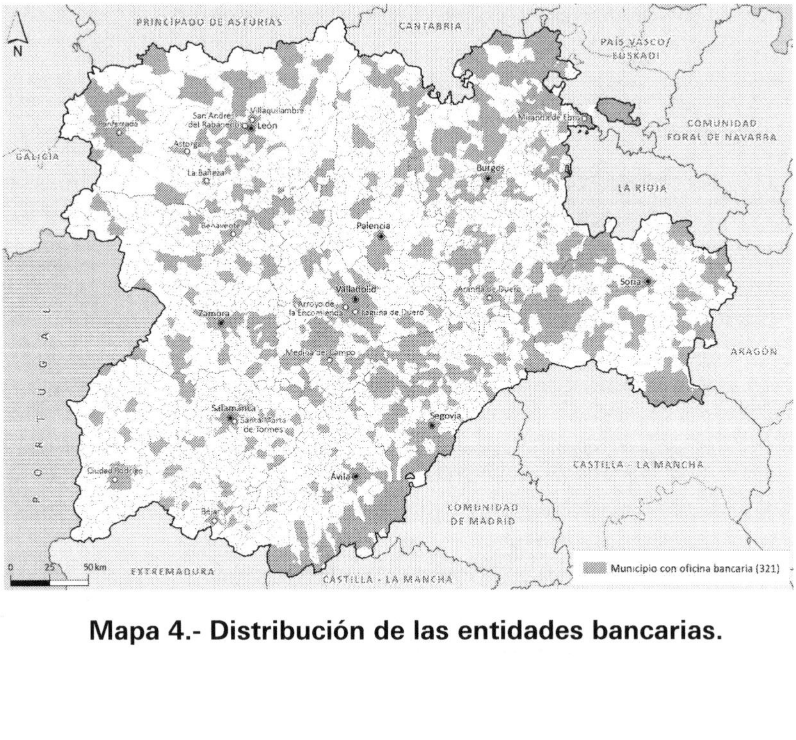

Mapa 4.- Distribución de las entidades bancarias.

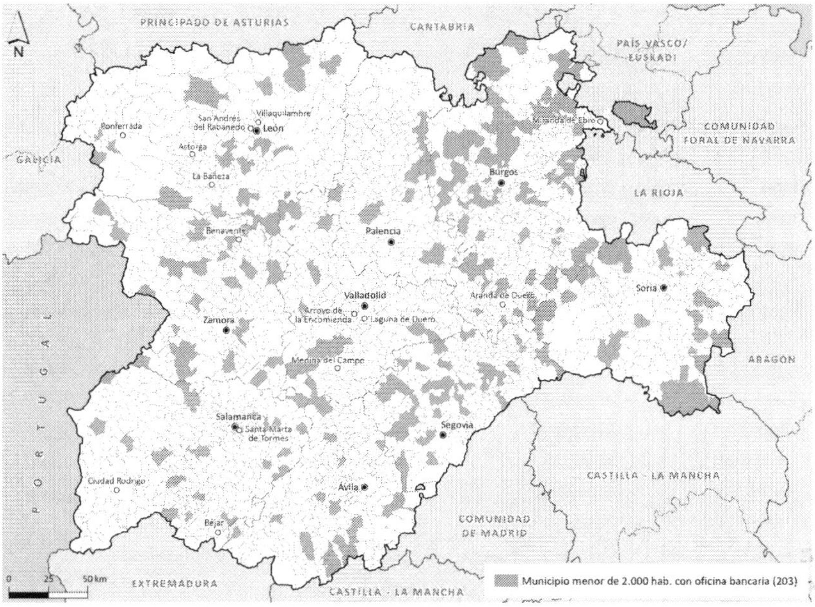

Mapa 5.- Distribución de las entidades bancarias en municipios de menos de 2.000 habitantes

IV. DEBATE Y ORIENTACIONES

La prestación de los servicios mínimos a los ciudadanos en la Comunidad Autónoma de Castilla y León resulta cara por el envejecimiento, por la escasa población residente y la dispersión geográfica de las entidades. En el caso de los servicios privados que cumplen una función social, se suma la baja rentabilidad económica (incremento del coste energético y de las materias primas) y la falta de relevo generacional en los negocios familiares, porque los jóvenes buscan otras oportunidades laborales y estilos de vida, que ponen en peligro la desaparición de profesionales y de oficios tradicionales (por ejemplo, el cierre de las tahonas para la fabricación y venta de pan y dulces caseros). Además, sufren la competencia de empresas de la misma rama que están ubicadas en la capital provincial, en los centros urbanos cercanos o en las cabeceras comarcales.

Las soluciones para incentivar el mantenimiento y la reapertura de estos establecimientos en el medio rural pasan por aplicar medidas específicas, como las ayudas directas por parte de las administraciones, la discriminación positiva en el pago de los impuestos, las compensaciones derivadas de los gastos corrientes y el impulso a las oportunidades de emprendimiento y sustitución generacional en estos negocios. En muchas ocasiones, las alternativas han surgido en el ámbito local desde los consistorios y juntas vecinales o por iniciativa de la población residente (Tabla 1).

Tabla 1. Soluciones y alternativas a la desaparición de «servicios de proximidad de carácter social»

ACTIVIDADES ECONÓMICAS	SOLUCIONES Y ALTERNATIVAS
Comercio al por menor	Venta ambulante o comercio no sedentario de productos alimenticios con horas y días establecidos Mercado semanal y ferias locales Acondicionamiento y alquiler de local destinado a establecimiento de venta de alimentos de propiedad municipal
Establecimientos farmacéuticos	Adscripción a una residencia de ancianos Botiquines dependientes de una farmacia Buzones en Consultorios médicos
Bares y cafeterías	Sin alquiler por el local municipal (incluida vivienda) Tasa simbólica (con o sin fianza) Autogestión y colaboración vecinal Empresas municipales Subvenciones institucionales
Entidades bancarias	Agentes financieros Ofibus u ofimóvil Cajeros de «marca blanca» Red de Oficinas de Correos Establecimientos comerciales Bibliocajeros y «cajero bus» Cajeros sociales

La alternativa más usual ante la falta de la tienda de alimentación (llamados generalmente colmados, ultramarinos o coloniales) es la venta ambulante o comercio no sedentario de productos básicos de primera necesidad (pan, fruta y verduras, pescado, carne, embutidos, lácteos y conservas) con camiones o furgonetas adaptadas. Las tiendas móviles junto a los mercadillos semanales y ferias locales son la salvación de muchos pueblos que no cuentan con la tienda minorista. Las principales bazas de éxito son los productos de calidad que acercan a los habitantes del medio rural y la confianza que transmiten a su clientela habitual. Finalmente, han surgido las iniciativas municipales con el fin de aliviar la ausencia de la venta detallista a partir del acondicionamiento y alquiler de un local orientado a convertirse en establecimiento comercial de productos cotidianos. Las condiciones de la licitación incluyen alquiler gratuito del espacio comercial con mobiliario y material informático y, en muchas ocasiones, ni gastos de luz y agua y acceso a una vivienda municipal con la obligación de empadronarse en el municipio.

Las administraciones públicas no ofrecen medidas alternativas al cierre de las farmacias (por quiebra, jubilaciones o traslados) y han surgido algunas alternativas de dudosa legalidad. La primera propuesta efectiva ha sido asociar las residencias de mayores de menos de cien camas con una farmacia de la zona. La provisión de medicamentos a residencias de personas mayores, con discapacidad o vulnerables con múltiples necesidades ha evitado la pérdida de este servicio en algunos pueblos. Otra posibilidad ha sido la apertura de botiquines adscritos a una farmacia que permite dispensar medicamentos uno o dos días por semana coincidiendo con la consulta médica de Atención Primaria. Por último, en algunas ocasiones, el servicio farmacéutico se presta mediante la dispensación en buzones situados en los Consultorios médicos o en otros lugares municipales.

Los remedios a la falta de locales de hostelería, como bares o cafeterías, han llegado de la mano de las corporaciones municipales y de las asociaciones vecinales. Los ayuntamientos han puesto a disposición de los emprendedores salones renovados para la apertura de un bar en condiciones ventajosas donde, a partir de una convocatoria pública y la firma del contrato, se ofrecen diversas ventajas: no se existe pago de alquiler, una tasa simbólica (con o sin fianza), la cofinanciación o el pago de los gastos corrientes de explotación (agua, calefacción y electricidad) o la posibilidad de residir en una vivienda municipal. Algunos establecimientos resisten mejor debido a que aúnan las ayudas municipales con una localización estratégica al lado de una carretera o por el paso de forasteros de fin de semana y vacaciones, por la gastronomía local o al encontrarse en puntos de atracción turística a pesar de sufrir la despoblación. Otra alternativa es la autogestión de los centros sociales, generalmente se trata de un local cedido por el Ayuntamiento, donde los vecinos o un encargado gestionan y reponen los productos y cada consumidor paga de forma responsable lo establecido por bebida o una cuota anual para cubrir todos los gastos. En otros casos, los ayuntamientos han creado una empresa municipal para gestionar y abrir las cantinas de las entidades locales con empleados públicos. Las empresas públicas permiten también a los consistorios hacerse cargo de otros servicios que no son atractivos para el sector privado. Por último, a las iniciativas locales se ha sumado la administración regional y las Diputaciones Provinciales con subvenciones para los municipios con una población inferior o igual a 200 habitantes que quieran abrir un bar o un centro de ocio y de convivencia social. La Junta de Castilla y León, a través de la Consejería de Presidencia, ha convocado una subvención para paliar los gastos de los suministros y de servicios de internet o plataformas audiovisuales de hasta 3.000 euros[16]. Algunas Diputaciones Provinciales[17], han lanzado un programa de ayudas destinadas a los consis-

16 EXTRACTO de la Orden de 18 de junio de 2024, de la Consejería de la Presidencia, por la que se efectúa convocatoria pública para la concesión de subvenciones a los municipios con población inferior a 200 habitantes para el mantenimiento de los centros de ocio y convivencia, con cargo a la Cooperación Económica Local General del año 2024 (BOC y L n.° 120, de 21 de junio de 2024).

17 El Plan de Ayudas a Establecimientos Hosteleros de la Diputación Provincial de Salamanca, tiene el objetivo de respaldar a los ayuntamientos que quieren abrir un bar. En la primera convocatoria que finalizó el 30 de abril de 2024 ha recibido 89 solicitudes. El

torios que quieran dotarse de un establecimiento de hostelería para costear las obras de adaptación del local municipal y la adquisición del mobiliario y de la maquinaría.

Finalmente, para paliar el abandono de las entidades bancarias del medio rural han surgido variadas propuestas a los canales tradicionales para mejorar el acceso de los vecinos al dinero en efectivo. Las medidas aplicadas por las entidades bancarias abarcan desde los Agentes financieros (*freelance* de gestión financiera) hasta las sucursales móviles («banca móvil») que se desplazan en autobús (ofibus u ofimóvil). Las unidades itinerantes se acercan un día por semana, según las rutas de cada entidad, con el objeto de que los habitantes puedan hacer las gestiones bancarias (retirar dinero en efectivo, actualizar la libreta, pago de recibos e impuestos, realizar transferencias, recargar el móvil o asesoramiento financiero). Los ayuntamientos respaldados bien por bancos o bien por empresas independientes (Euronet, Euro Automatic Cash —filial del Banco de Santander— y Cardtronics) especializadas en la gestión de cajeros han instalado en dependencias municipales cajeros de «marca blanca», que atienden tarjetas de todas las entidades bancarias, con una comisión de 1,35 euros por operación. El repliegue bancario ha dado paso a la opción de contar con dinero en efectivo en la red de Oficinas de Correos (servicio de Correos Cash), en establecimientos comerciales (Puntos Nickel en estancos, loterías y envío de dinero) y centros de ocio sin necesidad de que exista un cajero por su dispersión y capilaridad en el territorio. Al igual que ha ocurrido con los establecimientos hosteleros, las Comunidades Autónomas (Gobierno de Cantabria, Generalitat Valenciana a través de la Agencia Valenciana Antidespoblament —Avant— y Xunta de Galicia) y las Diputaciones Provinciales (por ejemplo, Almería, Badajoz, Guadalajara, Málaga o Valladolid) han presentado proyectos para instalar «cajeros sociales» en espacios públicos de pequeños pueblos sin sucursal bancaria. La Diputación Provincial de Salamanca, con la colaboración de la empresa Prosegur Cash, incorporó en noviembre de 2021 dos cajeros a los bibliobuses de forma piloto, denominados «Bibliocajeros», para combatir la «desertización financiera» con el único fin de que el usuario pueda obtener dinero en efectivo. El proyecto cuenta con algunas dificultades iniciales por la cobertura de internet de algunas zonas de la provincia, el agotamiento de las baterías de los autobuses y la demanda de mayor frecuencia por parte de los usuarios. Solventados los inconvenientes de los dos bibliocajeros, la entidad provincial quiere ampliar el servicio para cubrir el 80 % de los municipios sin cobertura bancaria, con la incorporación de un nuevo vehículo «Cajero bus». En esta misma línea, la Diputación de Valladolid ha puesto en marcha el 1 de marzo de 2023 los furgones de «Cajero móvil», gestionados por Prosegur

presupuesto de 300.000 euros ha dado para afrontar las solicitudes de 17 municipios y, ante la demanda, la institución provincial está estudiando una segunda convocatoria.

Cash, que recorren 20 rutas diarias para llegar a 175 municipios y cubre las necesidades en determinados eventos multitudinarios.

Figura 1.- El cierre de los establecimientos del comercio al por menor deja sin servicio de proximidad a la población residente. El Espinar (Segovia)

Figura 2.- Botiquín farmacéutico en El Bodón (Salamanca) con un horario de atención de lunes, miércoles y viernes de 12 a 14 horas.

Figura 3.- Bar municipal «Ruta 619» en alquiler con derecho a vivienda de Cevico Navero (Palencia)

Figura 4.- Instalación del cajero automático de «marca blanca» en Aldeaseca de la Armuña (Salamanca).

V. CONCLUSIONES

Las provincias de la Comunidad Autónoma de Castilla y León, a excepción de Segovia y Valladolid, se encuentran entre las más afectadas por la regresión demográfica derivada de la denominada «segunda oleada de despoblación» desde el inicio del siglo XXI. Las provincias del interior español no son capaces de retener a los jóvenes cualificados que prefieren los ecosistemas de éxito encabezados por las metrópolis que les ofrecen mayores oportunidades laborales y una variada oferta de cultura y ocio. A cambio, la huida de los jóvenes de estos territorios, deja un abanico de fracturas sociodemográficas, económicas y territoriales. Las secuelas demográficas se manifiestan en un índice de crecimiento natural negativo, una desarticulada estructura etaria, un elevado envejecimiento y una desproporcionada tasa de masculinidad. Las repercusiones en el ámbito económico inciden en la descompensación de la configuración de la actividad de la población, del mercado laboral, del poder de atracción de inmigrantes y del descenso del consumo. Por último, las derivadas en los aspectos territoriales surgen en la ampliación de las áreas en severo riesgo de despoblación (áreas con umbrales inferiores a 8 hab./km^2), la quiebra de la jerarquía de los asentamientos de población (rebajan el número de habitantes las cabeceras comarcales y núcleos intermedios) y el incremento de los movimientos pendulares urbano-rurales.

Las soluciones para paliar la actual crisis demográfica, sobre todo de los municipios rurales de estas provincias, pasan por la puesta en marcha de iniciativas en varios frentes al tratarse de un tema multiescalar, multidimensional, multisectorial y multidisciplinar[18] (Hortelano Mínguez, 2024). En el fondo subyace la idea de mejorar la calidad de vida de la población local y hacer más atractivo el mundo rural. Para alcanzar esta máxima es obligatorio garantizar la prestación y equidad de los servicios públicos esenciales con independencia del área geográfica y de la renta disponible de los habitantes. A esta demanda, en el último lustro a raíz de las consecuencias y restricciones de la pandemia de la Covid-19, se han sumado las reivindicaciones para mantener los negocios privados que cumplen un «servicio de proximidad», muchos con una vocación de carácter social, que contribuyen a la cohesión territorial y al bienestar de los residentes. Este grupo integra a las pequeñas tiendas de comercio al por menor, las farmacias, los establecimientos de hostelería (bares, cafeterías y restaurantes) y las oficinas de entidades bancarias y cajeros automáticos) que debido a la merma de consumidores, el envejecimiento, la escasa rentabilidad económica, la competencia de grandes superficies y del comercio electrónico y la falta de relevo generacional (en muchos casos son empresas familiares), están desapareciendo inexorablemente de los pequeños pueblos.

Las consecuencias adquiridas por la desaparición de estos establecimientos han creado una alarma en la sociedad que ha trascendido a la agenda política del Senado y del Congreso de los Diputados. Sin embargo, las medidas más creativas e inteligentes han llegado de la mano de las propias entidades locales (ayuntamientos y juntas vecinales) y de las plataformas y asociaciones cívicas necesitadas de soluciones a las necesidades de su vida cotidiana. De esta forma, han emergido alternativas exitosas, piloto y transferibles para

---

18 Hortelano Mínguez, L. A., «Visiones sobre el «reto demográfico» de la España interior despoblada, las múltiples miradas desde la prensa española», en Martínez Puche, A. y Amat Montesinos, X. (Dirs.), *Buenas prácticas y reto demográfico. Propuestas para afrontar procesos de despoblación desde la acción*, Aranzadi, Cizur Menor, 2024, págs. 113-138.

mitigar el impacto del cierre de estos servicios privados con una finalidad social. Las condiciones favorables para los emprendedores han permitido reabrir comercios de venta de ultramarinos; la dispensación de medicamentos en locales municipales destinados a botiquines; la reapertura de bares en dependencias públicas alquiladas a jóvenes; y la lucha contra la «exclusión financiera» mediante los cajeros de «marca blanca», las oficinas móviles o los «bibliocajeros». La agudización del problema ha conllevado la aparición de medidas imaginativas, en otros momentos impensables, pero que con voluntad política y de cooperación interinstitucional se abren paso. Queda camino por recorrer de cara al futuro en la búsqueda de otras propuestas más novedosas y de proyectos innovadores vinculados a las nuevas tecnologías aplicadas a cubrir el déficit de estos servicios (experiencias contra la soledad, servicios itinerantes, etc.). Sin duda, la sociedad demanda combatir el reto demográfico del medio rural de Castilla y León desde todos los frentes y exige mantener el alma a los pueblos con políticas públicas adecuadas.

V. BIBLIOGRAFÍA

Bachiller Martínez, J. M. y Molina De La Torre, I., «La localización de equipamientos y servicios en el medio rural: claves para la articulación territorial de Castilla y León», en *Ería*, núm. 93, 2014, págs. 77-100.

Baraja Rodríguez, E., «La despoblación, un fenómeno sociodemográfico todavía vigente en Castilla y León», en García, F. (Coord.), *La lucha contra la despoblación todavía necesaria. Políticas y estrategias sobre la despoblación de las áreas rurales en el siglo XXI*, Rolde de Estudios Aragoneses, Zaragoza, 2003.

Del Molino, S., *La España vacía. Viaje por un país que nunca fue*, Turner, Madrid, 2016.

Domínguez Álvarez, J. L., *Comunidades discriminadas y territorios rurales abandonados. Políticas públicas y derecho administrativo frente a la despoblación*, Thomson Reuters-Aranzadi, Cizur Menor, 2021.

Federación Española de Municipios y Provincias, *Documento de Acción. Listado de medidas para luchar contra la despoblación en España*, Madrid, 2017.

Goerlich, F. J.; Maudos, J. y Mollá, S., *Distribución de la población y accesibilidad a los servicios en España*, Madrid, Fundación Ramón Areces e Ivie, 2021.

González-Leonardo, M. y López-Gay, A., «Emigración y fuga de talento en Castilla y León», en *Boletín de la Asociación de Geógrafos Españoles*, 80, 2019, págs. 1-31.

González-Leonardo, M. y López-Gay, A., «Del éxodo rural al éxodo interurbano de titulados universitarios: la segunda oleada de despoblación», en *Ager. Revista de Estudios sobre Despoblación y Desarrollo Rural*, núm. 31, 2021, págs. 7-42.

Hortelano Mínguez, L. A., «Estrategias para atajar la despoblación en Castilla y León: políticas de cohesión y redes de cooperación», en Martínez Puche, A. (Coord.), *Sostenibilidad en los Espacios Rurales. Proyectos europeos, herramientas participativas, experiencias municipales y territoriales en España*, Universidad de Alicante, Alicante, 2008, págs. 63-86.

Hortelano Mínguez, L. A., «Propuesta de diseño y elaboración de la Estrategia Autonómica frente al Reto Demográfico de Castilla y León», en Fernando Pablo, M. M. y Domínguez Álvarez, J. L. (Dirs.), *Rural Renaissance: Acción, promoción y resiliencia*, Thomson Reuters-Aranzadi, Cizur Menor, 2022, págs. 147-164.

Hortelano Mínguez, L. A., «Visiones sobre el «reto demográfico» de la España interior despoblada, las múltiples miradas desde la prensa española», en Martínez Puche, A. y Amat Montesinos, X. (Dirs.), *Buenas prácticas y reto demográfico. Propuestas para afrontar procesos de despoblación desde la acción*, Aranzadi, Cizur Menor, 2024, págs. 113-138.

Hortelano Mínguez, L. A. y Fernández Sangrador, L., «Los servicios esenciales, puntos clave del reto demográfico en la «raya hispanolusa» de Castilla y León», en Martín Jiménez, M. I., Plaza Gutiérrez, J. I. y Ramos Pérez, D. (Coords.), *XVII Coloquio Ibérico de Geografía. Nuevas fronteras y nuevos horizontes en la Geografía Ibérica: políticas y transformaciones territoriales*, Asociación Española de Geografía (AGE), 2022, págs. 450-461.

Hortelano Mínguez, L.A. y Martín Jiménez, M.I., «El reto demográfico del sector central de la raya hispano-portuguesa: visibilidad del problema y trasferencia de soluciones», en Martínez Cárdenas, R. et al., *Leyendo el territorio. Homenaje a Miguel Ángel Troitiño*, Universidad de Guadalajara, México, 2022, págs. 522-533.

Hortelano Mínguez, L. A. y Fernández Sangrador, L., «El papel de los servicios públicos básicos y con un fin social frente a los retos demográficos de Castilla y León», en Fernando Pablo, M. M. y Domínguez Álvarez, J. L. (Dirs.), *Rural Renaissance: Territorio, precio y valor*, Thomson Reuters-Aranzadi, Cizur Menor, 2023, págs. 155-176.

López Trigal, L., (Coord.), *La ordenación del territorio en Castilla y León*. Consejo Económico y Social, Informe a Iniciativa Propia IIP 6/02, Valladolid, 2002.

MARTÍN JIMÉNEZ, M.I.; HORTELANO MÍNGUEZ, L.A. y PLAZA GUTIÉRREZ, J.I., «Cooperación territorial y gobierno del territorio en Castilla y León», en *Estudios Geográficos*, vol. 68, núm. 263, 2007, págs. 547-574.

MARTÍNEZ FERNÁNDEZ, L. C. y DELGADO URRECHO, J. M., «Población, administración y territorio en Castilla y León: desequilibrios y desafíos del modelo de poblamiento», en *Ería*, 90, 2013, págs. 5-30.

MAYA FRADES, A., «La despoblación rural y sus consecuencias sobre los medios geográficos de Castilla y León», en RODRIGUEZ OTERO, H. (Coord.), *Agricultura y Medio Ambiente*, Fundación MonteLeón, Madrid, 2002.

MAUDOS, J., «El acceso a los servicios bancarios en España. El impacto de la reducción del número de oficinas», en *Mediterráneo económico*, 29, 2017, págs. 265-286.

MÉNDEZ GARCÍA, B. y MORALES MATOS, G., «Reto demográfico y servicios esenciales: una propuesta metodológica para definir unidades operativas supramunicipales», en *Práctica urbanística: Revista mensual de urbanismo*, núm. 162, 2020.

MOLINA DE LA TORRE, I., *Medio rural y ordenación del territorio en Castilla y León. Evolución y principios para una política de ordenación territorial en las áreas rurales de Castilla y León*, Fundación Perspectivas de Castilla y León, Valladolid, 2012.

MOLINA DE LA TORRE, I. y MARTÍNEZ FERNÁNDEZ, L. C., «La normativa de Ordenación del Territorio en áreas rurales de baja densidad demográfica: una revisión desde la Geografía», en *Polígonos, Revista de Geografía,* 26, 2014, págs. 277-320.

MOLINERO HERNANDO, F., «Dinámica, discursos, valores y representaciones: la diferenciación del espacio rural», en *Espacios rurales y retos demográficos. Una mirada desde los territorios de la despoblación*, Grupo de Geografía Rural de la Asociación Española de Geografía, Madrid, 2021, págs. 7-37.

MORALES MATOS, G.; MÉNDEZ GARCÍA, B. PLAZA GUTIÉRREZ, J.I., «Castilla y León. Las comarcas como base operativa y para una eventual reducción municipal: el caso práctico de Burgos», en *Práctica urbanística: Revista mensual de urbanismo*, 177, 2022.

POSADA RESTREPO, D., *Infraestructura del efectivo y vulnerabilidad en el acceso al efectivo en España*, Banco de España, Boletín económico, 3, 2021.

PLAZA GUTIÉRREZ, J.I., «Ordenación y desarrollo del territorio en Castilla y León: análisis y valoraciones», en *Cuadernos Geográficos*, vol. 47, núm. 2, 2010, págs. 523-552.

Santos y Ganges, L. y Peiret i Carrera, A., «Articulación regional y comarcas en Castilla y León: las Directrices de Ordenación del Territorio», en *Boletín de la Asociación de Geógrafos Españoles*, 32, 2001, págs. 177-190.

CAPÍTULO XII

ATENCIÓN MÉDICA RURAL INTELIGENTE, ¿UNA SOLUCIÓN A LA PRECARIEDAD DE LAS BATAS BLANCAS?

José Sánchez Hernández

Asesor de la Presidencia del Consejo Consultivo de Castilla y León

I. INTRODUCCIÓN

El acceso limitado a los recursos sanitarios representa uno de los desafíos más significativos para nuestra comunidad rural, pues, bajo un *totum revolutum*, la escasez de médicos de familia, la insuficiente atención especializada o la coexistencia de instalaciones médicas deficientes determinan una intervención no del todo satisfactoria. La dificultad se acentúa, todavía más si cabe, por el desarrollo de un complejo modelo territorial, compuesto por 8132 municipios, distribuidos en una superficie de 504.782 km^2 y bajo una densidad rural poblacional realmente preocupante. En el ranking de Comunidades Autónomas más afectadas, se encuentra Castilla y León (con 2248 municipios, una superficie de 94.226 km^2 y una densidad poblacional de tan sólo 25 habitantes/km^2); mientras que Soria (con 9,23 habitantes/km^2) o Zamora (con 18,31 habitantes/km^2) representan las provincias con menor densidad poblacional del conjunto estatal.

Por una parte, es evidente que los problemas de despoblación[1] y envejecimiento se suman al difícil acceso a los servicios básicos, a su escasa sostenibilidad económica o a una deficiente infraestructura de transporte y comunicación, generando un círculo vicioso que perpetúa el declive de la comunidad rural. Es más, el éxodo de jóvenes en busca de oportunidades en áreas urbanas contribuye a un desequilibrio demográfico, donde la población restante tiende a ser decana, suponiendo una presión adicional sobre los recursos limitados disponibles, lo que, a su vez, dificulta la provisión de servicios básicos de calidad.

Por la suya, la falta de una base económica sólida y la deficiente infraestructura de transporte y comunicación dificultan el acceso a nuevas oportunidades educativas, sanitarias, culturales o de ocio. Si bien, manida la cuestión, y desdibujada, frecuentemente, en contornos puramente políticos, la solución no pasa por un abordaje único y simplista, sino por un enfoque multidimensional, multidisciplinario y equilibrado. Es, por ello, por lo que la situación requiere de una dirección integral, colaborativa y coordinada que aborde tanto las necesidades inmediatas de la población rural como las causas subyacentes a la despoblación, al declive económico o al difícil acceso a los servicios públicos básicos. En última instancia, se requiere de un compromiso a largo plazo, de una acción coordinada a nivel local, autonómico, nacional y comunitario, y de una visión que trascienda los ciclos políticos cortoplacistas.

Sin lugar a duda, la tecnología puede desempeñar un papel crucial en la mitigación de estos problemas rurales al proporcionar soluciones innovadoras que mejoren el acceso a servicios básicos, impulsen el desarrollo económico o fortalezcan la infraestructura local. En el campo de la e-salud, las soluciones tecnológicas han pretendido abordar, aunque de manera tímida, todos estos problemas. Por ejemplo, la telemedicina ha permitido a las comunidades rurales acceder a una atención médica de calidad sin la necesidad de largos desplazamientos hasta centros médicos urbanos; o los registros electrónicos médicos, una mejor intercomunicación entre los distintos profesionales sanitarios. El uso de tecnologías escalables y adaptables a las necesidades específicas de las comunidades rurales permiten una mayor eficiencia y efectividad en la prestación de servicios y en la optimización de los recursos limitados, pero todavía queda patente una fuerte brecha tecnológica.

En resumen, el *know-how* puede ser una herramienta poderosa para abordar estos problemas al proporcionar soluciones innovadoras y sostenibles que mejoran la calidad de vida y fomentan el desarrollo en estas olvidadas

1 Más, sobre este extremo, en Sánchez De Vega, A., «Remover obstáculos ante el reto demográfico: algunas cuestiones constitucionales a propósito de las leyes autonómicas de dinamización demográfica», en Fernando Pablo, M. M. y Domínguez Álvarez, J. L., *Rural renaissance: acción, promoción y resiliencia*, Aranzadi, Cizur Menor, 2022, págs. 165-192.

áreas. En concreto, la Inteligencia artificial (también, IA), mediante el uso de datos por *machine learning*, cuenta con la capacidad excepcional para transformar nuestras bases sociales, filosóficas, jurídicas, económicas y biosanitarias, e impulsa notablemente la innovación, el enriquecimiento colectivo o la eficacia y eficiencia en la toma de decisiones. ¿Cómo? Pues ayudando a superar la escasez de personal médico especializado al proporcionar diagnósticos más rápidos y precisos a través de análisis de imágenes médicas, como radiografías y ecografías, permitiendo así una atención médica de calidad incluso en áreas remotas.

De la misma forma, la IA puede optimizar la gestión de recursos al aligerar la inmensa carga de tareas monótonas y repetitivas, predecir la demanda de servicios de salud, identificar patrones epidemiológicos y mejorar la eficiencia operativa de los centros de atención médica rurales. Ahora bien, su implementación ha de realizarse en base a juicios, no solo de oportunidad, sino de proporcionalidad y necesidad, pues no podemos olvidar de que la tecnología, a veces, representa una clara intimidación para los derechos y libertades fundamentales.

II. SALUD RURAL, LA GRAN OLVIDADA

La compleja estructura territorial de la zona rural, su baja densidad poblacional y el acusado envejecimiento social subrayan la necesidad de implementar políticas públicas que promuevan el desarrollo sostenible y la revitalización rural. En cambio, y a pesar de que la atención primaria representa la vértebra de nuestro sistema sanitario, actuando como primera línea de defensa en la atención médica rural, proporcionando servicios de prevención, promoción y tratamiento clínicos u ofreciendo el punto de inicio al acceso a una atención médica (básica) de calidad, la salud rural resulta ser la gran olvidada, la «Cenicienta» del sistema sanitario español. La escasez de profesionales, la falta de acceso a servicios especializados o una limitada y añeja infraestructura sanitaria contribuyen a singulares desigualdades para con la zona rural, sobre todo para un pertinente acceso a los recursos sanitarios. Lo cierto es que la medicina de familia ocupa una posición central en la atención primaria, con los roles de coordinación de la atención médica y de prevención y promoción de la salud. Esa relación médico-paciente se ve respalda por un sistema sanitario en el que la atención primaria supone el primer filtro, y dentro de un sistema claramente paternalista.

A pesar de ello, la precariedad en el sector de la salud simbolizada por la escasez de profesionales médicos nos enfrenta a una situación sin precedentes. Del proceso selectivo para MIR convocado para el año 2024, la primera asignación de plazas para Medicina Familiar y Comunitaria contó con su peor dato histórico: 459 vacantes, el doble que las registradas en 2023 y más del quíntuplo que las de 2022. Y, de la adjudicación extra se terminó por reducir el número a 246 plazas vacantes, casi el doble que en 2023. Esto significa que casi el 10 %

de todas las plazas ofertadas (2492) no se han quedado cubiertas, con especial incidencia, por este orden, en La Rioja, Extremadura y Castilla y León, lo que representa un 68 %, un 62 % y un 42 %, respectivamente, de plazas que quedan por cubrir sobre el total autonómico. Es más, municipios como Coria, Tudela, Miranda de Ebro, Huesca o Calatayud no han cubierto ninguna de las plazas ofertadas, en primera ronda. Esta situación es más que preocupante.

Estos datos ponen en tela de juicio el derecho al acceso total a los recursos sanitarios, evidenciando una alarmante brecha en la disponibilidad de atención médica en la comunidad rural. La precariedad de las batas blancas se manifiesta en una insatisfacción laboral apremiante, en la baja remuneración salarial y en condiciones manifiestamente mejorables, sustentándose en exiguos contratos de un día e, incluso, de horas. El abandono de la especialidad de medicina familiar llega a tal punto que la carga de trabajo resulta abrumadora, debido a la alta demanda de pacientes, la falta personal cualificado o a una dedicación exacerbada.

Una carga de trabajo excesiva, unas injustas remuneraciones salariales en comparación a otras especialidades médicas, una falta de recursos humanos y técnicos que resultan inaceptables, y que se acompañan de una evidente falta de apoyo institucional, provocan que la especialidad no sea atractiva. El futuro de la atención médica rural es incierto.

III. BIOMEDICINA, UNA CUESTIÓN DE DERECHOS HUMANOS

Para entender la importancia que adquiere la Declaración Universal de Derechos Humanos, adoptada por la Resolución de la Asamblea General de las Naciones Unidas 217 A (iii), de 10 de diciembre de 1948 (DUDH) en el campo de la biomedicina, se podría partir del puro dogmatismo constitucional, o sea, de la conceptualización, fundamentación y evolución histórica de los derechos humanos.

Como en prácticamente todas las ramas jurídicas, historia y derecho van estrechamente ligados, y claro estaba que el constitucionalismo español no iba a quedar al margen de ello. Esto es, cobrando especial relevancia la teoría de VASAK[2/3], la cuestión pasa por categorizar los diferentes derechos humanos mediante teorizaciones y declaraciones normativas típicas del Estado social[4]. En este sentido, ANSUÁTEGUI ROIG aborda este enfoque evolutivo como una guía de lectura e inter-

2 VASAK, K., «La larga lucha por los derechos humanos», en *El Correo de la UNESCO*, 1977, págs. 29-32.

3 VASAK, K., «Las dimensiones internacionales de los derechos humanos», en *Serbal*, vol. 23, 1984.

4 MIRAUT MARTÍN, L., «El sentido de las generaciones de derechos humanos», en *Cadernos de Dereito Actual,* núm. 19, 2022, p. 434.

pretación del curso histórico de los derechos[5]; al tiempo que MARTÍNEZ DE PISÓN CLAVERO lo interpreta a través de un criterio histórico o cronológico[6]. Sumado a ello, SÁNCHEZ RUBIO añade que «si se utiliza el término *generación* o *generaciones,* dicho concepto implica un único proceso evolutivo, una continuidad que se refuerza y que va provocando cierta mejora, una innovación o avance en las fases o generaciones posteriores con respecto a las fases anteriores»[7], y puntualiza acertadamente que «los derechos humanos no son como un *traje*», o sea, se desentiende de la idea de que sean como una especie de traje o vestido que se tiene que poner todo el mundo[8]. Finalmente, reconoce que «la perspectiva generacional de los derechos humanos los *historiariza* en cierta medida, ya que señala distintos tipos de luchas en contextos diferentes, aunque sea desde un panorama secuencial y lineal»[9].

Sea lo que fuere, lo cierto es que, para LOZANO ALARCÓN, su positivación es relativamente reciente[10]; pues, de corte claramente individualista, la primera categoría de derechos humanos los convertiría en meros derechos de defensa (o *abwehrrechte,* para PÉREZ LUÑO), esto es, se impondría al Estado el respeto de los derechos del ser humano bajo toda condición y circunstancia. Se configurarían, así, como libertades fundamentales del individuo, que exigirían «la autolimitación y la no injerencia de los poderes públicos en la esfera privada y se *tutelarían* por su mera actitud pasiva y de vigilancia en términos de policía administrativa»[11], asegurándose en Cartas, Declaraciones o Constituciones[12]. Por ello, los derechos se presentarían como «concepto sólido, absoluto e inmutable»[13]; estando recogidos y protegidos universalmente —para FRAGUAS MADURGA— en la DUDH[14],

5 ANSUÁTEGUI ROIG, F. J., «Argumentos para una teoría de los derechos sociales», en ZAPATERO GÓMEZ, V. y GARRIDO GÓMEZ, M. I. (ed.), *Los derechos sociales como una exigencia de justicia*, Editorial Universidad de Alcalá, Alcalá de Henares, 2009, p. 151.

6 MARTÍNEZ DE PISÓN CLAVERO, J. M., «Las generaciones de derechos humanos», en BETEGÓN CARRILLO, J., LAPORTA SAN MIGUEL, F. J., PRIETO SANCHÍS, L. y DE PARÁMO ARGUELLES, J. M., *Constitución y derechos fundamentales*, Presidencia del Gobierno, Madrid, 2004, p. 409.

7 SÁNCHEZ RUBIO, D., «Sobre el concepto de *historización*. Una crítica a la visión sobre las de-generaciones de derechos humanos», en *Praxis: revista del Departamento de Filosofía*, núm. 67, 2011, p. 12.

8 *Ibídem,* págs. 12 y 10, respectivamente.

9 *Ibídem,* p. 13.

10 LOZANO ALARCÓN, V. A., «La evolución de los Derechos Humanos: el proceso de positivación», en *Revista Derecho del Estado*, núm. 16, 2004, p. 165.

11 PÉREZ LUÑO, A., «Las generaciones de derechos humanos», en *Revista del Centro de Estudios Constitucionales*, núm. 10, 1991, p. 205.

12 PIZZORUSSO, A., «Las "generaciones" de derechos», en *Anuario iberoamericano de justicia constitucional*, núm. 5, 2001, págs. 291 y 292.

13 *Vid. op. cit.,* MIRAUT MARTÍN, L., «El sentido ...», p. 432.

14 FRAGUAS MADURGA, L., «El concepto de derechos fundamentales y las generaciones de derechos», en *Anales: Anuario del centro de la UNED de Calatayud*, núm. 21, 2015, p. 124.

instrumento que, añade Junquera de Estéfani, no se ha conocido con una convergencia ética universal ni siquiera parecida[15].

En resumidas cuentas, la DUDH proporcionaría un marco ético y legal fundamental para la información, promoción y guía de la práctica médica, promoviéndose, entre otros, el respeto por la dignidad humana, la igualdad de acceso a la atención médica y la protección de los derechos de los pacientes y participantes en la investigación biomédica. Entre otros, se consagrarían el respeto de la dignidad humana y los derechos de los pacientes (artículo 1), el acceso universal a la atención médica para todas las personas, independientemente de su origen étnico, género, religión, condición socioeconómica u otra condición (artículos 2.1 y 7), el derecho de todas las personas a un nivel de vida adecuado que asegure la salud y el bienestar, y en especial la asistencia médica (artículo 25.1) o a la seguridad social (artículo 22).

También, esa muestra de ligazón quedaría proyectada en la dispar normativa internacional, como, por ejemplo, en la Declaración Universal de la UNESCO sobre el Genoma Humano y los Derechos Humanos, de 11 de noviembre de 1997 (véanse artículos 5 a 8), en el Convenio del Consejo de Europa relativo a los Derechos Humanos y la Biomedicina, de 4 de abril de 1997 (véanse artículos 5 y 10), o en la Declaración Universal de la UNESCO sobre Bioética y Derechos Humanos, de 19 de octubre de 2005 (véanse artículos 5 y 6).

Es, por ello, por lo que bioética y biomedicina encontrarían su razón de ser (y sus límites básicos) en la Declaración Universal. Por ello, esa primera generación de derechos, que surgiría con la promulgación del *Bill of Rights* de 1689 presentaría un concepto absoluto, inmediato y «de defensa» *(abwehrrechte)* del derecho humano, o sea, sin restricciones ni impedimentos, con la posición pasiva y de vigilancia gubernamental, y bajo la idea de una aparente igualdad formal y cuyo eje sería la libertad. Nacerían, entonces, los «derechos políticos y civiles».

Sin embargo, tras la II Guerra Mundial, la promulgación del *Second Bill of Rights* en 1944, la Constitución mexicana de 1917 o la Constitución alemana de Weimar de 1919 y tras acontecimientos poco afortunados como el desplome de *Wall Street* en 1929 o el ataque militar contra *Pearl Harbor* en 1941, nacerían los derechos de «participación» *(teilhaberechte)*, también llamados «derechos económicos, sociales y culturales». Bajo el principio de igualdad *material* y con la exigencia de intervención directa del Estado, los derechos humanos se configurarían, bajo el prisma del Estado social de Derecho, como graduales, no justiciables y cuya titularidad sería no de un individuo abstracto, sino del ciudadano frente al Estado. Sin duda, la relevancia jurídica quedaría materializada en la inclusión de estos derechos en las Constituciones y en Tratados internacionales, reflejando un cambio de paradigma en la concepción de los derechos humanos, recono-

15 Junquera De Estéfani, R., «Los Derechos Humanos: criterios referenciales para la Bioética», en *Moralia: revista de ciencias morales*, vol. 28, núm. 105, 2005, p. 19.

ciéndose no solo la protección de las libertades individuales frente al Estado, sino también unas condiciones de vida dignas y equitativas para todos los ciudadanos. Como puede observar, la salud quedaría materializada en un derecho de naturaleza social, cuya titularidad (individual y colectiva) traería la obligación del Estado de actuar para su fomento y protección.

IV. LA CONSTRUCCIÓN DEL ESTADO SOCIAL: EL ACCESO A LA SALUD

Esta *Second Bill of Rights* sería propuesta en 1944 por *Roosevelt,* tras el desplome de *Wall Street* en 1929 y el ataque militar de 1941 contra *Pearl Harbor*, con un objetivo doble: a) acabar con el *ostrich isolationism* o «aislamiento del avestruz», expresión que compara a un avestruz que esconde la cabeza en la arena cuando está en peligro con la política exterior aislacionista de los Estados Unidos durante la década de 1930; y b) garantizar la seguridad económica, la seguridad social y la seguridad moral.

Vinculados ya no al principio de libertad, sino al de igualdad, Fraguas Madurga puntualizaría que «exigen para su realización una efectiva intervención de los poderes públicos, a través de prestaciones y servicios públicos». Más conocidos en la práctica como *derechos sociales*, mantendrían una diferencia sustancial con respecto a los derechos de primera generación, en tanto en cuanto prevé esa exigencia de intervención directa del Estado con el objetivo de paliar ciertas desigualdades y situaciones de necesidad; y concibe esa igualdad como *material* —y no formal, como ocurría con la anterior generación—. Por ende, se preveía evaluar y corregir esas desigualdades y situaciones de necesidad bajo la «concepción igualitaria, en sentido material, de la sociedad» y, ya no sobre un «individuo abstracto y ahistórico», sino en «individuos que ocupan una posición determinada en el entramado social y están sujetos a ciertas necesidades»[16].

En concreto, bajo el principio del Estado social de Derecho, el Estado asumiría la responsabilidad de garantizar el ejercicio de estos derechos a través de políticas públicas, programas sociales y regulaciones que promoviesen la igualdad de oportunidades y la justicia social. Es importante destacar que, si bien estos derechos económicos, sociales y culturales son igualmente importantes que los derechos civiles y políticos, su realización podría requerir recursos económicos y políticas públicas complejas que no siempre son fáciles de implementar. Además, su carácter gradual y no justiciable implicaría que su cumplimiento puede estar sujeto a limitaciones y prioridades políticas en función de las circunstancias y recursos disponibles en cada país. En resumen, la inclusión de los derechos económicos, sociales y culturales representaría un avance significativo en el reconocimiento de la dignidad humana y la igualdad de todos los individuos, así como en la construcción de sociedades más justas y equitativas.

---

16 *Vid. op. cit.*, Fraguas Madurga, L., «El concepto...», p. 130.

En este sentido, el amplio catálogo de derechos y libertades fundamentales que consagra la Constitución Española de 1978, en su Título I (artículos 10-55), es muestra inequívoca de la configuración de los derechos sociales como fundamento de nuestro orden constitucional. Es más, esa proyección trae mayor repercusión en el derecho a la salud (artículo 43) y a la asistencia jurídica mediante un régimen público de Seguridad Social para todos los ciudadanos (artículo 41), pues refleja, por una parte, la importancia inexcusable de la protección del bienestar y la dignidad de los individuos; y, por otra, el aseguramiento de la igualdad y no discriminación como principio transversal.

Por ello, no solo se reafirma el acceso equitativo a servicios de salud y asistencia legal, sino también se promueve la igualdad de oportunidades y la justicia social. Así, dignidad e igualdad configurarían en la práctica constitucional los elementos *sine qua non* para un íntegro derecho de acceso a la salud rural, básica y de calidad. En primer lugar, la *dignitatis humanae,* al representar *prima facie* el valor básico, *supra* e intangible, fundamentaría y justificaría los derechos sanitarios: primero, configurado como principio jurídico indispensable y, posteriormente, convertido en «norma constitucional obligatoria»[17] por el constitucionalismo moderno. Esta cualidad *per se*, propia del individuo por ostentar tal condición, ha sido objeto de un exhaustivo estudio por parte de nuestra doctrina neoconstitucional, hasta el punto de que ha sido apreciada indistintamente como valor supremo[18], principio nuclear[19], valor básico[20/21], «referente[22/23], corredor[24], calidad[25], actitud[26] o fundamento[27].

---

17 Romeo Casabona, C. M., «La genética y la biotecnología en las fronteras del Derecho», en *Acta Bioethica*, vol. 8, núm. 2, 2002, p. 296.

18 Landa Arroyo, C., *Los derechos fundamentales*, Editorial PUCP, Lima, 2017, págs. 17 y 18.

19 Fernández Segado, F., «La dignidad de la persona como valor supremo del ordenamiento jurídico», en *Derecho PUCP: Revista de la Facultad de Derecho*, núm. 50, 1996, p. 19.

20 Pérez Luño, A. E., *Derechos Humanos, Estado de Derechos y Constitución*, Tecnos, Madrid, 1984, págs. 318-319.

21 Delgado Rojas, J. I., «Dietmar von der Pfordten», en *Eunomía: Revista en Cultura de la Legalidad*, núm. 20, 2021, p. 487.

22 González Pérez, J., *La dignidad de la persona*, Editorial Civitas. Madrid, 1986.

23 Peces-Barba Martínez, G., «La dignidad humana», en Asís Roig, R., Bondía García, D. y Maza Zorrilla, E. (Coords.), *Los desafíos de los derechos humanos hoy: Valladolid*, 18 a 20 de octubre de 2006, Dykinson, Madrid, 2007, p. 157.

24 De Prada García, A., «Dignidad Humana», en *Anales de la Cátedra Francisco Suárez*, núm. 56, 2016, p. 449.

25 García Toma, V., «La dignidad humana y los derechos fundamentales», en *Derecho & Sociedad*, núm. 51, 2018, págs. 14 y siguientes.

26 Recurso electrónico: https://acortar.link/rsZAoK (Fecha de consulta: 24/04/2024).

27 *Vid, op. cit.* Romeo Casabona, C. M., «La genética ...», p. 295.

Es más, de los derechos internacional, comunitario y nacional[28] y de los pronunciamientos de nuestro Alto Tribunal, esa preferencia por la dignidad como cualidad ontológica se mantendría. Primero, porque el Tribunal Constitucional, en su Sentencia núm. 53/1985, de 11 de abril (F.J.8º), la entendería como valor jurídico supremo, que se halla íntimamente vinculado con el libre desarrollo de la personalidad (STC núm. 113/1989, de 22 de junio, F.J.3º, y 158/1993, de 6 de mayo, F.J.3º). Segundo, por la advertencia de su conexión con la intimidad y libertad de la persona (STC núm. 142/1993, de 22 de abril, F.J.7.º; y, también, en SSTC núm. 231/1988, de 2 de diciembre, F.J.3º; núm. 197/1991, de 17 de octubre, F.J.3º, y núm. 214/1991, de 11 de noviembre, F.J.1.º).

Tercero, por su calificación como bien constitucional protegido (*vid.* STC núm. 2/1982, de 29 de enero), y como valor que incorpora la Constitución en su artículo 10 (*vid.* STC núm. 18/1981, de 8 de junio). Y, cuarto, por su consideración como un derecho a tener derechos («ein recht auf rechte»[29]), esto es, como principio material de justicia (STC núm. 127/1990, de 27 de junio), cualidad consustancial inherente a la persona (STC núm. 444/2007, de 10 de diciembre, F.J.2.º), o *mínimum* invulnerable (entre otras, STC núm. 120/1990, de 27 de junio, F.J.4.º y STC núm. 11/2023, de 23 de febrero).

Siendo esto así, la dignidad representaría el principio nuclear de la protección de la salud rural, que buscaría, en primer lugar, respetar y salvaguardar la integridad, autonomía y derechos de las personas en relación con su información médica. Este enfoque se materializaría a través de tres pilares principales: en primer lugar, asegurar que la recopilación, almacenamiento, procesamiento y uso de los datos de salud se realice de manera ética y respetuosa, manteniendo la privacidad y confidencialidad de la información del paciente. En segundo lugar, otorgar al paciente el control total sobre su información médica, permitiéndole acceder a ella, realizar correcciones y determinar quién puede acceder a la misma (principio de autonomía). Por último, proteger a las personas contra cualquier forma de discriminación o estigmatización basada en su historial médico o condiciones de salud, evitando el mal uso o divulgación no autorizada que pueda poner en peligro su dignidad o bienestar.

---

28 Por destacar: en la Declaración Universal de Derechos Humanos, de 10 de diciembre de 1948 (*vid.* Preámbulo), en el Pacto Internacional sobre Derechos Civiles y Políticos de 1966 (*vid.* artículo 10), en el Convenio sobre Derechos Humanos y libertades fundamentales de 1950, en la Convención Americana sobre Derechos Humanos de 1969 (*vid.* artículos 5, 6 y 11), en la Carta de Derechos de la Unión (*vid.* artículo 1), en la Declaración Universal de UNESCO sobre el Genoma Humano y los Derechos Humanos, de 11 de noviembre de 1997 (*vid.* artículos 2 b), 11 o 24), o en el Protocolo Adicional al Convenio del Consejo de Europa sobre Derechos Humanos y Biomedicina sobre la prohibición de clonar seres humanos, de 12 de enero de 1998 (*vid.* Exposición de Motivos).

29 Enders, C., *Die Menschenwürde in der Verfassungsordnung. Zur Dogmatik des artículo 1.1 GG,* Tübingen, 1997, págs. 501 y siguientes.

Por otra parte, esa igualdad y la no discriminación se erigirían, a la vez, como guía y principio relacional y no autónomo en la materia sanitaria, lo que implica que la igualdad no pueda predicarse en abstracto[30]. Dicho lo cual, resultaría primordial que, de forma efectiva, todos los individuos tengan acceso equitativo a servicios sanitarios de calidad, independientemente de su origen geográfico, étnico, nivel socioeconómico, género, orientación sexual, edad o cualquier otra característica personal. Precisamente esta idea sería la dominante en la Ley 41/2002, de 14 de noviembre, básica reguladora de la autonomía del paciente y de derechos y obligaciones en materia de información y documentación clínica[31], que incardinaría dos pretensiones inmediatas: la primera, completar la protección recogida en el artículo 43 de nuestra Carta Magna; y, la segunda, regular los derechos y obligaciones de los pacientes, usuarios y profesionales.

Se alejaría, entonces, de la esfera organizativa dada por la Ley 14/1986, de 25 de abril, General de Sanidad, para adentrarse en la salud como derecho inalienable. Y lo haría desde un punto de vista realmente satisfactorio. En primer término, su artículo 2 se encargaría de recoger los principios básicos que giran en torno a la atención sanitaria —y que podemos resumir en: a) dignidad, autonomía e intimidad (artículo 2.1); b) consentimiento (artículo 2.2); c) libertad de decisión (artículo 2.3); d) derecho a rechazar el tratamiento (artículo 2.4)—, al tiempo que incluye una serie de obligaciones: e) a facilitar información leal y verdadera (artículo 2.5); f) a respetar el consentimiento informado y la libre toma de decisiones (artículo 2.6); y g) al deber de confidencialidad (artículo 2.7). En segundo término, su Capítulo II (artículos 4-6) regularía el derecho a la información sanitaria; su Capítulo III artículo 7), el derecho a la intimidad de los pacientes; y el Capítulo IV, el respeto de la autonomía del paciente, en un triple sentido: a) mediante consentimiento informado (artículos 8-10); b) a través de instrucciones previas (artículo 11); y c) asegurando el derecho a la información para la elección de médico y centro (artículo 13).

Como puede observarse, la cuestión pasa por el aseguramiento de un derecho al acceso sanitario, que garantice de forma adecuada, efectiva y eficiente la oportunidad de recibir atención médica, sin importar su origen, situación económica o cualquier otra condición personal. Esto implica la implementación de políticas y medidas que eliminen las barreras que puedan impedir el acceso a la atención médica, estableciéndose sistemas de salud equitativos y accesibles que proporcionen servicios de calidad a toda la población.

---

30 Gálvez Muñoz, L., *Sinopsis artículo 14,* Congreso de los Diputados, 2003.

31 Legislación básica vía artículos 149.1.1ª (condiciones básicas que garanticen la igualdad de todos los españoles en el ejercicio de los derechos y en el cumplimiento de los deberes constitucionales), 1.15ª (fomento y coordinación de la investigación científica y técnica), 1.16ª (sanidad exterior; bases y coordinación de la sanidad; productos farmacéuticos) y 1.17ª (régimen económico de la Seguridad Social).

V. LA INTELIGENCIA ARTIFICIAL AL SERVICIO DE LA MEDICINA DE FAMILIA

1. MARCO LEGAL APLICABLE: EL REGLAMENTO EUROPEO DE INTELIGENCIA ARTIFICIAL

De las pequeñas pinceladas de una actuación algorítmica automatizada; básicamente, contenidas en la Ley 40/2015, de 1 de octubre, de Régimen Jurídico del Sector Público[32], y desarrolladas por el tímido artículo 13 del Reglamento de actuación y funcionamiento del sector público por medios electrónicos, aprobado por Real Decreto 203/2021, de 30 de marzo, hemos pasado a una pugna encarnizada por conseguir la primera regulación, con vocación internacional, en materia de IA. Por una parte, EEUU ha comenzado a trabajar en un borrador sobre la futura Ley Federal de Gestión de Riesgos de la Inteligencia Artificial (presentado el 11 de enero de 2024 ante el Congreso), que pretende, principalmente, la adopción uniforme (Considerando 5) de unas prácticas adecuadas en materia de ciberseguridad, de unos instrumentos que garanticen la seguridad de las soluciones algorítmicas o de la implementación de protocolos basados en el riesgo (Considerando 14). La mejora en la gestión de los riesgos, en la estandarización de normas, prácticas y protocolos, y la búsqueda de una mayor transparencia sientan las bases del nuevo modelo americano. Sin embargo, su aprobación definitiva se encuentra muy lejana, pues todavía la ponderación entre innovación y regulación no está clara.

En la otra punta del mundo, China ha pretendido un salto cualitativo con la adopción de una Ley General reguladora de la IA, y de unas Medidas provisionales para la gestión de los servicios de IA generativa, publicadas estas últimas el 10 de julio de 2023. Con la pretensión de implementar un marco de desarrollo saludable y aplicación estandarizada de la tecnología (artículo 1), la Ley de Medidas mantiene un carácter laxo, muy abierto, lo que permite a las empresas elaborar sistemas de IA generativa en atención a los principios de seguridad (artículo 3), a la adhesión a los valores fundamentales del socialismo o al respeto de los interés e intereses legítimos de los demás (artículo 4). Por consiguiente, apuesta claramente por la aplicación innovadora de la tecnología (artículos 5 y 6), bajo un sistema de gobernanza no del todo sólido (artículo 21). La pugna entre China y EEUU, por crear un marco confiable para que las empresas puedan hacer sus pruebas, es evidente. La normativa

32 HUERGO LORA, A., «Administraciones Públicas e inteligencia artificial: ¿más o menos discrecionalidad?», en *El Cronista del Estado Social y Democrático de Derecho,* núm. 96 y 97, 2021, págs. 78-95.

china ha culminado en la presentación de un borrador de directrices para estandarizar la industria de la inteligencia artificial, en enero de 2024.

Finalmente, Comisión, Consejo y Parlamento de la Unión Europea han mantenido una lucha incansable para conseguir el hito que supone un entramado homogéneo y armónico de normas y acciones para regular el fenómeno de la IA. Tras un largo proceso de negociación política[33] y de tramitación legislativa, el pacto por la IA ha culminado con el equilibrio entre los sistemas algorítmicos introducidos en el mercado europeo y el respeto de los derechos fundamentales y valores de la Unión Europea (Considerando 1), en pro de la protección de las personas, la democracia o el Estado de Derecho (Considerando 2); y, además, de una forma ágil y temprana.

Normativa emblemática que incorpora una nueva estructura de gobernanza mediante la inclusión de un previo *sandbox* regulatorio y de unas autoridades nacionales competentes en vigilancia del mercado y en una Oficina Europea de IA (Título VI); que parte de un acertado enfoque basado en el riesgo (Considerando 7), y que, a mayor riesgo, pretender aumentar restricción y obligaciones; que incorpora unos criterios de protección horizontal, abiertos para cualquier tipo de tecnología (Considerando 5), lo que la hace flexible, dinámica y con operativa vigencia; y que asigna las responsabilidades en base a una calificación de sistemas de alto riesgo y de prácticas prohibidas. Reglamento que, también, apuesta por la creación de un panel científico de expertos y de un foro consultivo, para mantener su entera aplicación actualizada. Vigencia, integridad, coherencia y agilidad son sus señas de identidad.

Consciente de la dificultad técnica por la que pasa la materia, se ha pretendido la implantación de un enfoque basado en los riesgos como eje del nuevo modelo de regulación y supervisión inteligente. El Reglamento parte acertadamente de una evaluación cuidadosa de los riesgos, en función de la gravedad de los posibles daños, de la probabilidad de ocurrencia o de la vulnerabilidad de las personas afectadas. Es más, categoriza ese impacto negativo sobre la esfera de la intimidad y dignidad de las personas en función del grado de riesgo al que están siendo sometidos, distinguiendo aplicaciones de bajo riesgo (como *chatbots* o filtros de *spam* de correos electrónicos) de sistemas de alto riesgo (como sistemas de vigilancia masiva, sistemas de reconocimiento facial en tiempo real o sistemas de toma de decisiones automatizadas en sectores críticos) y de prácticas inaceptables.

La ponderación entre dignidad, igualdad e IA resulta la correcta, pues la capacidad adaptativa, flexible y dinámica permite que ninguna tecnología

33 La propuesta de Reglamento arrancaría formalmente con tres actuaciones de la Comisión en abril de 2021: a) la Comunicación sobre el fomento de un enfoque europeo de la IA; la revisión del Plan Coordinado de Inteligencia Artificial; y c) la propuesta de un nuevo marco regulador sobre inteligencia artificial.

ni prestador quede al margen de la exigencia de unos requisitos, que serán proporcionales a la naturaleza y al nivel del riesgo asumido. Nadie se puede escapar de sus directrices, y su escalabilidad provoca una graduación de las prácticas, en base a los datos suministrados. Crea un ecosistema de confianza, un marco seguro y fiable, que incluso se extiende con efectos extraterritoriales[34] (Considerando 22 y artículo 2.1 c), y un régimen sancionador severo (artículo 99). Y fomenta el principio de responsabilidad proactiva, graduado también en función a la intensidad del proceso algorítmico. Pretende, por un lado, una respuesta global, dinámica, abierta, sin fisuras. Por otro, su complementariedad con el RGPD[35]. se hace más que inevitable, conformando un binomio perfecto.

2. FUNDAMENTOS TÉCNICOS

El papel de la medicina de familia es sustancial en la ordenación y organización del actual sistema de salud, máxime cuando la atención primaria pretende una atención integral, continua y centrada en el paciente, que aborda tanto necesidades médicas como sociales. Precisamente, representa la puerta de entrada y primera línea de contacto del sistema de salud, proporcionando atención continua a los pacientes a lo largo de su vida, consolidando una relación médico-familia basada en la confianza, y coordinando la atención entre diferentes profesionales especialistas y servicios de salud. Pese a ello, no cuenta con los recursos necesarios para desempeñar eficazmente sus funciones, bien por el apoyo insuficiente de personal auxiliar, por la falta de tiempo y dedicación paciente/consulta, o por la indisponibilidad de servicios, equipos y programas más avanzados. La solución pasa, entonces, por mejorar la eficiencia y eficacia en la toma de decisiones médicas.

En este sentido, la IA se erige como una de las herramientas capaces de transformar el actual sistema sanitario en pro de una asistencia médica eficiente, eficaz y de calidad. Como es de sobra conocido, la base de cualquier sistema algorítmico se fundamenta en redes neuronales y en una arquitectura representada en transformer, lo que, gracias a cantidades ingentes de texto plano no supervisado, permite elaborar una enérgica red de retroa-

34 Sobre estos, López Tarruella Martínez, A., «El futuro Reglamento de Inteligencia Artificial y las relaciones con terceros Estados», en *Revista electrónica de estudios internacionales (REEI)*, núm. 45, 2023.

35 Terrón Santos, D. y Domínguez Álvarez, J. L., «Reglamento (UE) 2016/6 del Parlamento Europeo y del Consejo, de 27 de abril de 2016, relativo a la protección de las personas físicas en lo que respecta al tratamiento de datos personales y a la libre circulación de estos datos y por el que se deroga la Directiva 95/46/ce (Reglamento General de Protección de Datos) [DOUE n.° 119 de 04-V-2016]», en *Ars Iuris Salmanticensis*: AIS: revista europea e iberoamericana de pensamiento y análisis de derecho, ciencia política y criminología, vol. 7, núm. 1, 2019, págs. 224 y 225.

limentación. En otras palabras, un modelo es pre entrenado en base a un conjunto de datos no supervisados, generando una salida de resultados que se nutre de la 'atención de múltiples cabezas', y realiza una interpretación secuencial y en relación con el texto en su conjunto. Tras ello, este modelo puede aplicarse a una variedad de tareas de procesamiento del lenguaje natural (PNL), pues, gracias a la simbiosis con la feed-forward, permite el afinamiento (fine-tuning), para lo que se utilizan específicamente 'datos etiquetados' o 'etiquetas selectivas' ya supervisados. Así, la conexión entre las distintas neuronas evoluciona hacia un proceso complejo de aprendizaje, la 'fase de entrenamiento'.

Gracias a ello, la IA es capaz de generar respuestas o predicciones basadas en el análisis de esos datos supervisados. Extrapolando patrones y haciendo inferencias a partir de los datos disponibles, genera respuestas o información nueva gracias a su capacidad para entender y modelar datos complejos. Sin embargo, la IA no puede quedar denostada por el simple hecho de contar con distorsiones sistemáticas en sus decisiones, predicciones o resultados[36] (comúnmente conocidos como sesgos/*bias*). En este sentido, es cierto que los modelos generativos poseen una cualidad paradójica, pues, a pesar de que buscan la neutralidad y objetividad (sin tener en cuenta opiniones humanas), pueden generar resultados que reflejan y amplifican los sesgos presentes en los datos de entrenamiento, pero ello no puede descartar de forma automática una utilización claramente beneficiosa. Así, por ejemplo, permite la automatización de tareas repetitivas y monótonas, la extracción de patrones en el análisis eficiente y toma de decisiones farmacéuticas o biomédicas, o la escalabilidad individual para un pronóstico preciso de enfermedades.

3. IA Y MEDICINA RURAL

La realidad inteligente pasa por su condición empírica. En concreto, la IA se está implementando para la detección eficaz y temprana de enfermedades como la meningitis, la leishmaniosis o la lepra en las zonas más vulnerables de África y América Latina[37], para la modificación del código genético en la lucha contra el colesterol, o para el tratamiento de Parkinson o VIH[38]. Es más, la detección temprana del cáncer, el aprendizaje automático para el triaje de pacientes, los tratamientos para la depresión perinatal o los cribados inteligentes de TAC´s y endoscopias son algunos de los ensayos clínicos que en nuestro país se están desarrollando con innegable éxito.

36 Véase *Correctional Offender Management Profiling for Alternative Sanctions* (COMPAS), caso *State v. Loomis.*

37 Recurso electrónico: Sitio web: https://acortar.link/h4Bzls (Fecha de consulta: 24/04/2024).

38 Recurso electrónico: https://acortar.link/h4Bzls (Fecha de consulta: 24/04/2024).

Una apuesta por la tecnología inteligente mitigaría, en gran medida, el colapso de la atención primaria en ámbito rural, la insuficiencia de medios técnicos, económicos y humanos o la alta dedicación de la medicina de familia. La búsqueda de un acceso total a la sanidad rural debe ser una prioridad para garantizar la salud y el bienestar de las comunidades rurales. La solución pasa aumentar la eficiencia operativa y aliviar la carga de trabajo de los médicos de familia, con la implementación de soluciones accesibles, equitativas y automáticas.

En definitiva, la *e-Health* pretendería dar un paso más allá hacia una 'Medicina 5P' (predictiva, preventiva, personalizada, participativa y poblacional), buscando mejorar la atención médica y la salud de la colectividad rural a través de un enfoque holístico y centrado en el paciente. Por ejemplo, el aprendizaje automático centraría sus esfuerzos en identificar patrones y hacer predicciones basadas en datos genéticos, biomédicos, ambientales y de estilo de vida. La predicción de enfermedades o factores de riesgo, de tratamientos personalizados y óptimos o de fármacos o de medicamentos más eficientes traería causa de un análisis de grandes conjuntos de datos relativos a la salud e historias clínicas. Además, el diagnóstico precoz de enfermedades en función al perfil genético, molecular y clínico, la evaluación de riesgos individuales para desarrollar ciertas condiciones médicas, la adecuación de tratamientos individualizados para reducir efectos secundarios, se añadirían al llamado 'triaje inteligente', como predicción de resultados y pruebas clínicas.

El enfoque de la medicina predictiva resultaría de un campo prometedor que pretende transformar la práctica médica casi al completo. Además, podría personalizar los tratamientos según las características genéticas y biológicas únicas de cada individuo, lo que aumentaría la eficacia y reduciría los efectos secundarios. El uso de estas técnicas algorítmicas ayudaría al proceder cotidiano del médico de familia, absorbido por la ingente carga de trabajo y por un mínimo tiempo de respuesta clínica.

Es más, el citado Reglamento Europeo de Inteligencia Artificial pretendería dar un paso más allá respecto del deber de información y de transparencia que recoge la normativa comunitaria en materia de protección. El trabajo por individualizarla dentro del sector algorítmico hace que se convierta en la piedra angular, provocando que el artículo 13 se erija como el *prius* sobre el que debe girar toda actuación del sistema de IA, en sus distintas etapas de procedimiento. En este sentido, los sistemas de alto riesgo se diseñarán atendiendo a la privacidad por diseño, y desarrollarán un nivel elevado de transparencia para todo su ciclo de vida. Precisamente, para Vargas Celix, se exige «cierto grado de exposición respecto de la tecnología, [...] con la finalidad de subsanar la opacidad que muchas veces crea una barrera irremediable entre proveedores y usuarios en esta materia»[39].

39 Vargas Celix, V., «Entre la confianza ciudadana y el impulso tecnológico. Retos jurídicos

Siendo esto así, la información que sea pertinente se facilitará preferiblemente en formato digital, y de manera concisa, completa, correcta y clara (artículo 13.2), y, en todo caso, conteniendo la identidad y datos fiscales del proveedor, las características, capacidades y limitaciones del sistema (su finalidad o su nivel de precisión, resultados de salida, solidez y ciberseguridad), su vida útil o aquellas medidas proporcionales a los riesgos de vigilancia humana (artículo 13.3) detalladas en el artículo 14. No hay margen de duda de que los usuarios medios deberán ser capaces de comprender e interpretar esta información, el ejercicio de sus derechos o los potenciales riesgos para sus derechos fundamentales.

Además, si un sistema de IA es utilizado con la finalidad de predecir riesgos genéticos basados en una evaluación genética de un grupo social especialmente vulnerable, la garantía pasa por la implementación de un algoritmo totalmente equitativo. De este modo, los consumidores pueden adoptar decisiones fundamentadas o evitar situaciones indeseadas. Por una parte, el requisito *sine qua non* de la declaración informada nos permite ahondar en su alcance, especialmente teniendo en cuenta todas las fases por las que pasa la fabricación de un sistema inteligente. Y no sólo para conocer el grado de intrusión de los datos personales tratados, sino también para conocer la eficacia del consentimiento prestado (elemento de la *lex artis*, STS 4 de febrero de 2021).

VI. CONCLUSIONES

La crisis de la Medicina Familiar y Comunitaria representa una dificultad compleja y multifactorial. Entre los principales desafíos, se encuentran la falta de recursos y apoyo institucional, la sobrecarga de trabajo, la escasez de médicos de familia, la burocracia administrativa, la falta de reconocimiento y valoración de la especialidad y la creciente demanda de atención médica, en un contexto de envejecimiento de la población y aumento de enfermedades crónicas. Esta crisis afecta no solo la calidad de la atención médica, sino también al acceso a la salud y el bienestar de las comunidades, destacando la necesidad de abordar estos problemas mediante políticas de apoyo, inversión en recursos y valorización del papel fundamental de la especialización.

Por su parte, la IA puede ayudar notablemente en la atención médica, al pretender una medicina predictiva, preventiva y personalizada al utilizar algoritmos avanzados para analizar datos genómicos, médicos y de estilo de vida, anticipando riesgos de enfermedades, diseñando estrategias de prevención personalizadas y adaptando tratamientos específicos a las necesidades individuales. Este enfoque proactivo y centrado en el paciente no solo

de la Inteligencia Artificial a la luz de la propuesta de Reglamento de la UE», en *IUS ET SCIENTIA: Revista electrónica de Derecho y Ciencia*, vol. 8, núm. 1, 2022, p. 186.

mejora los resultados de salud, sino que también puede reducir los costos a largo plazo al prevenir enfermedades crónicas y complicaciones. Si bien, el paciente deberá quedar en todo momento informado de la aplicación de esta inmadura tecnología, al tiempo de prestar su consentimiento explícito, de acuerdo con las formas, límites y excepciones contenidas en el RGPD.

VII. BIBLIOGRAFÍA

Ansuátegui Roig, F. J., «Argumentos para una teoría de los derechos sociales», en Zapatero Gómez, V. y Garrido Gómez, M. I. (ed.), *Los derechos sociales como una exigencia de justicia*, Editorial Universidad de Alcalá, Alcalá de Henares, 2009, págs. 143-166.

De Prada García, A., «Dignidad Humana», en *Anales de la Cátedra Francisco Suárez*, núm. 56, 2022.

Delgado Rojas, J.I., «Dietmar von der Pfordten», en *Eunomía: Revista en Cultura de la Legalidad*, núm. 20, 2021.

Enders, C., *Die Menschenwürde in der Verfassungsordnung. Zur Dogmatik des artículo 1.1 GG*, Tübingen, 1997.

Fernández Segado, F., «La dignidad de la persona como valor supremo del ordenamiento jurídico», en *Derecho PUCP: Revista de la Facultad de Derecho*, núm. 50, 1996.

Fraguas Madurga, L., «El concepto de derechos fundamentales y las generaciones de derechos», en *Anales: Anuario del centro de la UNED de Calatayud,* núm. 21, 2015.

Gálvez Muñoz, L., Sinopsis artículo 14, Congreso de los Diputados, 2003.

García Toma, V., «La dignidad humana y los derechos fundamentales», en *Derecho & Sociedad*, núm. 51, 2018.

González Pérez, J., *La dignidad de la persona*, Editorial Civitas, Madrid, 1986.

Huergo Lora, A., «Administraciones Públicas e inteligencia artificial: ¿más o menos discrecionalidad?», en *El Cronista del Estado Social y Democrático de Derecho*, núm. 96 y 97, 2021.

Junquera De Estéfani, R., «Los Derechos Humanos: criterios referenciales para la Bioética», en *Moralia: revista de ciencias morales*, vol. 28, núm. 105, 2005.

Landa Arroyo, C., *Los derechos fundamentales*, Editorial PUCP, Lima, 2017.

López Tarruella Martínez, A., «El futuro Reglamento de Inteligencia Artificial y las relaciones con terceros Estados», en *Revista electrónica de estudios internacionales (REEI)*, núm. 45, 2023.

Lozano Alarcón, V.A., «La evolución de los Derechos Humanos: el proceso de positivación», en *Revista Derecho del Estado*, núm. 16, 2004.

Martínez De Pisón Clavero, J. M., «Las generaciones de derechos humanos», en Betegón Carrillo, J., Laporta San Miguel, F. J., Prieto Sanchís, L. y De Parámo Arguelles, J. M., *Constitución y derechos fundamentales*, Presidencia del Gobierno, Madrid, 2004, págs. 409-436.

Miraut Martín, L., «El sentido de las generaciones de derechos humanos», en *Cadernos de Dereito Actual*, núm. 19, 2022.

Sánchez De Vega, A., «Remover obstáculos ante el reto demográfico: algunas cuestiones constitucionales a propósito de las leyes autonómicas de dinamización demográfica», en Fernando Pablo, M.M. y Domínguez Álvarez, J.L., *Rural renaissance: acción, promoción y resiliencia*, Aranzadi, Cizur Menor, 2022, págs. 165-192.

Peces-Barba Martínez, G., «La dignidad humana», en De Asís Roig, R. F., Bondía García, D. y Maza Zorrilla, E. (Coords.), *Los desafíos de los derechos humanos hoy*: Valladolid, 18 a 20 de octubre de 2006, 2007.

Pérez Luño, A., «Las generaciones de derechos humanos», en *Revista del Centro de Estudios Constitucionales*, núm. 10, 1991.

Derechos Humanos, Estado de Derechos y Constitución, Tecnos, Madrid, 1984.

Pizzorusso, A., «Las "generaciones" de derechos», en *Anuario iberoamericano de justicia constitucional*, núm. 5, 2001.

Romeo Casabona, C.M., «La genética y la biotecnología en las fronteras del Derecho», en *Acta Bioethica*, vol. 8, núm. 2, 2002.

Sánchez Rubio, D., «Sobre el concepto de historización. Una crítica a la visión sobre las de-generaciones de derechos humanos», en *Praxis: revista del Departamento de Filosofía*, núm. 67, 2011.

Terrón Santos, D. y Domínguez Álvarez, J.L., «Reglamento (UE) 2016/6 del Parlamento Europeo y del Consejo, de 27 de abril de 2016, relativo a la protección de las personas físicas en lo que respecta al tratamiento de datos personales y a la libre circulación de estos datos y por el que se deroga la Directiva 95/46/ce (Reglamento General de Protección de Datos) [DOUE n.º 119 de 04-V-2016]», en Ars Iuris Salmanticensis: AIS: revista europea e iberoamericana de pensamiento y análisis de derecho, ciencia política y criminología, vol. 7, núm. 1, 2019.

Vargas Celix, V., «Entre la confianza ciudadana y el impulso tecnológico. Retos jurídicos de la Inteligencia Artificial a la luz de la propuesta de Reglamento de la UE», en *IUS ET SCIENTIA: Revista electrónica de Derecho y Ciencia*, vol. 8, núm. 1, 2022.

Vasak, K., «La larga lucha por los derechos humanos», en *El Correo de la UNESCO*, 1977.

«Las dimensiones internacionales de los derechos humanos», en *Serbal*, vol. 23, 1984.

CAPÍTULO XIII

SOLEDAD DE LAS PERSONAS MAYORES EN EL MEDIO RURAL DE CASTILLA Y LEÓN: DESAFÍOS Y ESTRATEGIAS DE INTERVENCIÓN

Begoña Gutiérrez San Miguel
Catedrática de Comunicación Audiovisual
Universidad de Salamanca

M.ª Luisa Ibáñez Martínez
Profesora Permanente Laboral
Universidad de Salamanca

I. INTRODUCCIÓN

La soledad es un problema poliédrico en los que intervienen factores de carácter individual y sociocultural. Las personas que viven solas, quienes tienen algún grado de discapacidad, los/as que tienen una salud deficitaria, las personas mayores, aquellos/as que tienen menores ingresos económicos, el vivir en zonas rurales con transporte públicos y actividades socioculturales para una pluralidad etaria insuficiente, son quienes presentan peores condiciones para optimizar sus relaciones sociales influyendo, por ende, en un potencial aislamiento social y en una situación de soledad no deseada[1], por lo que se puede afirmar, como indica Rubio[2] que «la soledad no es un patrimonio de generaciones pasadas ni presentes. La soledad es un problema real de todas las cohortes y generaciones».

Aunque están íntimamente relacionadas, se debe de diferenciar entre «estar solo/a», «estar aislado/a» y «sentir soledad»[3] de tal forma que puedo «estar solo/a», «estar aislado/a» y «no sentirse solo/a». En este sentido debemos de entender que el «aislamiento social» —tanto el de carácter voluntario como el no deseado— puede medirse de manera objetiva en tanto que es la falta esencial, frecuente e importante de contactos y vínculos sociales. Mientras que la «soledad» es de difícil medición ya que es un sentimiento subjetivo sobre la calidad/cantidad demandada de relaciones/interacciones sociales. Esta diferenciación se ha visto reflejada en diversas publicaciones científicas tanto internacionales como nacionales entre las que podemos destacarlos los estudios de Weiss[4], que propuso la diferenciación entre la situación de soledad emocional y la soledad social de los individuos, esta última está más vinculada a «un sentimiento de no pertenecía a un grupo o red social»[5].

La soledad no deseada en la población en general y en particular la de las personas mayores que habitan en zonas rurales se convierte en un desafío social y de políticas públicas. La soledad en el medio rural no solo es una cuestión individual, sino también comunitaria y sistémica. A menudo, está

1 Casal Rodríguez, B., Rivera Castiñeira, B., Rodríguez-Míguez. E., *El coste de la soledad no deseada en España*, 2023, págs. 19-30.

2 Rubio, R., Cerquera A. M., Muñoz, R., Pinzón, E. A., «Concepciones populares sobre soledad de los adultos mayores de España y Bucaramanga, Colombia», en *Revista Diversitas – Perspectivas en Psicología,* vol. 7, núm. 2, 2011, p. 230.

3 Tal como señala Teresa Bazo, la soledad sentida —subjetiva— «el sentirse solo/a» hace referencia a un sentimiento que tiene una persona y que a pesar de contar con una red social puede presentar tristeza, nostalgia e incluso miedo. *Vid.* Bazo, M. T., «Personas ancianas: salud y soledad», en *REIS,* vol. 47, núm. 89, 1989, págs. 193-222.

4 Weiss, R. S., *Loneliness: The Experience of Emotional and Social Isolation*, MIT Press, Cambridge, 1973, p. 84.

5 Para mayor ampliación pueden consultase los estudios de: Peplau, L. A., Perlman, D., *Loneliness: A Sourcebook of Current Theory, Research, and Therapy,* Wiley,1982; Muchinik, E., Seidmann, S., *Aislamiento y Soledad*, Universidad de Buenos Aires, 2002; Rubio, R., Aleixandre M, «Un estudio sobre la soledad en las personas mayores: entre el estar solo y el sentirse solo», en *Rev. Mult. Gerontol*, vol. 11, núm. 1, 2001, págs. 23-28; Díaz Nicolás, J. y Morenos Páez, M., *La soledad en España*, Fundación ONCE y Fundación AXA, Madrid, 2015; FUNDACIÓN ONCE., *Informe sobre la percepción de la soledad no deseada,* 2021.

vinculada a la falta de infraestructuras y recursos sociales, así como a la pérdida de vínculos familiares y sociales debido a la migración de los jóvenes hacia áreas urbanas en busca de oportunidades laborales y educativas. Esta situación deja a muchos mayores en situaciones de aislamiento, con escasas oportunidades de interacción social y participación comunitaria, por lo que afecta al bienestar y a la calidad de vida de este colectivo.

La relevancia de abordar este tema radica en sus impactos negativos tanto a nivel individual como colectivo. La soledad puede tener efectos devastadores en la salud física, mental y emocional de las personas mayores, aumentando el riesgo de depresión, ansiedad, enfermedades crónicas y deterioro cognitivo. Además, puede contribuir a la pérdida de autonomía y calidad de vida, así como a un mayor gasto en servicios de salud y atención social.

Entender la naturaleza y las causas de la soledad en el medio rural es fundamental para desarrollar estrategias efectivas de intervención. Esta problemática requiere un enfoque integral que involucre a diferentes actores, incluyendo a las autoridades gubernamentales, organizaciones comunitarias, instituciones educativas y familiares. Solo mediante una colaboración concertada y un compromiso colectivo, podemos trabajar hacia la creación de entornos más inclusivos, solidarios y enriquecedores para nuestros mayores en el medio rural.

II. IMPACTO DE LA SOLEDAD EN LOS MAYORES EN EL MEDIO RURAL ESPECIAL MENCIÓN A LA COMUNIDAD DE CASTILLA Y LEÓN

A continuación, se presentan, brevemente, las características del medio rural castellanoleonés y su potencial influencia en la soledad de los mayores. Igualmente se hace concisamente referencia a los efectos físicos, emocionales y mentales de la soledad en la salud de los mayores, así como a las consecuencias sociales y económicas para la sociedad en general y para el sistema sanitario.

1. CARACTERÍSTICAS DEL MEDIO RURAL DE CASTILLA Y LEÓN Y SU INFLUENCIA EN LA EXPERIENCIA DE LA SOLEDAD EN LOS MAYORES

Castilla y León, una de las comunidades autónomas más extensas de España, se caracteriza por su riqueza cultural e histórica, pero también por una distribución demográfica en la que predomina un a población altamente envejecida y diversa. Las zonas rurales abarcan la mayor parte de su territorio caracterizado varias particularidades sociales, económicas y culturales que interactúan entre sí de manera compleja y que pueden aumentar el riesgo de aislamiento social y de soledad en las personas mayores que residen en este hábitat.

Numerosos estudios[6] han identificado una variedad de factores sociales, económicos y culturales que contribuyen al sentimiento de soledad en los mayores rurales de Castilla y León. A continuación, se ofrece una breve descripción de estos factores.

- Envejecimiento demográfico: Castilla y León presenta un marcado proceso de envejecimiento poblacional, con una proporción cada vez mayor de personas mayores de 65 años. Esta tendencia se acentúa en el medio rural, donde la proporción de personas mayores suele ser más elevada que en áreas urbanas. En los últimos años, Castilla y León ha experimentado un aumento constante en la proporción de personas mayores de 65 años en su población total. Según datos del Instituto Nacional de Estadística (INE), en 2021, aproximadamente el 25 % de la población de la región tenía 65 años o más, cifra que se espera que continúe aumentando en las próximas décadas.
- Una de las principales razones detrás del envejecimiento de la población en Castilla y León es la baja tasa de natalidad. La región ha experimentado un declive en la natalidad durante años, lo que ha llevado a una disminución en el número de jóvenes y un aumento relativo en la proporción de personas mayores Otra de las razones es, a pesar de los desafíos demográficos, el aumento de la esperanza de vida. Castilla y León presenta una esperanza de vida alta en comparación con la media nacional, lo que significa que un porcentaje significativo de la población puede esperar vivir más tiempo y, por lo tanto, contribuir al envejecimiento de la población.
- El medio rural de Castilla y León se caracteriza por una dispersión geográfica de la población. Es importante destacar que el envejecimiento de la población no es uniforme en toda la región de Castilla y León. Las áreas rurales tienden a tener una proporción mucho mayor de personas mayores en comparación con las zonas urbanas. La existencia de pequeños municipios y núcleos de población distribuidos a lo largo del territorio, así como una menor densidad de población. Esto puede implicar mayores dificultades para la disponibilidad y accesibilidad de servicios básicos como atención socio sanitaria, transporte, y actividades sociales y recreativas pueden variar ampliamente según la ubicación geográfica respecto al núcleo urbano más próximo. La falta de infraestructuras y recursos en algunas áreas puede aumentar

6 Entre ellos los realizados por: Aranda-Reneo, I., Virgós-Lamela, A., Oliva-Moreno, J., «La dependencia en personas mayores en Castilla y León: un análisis de sus determinantes», en *Gaceta Sanitaria,* vol. 31, núm. 1, 2017, págs. 49-56; López-Bastida, J., Oliva-Moreno, J., Linertová, R., «Proyección de la demanda de cuidados a largo plazo en Castilla y León», en *Gaceta Sanitaria,* vol. 31, núm. 1, 2017, págs. 65-68.

la vulnerabilidad de las personas mayores y contribuir a experimentar un sentimiento de soledad e incluso de abandono.

- Muchas áreas rurales de Castilla y León dependen en gran medida de la agricultura y actividades económicas tradicionales y su declive puede limitar las oportunidades de empleo y desarrollo económico para los/as jóvenes. Esto a su vez puede influir en la migración de las personas jóvenes hacia áreas urbanas, que junto a la pérdida por fallecimiento de amigos y o de familiares cercanos (por ejemplo, hermanos; primos...) puede dejar a los mayores rurales sintiéndose cada vez más solos y aislados.
- El cierre de servicios y establecimientos locales, como tiendas, bares y centros comunitarios, puede reducir los lugares de encuentro y las oportunidades de interacción social para los/as mayores del medio rural por lo que puede incrementar su sensación de aislamiento y soledad.
- En algunas zonas rurales, puede existir un estigma asociado al envejecimiento, con percepciones negativas sobre la capacidad y el valor de las personas mayores. Esto puede llevar a la exclusión social y la marginación de los mayores e incrementar su aislamiento y sentimientos de soledad.
- Al igual que en zonas urbanas, la estructura familiar en el medio rural está experimentando cambios, incrementándose el número de familias nucleares y disminuyendo considerablemente familias con varias generaciones viviendo juntas. Esto puede llevar a una disminución en el apoyo informal de la familia extendida para los/as mayores, lo que aumenta el riesgo de soledad, especialmente para aquellos que viven solos.

A pesar de lo antedicho es de destacar que el medio rural de Castilla y León a menudo se caracteriza por una fuerte cohesión social y redes de apoyo comunitario. La vida en pequeñas localidades fomenta el sentido de pertenencia y solidaridad entre vecinos, lo que puede servir como un recurso importante para mitigar la soledad de los mayores.

2. EFECTOS FÍSICOS, EMOCIONALES Y MENTALES DE LA SOLEDAD EN LA SALUD DE LOS MAYORES

Diferentes investigaciones[7] proporcionan evidencia sólida de los efectos adversos de la soledad en la salud física, emocional y mental de los adultos

7 Hay una amplia variedad de estudios que han investigado los efectos físicos, emocionales y mentales de la soledad en la salud de las personas mayores. Estos estudios provienen de diversas disciplinas, como la psicología, la sociología, la medicina y la salud pública. Entre ellos caben destacar los realizados por HOLT-LUNSTAD et. Al, que tras realizar una

mayores destacando la importancia de abordar este problema de manera integral para mejorar el bienestar de esta población vulnerable.

- Efectos físicos. La soledad «crónica» puede estar asociada con una serie de problemas de salud física en las personas mayores, incluyendo un mayor riesgo de enfermedades cardiovasculares, hipertensión, obesidad, deterioro cognitivo, y una respuesta inmune comprometida. La falta de interacción social y apoyo emocional puede conducir a un estilo de vida menos saludable, como una dieta deficiente, falta de ejercicio y mayor consumo de tabaco y alcohol.
- Los mayores que se sienten solos pueden experimentar efectos emocionales con un incremento en los síntomas de depresión, ansiedad, estrés, baja autoestima y sentimientos de desesperanza por lo que se produce una disminución en el bienestar emocional y la satisfacción con la vida.
- La falta de estimulación social y mental derivada de la soledad puede tener un impacto negativo en la salud mental de los mayores, aumentando el riesgo de desarrollar trastornos como la demencia y el deterioro cognitivo[8].

---

revisión meta-analítica concluyen que los sentimientos de soledad y el aislamiento social están asociados con un mayor riesgo de mortalidad, incluso después de controlar otros factores de riesgo de salud. *Vid.* HOLT-LUNSTAD, J., «The cost of loneliness: why millions are feeling more alone and how it's affecting their lives», in *Psychology Today*, 2020. Por otro lado, VALTORTA, et al., en su revisión sistemática de la literatura existente sobre la relación entre la soledad, el aislamiento social y el riesgo de enfermedades cardiovasculares en adultos mayores. Descubren que la soledad y el aislamiento social están asociados con un mayor riesgo de enfermedad coronaria y accidente cerebrovascular en esta población. *Vid.* VALTORTA, N. K., KANAAN, M., GILBODY, S., RONZI, S., HANRATTY, B., «Loneliness and social isolation as risk factors for coronary heart disease and stroke: Systematic review and meta-analysis of longitudinal observational studies», in *Heart,* vol. 102, núm. 13, 2016, págs.1009-1016. Por su parte, MONTERO-GRANADOS R, et al. examinan la relación entre el apoyo social, la soledad y la angustia psicológica en adultos mayores en España. *Vid.* MONTERO-GRANADOS, R., et al., «Social support, loneliness, and psychological distress among older adults in Spain», en *BMC Geriatrics*, vol. 20, núm. 1, 2020.En la misma línea que los anteriores se manifiestan LÓPEZ-ORTEGA, M., TORRES-CASTRO, S., ROSARIO FERNÁNDEZ-GUTIÉRREZ, M., RODRÍGUEZ-RODRÍGUEZ, V., «Loneliness and cognitive function in older adults: findings from the SaRlm project», in *BMC Geriatrics*, vol. 2, núm. 1, 2020. Igualmente, llega a conclusiones semejantes VALENZUELA, P. L., SACHA, J., «The association between loneliness, social isolation and dementia: A systematic review and meta-analysis», en *Aging Ment Health*, vol. 24, núm. 10, págs.1-9.

8 Para mayor ampliación puede consultarse la obra de CACIOPPO y HAWKLEY, en la cual examinan los efectos de la soledad en el cerebro de los adultos mayores. Encuentra que la soledad crónica puede tener efectos negativos en la estructura y función del cerebro, incluyendo un mayor riesgo de deterioro cognitivo y enfermedades neurodegenerativas como el Alzheimer. *Vid.* CACIOPPO, J. T. and HAWKLEY, L. C., «Loneliness and the aging brain», in *Brain Res,* vol. 10, núm. 1183, 2009, págs. 102-109. Aunque el estudio no se centra específicamente en España, la obra de VALENZUELA y SACHA ofrece una revisión sistemática y metaanálisis sobre la asociación entre la soledad, el aislamiento social y la

3. DIFERENCIAS DE GÉNERO Y OTROS FACTORES QUE PUEDEN INFLUIR EN LA EXPERIENCIA DE LA SOLEDAD

La experiencia de la soledad puede variar según diferentes factores, incluidas las diferencias de género, así investigaciones como las realizadas por AGING IN PLACE RESEARCH GROUP[9] y MAES[10] sugieren que hay diferencias significativas en la forma en que hombres y mujeres experimentan y manejan la soledad. Por ejemplo, los hombres tienden a tener redes sociales más pequeñas y menos íntimas en comparación con las mujeres, lo que puede hacer que la soledad sea más difícil de sobrellevar para ellos. Además, las expectativas sociales de género pueden influir en cómo hombres y mujeres expresan sus sentimientos de soledad, con los hombres menos propensos a buscar apoyo emocional.

Por otro lado, el estado civil puede desempeñar un papel importante en la experiencia de la soledad. Las personas solteras, divorciadas o viudas pueden enfrentar mayores niveles de soledad en comparación con aquellas que están casadas o en una relación. Esto puede deberse a la falta de compañero(a) de vida y a una menor disponibilidad de apoyo emocional y social.

Debe de tenerse en consideración que la experiencia de la soledad puede cambiar con la edad. Por ejemplo, los adultos mayores pueden experimentar una mayor sensación de soledad debido a la pérdida de amigos y seres queridos, jubilación y cambios en la salud. Sin embargo, también pueden encontrar nuevas formas de conexión social a través de actividades en la comunidad o programas para adultos mayores.

Igualmente, factores como la ubicación geográfica, la situación económica, el nivel educativo y el acceso a recursos y servicios pueden influir en la experiencia de la soledad. Por ejemplo, las personas que viven en áreas rurales pueden enfrentar mayores niveles de soledad debido a la falta de oportunidades de interacción social y acceso limitado a servicios. Del mismo modo, aquellos con recursos limitados pueden tener dificultades para participar en actividades sociales que podrían ayudar a mitigar la soledad. Las condiciones de salud física y mental pueden influir en la experiencia de la soledad y viceversa. Por ejemplo, las personas que experimentan problemas de salud crónicos o trastornos men-

demencia en adultos mayores. Los resultados del meta-análisis sugieren que las personas que experimentan altos niveles de soledad o aislamiento social tienen un riesgo significativamente mayor de demencia en comparación con aquellas que tienen una vida social más activa y conexiones sociales más sólidas. *Vid.* VALENZUELA, P. L., SACHA, J., «The association between loneliness, social isolation and dementia: A systematic review and meta-analysis», en *Aging Ment Health*, vol. 24, núm. 10, págs.1-9.

9 AGING IN PLACE RESEARCH GROUP, «Aging in place: a research perspective», en *Soc Policy*, vol. 12, núm. 4, págs. 5-27.

10 MAES, T., et al., «Gender differences in loneliness: a meta-analysis», en *European Journal of Personality*, vol. 33, núm. 6, págs. 642-654.

tales pueden ser más propensas a sentirse solas debido a las limitaciones en la participación en actividades sociales y el estrés asociado con su condición.

4. CONSECUENCIAS SOCIALES Y ECONÓMICAS PARA LA SOCIEDAD Y PARA EL SISTEMA DE SALUD

Distintos estudios como los realizados por GARDINER[11], HOLT-LUNSTAD[12] y MUNDELL[13] et al demuestran la necesidad de abordar este problema de manera integral y desarrollar intervenciones efectivas para mitigar sus consecuencias sociales en cuanto que la soledad en los mayores rurales con su déficit de interacción social puede llevar a una disminución en la participación cívica, la cohesión social y el sentido de pertenencia en la comunidad. Igualmente debe de tenerse en consideración que los mayores solitarios tienden a buscar atención médica con más frecuencia en comparación con aquellas que tienen conexiones sociales más sólidas por lo que pueden requerir más atención médica y servicios de atención a largo plazo debido a problemas de salud física y mental relacionados con la soledad, lo que puede aumentar los costos para el sistema de salud y la carga económica para la sociedad en general.

En suma, la soledad puede reducir la calidad de vida de quienes la padecen y disminuir su capacidad para participar en la vida comunitaria y social. Esto puede afectar negativamente la salud y el bienestar de la sociedad en su conjunto, así como la percepción de la calidad de vida en el área rural.

III. PAPEL DE LA JUNTA DE CASTILLA Y LEÓN Y OTRAS INSTITUCIONES EN LA PREVENCIÓN Y MITIGACIÓN DE LA SOLEDAD DE LAS PERSONAS MAYORES

A continuación, se citan algunas iniciativas exitosas implementadas por la Junta de Castilla y León y otras organizaciones en su lucha contra la soledad de los mayores[14].

11 GARDINER, C., GELDENHUYS, G., GOTT, M., «The impact of loneliness on healthcare use in older adults: a scoping review of the literature», in *Ageing & Society*, vol. 38, núm. 10, 2018, págs.1977-1998.

12 HOLT-LUNSTAD, J., «The cost of loneliness: why millions are feeling more alone and how it's affecting their lives», in *Psychology Today*, 2020.

13 MUNDELL, L., BARNETT, L. M., PLATTS, L. G., HAWTON, A., HUNTER, R. F., «The economic burden of loneliness: a systematic review and meta-analysis», in *Frontiers in Psychiatry,* núm. 12, 2021, págs. 736-902.

14 Solo se han tomado algunas iniciativas. Para completar la información véase JUNTA DE CASTILLA Y LEÓN., *Plan de acción contra la soledad no deseada y el aislamiento social 2022-2025*, 2022.

- La Junta de Castilla y León ofrece un programa de teleasistencia para personas mayores que viven en áreas rurales. Este programa proporciona un servicio de atención y seguimiento remoto a través de dispositivos de comunicación, lo que brinda a las personas mayores la tranquilidad de saber que pueden acceder a ayuda en caso de emergencia o necesidad.
- La Junta de Castilla y León ha establecido centros de día y residencias específicamente diseñados para atender a personas mayores en áreas rurales. Estos centros ofrecen una variedad de servicios y actividades, como atención médica, actividades recreativas y sociales, y apoyo psicosocial, que ayudan a combatir la soledad y promueven la integración social de los mayores.
- Diversas organizaciones sin fines de lucro, como Cáritas y Cruz Roja, implementan programas de voluntariado e involucran a profesionales de la salud y otros miembros de la comunidad para ofrecer compañía, apoyo emocional y asistencia práctica, lo que ayuda a reducir la soledad y promueve el bienestar de los mayores.
- Igualmente, estas redes apoyo comunitario en áreas rurales son importantes para la identificación de necesidades y la implementación de soluciones para abordar la soledad y el aislamiento social.
- También se organizan actividades y eventos culturales, recreativos y educativos dirigidos a personas mayores en áreas rurales, con el objetivo de fomentar la participación social, fortalecer las relaciones interpersonales y crear un sentido de comunidad y pertenencia.
- Programa de Alojamientos compartidos. A través de este programa se ofrece la posibilidad de convivencia entre personas mayores y el alumnado universitario de las Universidades de Castilla y León, compartiendo la vivienda de la persona mayor durante el curso académico.
- Programa Interuniversitario de la Experiencia de Castilla y León. Se desarrolla en 27 sedes, distribuidas en el ámbito urbano y el ámbito rural y también tiene una sede virtual.

IV. PROPUESTAS PARA POLÍTICAS Y PROGRAMAS FUTUROS DIRIGIDOS A ABORDAR LA SOLEDAD EN LOS MAYORES RURALES

La Junta de Castilla y León y otras instituciones gubernamentales tienen la responsabilidad de implementar políticas y programas efectivos para prevenir y mitigar la soledad en los mayores rurales de la región. Esto requiere un enfoque integral que aborde no solo las necesidades de salud física y emocional de los mayores, sino también los factores sociales, económicos y culturales que contribuyen a la soledad en las zonas rurales.

A continuación, se realizan una serie de recomendaciones para su implementación como acciones y medidas de programas futuros dirigidos a abordar la soledad en los mayores rurales que pueden implementar Junta de Castilla y León y otras instituciones para la prevención y mitigación de la soledad en los mayores rurales.

– Fomentar la creación de redes de apoyo comunitario. Las políticas y programas futuros deben centrarse en fomentar la creación de redes de apoyo comunitario en áreas rurales, facilitando la colaboración entre organizaciones locales, grupos de voluntarios y servicios gubernamentales para proporcionar recursos y servicios que combatan la soledad en los mayores. La Junta de Castilla y León puede desarrollar políticas y programas específicos destinados a abordar la soledad en los mayores rurales. Estos programas pueden incluir iniciativas de promoción de la salud mental y el bienestar emocional, así como actividades sociales y recreativas diseñadas para fomentar la conexión social y el apoyo mutuo entre los mayores.

– Promover la participación social y la actividad comunitaria: Se deben desarrollar programas que promuevan la participación social y la actividad comunitaria entre los mayores rurales, incluyendo actividades recreativas, grupos de interés, eventos culturales y oportunidades de voluntariado. Estas actividades pueden ayudar a fortalecer el sentido de pertenencia y conexión social en la comunidad.

La Junta de Castilla y León puede proporcionar financiamiento y apoyo técnico a iniciativas comunitarias dirigidas a combatir la soledad en las zonas rurales. de forma general las instituciones gubernamentales pueden promover la participación social entre los mayores rurales mediante la organización de eventos comunitarios, ferias de salud, grupos de apoyo y actividades recreativas. Estas actividades pueden proporcionar oportunidades para la interacción social y el establecimiento de redes de apoyo.

Esto puede incluir el apoyo a organizaciones sin fines de lucro, grupos de voluntarios y centros de día que ofrecen servicios y actividades para los mayores. Por lo que se producirá un fortalecimiento del tejido social mediante la participación activa de la sociedad civil en la atención a los mayores fortalece el tejido social de las zonas rurales al fomentar la solidaridad, la cooperación y la inclusión. Esto crea entornos más resilientes y sostenibles donde las personas mayores se sienten valoradas y apoyadas, y donde todos los miembros de la comunidad pueden prosperar

– Expandir el acceso a servicios de salud y bienestar: Es importante mejorar el acceso a servicios de salud y bienestar en áreas rurales, incluyendo atención médica, atención domiciliaria, servicios de salud mental y programas de promoción de la salud. Esto puede incluir la expansión de la telemedicina y la colaboración con profesionales de la salud para proporcionar servicios móviles en comunidades rurales.

– Apoyar el envejecimiento en el lugar: Es fundamental promover políticas y programas que apoyen el envejecimiento en el lugar en comunidades rurales, proporcionando servicios y recursos que permitan a los mayores permanecer en sus hogares y comunidades durante el mayor tiempo posible. Esto puede incluir la expansión de servicios de atención domiciliaria, modificaciones de viviendas para la accesibilidad y programas de cuidadores familiares.

En general la Junta de Castilla y León puede fortalecer la infraestructura de salud y servicios sociales en las zonas rurales para garantizar que los mayores tengan acceso a servicios de atención médica, asistencia domiciliaria y cuidados paliativos. El apoyo comunitario puede ayudar a mantener a los mayores en sus hogares y su lugar de residencia durante más tiempo, evitando la institucionalización prematura en centros de atención a largo plazo. Esto no solo beneficia a los mayores al permitirles envejecer en un entorno familiar y conocido, sino que también reduce la carga sobre los sistemas de atención médica y social.

Igualmente se debe de apoyar y proporcionar los recursos y servicios necesarios que mejoren la calidad de vida de los mayores, como acceso a servicios de atención médica, programas recreativos y asistencia en el hogar.

– Facilitar el transporte y la movilidad: Las políticas y programas deben abordar las barreras de transporte y movilidad que enfrentan los mayores rurales, facilitando el acceso a servicios y actividades fuera de sus hogares. Esto puede incluir la implementación de servicios de transporte accesibles y asequibles, así como la promoción de iniciativas de transporte compartido y voluntario.

– Fomentar la tecnología y la conectividad: Las instituciones gubernamentales pueden fomentar el uso de tecnología y medios de comunicación para conectar a los mayores rurales con sus seres queridos, así como con los servicios de atención médica y otros recursos comunitarios. Esto puede incluir la promoción de programas de capacitación en tecnología para adultos mayores y la expansión de la infraestructura de telecomunicaciones en áreas rurales con acceso a Internet de alta velocidad y el desarrollo de aplicaciones y plataformas en línea.

– Seguir impulsando la «red amiga de apoyo a la soledad» y los programas de «espacios de encuentro frente a la soledad».

– Estimular el conocimiento de la ciudadanía en general y de las personas mayores del medio rural en particular de la posibilidad de utilizar el Teléfono gratuito «Cerca de ti»[15].

15 Servicio ofertado por la Gerencia de Servicios Sociales, en colaboración con la Fundación Castellano-Leonesa para la Tutela de Personas Mayores, con el objetivo de apoyar a las personas que se encuentran en situación de soledad no deseada o aislamiento social para

V. REFLEXIÓN SOBRE LA IMPORTANCIA DE UN ENFOQUE INTEGRAL Y COLABORATIVO EN LA LUCHA CONTRA ESTE PROBLEMA

La soledad en los mayores rurales es un problema complejo que requiere un enfoque integral y colaborativo para ser abordado de manera efectiva. Aquí se presentan algunas reflexiones sobre la importancia de este enfoque:

PRIMERA.- Visión holística del bienestar: La soledad no es simplemente un problema de falta de interacción social; también puede estar relacionada con problemas de salud física, mental y emocional. Un enfoque integral reconoce esta interconexión y aborda las diversas dimensiones del bienestar de los mayores rurales, incluyendo su salud, calidad de vida y conexión social.

SEGUNDA.- Multiplicidad de factores contribuyentes: La soledad en los mayores rurales puede estar influenciada por una variedad de factores, como la falta de transporte, la distancia geográfica, la pérdida de seres queridos, la jubilación y la falta de acceso a servicios de salud. Un enfoque integral considera todos estos factores y busca soluciones que aborden las necesidades específicas de esta población.

TERCERA.- Coordinación de recursos: La colaboración entre diversas agencias gubernamentales, organizaciones sin fines de lucro, grupos comunitarios y voluntarios es fundamental para maximizar los recursos disponibles y evitar la duplicación de esfuerzos. Un enfoque colaborativo asegura que los recursos se utilicen de manera eficiente y se adapten a las necesidades locales.

CUARTA.- Empoderamiento comunitario: La participación activa de la comunidad en la identificación de necesidades y la implementación de soluciones es esencial para el éxito a largo plazo. Un enfoque colaborativo capacita a las comunidades

rurales para que se conviertan en agentes de cambio en la lucha contra la soledad, fortaleciendo el tejido social y promoviendo la solidaridad y la inclusión.

QUINTA.- Resiliencia y sostenibilidad: La soledad en los mayores rurales es un problema persistente que requiere soluciones sostenibles a largo plazo. Un enfoque integral y colaborativo fomenta la resiliencia de las comunidades rurales al promover la diversidad de recursos y la capacidad de adaptación frente a los desafíos cambiantes.

SEXTA.- Fomento de la participación intergeneracional: Desarrollar programas y proyectos que promuevan la interacción y el intercambio entre

ayudarlas a superar los efectos negativos que les pueda estar produciendo. Disponible en: https://serviciossociales.jcyl.es/web/es/personas-mayores/telefono-cerca.html.

diferentes generaciones en el medio rural. Esto puede incluir la creación de programas intergeneracionales en escuelas, centros comunitarios y hogares de ancianos, donde los jóvenes y los mayores puedan aprender y colaborar juntos.

SÉPTIMA.- Promoción de políticas inclusivas: Adoptar políticas inclusivas que tengan en cuenta las necesidades específicas de los adultos mayores rurales en todas las áreas de la vida, incluyendo el acceso a servicios de salud, vivienda asequible, transporte y participación cívica. Esto puede implicar la implementación de políticas de edad amigables que promuevan la inclusión y el bienestar de los mayores en el medio rural.

Estas recomendaciones pueden servir como punto de partida para el desarrollo de políticas y programas futuros dirigidos a abordar la soledad en los mayores rurales de Castilla y León. Es fundamental trabajar en colaboración con las comunidades locales, las organizaciones sin fines de lucro y otras partes interesadas para garantizar que estas iniciativas sean efectivas, relevantes y sostenibles a largo plazo.

VI. CONCLUSIONES

Abordar la soledad de los mayores en el medio rural es una cuestión de justicia social y equidad. Todas las personas, independientemente de su lugar de residencia, tienen derecho a vivir una vida digna y satisfactoria en la vejez. Reducir la brecha entre las áreas urbanas y rurales en términos de acceso a servicios y oportunidades es fundamental para promover la equidad y la inclusión social.

La soledad en los mayores rurales de Castilla y León es un problema complejo y multifacético que requiere atención urgente y acción coordinada. A lo largo de este documento, hemos explorado diversas dimensiones de esta problemática, desde la demografía y las características del medio rural. Se ha demostrado que la soledad en los mayores rurales está influenciada por una serie de factores, incluyendo el envejecimiento demográfico, el aislamiento geográfico, la falta de servicios y actividades, y los cambios en la estructura social y familiar. Estos factores pueden contribuir a una mayor incidencia de la soledad y el aislamiento social en esta población, con consecuencias significativas para su salud física, emocional y mental, así como para la comunidad y el sistema de salud en su conjunto. Todo ello presenta desafíos significativos, pero también oportunidades para desarrollar políticas y programas que aborden las necesidades y promuevan el bienestar de las personas mayores en la región castellanoleonesa, pero para ello se precisa de un enfoque integral y colaborativo en la lucha contra la soledad en los mayores rurales reconoce la complejidad del problema y busca soluciones que aborden las diversas dimensiones del bienestar, movilizando recursos a nivel comunitario y promoviendo la participación activa de todos los actores relevantes. Esto no solo puede ayudar a reducir la soledad y mejorar la calidad de vida de los mayores rurales, sino que también fortalece las comunidades y promueve la inclusión y el bienestar para toda la sociedad.

También hemos identificado una serie de estrategias de intervención, programas y políticas existentes que están dirigidos a abordar la soledad en los mayores rurales. Desde programas de visita y acompañamiento hasta centros comunitarios y tecnología de teleasistencia, o teléfonos gratuitos de apoyo, estas iniciativas están diseñadas para mejorar la conexión social, promover el bienestar y facilitar el acceso a servicios y recursos en zonas rurales. Por lo que consideramos que cara al futuro es fundamental continuar desarrollando y fortaleciendo estas iniciativas, pero también explorar nuevas estrategias innovadoras para abordar la soledad en los mayores rurales. Esto requiere un enfoque integral y colaborativo que involucre a múltiples actores, incluyendo gobiernos locales, organizaciones sin fines de lucro, instituciones de salud y la sociedad civil en su conjunto.

En última instancia, la lucha contra la soledad en los mayores no solo es una cuestión de salud pública, sino también una cuestión de justicia social y equidad. Al trabajar juntos para construir comunidades más conectadas, inclusivas y solidarias, podemos mejorar la calidad de vida de los mayores rurales y construir un futuro más saludable y sostenible para todos.

VII. BIBLIOGRAFÍA

Aging in Place Research Group, «Aging in place: a research perspective», en *Soc Policy*, vol. 12, núm. 4, págs. 5-27.

Aranda-Reneo, I., Virgós-Lamela, A. y Oliva-Moreno, J., «La dependencia en personas mayores en Castilla y León: un análisis de sus determinantes», en *Gaceta Sanitaria,* vol. 31, núm. 1, 2017, págs. 49-56.

Ardona, J., Villamil, M., Henao, E. y Quintero, A., «Afrontamiento de la soledad en población adulta», en *Revista Medicina U.P.B.*, vol. 30, núm. 2, 2011, págs. 150-162.

Bazo, M. T., «Personas ancianas: salud y soledad», en *REIS,* vol. 47, núm. 89, 1989, págs. 193-22.

Cacioppo, J. T. and Hawkley. L. C., «Loneliness and the aging brain», in *Brain Res,* vol. 10, núm. 1183, 2009, págs. 102-109.

Cano Vindel, A., Sánchez Miguel, L., «Soledad y salud en personas mayores», en *Clínica y Salud,* 2001.

Cardona, J., Villamil. M., Henao, E. y Quintero, A., «El sentimiento de soledad en adultos», en *Revista Medicina U.P.B., vol. 32, núm. 1,* 2013, págs. 9-19.

Cáritas Española, «Prevenir y aliviar la soledad de las personas mayores. El papel único del voluntariado en los procesos de acompañamiento», en *Documentos de trabajo*, núm. 9, 2021.

Carr, A., «Social networks and perceived social support among the rural elderly in Spain: the role of family ties, support and contact with friends, and civic participation», in *BMC Geriatrics*, vol. 19, núm. 1, 2019.

Casal Rodríguez, B., Rivera Castiñeira, B. y Rodríguez-Míguez. E., *El coste de la soledad no deseada en España*, 2023.

Castro-Blanco, M. P., «La soledad y las personas mayores», en *Labor Hospitalaria,* núm. 326, 2020, págs. 67-79.

Celdrán, M., Díaz-Gutiérrez, R. y Giraldo-Rodríguez, L., «La soledad en las personas mayores de las residencias de la provincia de Burgos: ¿Un problema emergente?», en *Enfermería Global*, vol. 18, núm. 3, 2019, págs. 425-436.

Cuenca Cabeza, M., «El ocio de los mayores, un tema importante en el siglo XXI», en *Letras de Deusto,* vol. 119, núm. 38, 2008, págs. 93-113.

Díaz Nicolás, J. y Morenos Páez, M., *La soledad en España*, Fundación ONCE y Fundación AXA, Madrid, 2015.

Dykstra Pa., «Older adult loneliness: myths and realities», en *European Journal of Ageing*, vol. 6, núm. 2, 2009, págs. 91-100.

Fundación Once, *Informe sobre la percepción de la soledad no deseada,* 2021.

Gardiner, C., Geldenhuys, G. y Gott, M., «The impact of loneliness on healthcare use in older adults: a scoping review of the literature», in *Ageing & Society*, vol. 38, núm. 10, 2018, págs.1977-1998.

Herrero, J., Villar, A. y Celdrán, M., «Soledad en el anciano: factores relacionados en el medio rural», en *Index de Enfermería*, vol. 27, núm. 1-2, págs. 27-31.

Holt-Lunstad, J., «The cost of loneliness: why millions are feeling more alone and how it's affecting their lives», in *Psychology Today*, 2020.

Junta de Castilla y León, *Plan de acción contra la soledad no deseada y el aislamiento social 2022-2025*, 2022.

López-Bastida, J., Oliva-Moreno, J., Linertová, R., «Proyección de la demanda de cuidados a largo plazo en Castilla y León», en *Gaceta Sanitaria*, vol. 31, núm. 1, 2017, págs. 65-68.

López-Ortega, M., Torres-Castro, S., Rosario Fernández-Gutiérrez, M. y Rodríguez-Rodríguez, V., «Loneliness and cognitive function in older adults: findings from the SaRIm project», in *BMC Geriatrics*, vol. 2, núm. 1, 2020.

Maes T, et al., «Gender differences in loneliness: a meta-analysis», en *European Journal of Personality*, vol. 33, núm. 6, págs. 642-654.

Montero-Granados, R., et al., «Social support, loneliness, and psychological distress among older adults in Spain», en *BMC Geriatrics*, vol. 20, núm. 1, 2020.

Muchinik, E., Seidmann, S., *Aislamiento y Soledad*, Universidad de Buenos Aires, 2002.

Mundell, L., Barnett, L. M., Platts, L. G., Hawton, A. y Hunter, R. F., «The economic burden of loneliness: a systematic review and meta-analysis», in *Frontiers in Psychiatry,* núm. 12, 2021, págs. 736-902.

Pena-Longobardo, Y., Rodríguez-Sánchez, B., Oliva-Moreno, J., «Intervenciones para la prevención de la soledad en personas mayores: una revisión sistemática», en *Revista Española de Geriatría y Gerontología,* 2016.

Peplau, L. A., Perlman, D., *Loneliness: A Sourcebook of Current Theory, Research, and Therapy,* Wiley,1982.

Ríos Zapata, P. C. y Londoño Arredondo, N. H., *Percepción de soledad en la mujer*, en *AGO.USB Medellín-Colombia*, vol. 12, núm. 1, 2012, págs. 143-164.

Rubio, R., Aleixandre M, «Un estudio sobre la soledad en las personas mayores: entre el estar solo y el sentirse solo», en *Rev. Mult. Gerontol*, vol. 11, núm. 1, 2001, págs. 23-28.

Rubio, R., Cerquera A. M., Muñoz, R. y Pinzón, E. A., «Concepciones populares sobre soledad de los adultos mayores de España y Bucaramanga, Colombia», en *Revista Diversitas – Perspectivas en Psicología,* vol. 7, núm. 2, 2011, págs. 307-219.

Rueda Estrada, J. D., «La soledad en las personas mayores en España: una realidad invisible», en *Actas de Coordinación Sociosanitaria*, núm. 23, 2018, págs. 43-64.

Sánchez-Sánchez, J. L., Manzanares-Sánchez, S., Gutiérrez-Bedmar, M., Díaz-Jiménez, M., García-García, F. J. y Rodríguez-Mañas, L., «Prevalencia de fragilidad en personas mayores de 65 años en Castilla y León: comparación de dos instrumentos de medida», en *Revista Española de Geriatría y Gerontología*, vol. 54, núm. 4, 2019, págs. 214-219.

Sandu, V., Zólyomi, E., Leichsenring, K., «Abordar la soledad y el aislamiento social entre las personas mayores en Europa», en *Informe de políticas* 2021/7, 2021.

Umberson, D. and Karas Montez, J., Social relationships and health: A flashpoint for health policy», en *Health Affairs*, vol. 29, núm. 6, 2010, págs. 1-5.

Valenzuela, P. L., Sacha, J., «The association between loneliness, social isolation and dementia: A systematic review and meta-analysis», en *Aging Ment Health*, vol. 24, núm. 10, págs.1-9.

Valtorta, N. K., Kanaan, M., Gilbody, S., Ronzi, S. y Hanratty, B., «Loneliness and social isolation as risk factors for coronary heart disease and stroke: Systematic review and meta-analysis of longitudinal observational studies», in *Heart,* vol. 102, núm. 13, 2016, págs. 1009-1016.

Weiss, R. S., *Loneliness: The Experience of Emotional and Social Isolation*, MIT Press, Cambridge, 1973.

CAPÍTULO XIV

TRANSICIÓN ECOLÓGICA, CRECIMIENTO ECONÓMICO Y TERRITORIO: RURALIDAD Y ENERGÍAS RENOVABLES EN ESPAÑA

Mercedes Molina Ibáñez, Rocío Pérez-Campaña,
Felipe Hernando Sanz, Borja Moya-Gómez
Departamento de Geografía
Universidad Complutense de Madrid

I. INTRODUCCIÓN

La progresiva y vertiginosa evolución de los procesos económicos, asociados a una compleja transformación tecnológica, ha ido introduciendo grandes modificaciones en el uso de los recursos naturales, tanto por su diversidad, por su cuantificación, por su aplicación productiva, por la relación producción-consumo, cuanto por la relevancia de sus impactos. La Naturaleza ha jugado un papel trascendental pero enmascarado por el protagonismo que alcanza el capital y la empresa, la ciencia y el conocimiento, los recursos humanos, la globalización o la trascendencia de las instituciones públicas, nacionales e internacionales. Progresivamente, hemos ido considerando cada vez menos su decisiva vinculación con el sistema económico o el grave riesgo que supone la dependencia externa de recursos naturales para cualquier Estado o conjunto de Estados. Por otra parte, tampoco hemos sido muy conscientes de las alteraciones planetarias que han ido determinando un crecimiento intensivo cortoplacista, sin considerar costes sociales, territoriales y ambientales, o las grandes concentraciones humanas propias de la configuración de complejos sistemas metropolitanos. Es cierto que, de la conciencia más o menos individual, hemos pasado a una aceptación más colectiva de los cambios del planeta asociados a la acción humana; que los países dependientes, sobre todo de recursos estratégicos, son conscientes de su vulnerabilidad económica, pero también tenemos que reconocer que todavía la transformación social y política determinada por una nueva cultura de la Naturaleza y sus recursos, no está demasiado asentada, de ahí que su reconocimiento y sobre todo los cambios requeridos, se vean afectados por acontecimientos internacionales muy complejos o por cambios de liderazgo político. El economista MADISSON[1], al identificar las diferentes etapas del capitalismo a partir de su evolución productiva, estimó que los recursos naturales se minimizaban ante la trascendencia y el peso de otros factores, pero lo cierto es que no los ignoró. Sin embargo, en la casi totalidad de los índices de competitividad territorial, pongamos por ejemplo el Índice de Competitividad Regional de la UE[2], los recursos naturales y problemas ambientales no se contemplan.

Tampoco se ha considerado en esta evolución la trascendencia del uso del territorio y su diversificación productiva; aquella división tradicional, de rural vinculado al sector primario y urbano unido a los sectores secundario y terciario, se ha roto. El territorio y sus recursos naturales han dejado de ser de uso sectorial y la diversificación productiva es un hecho, lo cual plantea un nuevo dilema de elección y de conflictos que no debemos ignorar. Es el caso entre producción agraria y energías renovables.

El presente artículo trata de significar las transformaciones productivas y territoriales a las que nos enfrentamos a efectos de controlar los riesgos planetarios, a partir de lo que podría considerarse un nuevo paradigma sobre sostenibilidad ambiental, tanto por sus luces como por sus sombras. El caso español es un ejemplo, ya que de una parte se pueden determinar importantes logros ambientales y socioeconómicos, pero también tensiones y conflictos de uso del suelo, siendo los territorios rurales, de nuevo, los más afectados. En el momento actual nos enfrentamos a un descontento rural y a unas reacciones sociales que están ganando protagonismo, por lo que resulta imprescindible analizar los efectos territoriales de una transición ecológica esperanzadora, que determinaba grandes potencialidades en estos territorios tradicionalmente definidos por sus graves problemas.

---

1 MADISSON, A., *La economía mundial. Una perspectiva milenaria,* Mundi-Prensa, Madrid, 2002.

2 EUROPEAN COMMISSION, *EU Regional Competitiveness Index 2.0 – 2022 edition,* European Commission, 2023.

II. EFECTOS DE UN CRECIMIENTO ECONÓMICO INTENSIVO ASOCIADO A UN MODELO TERRITORIAL DE CONCENTRACIÓN

Tras un largo periodo de invisibilidad de la trascendencia socioterritorial de los procesos económicos, no sólo en los Estados más desarrollados, sino también en los incorporados al desarrollo e incluso en los menos desarrollados, estamos ante un momento de cambio. La conciencia sociopolítica sobre la diferente expresión territorial del crecimiento económico y por ello las desigualdades sociales determinadas es cada vez mayor. Desde las transformaciones derivadas de las crisis de los años 70, que cambiaron no sólo la forma de producir, sino dónde y por qué, se fueron consolidando unos principios que han dominado los objetivos perseguidos tanto por las políticas públicas, cuanto por el comportamiento empresarial. El crecimiento económico dominante medía su éxito mediante los valores de PIB, renta y empleo asociado a la industria y a los servicios a partir de especializaciones a gran escala, propias de una producción fragmentada, posible por un intensivo y progresivo crecimiento del comercio internacional, exponente máximo de la globalización. Desde los Estados rectores con dominio sobre el conocimiento, el capital, la tecnología, o la información, muy vinculados a las estrategias de las empresas multinacionales, hasta aquellos cuya transformación depende de los recursos naturales y de una producción intensiva en mano de obra por lo general no cualificada, se definen realidades intermedias y heterogéneas. De la expresión generalizada de «made in», pasamos a significar también «designed in» y «assembled in»; del protagonismo de ciertos recursos naturales, sobre todo materias primas y energía, a su escasa o nula consideración. Los riesgos de la dependencia no se percibían y se ignoró que pudieran tener un valor estratégico capaz de condicionar políticas internacionales. La proyección del crecimiento intensivo descrito, prácticamente de forma muy generalizada, se sustentó en la ciudad y sobre todo en la gran ciudad, configurando un modelo territorial de concentración urbano, metropolitano de la inversión, de la producción, del empleo, de la renta, de la promoción, de la calidad de vida y por supuesto de la población. Se consideró durante mucho tiempo exponente del avance, del desarrollo y de la eficiencia. Crecimiento y metropolización han ido en paralelo, con dimensiones diversas a escala mundo, sin tomar conciencia de los costes económicos, sociales y territoriales, fruto de los desequilibrios, de la inequidad y de la falta de cohesión social[3]. Esta dualidad ha ejercido una fuerte presión en la Naturaleza, tanto sobre recursos cuánto en su funcionamiento, siendo el calentamiento global uno de sus mayores exponentes, que por sus efectos reclama actuacio-

3 Molina Ibáñez, M., Hernando Sanz, F., y Pérez-Campaña, R., «Convergencia versus cohesión socioterritorial en España: la despoblación como reto», en *Información Comercial Española, ICE: Revista de economía,* núm. 928, 2022, págs. 9-25.

nes inmediatas para restablecer un equilibrio actualmente roto. Asumir los problemas socioterritoriales existentes junto con aquellos que afectan a una Tierra que tiene sus límites y sus limitaciones, necesariamente motivan los cambios del siglo XXI.

1. EL CRECIMIENTO ECONÓMICO DE ESPAÑA: RELATIVA CONVERGENCIA ECONÓMICA EXTERIOR SIN COHESIÓN SOCIOTERRITORIAL INTERNA

España sigue esta misma tendencia desde que abordó el cambio de una economía agraria a otra industrial y de servicios, esencialmente desde la década de los años 60 del pasado siglo, momento en el que la dictadura franquista impulsó un crecimiento industrial sobre una producción intensiva en mano de obra no cualificada, ya en crisis en los Estados más avanzados. El impulso de las grandes ciudades, esencialmente de Madrid y Barcelona, y de las costeras por el desarrollo del turismo, fue evidente y se sustentó a su vez sobre una desagrarización y una verdadera crisis rural cuyo mayor exponente fue la gran emigración[4]. El crecimiento económico constituía su principal objetivo y sus efectos determinaron fuertes desequilibrios y desigualdades territoriales que, aunque también se configuraron en otros Estados industrializados, en España fueron mucho más acusados. Dicha situación ya se significó en el Primer Congreso de Ordenación del Territorio celebrado en diciembre de 1978, y está presente también en la Constitución española, esencialmente en sus títulos séptimo y octavo, como un serio problema que sin embargo ha persistido hasta nuestros días.

El crecimiento económico de España y las transformaciones estructurales determinadas, sobre todo a partir de nuestra entrada en la actual Unión Europea en 1986, ha sido trascendental y se ha logrado una convergencia en renta con Estados y con Regiones esencialmente de la Unión, en parte por los Fondos estructurales y de cohesión recibidos, pero en absoluto se ha proyectado equitativamente a nivel territorial. Es muy frecuente asociar la convergencia con la cohesión y son dos cosas diferentes. Si en el primer caso, converger, según la RAE, es «tender a unirse en un punto», en el caso de la cohesión, tradicionalmente muy unida a la sociología, se alude a «la manera en que están distribuidos los bienes en una sociedad»[5], que en nuestro caso podríamos integrar el territorio. El Consejo de Europa[6] la define como la

---

4 Molina, M., Pérez-Campaña, R. y Hernando Sanz, F., «Luces y sombras de la política territorial de la Unión Europea: su significación en el estado español», en *Revista Internacional de los Estudios Vascos,* vol. 67, núm. 1, 2022, págs. 1-35.

5 Parsons, T., *The evolution of Societies*, Prentice Hall, New York, 1977.

6 Consejo de Europa, 2005.

«capacidad de una sociedad para garantizar el bienestar de todos sus miembros, incluyendo el acceso equitativo a sus recursos disponibles, el respeto por la dignidad humana, la autonomía personal y colectiva, la participación responsable y la reducción al mínimo de las disparidades sociales y económicas con objeto de evitar la polarización». En España la evolución de nuestra economía y su crecimiento han determinado un progresivo acercamiento con Estados y Regiones de la UE, en el momento actual somos la cuarta economía de la Unión y la 15.ª del mundo, según la OCDE y el Banco Mundial. Que hemos podido afrontar, con relativo éxito, transformaciones derivadas de los efectos de las crisis económicas mundiales más recientes, la de 1970, aunque con retraso, por la necesidad de anteponer el paso de una dictadura a una democracia, la de 2008 y las actuales de la pandemia y guerra por la invasión de Ucrania, pero nuestra cohesión socioterritorial está pendiente[7].

Han convivido y conviven territorios ganadores a costa de perdedores, territorios dinámicos junto con otros en retroceso y abandono, siendo responsables en gran medida las políticas públicas desarrolladas por el Estado y CCAA, dando lugar a una brecha socioterritorial rural-urbana-metropolitana cada vez más amplia. Las inversiones públicas se han polarizado hacia las metrópolis, frente a las otras ciudades y el mundo rural. Es imprescindible conocer las causas que han determinado esa dualidad territorial, porque su existencia es una responsabilidad política compartida, porque ha degenerado en una inequidad social con muy diferentes oportunidades, pero, además, porque sus consecuencias diversas y complejas han sido trascendentales. La disminución progresiva de efectivos demográficos tiene efectos graves en las tasas de natalidad, mortalidad, envejecimiento y masculinidad, o en la ruptura del equilibrio entre población activa y dependiente. Pero también los tiene por el abandono de muchas actividades tradicionales no incorporadas al sistema productivo general; por el deterioro de los recursos naturales y la pérdida de biodiversidad; por la falta de infraestructuras y equipamientos asociados a la producción y a los servicios sociales; por problemas de gobernanza y por la escasa capacidad local para afrontar nuevos retos. Es decir, consecuencias demográficas, económicas, sociales, de organización y gobernanza, así como ambientales, que configuran una gran crisis territorial.

Junto a ello, en España también se han producido grandes desajustes entre sociedad y naturaleza de manera que, de un lado, afectan todas las alteraciones planetarias, y de otro, aquellas determinadas por nuestro propio funcionamiento productivo y articulación territorial, que necesariamente deben modificarse. La transición ecológica asociada a un desarrollo sostenible también debería integrar ciudades intermedias en conexión rural para paliar desigualdades socioterritoriales y graves problemas ambientales.

---

7 *Vid. op. cit.* MOLINA IBÁÑEZ, M., HERNANDO SANZ, F. y PÉREZ-CAMPAÑA, R., «Convergencia versus cohesión...».

III. TRANSICIÓN ECOLÓGICA: CAMBIO PRODUCTIVO Y SOCIOTERRITORIAL

La Conferencia de París sobre Cambio Climático celebrada en el año 2015 marca un hito trascendental, ya que significó el reconocimiento por los líderes mundiales de las graves alteraciones planetarias y sus riesgos, esencialmente por el calentamiento global, en buena parte asociadas a procesos humanos productivos y a la creciente metropolización comentados. La interacción entre la actividad humana y las transformaciones de la Tierra quedaron acreditadas. Tuvieron que pasar más de 50 años para que los planteamientos teóricos tuvieran una constatación real, para que posiciones singulares se generalizaran internacionalmente y para que, de la ignorancia, se pasara a compromisos firmes con presupuesto y tiempo. Ese momento no surgió del vacío; anteriormente se desarrollaron actuaciones singulares que, si bien en su momento no tuvieron la respuesta esperada, contribuyeron a crear una progresiva trasformación social que cada vez alcanzaba mayor influencia institucional.

Los años 70 del pasado siglo, dominados por ese modelo económico y territorial ya comentado, fueron decisivos para introducir y abordar importantes cambios ya considerados por los debates y el primer informe del Club de Roma. A este respecto, fue fundamental la Conferencia de Naciones Unidas sobre Medioambiente Humano, celebrada en Estocolmo en 1972, presidida por el sueco Ingemund Bengtsson y siendo su secretario general Maurice Strong. Su informe «Only One Earth»[8] otorgó un protagonismo al medioambiente y su relación con el crecimiento económico, tanto de los países industrializados como los que iniciaban en ese momento su transformación económica, haciendo de la contaminación un tema estrella. No asistieron los países del Este, era el momento de la guerra fría, pero hubo una importante representación de 113 Estados, numerosas organizaciones gubernamentales y no gubernamentales, responsables de una firme presión social que, si bien mostraba desacuerdos con el planteamiento expresado, se configuraba como una nueva fuerza social comprometida con la Naturaleza. En ese tiempo de los «ismos», junto al pacifismo y feminismo, se integró el ecologismo, demostrando, ya en sus inicios, que Instituciones diversas y movimientos sociales eran clave a la hora de analizar los problemas planetarios; era un problema colectivo y no ideológico. Otra de sus conclusiones más operativas fue la creación del Programa de Naciones Unidas para Medioambiente (PNUMA), propuesto por Maurice Strong, con sede en Nairobi y vigente en la actualidad. Se visibilizó el problema de manera holística, pero no se abordó; el mundo industrializado basó su progreso, al igual que los países en vías de desarrollo, en ese crecimiento económico cortoplacista

8 Ward, B. y Dubos, R., *Only one Earth,* W.W. Norton, New York, 1972.

ya descrito, ignorando sus costes sobre todo ambientales y sus consecuencias en general.

No obstante, y a la vista de sus repercusiones, de nuevo un hito refuerza los acuerdos de Estocolmo, es el Informe de la Comisión Mundial sobre Medioambiente de 1987, conocido con el nombre de su presidenta Gro Harlem Brundtland, a petición de la Asamblea de Naciones Unidas. Con el título de «Nuestro futuro común», está dirigido a los gobiernos, a las empresas, pero sobre todo a las personas, principio esencial para determinar que el problema entre el desarrollo y el medioambiente es de todos y requiere formación, educación, conocimiento científico, debate y participación, pero sobre todo una gran conciencia y compromiso internacional, fundamento de la cooperación y la solidaridad: «La tierra es una, pero el mundo no lo es. Cada país lucha por sobrevivir y prosperar sin importarle los efectos que causa» [...] «Los caminos que siguen las naciones industrializadas para alcanzar el desarrollo, son impracticables». Sus efectos, como hemos señalado *ut supra* han tenido sus luces y sus sombras: los avances generales también han determinado pobreza, desigualdad, fuertes degradaciones ambientales, efectos planetarios no esperados, fuerte presión demográfica por crecimientos notables, inseguridad alimentaria, problemas energéticos, producción industrial con grandes consumos de recursos naturales, crecimientos urbanos no controlados y en general un mundo dual de ganadores y perdedores ignorando la Naturaleza. Sobre esta contextualización se determinó una necesidad: desarrollo, bienestar, equidad social y equilibrio ambiental son inseparables.

Fue un informe decisivo que incorporó la sostenibilidad bajo una visión muy poliédrica y multiescalar, que determinó que el cambio productivo era imprescindible, pero también el social y el territorial mediante estrategias que orienten el proceso de urbanización y construyan «ciudades más pequeñas que deberían integrarse con los entornos rurales». Determinó la necesidad de políticas públicas a diferentes escalas y reconoció la trascendencia de los gobiernos locales, sentando las bases de la transición ecológica y de la construcción de nuevos territorios en un contexto de verdadera cohesión social. Impulsó la Conferencia de Río de 1992, con la creación de dos instrumentos esenciales: la Convención sobre el Cambio Climático y el Convenio sobre Diversidad Biológica. La primera responsable de las Conferencias de las Partes, Conference of the Parties (COP), siendo la de 1997 la que determinó el Protocolo de Kioto, con planteamientos sobre reducción de emisiones a efectos de ir paliando la contaminación ambiental y sus efectos climáticos; en la última COP 28 de Dubái, la casi totalidad de los países del mundo acordaron el abandono progresivo de los combustibles fósiles y la necesidad de una transición energética justa. A este respecto, y dada la vinculación energía-cambio climático, se podría considerar que en Río se produce el cambio conceptual de la transición ecológica: de una orientación más holística a otra más sectorializada. No obstante, sobre los planteamientos anteriores derivaron también los Objetivos del Milenio, cuyo mayor logro fue la citada conferencia de París de 2015 y el desarrollo de la actual Agenda 2030 y los Objetivos de Desarrollo Sostenible. «Nuestro futuro común» sentó las bases de todo lo que después de 35 años pretendemos lograr a través de una verdadera transición ecológica, pero ¿se cumple? Pregunta trascendental que trataremos de responder.

1. RESPUESTAS ANTE LA TRANSICIÓN ECOLÓGICA: DE LO GLOBAL A LO LOCAL

Numerosos países y comunidades políticas, caso de la UE, han implementado políticas encaminadas a la integración progresiva de la transición ecológica; no en vano constituyó uno de los fundamentos del marco financiero plurianual (MFP) 2021-2027; en definitiva «una Europa más sana, más justa, más próspera y más verde»[9]. Si bien las respuestas estatales no han sido homogéneas ni constantes, las recomendaciones de la ONU han tenido reacciones muy diferentes derivadas de posiciones ideológicas y de liderazgos políticos, que han roto la necesaria posición de la responsabilidad colectiva de los Estados, de las empresas y de la sociedad, fundamento del informe.

Pero también hemos vivido acontecimientos sobrevenidos y no esperados, caso de la pandemia COVID-19, que introdujeron nuevos problemas que reclamaron actuaciones de urgencia en el marco de la solidaridad interna y que alteraron compromisos adquiridos. La actuación de la Unión Europea, dentro de una responsabilidad colectiva de priorizar la salud, no olvidó la crisis económica derivada, ni la transición ecológica a través del Instrumento de Recuperación denominado Next Generation EU[10]. Posteriormente, la guerra en Ucrania ha condicionado muchas políticas internacionales, sobre todo en relación con las fuentes de energía, los procesos de descarbonización y la dependencia de materias primas de numerosos países desarrollados. Todo ello nos lleva a considerar unas primeras reflexiones asociadas a los problemas planetarios por incidencia humana, a efectos de significar comportamientos globales y a diferentes escalas:

- Reconocimiento global de las transformaciones planetarias asociadas a causas antrópicas con graves efectos sobre la sociedad humana.

- Cierto consenso mundial sobre los límites planetarios que no deberíamos pasar. Se aceptan los nueve procesos enunciados por Rockström, esenciales para el buen funcionamiento de la Tierra[11].

---

9 Von Der Leyen, U., *Discurso sobre el estado de la Unión*, 2021. Disponible en: https://acortar.link/jxvwbj. (Fecha de última consulta 11/10/2021).

10 *Vid. op. cit.* Molina Ibáñez, M., Pérez-Campaña, R. y Hernanzo Sanz, F., «Luces y sombras...».

11 Rockström, J. et al., «A safe operating space for humanity», in *Nature*, núm. 461, 2009, págs. 472-475.

- Sus efectos, ya comprobados, han sido trascendentales sobre todo en relación con el calentamiento global del planeta.
- Que están en relación directa con un modo de producción de crecimiento intensivo con grandes avances, pero con importantes retrocesos.
- A su vez, se vinculan con un modelo territorial de concentración metropolitana, considerado en origen motor de la economía y en la actualidad significado por fuertes externalidades negativas.
- La transición ecológica es transversal a la producción, al territorio y a la sociedad y no debe asumirse de una forma sectorializada. En definitiva, el gran principio recogido en el Informe Brundtland.

Para paliar los riesgos planetarios con repercusión humana se requieren grandes cambios socioeconómicos y territoriales a medio y largo plazo, pero con acciones determinadas e implementadas en el momento presente, que con frecuencia tropiezan con intereses complejos que introducen importantes vulnerabilidades. Naciones Unidas asume su papel de denuncia, de determinar acciones, pero carece de mecanismos para abordarlas; su reforma es necesaria y debe adaptarse a un mundo nuevo. Los Estados o conjunto de Estados como la Unión Europea tienen mayor capacidad de acción, que también puede verse alterada por cambios políticos.

Debemos ser conscientes, a pesar de que los avances producidos desde la Conferencia de Estocolmo no han sido progresivos, de que son imprescindibles los trascendentales y decisivos cambios a los que nos enfrentamos, para abordar los efectos negativos que la acción antrópica ha determinado sobre el planeta, pero también sobre situaciones de desigualdad y desequilibrio que tienen una mayor expresión local. De no hacerlo, se producirán situaciones semejantes a las pasadas: indicadores generales positivos por el éxito alcanzado, pero con expresión en territorios dinámicos, frente a otros, en los que el uso de sus recursos no ha tenido proyección en su desarrollo. Nuevos procesos productivos y territoriales son imprescindibles e imparables, pero también pueden tener resultados con luces y sombras que conviene identificar. Los fundamentos teóricos del Informe «Nuestro Futuro Común» determinaron una verdadera integración entre crecimiento económico y sostenibilidad, vinculado a una mayor jerarquización territorial mediante la incorporación al sistema, de las ciudades intermedias y mundo rural; en nuestro caso interesa ver si se está cumpliendo. No olvidemos que el abandono y marginación rural, sobre todo en el caso de España, son fruto de los procesos económicos y territoriales ya descritos y que precisamente se perciben importantes posibilidades de cambio en la implementación de una transición ecológica holística y no sectorializada. De no hacerse, se podrán producir conflictos en un uso de la tierra ya considerado en los límites planetarios que en ocasiones puede tener resultados irreversibles.

2. TRANSICIÓN ECOLÓGICA Y RURALIDAD EN ESPAÑA: ¿UN PROCESO INCOMPLETO?

Cabría considerar a este respecto una trascendental pregunta ante este momento de evolución y cambio: ¿Qué mundo rural queremos para España? ¿Aquel suministrador de producciones básicas y servicios ambientales para las necesidades de otros territorios, sustentado sobre sus recursos? ¿Aquel asociado a una residencia permanente por cambios en su accesibilidad y otros servicios, para trabajadores esencialmente urbanos-metropolitanos? ¿Aquel vinculado a un desarrollo rural sostenible y diversificado por su producción y por sus funciones económicas y ambientales, capaz de modificar la tendencia tradicional anterior propia de la despoblación? La respuesta nos la dará el tiempo, pero ya se vislumbran algunos riesgos que introducen preocupación.

Los territorios rurales, esencialmente en el contexto de la Unión Europea y por ello de España, han empezado a tener un mayor protagonismo, en paralelo a la transición ecológica, por su trascendencia en la producción agraria y agroalimentaria, cada vez más asociadas a controles de calidad, de seguridad y diferenciación; por la conservación en buena parte de su medio natural y por ello de sus recursos, que posibilitan nuevas y necesarias producciones; por su patrimonio en general incluido el «saber hacer local» y por sus identidades sociales, asociadas con frecuencia a su posible calidad de vida. Sus potenciales actuales son trascendentales y serán efectivas si se asocian a la solución de sus problemas, derivados de la gran brecha creada por la orientación de inversiones públicas mayoritariamente a centros urbanos-metropolitanos. Constituyen el fundamento de una economía diversificada por su producción agraria, industrial y de servicios y por sus funciones, esencialmente económicas y ambientales, ya considerada en la Primera Conferencia de Cork de 1996, introduciendo el denominado desarrollo rural como segundo pilar de la PAC, reforzado en el año 2016 a través de su segunda conferencia y declaración asociada[12]. Es más que una producción agraria, pero no debe excluirla, ya que constituye su principal función y fundamento, rechaza las monoproducciones dominantes y aboga por la configuración de sistemas territoriales funcionales e integrados, es decir, por la tradicional comarca vinculada a una verdadera «ordenación territorial», que no ha que tener necesariamente competencias políticas.

La Unión Europea ha demostrado la necesidad de significar los territorios rurales a partir de la comunicación de la Comisión «Una Visión a largo plazo para las zonas rurales de la UE: hacia unas zonas rurales más fuertes, más conectadas, resilientes y prósperas antes de 2040»; del denominado Pacto

---

12 Comisión Europea, *Declaración de Cork 2.0. Una vida mejor en el medio rural*, Luxemburgo, 2016.

Rural, «Garantizar la consonancia y la complementariedad entre las políticas internacionales, nacionales y locales que afectan al desarrollo rural maximizará los efectos positivos de nuestros esfuerzos colectivos»; del «Rural proofing», o en la actual Reforma de la PAC. Sin olvidar que la inquietud de la Comisión por el mundo Rural quedaba reforzada por la consideración de la heterogeneidad de su evolución y por ello de su situación actual; no toda la ruralidad requiere las mismas decisiones y actuaciones, realizando por ello un diagnóstico de problemas que identificaba y tres tipos de situaciones que a su vez requerían distintas estrategias:

- Zonas rurales con problemas de modernidad y estrategia de protección.
- Zonas rurales con problemas de decadencia y estrategia de diversificación.
- Zonas rurales con problemas de marginalidad y estrategia de preservación.

La nueva ruralidad se vinculaba con las transformaciones económicas generales de la UE, a partir de un crecimiento económico en relación con la sostenibilidad ambiental, para ir configurando de forma progresiva una mayor cohesión socioterritorial[13]. Realmente todo ello requiere el compromiso y la actuación de políticas públicas muy integradoras entre sectores económicos y entre diferentes administraciones y escalas, lo cual tropieza en ocasiones con los planteamientos neoliberales o ultraconservadores negacionistas[14]. Pero también, cuando existen, caso de nuestro Estado, observamos una mayor identificación energética de la política asociada a la transición ecológica, probablemente derivada de los grandes compromisos globales del cambio climático, de las necesarias transformaciones asociadas a la reducción drástica de gases efecto invernadero, y a una escasa integración de dicha transición con el resto de políticas sectoriales o territoriales. Ello está determinando conflictos de uso del suelo en los territorios rurales. El desarrollo multifuncional aceptado en las Conferencias de Cork ha quedado en buena parte reducido a la producción de energías renovables, siendo frecuentes los descontentos sociales debido a que los cambios propiciados no están contribuyendo a la transformación económica, demográfica y ambiental esperada en unos territorios marginados y definidos por una gran despoblación.

13 MOLINA IBÁÑEZ, M., CAMARERO RIOJA, L., SUMPSI VIÑAS, J.M., BARDAJÍ AZCÁRATE, I., PÉREZ-CAMPAÑA, R., «El proceso de despoblación: desequilibrios e inequidades sociales. El tiempo de las políticas públicas», en GÓMEZ SÁNCHEZ, Y. (Dir.), *Despoblación, cohesión territorial e igualdad de derechos*, Centro de Estudios Políticos y Constitucionales, Madrid, 2023, págs. 15-80.

14 MOLINA IBÁÑEZ, M., HERNANDO SANZ, F., PÉREZ-CAMPAÑA, R., «La España despoblada ante los nuevos desafíos: la respuesta ciudadana en las urnas», en HORTELANO MÍNGUEZ, L. A. (Dir.), *Gestionando la despoblación*, Aranzadi, Navarra, 2023, págs. 345-373.

3. EL SESGO ENERGÉTICO DE LA TRANSICIÓN ECOLÓGICA EN TERRITORIOS RURALES: LA NORMATIVA ACTUAL

La trascendencia del desarrollo normativo en un Estado es clave para comprender de facto las actuaciones y orientaciones de sus políticas con expresión socioeconómica y territorial. En España, por los procesos desarrollados por Naciones Unidas y la Unión Europea, de acuerdo con la contextualización considerada, se han determinado tres marcos normativos que dan cuenta de los objetivos perseguidos. Es el caso de la Ley de Cambio Climático y Transición Energética, del año 2021, fundamentada en el Plan Nacional de Adaptación al Cambio Climático (PNACC) «como instrumento de planificación básico para promover la acción coordinada y coherente frente a los efectos del cambio climático». Se puede considerar como el gran marco referencial, que, a su vez, determinará el Plan Nacional Integrado de Energía y Clima, (PNIEC), que, de acuerdo con las directrices de la Unión Europea, establece los objetivos y acciones concretas que a su vez desarrollará la denominada Transición Justa. Tienen un denominador común y es que han sustentado las causas del calentamiento global fundamentalmente sobre la descarbonización, obviando que son mucho más complejas y transversales a todos los sectores económicos, fruto de ese crecimiento económico y de la metropolización definidos. Tanto el análisis de causas como el de objetivos y acciones se centra fundamentalmente en el cambio energético y no considera las necesarias transformaciones que tanto la producción agraria como forestal y pesquera precisan; tampoco el cambio tecnológico que debería afectar a un crecimiento industrial asociado a las nuevas producciones, ni por supuesto al sector servicios en el cual el turismo requiere buena parte de la atención política y de su transformación futura. En lo referente a las transformaciones vinculadas con el modelo territorial, apenas se consideran y tan solo se alude a los cambios en el transporte, sin referencias concretas a los efectos contaminantes de la gran movilidad intrametropolitana derivada de la disociación residencia-trabajo, consideradas en «Nuestro futuro Común» (informe Brundtland, 1987). Por ello, a pesar de reconocer su gran trascendencia y valentía, debemos considerar aquellos procesos que han quedado casi invisibilizados y que de acuerdo con nuestra teoría son imprescindibles para unir crecimiento económico con sostenibilidad ambiental y jerarquización territorial, verdadero motor de una cohesión social. La gran polarización normativa entre descarbonización y control nuclear asociado al incremento de las energías renovables no lo propicia.

3.1. La interacción entre la Ley de Cambio Climático y Transición Energética, el Plan Nacional Integrado de Energía y Clima, y la Transición Justa

Para abordar con eficacia las transformaciones ambientales de nuestra economía, de la dualidad territorial entre dinamismo y estancamiento o retroceso, entre concentración demográfica o despoblación, entendemos que hubiera sido muy necesario un marco normativo general que determinara qué se entiende por transición ecológica en su conjunto, y qué objetivos a corto, medio y largo plazo debe tener el desarrollo sostenible. Así como conocemos los objetivos de reducción de emisiones de gases de efecto invernadero, con respecto a 1990 y con estimaciones para 2030-2050, desconocemos qué retos nos planteamos para conseguir mayor crecimiento económico con sostenibilidad ambiental y mayor cohesión socioterritorial; podían haber sido definidos como marco referencial en el Plan de Recuperación Transformación y Resiliencia, dada la orientación de los importantes fondos recibidos por España a través de Next Generation EU. Estamos convencidos del necesario e imprescindible cambio energético asociado a su proceso de descarbonización, pero entendemos que su desarrollo se debe integrar con una verdadera transformación económica y territorial, en este caso rural. La simple producción de energía no determina desarrollo local, ni la transición ecológica debe reducirse a la energética[15].

La Ley de Cambio Climático y Transición Energética se centra fundamentalmente en la consideración energética. Recoge muy parcialmente los objetivos sectoriales y territoriales y si bien define un «sistema de indicadores e impactos», sin embargo, no significa quién los determina ni cómo. Lo único que hemos encontrado es un documento relacionado con la zonificación ambiental para las energías renovables de 2020, anterior a la ley y por lo tanto necesariamente debería actualizarse. El Plan Nacional Integrado de Energía y Clima (PNIEC), remitido a la UE en 2020 con desarrollo en el período 2021-2030 y considerado en la ley, se mantiene en la misma parcialidad sin poner en relación energía, economía y territorio. Dicho sesgo tiene sus riesgos e incluso el PNIEC admite que se pueden generar efectos positivos y negativos, señalando que «las medidas que derivarán en lo que el promotor denomina acciones y transformaciones, con mayor o menor grado de desarrollo en el territorio, lo que se traduce en que algunas de ellas podrán generar efectos tanto positivos como negativos sobre los elementos del medio» (ver anexo 2 de esta Resolución). Señala que los efectos negativos por incremento de las renovables se paliarán por «su integración en espacios urbanos e industriales, la optimización de instalaciones ya existentes gracias a los avances tecnológicos, por la integración ambiental y territorial mediante la implantación de medidas específicas para la conservación del patrimonio natural y de la biodiversidad y por el aumento de la participación pública a medio y largo plazo». La economía agraria apenas se pone en valor, aunque en su declaración ambiental estratégica, tanto por lo que respecta a los usos del suelo, cuanto a la protección de la biodiversidad o al paisaje, incluye siempre la pro-

15 Molina Ibáñez, M., *La producción y el consumo de energía eléctrica en Aragón,* tesis doctoral, Institución Fernando el Católico (Consejo Superior de Investigaciones Científicas), Zaragoza, 1980.

ducción agraria, e incluso los suelos de alto valor agroecológico (SAVA). Algo falla cuando la producción mayoritaria se localiza en CCAA de fuerte peso agrario, no destacadas precisamente por su industrialización y urbanización, como analizaremos posteriormente.

Existe una disparidad, una parcialidad y una cierta ambigüedad, cuando se define el desarrollo rural sostenible. La ley lo relaciona con «la cohesión social y territorial garantizándose, en especial, la armonización y el desarrollo económico de las zonas donde se ubiquen las centrales de energías renovables, respetando los valores ambientales». Una definición un tanto cuestionable, sobre todo por la tendencia que están llevando a cabo los territorios productores de energías renovables. La declaración ambiental estratégica del propio PNIEC tampoco aclara el desarrollo rural sostenible, ya que lo sustenta sobre «instalaciones renovables y el fomento del autoconsumo y de las comunidades energéticas, para lo que se desarrollarán políticas específicas y programas de actuación en este ámbito que eviten una mayor despoblación de las zonas rurales afectadas». Según datos del Instituto de Desarrollo y Ahorro Energético (IDAE), se han configurado 43 comunidades energéticas de las 73 instalaciones programadas a 1 de enero de 2023. El 85,23 % están constituidas por personas físicas, el 14,52 % por pequeñas y medianas empresas y el 0,25 % por comunidades locales. A pesar de la financiación del Gobierno a partir de los Fondos Europeos que potencian este tipo de instalaciones han sido muy escasas y con muy poco impacto territorial. Cataluña es la comunidad autónoma más destacada seguida de la Comunidad Valenciana y Castilla-La Mancha. Estos datos reflejan también que el desarrollo rural sostenible requiere algo más que el autoconsumo energético como elemento tractor del mismo. Por otra parte, la propia Ley en el artículo 25 referido al desarrollo rural alude a que «el despliegue de las energías renovables debe llevarse a cabo de manera compatible con la conservación del patrimonio natural y la adecuada ordenación territorial. Para ello, perseguirá revertir parte de la riqueza que genera en el territorio donde se realice el referido despliegue para activar su economía y combatir el declive demográfico». De una parte, significan de forma generalista un impulso por el autoconsumo, de otra la conservación ambiental, pero en ningún caso se contempla la necesaria inversión para corregir los grandes y graves estrangulamientos de los territorios productores, fundamento de la transformación e integración de sus recursos motores.

El desarrollo rural sostenible se debe fundamentar en un pilar esencial que es la producción agraria y agroalimentaria; es el territorio abastecedor de alimentos que, lógicamente, también requerirá cambios productivos a la hora de integrar producción y recursos naturales. Un ejemplo es la reciente sentencia de 14 de marzo de 2024 de la Comisión Europea que solicita «al Tribunal de Justicia que declare que el Reino de España ha incumplido las obligaciones que le incumben en virtud del artículo 3, apartado 4 de la Directiva 91/676/CEE del Consejo de 12 de diciembre de 1991 relativa a la protección de aguas contra la contaminación producida por nitratos procedentes de fuentes agrarias». Asimismo, uno de los retos del desarrollo rural en España es incrementar su cadena de valor a efectos de transformar sus producciones y generar mayor riqueza local, lo cual exige acciones complejas que van más allá de una especificidad energética y sus consecuencias. Es cierto que la Declaración Ambiental Estratégica del PNIEC significa que se evitarán para otros usos «en la medida de lo posible, aquellas zonas de gran potencial agrícola, ganadero o cinegético, cuyo cambio de uso tenga impacto socioeconómico y se potenciarán las instalaciones de generación y transporte en áreas ocupadas por usos industriales y urbanos» (BOE 11 de enero de 2021, página 2698). Tal y como hemos señalado, se dispone de una «zonificación ambiental para la implementación de energías renovables», pero carecemos de otra semejante sobre la protección o consideración de los suelos de alto valor agrológico, a pesar de haberse aprobado a este respecto, una proposición de ley (PDL) en el Congreso de los Diputados en el año 2019[16].

Por otra parte, no hemos encontrado un verdadero registro de inversiones realizadas por las corporaciones energéticas en las zonas de producción, es decir, lo que se conoce como medidas compensatorias. Contempladas en la ley, sin embargo, no se desarrolla su proceso. Por lo general, las empresas productoras desconocen los problemas territoriales, no están definidas las escalas territoriales de actuación y se relegan con frecuencia a acuerdos con los municipios, determinando actuaciones bien intencionadas, pero de muy escasa operatividad y por supuesto con resultados muy diferentes, dependiendo mucho su relación con los territorios donde operan. Por ello, entendemos que se debería haber incorporado un procedimiento de actuación que mediante un partenariado público-privado determinaran objetivos y acciones inversoras, encaminadas a la mejora efectiva de la competitividad de estos territorios y por supuesto de la calidad de vida de sus habitantes. Considerando siempre la relación estrecha entre producción e inversiones locales, es conveniente operar sobre lo que denominamos territorios funcionales, es decir la tradicional comarca que puede no tener competencias políticas. Son numerosas las actuaciones posibles tanto en infraestructuras, de transporte, de comunicaciones, energéticas, o de agua; en servicios propios de la sanidad, educación o de comercio y bancario; de formación a muchos niveles o de vivienda; es decir sobre los estrangulamientos territoriales existentes. La coordinación del Estado con CCAA y Administraciones Locales con la empresa privada debería estar contemplada en la normativa analizada, para conseguir un desarrollo rural sostenible, integrado y creador de empleo y riqueza. Subyace más una protección ambiental y una idea de paisaje, por supuesto necesaria, pero integrada en un crecimiento económico sostenible; los recursos de los territorios rurales no deben orientarse solo al abastecimiento de necesidades de los de mayor dinamismo económico, urbano-metropolitano.

16 BOCG. CONGRESO DE LOS DIPUTADOS, 22 febrero 2019, núm. 371-1.

Nuestro planteamiento queda reforzado por el contenido de la denominada Estrategia de Transición Justa (ETJ) que constituye el tercer pilar normativo en la relación energía y clima. Está íntimamente ligada con las recomendaciones de la Organización Mundial del Trabajo (OIT), según lo acordado en 2013, «para hacer frente a los apremiantes retos medioambientales como el cambio climático, la contaminación y el descenso de la biodiversidad, los países y las empresas deben hacer una transición hacia economías y sociedades más ecológicas, resistentes y neutras desde el punto de vista climático [...] significa hacer que la economía sea lo más justa e inclusiva posible para todos los interesados creando oportunidades de trabajo decente y sin dejar a nadie atrás». Es decir, su objetivo fundamental es la creación de empleo y riqueza mediante una verdadera transformación económica, no sólo energética, en territorios rurales muy vulnerables y que precisan de una inclusión justa, muy asociada en el momento actual al empleo verde, acorde con el Programa de Naciones Unidas para el Medio Ambiente. Entendemos que estos principios en el caso español no se cumplen en su totalidad, quizá porque siguiendo los objetivos y orientaciones de la Ley y del PNIEC, mantiene el sesgo hacia el sector energético; todos los indicadores económicos que plantea tienen una formulación aterritorial. Es cierto que significa la necesidad de transformar sectores económicos pero desarticulados, caso del turismo, con nuevos destinos y valores naturales y culturales; de la construcción en relación con el parque inmobiliario; de la industria, individualizando la movilidad y el transporte; del reciclaje; de la agricultura, ganadería y gestión forestal; de la gestión del agua; o del sector financiero, aludiendo en muchas ocasiones a la importancia de la economía circular. Uno de sus objetivos es convertir la transición ecológica en un proceso esencial para frenar la despoblación, apostando por la dinamización de los territorios rurales; sin embargo, su desarrollo no lo determina. Asimismo, significa la necesidad de minimizar los impactos negativos en zonas vulnerables, a través de convenios, pero de nuevo la Estrategia se orienta hacia la energía y esencialmente a la definición de un plan de acción urgente para comarcas de carbón y centrales en cierre 2019-2021. Su mayor objetivo es garantizar el empleo, tanto en relación con el Plan de Restauración de Minas como con el Plan de Energías Renovables y Eficiencia Energética.

Somos conscientes y por ello partidarios de la necesidad de reducir el uso del carbón tal como se determinó en la Estrategia de Descarbonización a largo plazo (2050), de la gran vulnerabilidad y necesidad de transformación de los territorios afectados y asumimos que tengan una cierta prioridad para su tratamiento como acción de urgencia, pero ello no exime la elaboración de una tipología más diversificada, que categorice problemas y potencialidades de otros territorios de la España interior muy afectados por una gran crisis derivada del proceso de despoblación y abandono. La Ley de Cambio Climático y Transición Energética así lo contempla en el titulo VI: «la transición a una economía descarbonizada requiere también de medidas que faciliten una transición justa para los colectivos y áreas geográficas más vulnerables, entre ellas, las zonas rurales». También sería muy interesante que se hubieran analizado logros y fracasos del periodo de descarbonización que llevó a cabo España después de nuestra entrada en la actual Unión Europea, cuando abordó la gran crisis productiva y energética heredada del franquismo, ya que, si bien, consiguió un importante beneficio social, no determinó una verdadera transformación económica de dichos territorios. También llama la atención que el Instituto para la Transición Justa, que debe considerar en su conjunto la evolución de los objetivos que determina el documento, derive del Instituto para la Restauración de la Minería del Carbón y Desarrollo Alternativo de las Comarcas Mineras. Por ello, la ETJ, siendo importante, no afronta las debilidades determinadas por la ley y el PNIEC, sino que por el contrario las refuerza.

Por último, cabe considerar que el Marco Estratégico de Energía y Clima contempla una serie de actuaciones que, o bien no se han realizado, o están pendientes de renovación, pero muy sectorializadas (Gráfico n.º 1). Por otra parte, el PNIEC recoge unas sesenta interacciones con otros planes y estrategias, lo cual refuerza en mayor medida esa falta de integración comentada

Gráfico 1. Planes y estrategias referidos en la Ley de Cambio Climático y Transición Energética

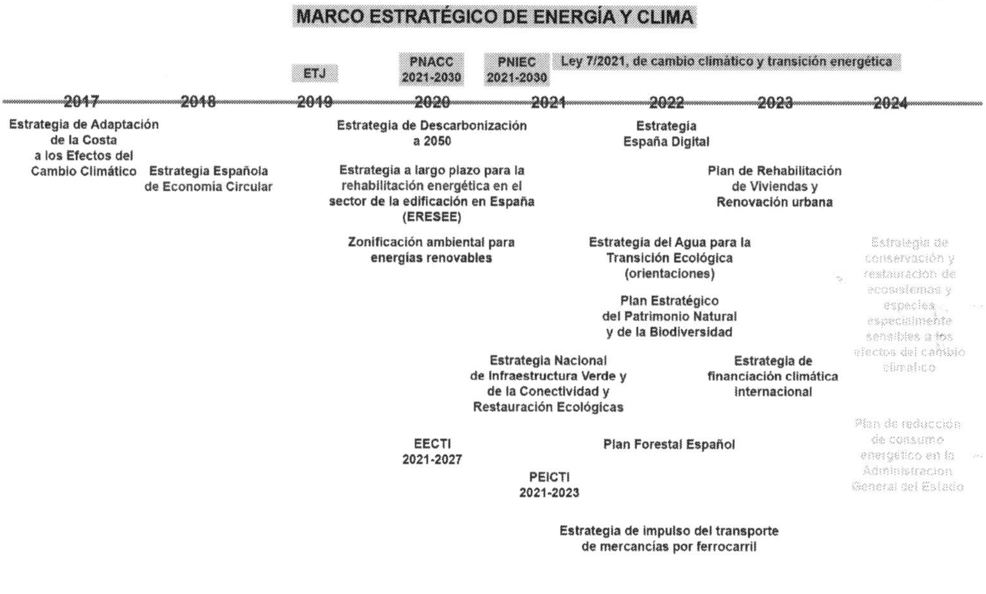

Fuente: elaboración propia. Para cada plan o estrategia se ha considerado la fecha de última versión.

La transición ecológica, tal y como hemos justificado ut supra, no sólo debe integrar una verdadera transformación del modo de producción de crecimiento intensivo dominante, sino también un nuevo modelo territorial, caso de no hacerse será incompleta. Sorprende que en las tres normativas analizadas no exista una alusión expresa al modelo territorial socioeconómico dominante en España y definido por la concentración. Si la Ley considera en el título IV art. 14, la necesidad de determinar una movilidad sin emisiones, debe contemplar la necesidad de impulsar otro modelo, puesto que buena parte de ellas están unidas al modelo territorial metropolitano, por la disociación trabajo-residencia, siendo una de sus externalidades negativas con altos riesgos y costes. Las grandes metrópolis requieren soluciones a sus problemas más que una expansión sin límites y las ciudades intermedias en estrecha relación con los territorios rurales, un mayor impulso e integración en el nuevo sistema económico. De hecho, ni siquiera considera la necesidad de actuar sobre un sistema metropolitano funcional, ya que lo sustenta sobre acciones municipales, siendo paradigmáticos los de Madrid y Barcelona, en los que el continuum urbano y por ello los flujos diarios de trabajo-residencia, no entienden de fronteras[17].

3.2. La realidad territorial de la producción de energías renovables: efectos de la normativa analizada

A efectos de corroborar el análisis realizado *ut supra* y a modo de reflexión general significamos una información básica que expresa una realidad territorial ya problemática, sobre la que se deberían considerar cambios futuros. Cabe subrayar la trascendencia de la evolución que ha experimentado recientemente la estructura de la generación de energía eléctrica, manteniendo un nivel de producción importante y acorde con la demanda, siguiendo las recomendaciones de la ONU, las exigencias de la Unión Europea y los compromisos asumidos por España, pero también que los resultados socioterritoriales de acuerdo con los objetivos y la normativa aprobada han sido parciales y cuestionables. La dimensión territorial de los procesos económicos es esencial para determinar problemas, la consideración sectorial no es suficiente.

Hemos elegido el periodo 2011-2023 por entender que es esencial en la variación en la estructura de generación eléctrica, de acuerdo con las necesidades derivadas del cambio climático y esencialmente del calentamiento del Planeta. La producción en general se ha mantenido casi estable con muy ligeras variaciones, superando en algunos momentos las necesidades del mercado interno, esencialmente en los dos últimos años de referencia. En el año 2023 se ha registrado un descenso de generación de electricidad del 3,5 % respecto al año anterior tras dos años continuos de crecimientos del 3,4 % en 2021 y del 6,3 % en 2022. La política energética estatal ha hecho frente a las vicisitudes que ha introducido la guerra en Ucrania, el riesgo de abastecimiento de fuentes primarias se ha resuelto eficazmente, e incluso hemos sido pioneros y decisivos a la hora de conseguir medidas diferenciadas relativas al precio de la luz y gas, en el conjunto de la Unión Europea.

17 TOMÁS, M. (ed.), *Metrópolis sin gobierno. La anomalía española en Europa*, Tirant lo Blanch, Valencia, 2023.

Nuestro reconocimiento como «Excepción ibérica», junto con Portugal por parte del Consejo, constituyó un gran logro debido a que reuníamos dos condiciones trascendentales: nuestra escasa interconexión eléctrica derivada de una importante barrera natural, como es la cadena pirenaica y la participación de las energías renovables en la generación de electricidad total. Nuestra interconexión en relación con nuestra capacidad de generación es inferior al 3 %, menor que la determinada por el Consejo de la UE en 2014 hasta 2030, que alcanzaba el 15 %; una situación negativa dadas sus repercusiones, entre ellas el riesgo de suministro ante crisis profundas. A ello se unía el segundo requisito para conseguir ese calificativo y se relacionaba con el peso de las energías renovables en al menos un 45 % en la generación total, también superado por España. La política energética desarrollada en nuestro país en estos últimos años ha tenido importantes luces por su compromiso y eficiencia, dadas las crisis internacionales vividas, ya que ha conseguido mantener una generación eléctrica sin grandes oscilaciones, buscando equilibrios entre fuentes generadoras y, a su vez, asumiendo la necesaria descarbonización. En efecto, entre 2018 y 2020 se produce una reducción drástica del uso del carbón a la par que se incrementaba sustancialmente la producción solar fotovoltaica, el crecimiento moderado de la eólica y el de la tradicional hidráulica (Gráfico n.º 2).

Gráfico 2. Evolución de la producción y estructura de energía eléctrica en España

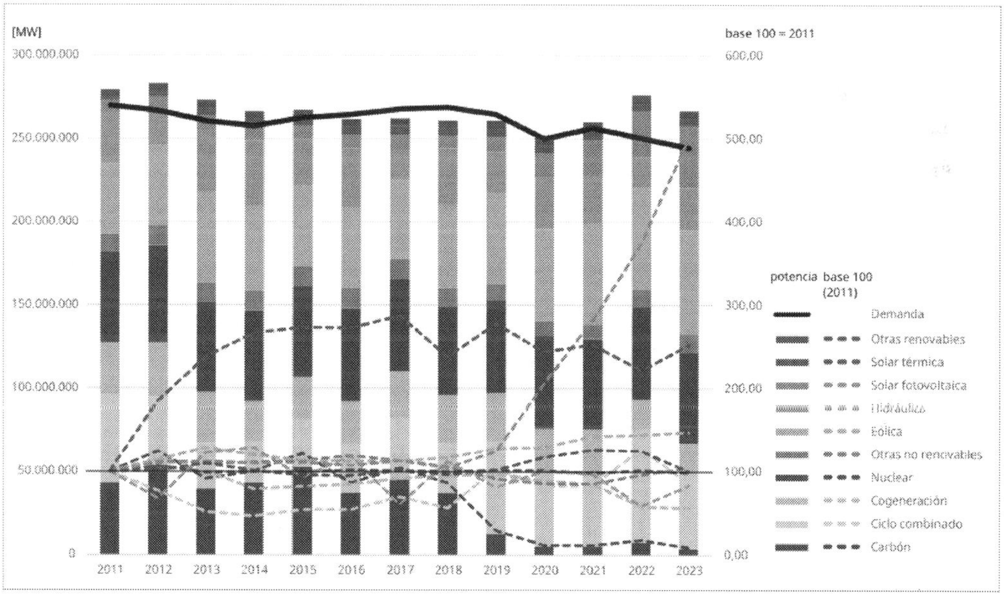

Fuente: Red Eléctrica. Elaboración propia

La evolución comentada ha determinado grandes cambios en la estructura de la generación de energía eléctrica. La descarbonización es un hecho comprobado, ya que en 2011 significaba un 15,46 % y en 2023 sólo un 1,45 %. De unas energías no renovables de casi el 50 % y unas renovables de un 28,77 %, esencialmente por la producción eólica e hidráulica, en 2023, se produce una autentica inversión, del 30 % y del 50 %, respectivamente. El crecimiento espectacular de las renovables fue debido esencialmente al impulso solar fotovoltaico; en este periodo, la producción nuclear se mantiene estable.

El avance es significativo, pero nos enfrentamos ante una incógnita futura que introduce algunas de sus sombras. Es cierto que el cambio realizado está estrechamente ligado a la reducción de los gases de efecto invernadero, pero dada la situación actual de importantes conflictos internacionales y si las posturas negacionistas siguen creciendo, desconocemos qué comportamiento van a tener otros territorios respecto de esa reducción. De romperse la tendencia recomendada y perseguida a escala mundo, España se sitúa dentro de una zona de vulnerabilidad por aumento de la sequía y otros efectos derivados de los cambios de circulación de masas de aire, lo cual puede incidir en nuestras disponibilidades de fuentes renovables, caso del agua e incluso el viento. A este respecto entendemos que la actual política energética debe centrarse en mayor medida también en la investigación, ver en qué situación está la fusión fría, qué papel deben jugar otras fuentes renovables y en qué posición futura se situará la producción nuclear y el gas, hoy introducidas en la taxonomía verde por parte de la Unión, con una valoración española controvertida.

Por otra parte, las sombras se acrecientan cuando se relaciona este trascendental cambio en la estructura de generación de energía en su dimensión territorial con la normativa analizada. En el año 2023, la cuatro Comunidades Autónomas de mayor producción de energía eólica en España fueron Castilla y León, Aragón, Galicia y Castilla-La Mancha, con un 70 % respecto del total producido por esta fuente, con una trayectoria con respecto a 2011, un tanto estable dentro de un ligero crecimiento (Gráfico n.º 3). Por lo que respecta a la energía solar fotovoltaica, Extremadura, Castilla-La Mancha y Andalucía constataron la mayor producción con un 71 %, que, si sumamos la de Aragón, Castilla y León y Región de Murcia alcanzan el 95 %. Es decir, seis CCAA controlan prácticamente la producción y coinciden con las que cuentan con un número mayor de horas de sol al año. Su crecimiento desde 2011 ha sido espectacular, tal y como hemos señalado anteriormente (Gráfico n.º 2).

Gráfico 3. Producción de energía eólica y solar fotovoltaica por Comunidades Autónomas 2011-2023

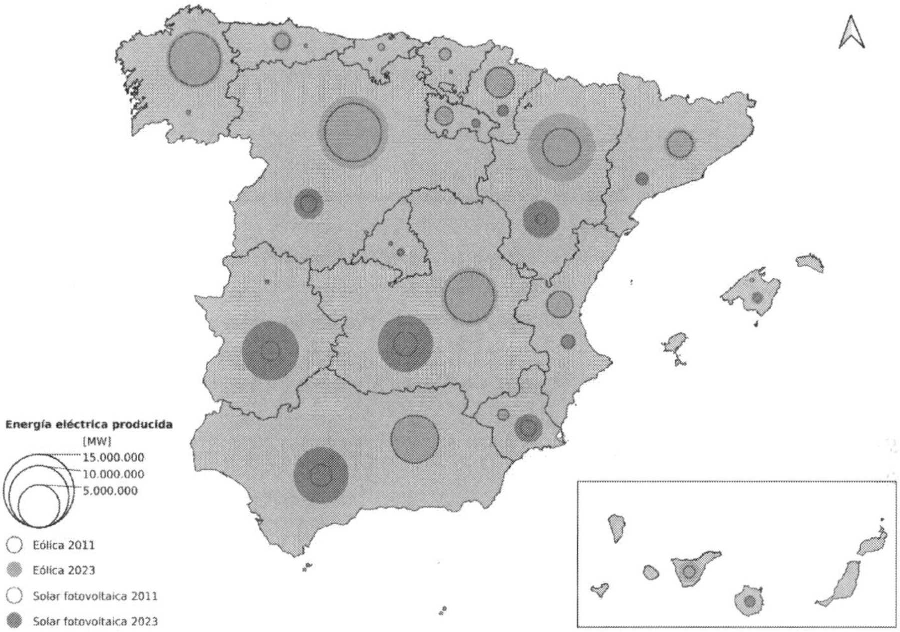

Fuente: Red Eléctrica. Elaboración propia

Tanto en la producción de energía eléctrica eólica como solar fotovoltaica las CCAA que destacan coinciden con las menos dinámicas, las tradicionalmente despobladas y por ello queda corroborado que no se ha seguido la proyección territorial que marca el Plan Nacional Integrado de Energía y Clima a efectos de paliar sus posibles efectos negativos: «su integración en espacios urbanos e industriales; la optimización de instalaciones ya existentes gracias a los avances tecnológicos; por la integración ambiental y territorial mediante la implementación de medidas específicas para la conservación del patrimonio natural y de la biodiversidad y por el aumento de la participación pública a medio y largo plazo». Por otra parte, sus efectos sobre el desarrollo rural no han sido evaluados, desconocemos la relación del crecimiento de su producción con sus efectos sobre tierras agrarias o forestales; ni el impacto tractor del autoconsumo y las comunidades energéticas. Las posibilidades del PNIEC como motor del desarrollo rural sostenible y justo en zonas despobladas por el momento no se han visibilizado. Esta situación queda reforzada cuando consideramos en el año 2023 la ratio de generación de energía total con el consumo: las Comunidades Autónomas con menor trascendencia económica son excedentes, mientras que Madrid se nutre casi en su totalidad de la producción externa, País Vasco y Cantabria se sitúan en una ratio media, y Cataluña, Comunidad Valenciana, Región de Murcia y Andalucía entre un 75 y un 97 % (Gráfico n.º 4).

Gráfico 4. Ratio demanda-producción de energía eléctrica por Comunidades Autónomas 2023

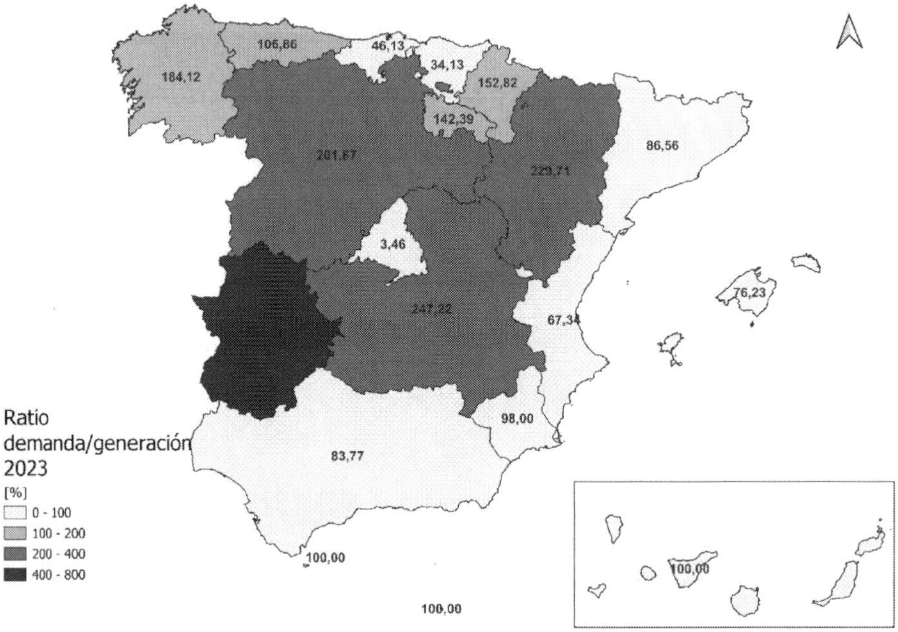

Fuente: Red Eléctrica. Elaboración propia

La expresión gráfica presentada es concluyente por el momento para considerar que una política determinada por objetivos sectoriales sin tener en cuenta su dimensión territorial puede tener luces y sombras. En el caso español, ya conocemos los resultados del objetivo perseguido por un crecimiento económico general, desde hace más de 60 años: desequilibrios territoriales e inequidades sociales enquistadas. Por el momento los grandes cambios productivos asociados a la energía, y esencialmente a la transformación de su estructura, han determinado logros en el sector, pero muy escasa repercusión en un nuevo desarrollo rural. Algo ha fallado y es el momento de considerar las modificaciones que determinen un cambio de tendencia, dado que la producción de energía no genera desarrollo localmente si no se acompaña de otros incentivos.

IV. CONCLUSIONES

Siguiendo a KUHN, la transición ecológica se podría considerar como un auténtico paradigma para orientar las transformaciones que requiere el mundo del siglo XXI. Hemos asumido globalmente que el modo de producción desarrollado y difundido por los países industrializados, unido a una creciente metropolización territorial, han tenido por sus efectos, una repercusión directa en los cambios planetarios que acontecen en un periodo de tiempo corto, percibido a escala humana, frente a tiempos geológicos anteriores. Por otra parte, y frente a los grandes logros económicos conseguidos, con expresión en transformaciones sociales, en calidades de vida y en bienestar social con niveles nunca conocidos, su proyección territorial se aleja sustancialmente del equilibrio y de la equidad. Las dualidades con matices intermedios entre opulencia-pobreza, crecimiento-retroceso, bienestar-malestar, constituyen una realidad persistente que por su mayor visibilidad en un mundo interconectado determina reacciones complejas tanto por migraciones forzadas, cuanto por rebeldías sociales con repercusiones multiescalares diversas, lo cual también ha configurado una nueva conciencia institucional cada vez más generalizada.

Si se asumen los problemas ambientales y socioterritoriales, si se conocen sus causas y por ello se han configurado estrategias para el cambio a través de un núcleo aceptado mayoritariamente que integra crecimiento, sostenibilidad y cohesión, debemos considerar que la transición ecológica tiene una dimensión holística. Por ello debe afectar al conjunto de la producción, incorporando nuevos territorios tradicionalmente excluidos, ciudades intermedias y ruralidad. Elegir los territorios rurales españoles, como ejemplo de repercusiones locales sobre acuerdos internacionales asumidos, ha sido esencial para determinar que una concepción sectorializada de dicha transición, como es el caso de la energía, determina logros estatales que no se proyectan en un verdadero desarrollo local sostenible. Es decir, su dimensión territorial no responde a la configuración de un modelo jerarquizado y cohesionado, pero tampoco a solventar problemas ambientales, por los conflictos de uso del suelo que genera. España debe definir, como hemos señalado, su paradigma ecológico con objetivos más amplios con una mayor proyección socioeconómica y territorial, sustentada en una gobernanza que involucre los diferentes departamentos ministeriales, comunidades autónomas, entidades locales y agentes sociales.

Si no se definen objetivos de conjunto perseguidos y la forma de abordarlos, si no asumimos una conciencia colectiva institucional y social, responsable y por ello comprometida con la actual situación, que rompa con los intentos de ideologizar su necesidad, si no incorporamos las diferencias territoriales a la hora de aplicarlos, si no integramos producción y territorio en las normativas determinadas por diferentes políticas públicas, probablemente habremos fracasado y volveremos a repetir e incluso reforzar problemas ya consolidados.

V. BIBLIOGRAFÍA

Madisson, A., *La economía mundial. Una perspectiva milenaria*, Mundi-Prensa, Madrid, 2002.

Molina Ibáñez, M., *La producción y el consumo de energía eléctrica en Aragón, tesis doctoral*, Institución Fernando el Católico (Consejo Superior de Investigaciones Científicas), Zaragoza, 1980.

Molina Ibáñez, M., Camarero Rioja, L., Sumpsi Viñas, J. M., Bardají Azcárate, I. y Pérez-Campaña, R., «El proceso de despoblación: desequilibrios e inequidades sociales. El tiempo de las políticas públicas», en Gómez Sánchez, Y. (Dir.), *Despoblación, cohesión territorial e igualdad de derechos*, Centro de Estudios Políticos y Constitucionales, Madrid, 2023, págs. 15-80.

Molina Ibáñez, M., Hernando Sanz, F. y Pérez-Campaña, R., «Convergencia versus cohesión socioterritorial en España: la despoblación como reto», en *Información Comercial Española, ICE: Revista de economía*, núm. 928, 2022, págs. 9-25.

«La España despoblada ante los nuevos desafíos: la respuesta ciudadana en las urnas», en Hortelano Mínguez, L. A. (Dir.), *Gestionando la despoblación*, Aranzadi, Navarra, 2023, págs. 345-373.

Molina Ibáñez, M., Pérez-Campaña, R., Hernando Sanz, F., «Luces y sombras de la política territorial de la Unión Europea: su significación en el estado español», en *Revista Internacional de los Estudios Vascos*, vol. 67, núm. 1, 2022, págs. 1-35.

Parsons, T., *The evolution of Societies*, Prentice Hall, New York, 1977.

Rockström, J. et al., «A safe operating space for humanity», in *Nature*, núm. 461, 2009, págs. 472-475.

Tomás, M. (ed.), *Metrópolis sin gobierno. La anomalía española en Europa*, Tirant lo Blanch, Valencia, 2023.

Ward, B., Dubos, R., *Only one Earth*, W.W. Norton, New York, 1972.

CAPÍTULO XV

¿CÓMO MEJORAR EL FUNCIONAMIENTO DE LA CADENA ALIMENTARIA PARA FAVORECER A LAS ÁREAS RURALES?[1]

Pilar Talavera Cordero
Personal Investigador en Formación (FPU)

I. INTRODUCCIÓN

Este capítulo tiene como objetivo analizar el impacto de la distribución en el funcionamiento de la cadena alimentaria y, en concreto, si es posible acortar la parte de la distribución o incluso eliminarla en pro de mejorar las rentas de los productores primarios y reducir el impacto medioambiental del sector agroalimentario, lo que beneficia, a su vez, a los territorios rurales. Todo ello desde una perspectiva jurídica, pero sin olvidar la realidad fáctica, para lo que es preciso, primeramente, hacer una contextualización de la cadena alimentaria y su afección al medio rural.

La cadena alimentaria abarca todo un proceso que va desde la producción de alimentos hasta el consumo final, en él intervienen los siguientes eslabones: producción, transformación, distribución, comercialización y consumo. Las relaciones entre los diferentes actores que intervienen son asimétricas,

1 Esta investigación forma parte de los resultados del Proyecto de Investigación «Agricultura climática: marco regulatorio para la transición» (TED2021-129553B-I00).

lo que repercute en su poder de negociación y capacidad de agencia en los precios percibidos. Además, esta configurada en cadenas largas de suministro que afectan negativamente al medio ambiente y han provocado la pérdida de poder de agricultores y ganaderos. Por ello, la creación de cadenas de suministros más cortas e incluso directas repercutiría de forma positiva en el medio ambiente[2], el medio rural[3] y la renta de los agricultores y ganaderos[4].

Este texto se organiza del siguiente modo. Tras caracterizar la cadena alimentaria española, se aborda su tratamiento jurídico en la legislación española y cómo ésta contribuye o no en la configuración de cadenas de suministro más cortas. En segundo lugar, se analizarán una serie de instrumentos europeos derivados del Pacto Verde Europeo, que exigen un acortamiento de los canales de comercialización y una mayor sostenibilidad a lo largo de la cadena, a saber: la Estrategia de la granja a la mesa y la nueva Política Agrícola Común. Por último, estudiaremos la normativa específica de canales cortos de comercialización en España y la implantación de éstos en España y en otros países de nuestro entorno.

II. LA NORMATIVA DE CADENA ALIMENTARIA

La cadena alimentaria se caracteriza por la hegemonía de la gran distribución, así las cosas, las tres primeras empresas de distribución concentran más del 45 % de las ventas[5]. Esto contrasta con el alto nivel de atomización en el sector

---

2 Simón Fernández, X. et al, «Alimentos kilométricos y gases de efecto invernadero: análisis del transporte de las importaciones de alimentos en el Estado español (1995-2007)», en *Revista Iberoamericana de Economía Ecológica*, núm. 22, 2013, p. 3.

3 Un informe de la Comisión conecta el fomento de los productos locales con el fortalecimiento y desarrollo de la competitividad de las zonas rurales. Indicando que las ventas directas no solo contribuyen a la mejora en la renta de los agricultores, sino que favorece actividades posteriores a la producción primaria (transformación, distribución y venta al por menor), funcionando así como un efecto multiplicador en la comunidad local al generar oportunidades de empleo, *vid.* Comisión Europea, *Informe de la Comisión al Parlamento Europeo y al Consejo sobre la conveniencia de establecer un sistema de etiquetado para la agricultura local y las ventas directas*, 2013. Disponible en: https://n9.cl/5ugj8. (Fecha de último acceso el 4 de noviembre de 2023)

4 Esta conexión ya se hacía en 2010, año en el cual el Parlamento de la Unión Europea aprobó una propuesta de resolución sobre unos ingresos justos para los agricultores: mejorar el funcionamiento de la cadena de suministro de alimentos en Europa. En este informe se resaltaba la importancia de las cadenas de suministro para la mejora de la renta agrícola de agricultores y ganaderos, *vid.* Comisión de Agricultura y Desarrollo Rural, *Informe sobre unos ingresos justos para los agricultores: mejorar el funcionamiento de la cadena de suministro de alimentos en Europa*, 2010. Disponible en: https://www.europarl.europa.eu/doceo/document/A-7-2010-0225_ES.html (Fecha de último acceso el 31 de octubre de 2023).

5 Trigero Cano, A., «La industria agroalimentaria: la apuesta por la calidad, la innovación y la sostenibilidad», en *Economistas*, núm. 181, 2023, p. 226

productor, en el que mayoritariamente se integran empresas de pequeña dimensión[6]. Este desequilibrio ha posicionado a los productores en una situación de vulnerabilidad en los precios percibidos y los costes asumidos.

Si se comparan los precios que perciben los productores con los que paga el consumidor final se comprueba que desde el año 2016 el margen comercial aumenta cada vez más. A lo que hay que añadir que los incrementos en los precios pagados por los *inputs* de fuera del sector (gasóleo, abonos, semillas, etc.), no se trasladan a los precios percibidos por la producción[7].

Esta situación ha provocado numerosas manifestaciones por parte de agricultores y ganaderos. Desde finales del año 2019 y principios de 2020 tuvieron lugar múltiples manifestaciones de agricultores bajo el lema «Agricultores al Límite». Las cuales han vuelto a repetirse a principios del año 2024.

En ellas se exigían los siguientes extremos: unos precios justos de origen, que permitieran cubrir los costes (los cuales cada vez eran y son más elevados); una reducción de la diferencia entre los precios pagados por los consumidores y los percibidos por los productores (que actualmente son hasta ocho veces mayor) y, por último, la eliminación de la competencia desleal que sufren y que está producida por la comercialización de productos agrícolas de terceros países que no cumplen con los requisitos europeos de calidad y medioambientales[8].

Ante este *statu quo* y con el fin de reequilibrar la cadena alimentaria se aprobó en España la Ley 16/2021, de 14 de diciembre, por la que se modificaba la Ley 12/2013, de 2 de agosto, de medidas para mejorar el funcionamiento de la cadena alimentaria, que en su exposición de motivos establece que el fin de esta norma es el reequilibrio de la cadena alimentaria y el reparto equitativo de los costes entre los diferentes operadores.

La hegemonía de la distribución no solo pone en peligro la viabilidad de las explotaciones agrícolas, sino que también dificulta la consecución de los objetivos medioambientales. Esto es así, porque la fase de distribución es cada vez más larga lo que repercute en un aumento en la cantidad de energía utilizada en transporte, conservación y logística, lo que supone un incremento en las emisiones de efecto invernadero ocasionadas por el sector alimentario[9].

---

6 Palma Fernández, J. L., *Derecho agroalimentario*, Boletín Oficial del Estado, Madrid, 2021, p. 369.

7 *Vid. op. cit.* Trigero Cano, A., «La industria agroalimentaria...», p. 226.

8 Arnau Moya, F., «La insuficiente reforma de la Ley de la Cadena Alimentaria», en *Revista Jurídica Valenciana*, núm. 36, 2020, p. 113.

9 González de Molina, M., López García, D. y Guzmán Casado, G., «Politizando el consumo alimentario: estrategias para avanzar en la transición agroecológica», en *REDES: Revista do Desenvolvimento Regional*, núm. 22, vol. 2, 2017, p. 35.

El mantenimiento del sector agrario es fundamental, toda vez que es considerado un sector estratégico, por diversos motivos, entre los que destacamos: el abastecimiento de alimentos, el mantenimiento y la custodia de grandes extensiones territoriales, la fijación de población en el medio rural, la conservación del medio natural... Es decir, es una de las piezas elementales en este «Rural Renaissance» o en español, renacimiento rural.

Las dos normas más importantes del régimen jurídico de la cadena alimentaria son la Directiva (UE) 2019/633 del Parlamento Europeo y del Consejo, de 17 de abril de 2019, relativa a las prácticas comerciales desleales en las relaciones entre empresas en la cadena de suministro agrícola y alimentario y la ley nacional que traspone dicha directiva, la cual ha sido modificada recientemente, la Ley 12/2013, de 2 de agosto, de medidas para mejorar el funcionamiento de la cadena alimentaria.

Nos encontramos ante una directiva de mínimos, por lo que los Estados miembros tendrán un amplio margen de actuación en su trasposición pudiendo introducir normas más estrictas que las previstas en la Directiva, para combatir las prácticas comerciales desleales —art. 9—.

Esta Directiva se traspone a nuestro derecho interno a través de la ya mencionada y de existencia anterior, Ley de Mejora del Funcionamiento de la Cadena Alimentaria. En ella, sin embargo, se desborda lo previsto en el acto comunitario, puesto que se amplía su ámbito de aplicación y se incluyen aspectos contractuales obligatorios y acompañados de un conjunto de sanciones por su no cumplimiento.

La exposición de motivos de la LMFCA comienza indicando que desde la promulgación en 2013 de la LCA ha habido un proceso paulatino de reequilibrio de la cadena alimentaria española. Sin embargo, los márgenes comerciales de la transformación y la distribución son cada vez mayores, al mismo tiempo que la parte de la producción asume mayores costes y reduce sus beneficios[10].

Esto último, se reconoce más adelante en la propia norma al caracterizar la situación de la producción en la cadena alimentaria como altamente vulnerable indicando lo siguiente:

> «un cúmulo de elementos solapados en el tiempo que pueden sintetizarse tanto en el incremento en el coste de los insumos agrarios, en particular de los energéticos y los que responden al creciente impulso de exigencias en la producción, como en la caída de los precios percibidos por los agricultores y ganaderos, derivados de la volatilidad del coste de las materias primas y de la falta de equilibrio en la fijación de precios de la cadena alimentaria».

10 *Vid. op. cit.* Trigero Cano, A., «La industria agroalimentaria...», p. 226.

1. LOS NUEVOS CONTRATOS ALIMENTARIOS

Con el objetivo último de conseguir el equilibrio entre los operadores de la cadena alimentaria se configura un nuevo contrato alimentario, al cual dedica el capítulo I de la norma. El artículo 8 establece que los contratos alimentarios deberán formalizarse por escrito firmándose por cada una de las partes, y su redacción se basará en los principios de transparencia, claridad, concreción y sencillez. El apartado 2 de dicho artículo establece que, en ningún caso, el requisito de forma exigido lo es de existencia y validez del contrato. Sin embargo, su incumplimiento será constitutivo de infracción grave —artículo 23.2—.

Respecto al contenido de los contratos alimentarios, y aunque sean libremente pactados, como mínimo deben contener los siguientes extremos: Identificación de las partes, objeto, precio (con expresa indicación de todos los pagos, incluidos los descuentos aplicables), condiciones de pago, condiciones de entrega y puesta a disposición de los productos, derechos y obligaciones de las partes contratantes, duración del contrato, causas, formalización y efectos de la extinción del contrato, sistemas de conciliación y resolución de conflictos, penalizaciones contractuales y excepciones por causas de fuerza mayor.

Como puede apreciarse, se incluye la obligatoriedad de inclusión de muchos extremos, por lo que las partes deberán analizar con mucho detenimiento las formas y condiciones de los contratos para ajustarse a este exigente precepto[11].

Uno de los aspectos más relevantes desde el prisma jurídico-administrativo es la creación del Registro de contratos alimentarios, regulado en el artículo 11 bis. El órgano competente de este será el Ministerio de Agricultura, Pesca y Alimentación, que deberá crear un registro digital en el que se inscribirán los contratos alimentarios que se suscriban con los productores primarios y las agrupaciones de éstos, y sus modificaciones.

El sujeto obligado a la inscripción del contrato será el comprador, es decir, quién compre a los productores primarios y las agrupaciones de éstos, que serán considerados vendedores en esta relación jurídica. Esta inscripción deberá realizarse antes de la entrega del producto objeto del contrato.

La Agencia de Información y Control Alimentarios, O.A., y las restantes autoridades competentes tendrán la potestad de acceder a dicho registro para realizar las comprobaciones pertinentes en el ámbito de sus competencias, con sujeción a la normativa en materia de protección de datos de carácter personal y de competencia.

11 *Vid. op. cit.* Palma Fernández, J. L., *Derecho agroalimentario...*, p. 371.

En la disposición final sexta de la LCA se establece que el Ministerio de Agricultura, Pesca y Alimentación dictará cuantas disposiciones normativas sean precisas para el desarrollo normativo de este registro. En virtud de esta disposición se aprueba el Real Decreto 1028/2022, de 20 de diciembre, por el que se desarrolla el Registro de Contratos Alimentarios.

Por último, trataremos el que se ha presentado como uno de los mecanismos decisivos de la LCA: la prohibición de destrucción de valor de la cadena (art. 12 ter[12]). Este mandato es especialmente relevante en el eslabón de la producción, pues las relaciones contractuales entabladas entre estos y la parte de transformación-distribución se caracterizan por ser desiguales y con escaso poder de negación. Esto hace que en la realidad fáctica el transformador-distribuidor imponga condiciones económicas como los precios y prácticas comerciales[13]. Así este artículo establece lo que sigue:

> «con el fin de evitar la destrucción del valor en la cadena alimentaria, cada operador de la misma deberá pagar al operador inmediatamente anterior un precio *igual o superior* al coste de producción de tal producto en que efectivamente haya incurrido o asumido dicho operador. La acreditación se realizará conforme a los medios de prueba admitidos en Derecho».

La cláusula igual o superior se exceptúa en el caso de tratarse del eslabón de la producción. Pues enuncia el artículo 9 c) que:

> «El precio del contrato alimentario que tenga que percibir un productor primario o una agrupación de estos deberá ser, en todo caso, superior al total de costes asumidos por el productor o coste efectivo de producción (...). La determinación del coste efectivo habrá de realizarse tomando como referencia el conjunto de la producción (...)».

Sin embargo, esta por demostrarse que, incluso de esta forma, los agricultores y ganaderos obtengan una renta digna, que permita sufragar los costes y conseguir unos beneficios lo suficientemente holgados para garantizar la viabilidad de las explotaciones agrícolas. Asimismo, hay que destacar que los costes efectivos se calcularán teniendo en cuenta el conjunto de la producción comercializada y no operación a operación.

2. LAS PRÁCTICAS COMERCIALES ABUSIVAS

La ley regula las denominadas prácticas comerciales abusivas en su capítulo II (artículos 12 a 14). Así, se prohíben las modificaciones contractua-

12 Se incorporó por el art. 1.3 del Real Decreto-ley 5/2020, de 25 de febrero.

13 SÁNCHEZ HERNÁNDEZ, A., «La contratación agroalimentaria tras las medidas de la Ley 16/2021 de 14 de diciembre para mejorar el funcionamiento de la cadena alimentaria», en *Przeglad prawa rolnego*, núm. 1, vol. 30, 2022, p. 256.

les establecidas en el contrato, salvo que se realicen de mutuo acuerdo por las partes. Uno de los contenidos mínimos del contrato es precisamente la inclusión de cláusulas en las que se prevea el procedimiento para su posible modificación —artículo 12.1—.

También se prohíben los pagos adicionales, sobre el precio pactado, salvo que se refieran al riesgo razonable de referenciación de un nuevo producto o a la financiación parcial de una promoción comercial de un producto reflejada en el precio unitario de venta al público y hayan sido pactados e incluidos expresamente en el correspondiente contrato formalizado por escrito, junto con la descripción de las contraprestaciones a las que dichos pagos estén asociados —artículo 12.2—. Por entender que en tales supuestos se salva la reciprocidad de las prestaciones y el equilibrio de las partes[14].

Asimismo, el contrato deberá establecer los mecanismos de devolución de los pagos anteriores que hayan sido abonados, cuando las contraprestaciones o las actividades de promoción o análogas vinculadas a los mismos, no se hayan ejecutado en los plazos y condiciones pactados —artículo 12.3—.

Los pactos sobre actividades promocionales deberán realizarse basándose en los principios de: acuerdo y libertad de pactos, interés mutuo y flexibilidad. Estos pactos deberán cumplirse íntegramente y necesitarán de un acuerdo explícito entre las partes sobre los siguientes extremos: plazos, precios de cesión, volúmenes, procedimiento, tipo, desarrollo, cobertura geográfica, evaluación del resultado y otras cuestiones de interés —artículo 12 bis 1 y 2—.

Se prohíbe el pacto de actividades promocionales que induzcan a error al consumidor sobre el precio real, imagen y calidad de estos. A los efectos del análisis de dichas conductas por las autoridades competentes, se deberá tener en cuenta el precio de adquisición recogido en el contrato alimentario. Para ello, los precios de la promoción deben aparecer de forma clara, en todo caso figurará el precio real del producto y se indicará de forma visible para el consumidor la causa que da origen a la promoción —artículo 12 bis 3 y 4—.

Se incluye un precepto sobre secretos empresariales, en el que se prohíbe que un operador exija a otro la revelación, obtención o utilización de secretos empresariales, salvo que conste por escrito. Los secretos del proceso de negociación o ejecución del contrato se destinarán exclusivamente a los fines para los que le fueron facilitados. Así mismo, tampoco se podrá exigir en ningún caso información sobre un producto en desarrollo o sobre próximos lanzamientos. Por último, los operadores no podrán exigirse ni desvelar secretos empresariales sobre otros operadores y, en particular, documentos que permitan verificar dicha información comercial —artículo 13—.

En el artículo 14 se regula la gestión de marcas, en el que se pretende evitar toda práctica contraria a la libre competencia, con prohibición expresa de

14 *Vid. op. cit.* Palma Fernández, J. L., *Derecho agroalimentario...*, p. 375.

aprovechamiento indebido por parte de un operador y en beneficio propio de la iniciativa empresarial ajena.

El artículo 14 bis, que ha sido introducido en la última reforma, se hace una enumeración, en este caso más explícita, sobre otras prácticas comerciales consideradas desleales.

3. INFRACCIONES Y SANCIONES

Para asegurar el cumplimiento (y sancionar el incumplimiento) de los preceptos analizados anteriormente, la ley incluye un elenco de infracciones a lo que dedica los artículos 23 a 26.

El artículo 23 enumera los actos constitutivos de infracción calificándolas como leves, graves o muy graves. Se incluye una cláusula de supletoriedad de las infracciones administrativas derivadas de la normativa de cadena alimentaria a las de la defensa de la competencia. Es decir, que en caso de infracciones concurrentes será de aplicación las normas de defensa de la competencia.

El artículo 24 establece las sanciones en caso de infracción en materia alimentaria, las cuales serán multas pecuniarias graduadas según la gravedad de la infracción (leves, graves y muy graves). Por último, se incluye una cláusula muy relevante, se enuncia que, en todo caso, la comisión de las infracciones tipificadas no podrá resultar más beneficiosa para el infractor que el cumplimiento de las normas infringidas.

El artículo 24 bis se incluye una medida de ejemplaridad, pues establece la obligatoriedad de la Administración competente de publicar las sanciones derivadas de infracciones graves y muy graves impuestas con carácter trimestral.

El artículo 25 está dedicado a la graduación de las sanciones, que se hará en función de la intencionalidad, el perjuicio causado, la trascendencia económica y social, el ánimo de prevalerse de ventajas competitivas frente a otro sujeto del sector, al lucro obtenido con la acción infractora y a la previa comisión de una o más infracciones. Por su parte, el artículo 26 regula la competencia en materia sancionadora.

4. REFERENCIAS AL ACORTAMIENTO DE LA CADENA

Respecto al acortamiento de la cadena de valor, solo existen dos referencias normativas que hacen alusión a este objetivo. El considerando 5 de la Directiva 2019/633 y el artículo 27 de la LCA.

En la Directiva Europea se reconoce la importancia de la cadena alimentaria para la consecución de la máxima «de la granja a la mesa», sin embargo, no se materializa en ninguna medida para acortar la cadena alimentaria en el articulado.

Sí se incluye mención dentro del articulado en la ley española, en el que se establece que se favorecerán iniciativas encaminadas al desarrollo de los canales cortos de comercialización, que permitan una mayor repercusión del valor añadido en los productores y elaboradores —artículo 27—.

Por tanto, lejos de avanzar hacia un reequilibrio de los eslabones de la cadena, estamos ante un afirmamiento de la posición hegemónica de la gran distribución. Pues la norma no fomenta un cambio en la forma de distribución, sino que partiendo de esta realidad intentan evitar su abuso.

III. LA «ESTRATEGIA DE LA GRANJA A LA MESA» Y LA POLÍTICA AGRÍCOLA COMÚN (PAC)

La UE, en línea con sus objetivos en materia climática, apuesta por construir un sistema agroalimentario más sostenible, ya que el sector alimentario es uno de los sectores más contaminantes. Por lo que para su transformación ha aprobado la *Estrategia de la granja a la mesa* y la *nueva* Política Agraria Común[15].

La Estrategia «de la granja a la mesa» para un sistema alimentario justo, saludable y respetuoso con el medio ambiente[16] es un documento programático con el que se pretende transformar la cadena alimentaria hacia modelos más sostenibles, para lo cual establece objetivos y líneas de acción en todos los eslabones de la cadena, a saber: producción, transformación, distribución, comercialización y consumo. Sin embargo, la relevancia de las medidas ha sido más intensa en unos eslabones que en otros.

El propio documento reconoce que transitar hacia un sistema alimentario sostenible es esencial para alcanzar los objetivos climáticos y medioambientales del Pacto Verde, al tiempo que mejora los ingresos de los productores primarios y refuerza la competitividad de la UE.

En este trabajo, nos interesa lo establecido para la fase de la distribución. En la estrategia establece que es la propia ciudadanía la que está exigiendo la creación de cadenas de suministro más cortas[17], sin embargo, para su consecución la Estrategia simplemente indica que Comisión apoyará reducir la

---

15 MUÑOZ GÓMEZ, M., «Comercio alimentario de proximidad: ¿un parámetro legal eficaz para lograr la sostenibilidad alimentaria», en *Revista catalana de dret ambiental*, vol. XII, núm. 2, 2021, p. 14.

16 Comunicación de la Comisión al Parlamento Europeo, al Consejo, al Comité Económico y Social europeo y al Comité de las Regiones: Estrategia «de la granja a la mesa» para un sistema alimentario justo, saludable y respetuoso con el medio ambiente. COM (2020) 381 final.

17 *Vid*, p. 3.

dependencia del transporte de larga distancia[18]. Pero no se ha materializado en ninguna medida tangible.

La Política Agrícola Común es una de las políticas europeas de mayor calado, cuyo tradicional objetivo es regular un sector agrario a nivel europeo, que asegure un nivel de vida digno y aceptable para los agricultores y ganaderos. Para alcanzar dicho objetivo, los resultados económicos de la actividad agraria necesariamente deberían generar una mínima rentabilidad[19]. En esta empresa, el acortamiento de la cadena es fundamental, pues asegura un reparto equitativo del precio de venta final al reducirse el número de intermediarios y de etapas del proceso.

La PAC se articula en dos pilares, el primero está dedicado a las ayudas directas a la producción y las medidas de mercado, y el segundo, se destina a las medidas de desarrollo rural. El primer pilar está destinado a la transformación sostenible del eslabón de la producción, por lo que no tiene repercusión en la distribución. De hecho, las medidas de mercado y la orientación internacional de la PAC contribuyen al mantenimiento de la hegemonía de la gran distribución[20].

El segundo pilar de la PAC se articula a través de las denominadas intervenciones, que se definen en el artículo 3.3 del PEPAC como instrumento de ayuda acompañado de una serie de condiciones de subvencionabilidad especificadas por un Estado miembro en su plan estratégico de la PAC.

El PEPAC realiza un análisis de las necesidades del sector agrario en relación con el medio rural, entre las que incluye el desarrollo de canales de venta alternativos, como son los canales cortos de comercialización[21]. Sin embargo, también se reconoce la complejidad de su fomento por la escasa implantación que tienen en España[22], por ello, se incluye dentro de las debilidades en el análisis DAFO sobre la posición del agricultor en la cadena de valor[23].

---

18 *Vid*, p. 14.

19 Amat Llombart, P. y López Torres, J. M., «Antecedentes de la Directiva (UE) 2019/633 del Parlamento Europeo y del Consejo, de 17 de abril de 2019, relativa a las prácticas comerciales desleales en las relaciones entre empresas en la cadena de suministro agrícola y alimentario», en Muñiz Espada, E. (Coord.), *Cambios en la Ley de Cadena Alimentaria: propuestas para la urgente transposición de la Directiva 2019/633*, Editorial Reus, Madrid, 2020, p. 33.

20 Baraja Rodríguez, E., Herrero Luque, D. y Martínez Arnáiz, M., «La política agraria común (PAC) y la desvitalización rural: el caso de Castilla y León», en *Espacios rurales y retos demográficos: una mirada desde los territorios de la despoblación: ColoRural 2020*, III Coloquio Internacional de Geografía Rural, 2020, págs. 267-286.

21 *Vid*. PEPAC, p. 484.

22 *Vid*. PEPAC, p. 511.

23 *Vid*. PEPAC, p. 580.

No obstante, plantea el nuevo periodo de la PAC como una oportunidad para el impulso de los canales cortos de comercialización dado, además, el interés creciente de los consumidores[24]. Por ello, se aprueban dos intervenciones en las que incluye el acortamiento de la cadena, entre sus objetivos. La intervención 7163 de Cooperación para la vertebración del territorio[25] y la intervención 7191 de proyectos de cooperación para promover las organizaciones o grupos de productores[26].

El acortamiento de la cadena de distribución es positivo, por tanto, para el medio ambiente y para la renta de los agricultores. Pero es preciso el impulso de políticas públicas y leyes de relocalización de la producción agroalimentaria[27]. Sin embargo, no parece que a través de dos intervenciones dentro del PEPAC se vaya a producir una transformación en el funcionamiento de la cadena alimentaria, caracterizado por la hegemonía de la gran distribución y la internacionalización de los mercados.

IV. LA REALIDAD DEL COMERCIO EN CANALES CORTOS: PERSPECTIVAS COMPARADAS

Como hemos podido observar, los tres instrumentos analizados afirmaban las ventajas del acortamiento de las cadenas de comercialización y la necesidad de incentivarlas. Sin embargo, no hay medidas tangibles para transformar el actual sistema de largas cadenas de distribución.

De hecho, la regulación nacional de los canales cortos de comercialización es muy heterogénea, pues son las CCAA, las que partiendo del Real Decreto 1086/2020, deben elaborar sus normas de desarrollo. Éstas son muy heterogéneas, en muchos casos, muy restrictivas (por ejemplo, Castilla y León) y en otros, inexistentes (por ejemplo, La Rioja o Cantabria). El derecho en esta materia se convierte en un obstáculo insalvable para el comercio de proximidad, en lugar de funcionar como una palanca transformadora de las áreas rurales[28].

Como resultado de una combinación entre una falta de regulación, la escasez de ayudas y la hegemonía de la gran distribución; la implantación de los canales cortos en España es muy reducida, apenas un 1 %. Este dato es

24 *Vid.* PEPAC, p. 726.

25 *Vid.* PEPAC, p. 2983.

26 *Vid.* PEPAC, p. 3033.

27 Simón Fernández, X. et al, «Alimentos kilométricos y gases de efecto invernadero: análisis del transporte de las importaciones de alimentos en el Estado español (1995-2007)», en *Revista Iberoamericana de Economía Ecológica*, 22, 2013, p. 3.

28 Talavera Cordero, P., «El comercio de proximidad como recurso frente al Reto Demográfico: régimen jurídico, actividad programática y e-commerce», en *Revista Jurídica de Castilla y León*, núm. 60, 2023, p. 193.

extraído de la última Encuesta sobre la estructura de las explotaciones agrícolas realizada por el Instituto Nacional de Estadística (INE) en el 2007, en la que se preguntaba sobre el destino de la producción. En ella, solo un 0,14 % de las explotaciones agrícolas destinaban más del 50 % a ventas directas al consumidor y un 1,25 % realizaban una transformación de productos agrícolas como otra actividad lucrativa. Asimismo, se observaba una tendencia decreciente respecto a los datos de 2005.

Esta situación difiere de lo que está ocurriendo en otros países de nuestro entorno, en los que la implantación de esta forma de comercialización tiene un mayor calado.

1. AUSTRIA

En Austria, este tipo de ventas representan un tercio del total del número de explotaciones del país, para las que este modo de comercialización supone más del 20 % de sus ingresos totales. Los principales productos comercializados a través de canales cortos son carne, leche, frutas, hortalizas y huevos[29].

2. FRANCIA

En Francia es particularmente importante, pues de forma tradicional su forma de aprovisionamiento se ha caracterizado por realizarse en canales cortos. Pese a que entre los años cuarenta y setenta descendiera, a partir de los noventa, gracias sobre todo a la *Associations pour le Maintien d'une Agriculture Paysanne* (AMAP), ha ganado mucha fuerza. Hoy en día, los canales cortos de distribución están lejos de representar una mera realidad anecdótica, pues se adhieren a este tipo de comercialización casi una quinta parte de los productores franceses[30]. Otro dato relevante es que las explotaciones son de dimensión inferior a la media, sus titulares son más jóvenes y las técnicas más extendidas son las de producción ecológica[31].

3. ITALIA

En Italia este tipo de comercialización está muy arraigada, pues las ventas directas representan el 34,6 % de las explotaciones agrarias totales[32]. El éxito

29 Ministerio de Agricultura, Alimentación y Medio Ambiente, *Canales cortos de comercialización en el sector agroalimentario*, 2013, p. 20.

30 Aznar Prades, G., *La venta directa de productos agroalimentarios en España y Francia*, Zaragoza, 2017, p. 55.

31 REVISTA RURAL DE LA UE, «Los sistemas de alimentos locales, las cadenas de suministro cortas y el desarrollo rural en Francia», en *Revista rural de la UE: la revista de la Red Europea de Desarrollo rural*, núm. 12, p. 57.

32 *Vid. op. cit.* COMISIÓN EUROPEA, *Informe de la Comisión ...*, p. 6.

se debe, en parte, a que varios sindicatos agrarios han apoyado activamente la venta directa, consiguiendo ventajas de tipo fiscal y reglamentario para sus afiliados. Los dos mayores sindicatos han creado, además, una marca colectiva para distinguir los puntos de venta minorista utilizados por sus miembros[33].

4. REINO UNIDO

Es uno de los países con mayor implantación de este tipo de comercialización, sumado a la alta concienciación de los consumidores. Asimismo, existen dos iniciativas muy relevantes, de un lado, los «Farmer's Markets» o mercados directos de los productores, como concepto diferente al de los tradicionales «mercadillos», que se iniciaron en el Reino Unido en 1997 y de los que existen actualmente más de 550 por todo el país. Y de otro, la implementación de esta venta de productos locales en la gran distribución, ya que existen programas dentro de los establecimientos de gran distribución, en los que los consumidores pueden comprar productos locales producidos por empresarios de su comunidad[34].

V. CONCLUSIONES

PRIMERA.- Actualmente, la cadena alimentaria se caracteriza por una hegemonía de la gran distribución, que se traduce en una imposición de condiciones (incluido el precio), muchas veces abusivas a los productores primarios. Estas cadenas de distribución cada vez son más largas lo que perjudica gravemente al impacto ambiental del sector agroalimentario. Asimismo, los márgenes de beneficios del eslabón de la distribución son cada vez mayor lo que choca frontalmente con los ingresos obtenidos por el sector primario. Esto último ha provocado continuas manifestaciones del sector primario exigiendo la construcción de cadenas alimentarias más justas.

SEGUNDA.- La mejora en el funcionamiento de la cadena alimentaria es fundamental para el medio rural, puesto que el sector primario es multifuncional, es decir, no solo garantiza la provisión de alimentos, sino que ayuda a la preservación de los territorios rurales. Además, la propia mejora en las rentas de los agricultores afecta positivamente en el medio rural, pues a diferencia de lo que ocurre con el resto de los eslabones de la cadena alimentaria, los productores primarios suelen habitar en el medio rural. Sin embargo, pese a las potencialidades de la mejora en el funcionamiento de la cadena

---

33 REVISTA RURAL DE LA UE, «Una instantánea de la diversidad», en *Revista rural de la UE: la revista de la Red Europea de Desarrollo rural*, núm. 12, 2012, p. 11.

34 *Vid. op. cit.* MINISTERIO DE AGRICULTURA, ALIMENTACIÓN Y MEDIO AMBIENTE, *Canales cortos de ...*, p. 24.

alimentaria y las continuas reformas que ha sufrido la legislación aplicable, aún no se han alcanzado los resultados esperados.

TERCERA.- Ante esta coyuntura, el fomento de los canales cortos de comercialización se erige como una oportunidad tanto para las rentas de los productores, como para el propio medio rural. En este aspecto, tanto la legislación como las políticas públicas implementadas por los distintos Estados miembros son fundamentales. Así puede observarse en el diferente desarrollo de esta forma de distribución en los diferentes Estados miembros, pasando de un 1 % de las ventas totales en España a un 34,6 % en Italia.

VI. BIBLIOGRAFÍA

AMAT LLOMBART, P. y LÓPEZ TORRES, J. M., «Antecedentes de la Directiva (UE) 2019/633 del Parlamento Europeo y del Consejo, de 17 de abril de 2019, relativa a las prácticas comerciales desleales en las relaciones entre empresas en la cadena de suministro agrícola y alimentario», en MUÑIZ ESPADA, E. (Coord.), *Cambios en la Ley de Cadena Alimentaria: propuestas para la urgente transposición de la Directiva 2019/633*, Editorial Reus, Madrid, 2020, págs. 11-37.

ARNAU MOYA, F., «La insuficiente reforma de la Ley de la Cadena Alimentaria», en *Revista Jurídica Valenciana*, núm. 36, 2020, págs. 110-157.

AZNAR PRADES, G., *La venta directa de productos agroalimentarios en España y Francia*, Zaragoza, 2017.

BARAJA RODRÍGUEZ, E., HERRERO LUQUE, D. y MARTÍNEZ ARNÁIZ, M., «La política agraria común (PAC) y la desvitalización rural: el caso de Castilla y León», en *Espacios rurales y retos demográficos: una mirada desde los territorios de la despoblación: ColoRural 2020*, III Coloquio Internacional de Geografía Rural, 2020, págs. 267-286.

COMISIÓN DE AGRICULTURA Y DESARROLLO RURAL, *Informe sobre unos ingresos justos para los agricultores: mejorar el funcionamiento de la cadena de suministro de alimentos en Europa*, 2010.

COMISIÓN EUROPEA, *Informe de la Comisión al Parlamento Europeo y al Consejo sobre la conveniencia de establecer un sistema de etiquetado para la agricultura local y las ventas directas*, 2013.

FERNANDO PABLO, M. M., «Ley 16/2021, de 14 de diciembre, por la que se modifica la Ley 12/2013, de 2 de agosto, de medidas para mejorar el funcionamiento de la cadena alimentaria [BOE-A-2021-20630]», en *Ars Iuris Salmanticensis: AIS: revista europea e iberoamericana de pensamiento y análisis de derecho*, ciencia política y criminología, vol. 10, 2022, págs. 240-241.

González De Molina, M., López García, D. y Guzmán Casado, G., «Politizando el consumo alimentario: estrategias para avanzar en la transición agroecológica», en *REDES: Revista do Desenvolvimento Regional*, núm. 22, vol. 2, 2017, págs. 31-55.

Ministerio de Agricultura, Alimentación y Medio Ambiente, *Canales cortos de comercialización en el sector agroalimentario*, 2013.

Ministerio de Agricultura, Pesca y Alimentación, *Plan Estratégico de la PAC*, 2023.

Muñoz Gómez, M., «Comercio alimentario de proximidad: ¿un parámetro legal eficaz para lograr la sostenibilidad alimentaria», en *Revista catalana de dret ambiental*, vol. XII, núm. 2, 2021, págs. 1-53.

Palma Fernández, J. L., *Derecho agroalimentario*, Boletín Oficial del Estado, Madrid, 2021.

Revista Rural de la UE: la Revista de la Red Europea de Desarrollo Rural, núm. 12, 2012.

Sánchez Hernández, A., «La contratación agroalimentaria tras las medidas de la Ley 16/2021 de 14 de diciembre para mejorar el funcionamiento de la cadena alimentaria», en *Przeglad prawa rolnego*, núm. 1, vol. 30, 2022, págs. 255-273.

Simón Fernández, X. et al, «Alimentos kilométricos y gases de efecto invernadero: análisis del transporte de las importaciones de alimentos en el Estado español (1995-2007)», en *Revista Iberoamericana de Economía Ecológica*, 22, 2013, págs. 1-16.

Talavera Cordero, P., «El comercio de proximidad como recurso frente al Reto Demográfico: régimen jurídico, actividad programática y e-commerce», en *Revista Jurídica de Castilla y León*, núm. 60, 2023, págs. 157-194.

Trigero Cano, A., «La industria agroalimentaria: la apuesta por la calidad, la innovación y la sostenibilidad», en *Economistas*, núm. 181, 2023, págs. 220-233.

CAPÍTULO XVI

CÔA PARQUE (PORTUGAL), TERRITÓRIO RURAL DE BAIXA DENSIDADE. QUE POLÍTICAS? QUE FUTURO?

Helena Antunes[1]
Universidade de Trás-os-Montes e Alto Douro (Portugal)
Universidade de Salamanca (Espanha)

I. INTRODUÇÃO

Espera-se com este artigo contribuir com a abertura de discussões sobre o estado atual dos concelhos do interior de Portugal, especialmente no Côa Parque (Vila Nova de Foz Côa, Mêda, Pinhel e Figueira de Castelo Rodrigo), trazendo um olhar crítico e de esperança sobre o futuro dos territórios do interior. Atualmente, a caminho dos 40 anos da entrada de Portugal e Espanha na União Europeia, a fronteira é apenas administrativa e os dois territórios transfronteiriços enfrentam problemas parecidos: despovoamento, envelhecimento da população, desinvestimento em infraestruturas públicas essenciais como a educação, a saúde, a cultura, a falta de incentivos a investimentos económicos, o abandono da agricultura; adversidades incrementadas pelas alterações climáticas, como por exemplo, os incêndios ou a escassez de água.

1 Bolsa de doutoramento (FCT PRT/BD/154929/2023) atribuída pela Fundação para a Ciência e Tecnologia (FCT) em ambiente não académico com a Côa Parque – Fundação para a Salvaguarda e Valorização do Vale do Côa como entidade de acolhimento.

Historicamente, a economia da região do que é agora o Côa Parque esteve mais voltada para Espanha até à expansão da cultura do vinho do Porto. Até aqui eram privilegiadas as relações transfronteiriças com terras de Salamanca; depois essas relações passaram a privilegiar elos com o Porto, situação que já tinha sido iniciada no período da Restauração Portuguesa no séc. XVII[2]. Aqui torna-se útil pensar no cruzamento entre a Economia e a Geografia, teorizado por Von Thunen e Richard Cantillon no séc. XIX, devido à localização das produções agrícolas, pois a dispersão e o isolamento dos agricultores dificultavam e elevavam os custos de transporte, havendo problemas de transporte e conservação dos produtos agrícola. Até à II Guerra Mundial o mundo rural era encarado como uma reserva da economia urbana/industrial; depois da Guerra aconteceram os 30 anos gloriosos onde se deu, por exemplo, a chamada Revolução Verde. A autossuficiência alimentar ganhou um papel estratégico que resultou na criação da CEE e na emergência da Política Agrícola Comum (1957), portanto, a modernização agrícola impôs-se como imperativo no esforço de industrialização da Europa. Nos anos 80 começam a surgir debates entre os defensores da agricultura produtivista e da agricultura 'amiga do ambiente' sustentada na preservação da diversidade biológica e no recurso a técnicas de produção sustentáveis. Mais recentemente, as mulheres rurais começaram a sair da invisibilidade, a que sempre estiveram votadas, e a ser apontadas como essenciais nas dinâmicas sustentáveis dos territórios do interior.

Identificamos questões de fundo para este trabalho, nomeadamente, pensando no seu território e nas políticas que o norteiam. Os residentes das urbes têm plena consciência de que são os meios rurais saudáveis que, para além de os alimentarem, lhes fornecem bens essenciais à vida na Terra como a água potável ou a eletricidade, para viveram a vida altamente tecnológica do século XXI? Com a criação do Côa Parque, e a classificação de Património Mundial pela UNESCO, as relações económicas que alimentam a região ultrapassaram qualquer lógica nacional ou transfronteiriça para se tornarem globais?

II. METODOLOGIA

Este é um estudo marcado pela pesquisa bibliográfica exploratória de início à investigação, resultado das análises, visitas e discussões realizadas desde a minha vivência no território e que se materializaram com o início do doutoramento em setembro de 2023. Ao longo de todo este texto encontrar-

2 Pereira, G. M., «Apontamentos sobre a vinha e o vinho no Douro Superior», em *Terras do Côa / da Malcata ao Reboredo. Os valores do Côa*, Parque Arqueológico do Vale do Côa, Estrela-Côa - Agência de Desenvolvimento Territorial da Guarda, Guarda, 1998, págs. 77-84.

se-ão perguntas, às quais pretendo responder à medida que a investigação de doutoramento se desenrola.

Esta investigação é centrada na etnografia, pois a etnografia tem demonstrado o seu potencial para a análise e desconstrução dos fenómenos sociais contemporâneos. O contacto direto entre a investigadora e as pessoas que são objeto de investigação é um dos fatores que melhor explica esta perspetiva de aplicação da etnografia à intervenção social[3]. No papel de investigadora, entrecruza-se o todo cidadão e social: vivo no território, faço parte da comunidade, por isso não houve uma negociação de entrada na comunidade. Anoto em diário de campo as conversas que tenho com as mais diversas pessoas, sobre assuntos muito variados, anoto também as conversas que por vezes escuto em eventos ou nos cafés. Também recorri à análise documental de redes sociais online para recolher mais informações sobre as atividades comunitárias e o seu contexto, e a forma como as pessoas interagem, ainda que muitas informações venham da minha própria vivência no território.

Esta pesquisa, pretende construir conhecimento em conjunto e na interação com os atores locais de forma a que este possa ser usado em benefício do território. Os maiores obstáculos que sinto são dois: a falta de consciência da população em geral para a riqueza extraordinária do território onde vivem e o facto de ser mulher e, por sentir, por vezes, que não sou levada tão a sério como os homens.

Existem em antropologia duas posturas opostas quanto à relevância da inclusão do relato pessoal da antropóloga sobre a sua experiência de campo. Uma, mais clássica, como que «apaga» a subjetividade da experiência; tem como consequência transformar a comunidade estudada em apenas um exemplo entre qualquer outro possível, e por pressuposto epistemológico a objetividade. A outra, vulgarmente dita «pós-moderna», pretende fazer da própria experiência intersubjetiva o conteúdo do estudo antropológico. Nesta investigação, pretendo encontrar um ponto de equilíbrio: reconhecer a importância epistemológica da minha experiência pessoal; mas conferir, também, uma pertinente objetividade à realidade social estudada[4].

III. TERRITÓRIO-PAISAGEM QUE PROPORCIONA RECURSOS

A paisagem é composta por um conjunto arquitetónico formado por diversos elementos, naturais e construções humanas, que impelem as

3 Silva, P., Sacramento O. e Mendonça V., «Proximidade, reflexividade e crítica: o lugar da etnografia na intervenção social», em *Cuadernos de Trabajo Social*, vol. 28-1, 2015, págs. 27-37.

4 Almeida, M. V., *Senhores de Si: Uma interpretação antropológica da masculinidade*, Etnográfica Press, Lisboa, 1995.

relações do ser humano e do ambiente. O território do Côa Parque é ocupado por seres humanos desde há milénios, e a sua paisagem foi sendo alterada pelas comunidades que por ali se instalaram desde o Paleolítico. Já não é possível encontrar no território as manadas selvagens documentadas nas gravuras rupestres, o seu desaparecimento deve-se em grande medida à ação dos seres humanos, pois as suas atividades foram, lentamente, moldando a paisagem e o ecossistema, de modo a que foram aparecendo novas formas de exploração dos recursos naturais para satisfazer a necessidade crescente de matérias primas[5]. À medida que a paisagem retrata a construção histórica e a vivência do espaço, através das formas visíveis e invisíveis, que identificam a presença humana ela materializa-se numa paisagem carregada de simbolismo, memória e identidade, ou seja, uma paisagem cultural[6].

É nos territórios rurais que se encontram a quase totalidade dos recursos naturais e uma parte significativa do património histórico e cultural, com impacto muito elevado em várias áreas como a segurança alimentar até à preservação dos ecossistemas[7]. Com o sucesso da agricultura e a fixação dos povos deu-se a intensificação da exploração dos recursos naturais, havendo dados que asseguram que foi um território muito ligado à pastorícia até à época romana, data a partir da qual se foram introduzindo novas culturas como a oliveira e a vinha. Estas culturas foram moldando as encostas e os vales da região e a partir do século XVIII dá-se um cultivo intensivo da vinha de que resulta a paisagem atual património mundial da UNESCO[8].

Nestes 4 concelhos, que constituem o Côa Parque, a paisagem é diversa, com fragas e encostas vertiginosas, vales verdejantes e férteis, espécies raras que constituem uma paisagem e um território que proporciona recursos, não só às comunidades locais como também às grandes metrópoles, através da imensa bacia hidrográfica do Douro, do ar puro e oxigénio que circula, da terra que produz alimentos. Mas a ação humana tem vindo a alterar fortemente a paisagem, os rios estão desfigurados entre barragens, as suas

---

5 Fortuna, J., «Património Natural do Vale do Côa - uma abordagem», em *Terras do Côa / da Malcata ao Reboredo. Os valores do Côa*, Parque Arqueológico do Vale do Côa, Estrela-Côa - Agência de Desenvolvimento Territorial da Guarda, 1998, págs. 163-165.

6 Manfio, V., «Vitivinicultura e associativismo: a dinâmica da Associação Vinhos da Campanha na formação de um território no Rio Grande do Sul», Brasil (Tese de doutorado), Universidade Federal do Rio Grande do Sul, Porto Alegre, 2018

7 Domínguez Álvarez, J. L., «La Importancia del Municipalismo para la Consecución del Nuevo Resurgir de la Ruralidad: la Disyuntiva entre Devolver el Alma a los Pueblos o Abandonar el Territorio», em *Revista Jurídica de Castilla y León*, núm. 53, 2021, págs. 73-120.

8 Almeida, C. A. B., «Aspetos da idade do ferro e da romanização na bacia inferior do Rio Côa», *Boletim da Universidade do Porto*, Fundação Gomes Teixeira, 1998, págs 26-27; e Ribeiro, O., *Portugal, o Mediterrâneo, e o Atlântico*, Edições João Sá da Costa, Lisboa, 1993 apud Fortuna, J., «Património Natural do Vale do Côa - uma abordagem», em *Terras do Côa / da Malcata ao Reboredo. Os valores do Côa*, Parque Arqueológico do Vale do Côa, Estrela-Côa - Agência de Desenvolvimento Territorial da Guarda, 1998, págs.163-165.

águas poluídas e alguns mamíferos de médio/grande porte deixaram de ser avistados na região[9]. E paradoxalmente, a despovoação dos territórios do interior tende a agravar a situação[10].

A bacia hidrográfica do Douro é alimentada nesta região pela bacia hidrográfica do Côa. Em território português o rio Douro tem cinco barragens em cerca de 200 km's e outras cinco no Douro Internacional em cerca de 100 km's, sendo que a barragem do Pocinho se localiza nos concelhos de Vila Nova de Foz Côa e Torre de Moncorvo. Aliás, nestas paisagens humanizadas ainda podemos constatar que as espécies vegetais endógenas brotam de forma espontânea, observam-se como exemplo os bosques de azinheira ou carrasco *(Quercus rotundifolia)* e zimbro *(Juniperus oxycedrus)*, enriquecidos com espécies como o espargo *(Asparagus albus)* e outras como a esteva *(Cistus ladanifer)*, as giestas amarelas (*Cytisus striatus* e *C. scoparius*), a giesta branca *(Cytisus multiflorus)*, a gilbardeira *(Ruscus aculeatus)*, o pilriteiro (*Crataegus monogyna* subsp. *Brevispina*), o trovisco *(Daphne gnidium)*, o bracejo *(Stipa gigantea)*[11]. Portanto, na bacia hidrográfica do Douro, e no Côa Parque, é produzida energia que alimenta as metrópoles, circula a água que alimenta e fertiliza os campos agrícolas e encontramos flora que produz oxigénio.

O património, natural e cultural, emerge como matéria de interesse e relevância estratégica para o desenvolvimento dos territórios e das populações através de diferentes pretextos: requalificação e revitalização dos lugares, melhoria das condições e da qualidade de vida das populações, reconstrução de memórias e identidades e integração dos lugares na esfera dos lazeres turísticos, entre os mais significativos[12]. Na perspetiva dos principais documentos orientadores e normativos internacionais, as tendências evolutivas do património cultural permitem sublinhar a maior relevância das dimensões imateriais e dos ambientes rurais, a valorização da paisagem, a aproximação aos cidadãos e cidadãs, o envolvimento crescente do poder local, o alargamento das estratégias de cooperação e a construção de redes[13].

---

9 FORTUNA, J., «Património Natural do Vale do Côa - uma abordagem», em *Terras do Côa / da Malcata ao Reboredo. Os valores do Côa*, Parque Arqueológico do Vale do Côa, Estrela-Côa - Agência de Desenvolvimento Territorial da Guarda, 1998, págs.163-165.

10 *Ibídem*

11 AMADO, A., e MENEZES, A., «Flora e Vegetação do Douro na envolvente do Maciço de Poiares», em *Pelos Caminhos do Douro... Pela Calçada de Alpajares*, Nelson Rebanda, Comissão Executiva das Comemorações dos 250 Anos da Região Demarcada do Douro, Maia, 2006, págs. 33-41.

12 CARVALHO, P. e FERNANDES, J L F., *Património Cultural e Paisagístico. Políticas, Intervenções e Representações*, Imprensa da Universidade de Coimbra, Coimbra, 2012 págs 7-13.

13 *Ibídem*.

Internacionalmente houve transformações que foram moldando a filosofia sobre a conservação dos bens culturais, destacando-se o interesse pelo património não monumental ou por manifestações, memórias e tradições culturais que expressam mais o «espírito do lugar» e menos a monumentalidade dos edifícios[14]. «Contudo, importa evitar a instrumentalização privada dos patrimónios públicos»[15]. Em Portugal as tradições populares, rituais e festas, gastronomia, feiras, pequeno comércio e certificação de produtos artesanais, museus rurais tomaram também corpo e expressão no processo de patrimonialização nas primeiras décadas do séc. XXI[16].

A integração do património cultural e paisagístico nos processos de desenvolvimento económico, social e cultural dos territórios e das populações, revela uma tipologia ampla e complexa de estratégias e intervenções, que inclui os lazeres turísticos notadamente o turismo cultural e ecológico, os museus e parques temáticos, os eventos culturais, os estatutos de proteção e a classificação de lugares, as operações de requalificação urbanística e ambiental, entre as mais relevantes[17]. A paisagem, em oposição ao espaço fechado de um museu, intensifica a experiência dos achados arqueológicos e assim confere realidade à estória que se conta sobre eles[18].

Quem se dedica a temas como os da sociedade rural, ordenamento do território, ambiente, desenvolvimento local, está familiarizado com a mobilização dos fatores culturais para revitalizar espaços sociais marginalizados[19]. Em Portugal ocorreram algumas iniciativas de valorização

14 Reis, M., «Das pedras mortas às práticas vivas: Do património material à relevância do património imaterial», em *Cidades, Comunidades e Territórios*, núm. 41, 2020, págs. 262-280.

15 Carvalho, P. e Fernandes, J L F., *Património Cultural e Paisagístico. Políticas, Intervenções e Representações*, Imprensa da Universidade de Coimbra, Coimbra, 2012.

16 Reis, M., «Das pedras mortas às práticas vivas: Do património material à relevância do património imaterial», em *Cidades, Comunidades e Territórios*, núm. 41, 2020, págs. 262-280.

17 Carvalho, P. e Fernandes, J L F., *Património Cultural e Paisagístico. Políticas, Intervenções e Representações*, Imprensa da Universidade de Coimbra, Coimbra. 2012.

18 Xavier, S., «'O monumento é o vale': a retórica da paisagem no Parque Arqueológico do Côa» Etnográfica, em *Revista do Centro em Rede de Investigação em Antropologia*, núm.1, vol 4, 2000.

19 Congresso de Estudos Rurais, «V Congresso de Estudos Rurais: Mundos Rurais em Portugal: Múltiplos Olhares, Múltiplos Futuros», Livro de Actas, Universidade de Aveiro, 2010; LIMA, A.V., «A Valorização Social e Económica dos Recursos dos Territórios Rurais no Contexto das Sociedades Modernas», em *CIDADES. Comunidades e Territórios*, núm. 12/13, 2006, págs. 151-158; REIS, M., LIMA, A.V., «Desenvolvimento, Território e Ambiente», in VIEGAS, A .F. (Orgs.), Portugal, que modernidade?m Celta, Oeiras, 1998 págs. 329-363; REIS, M., «Património e Ambiente: duas dimensões da cidadania moderna. Resultados do Inquérito às Atitudes dos Portugueses sobre o Património», in LIMA, M., VILLAVERDE CABRAL, J. VALA (Orgs), *Atitudes Sociais dos Portugueses*, Ambiente e Desenvolvimento, Instituto de Ciências Sociais, Lisboa, 2004, págs 193-238 apud REIS, M., «Das pedras mortas às práticas vivas: Do património material à relevância do património imaterial», em *Cidades, Comunidades e Territórios*, núm. 41, 2020, págs. 262-280.

do património levando a que houvesse algumas metamorfoses no objeto das associações locais recreativas, como aconteceu, por exemplo, com a descoberta das gravuras rupestres no Vale do Côa[20].

1. PESSOAS

A região do Côa Parque (concelhos de Vila Nova de Foz Côa, Mêda, Pinhel e Figueira de Castelo Rodrigo), no distrito da Guarda, tem perdido população residente a um ritmo preocupante, como podemos verificar na tabela seguinte:

Tabela 1: população residente em números (1950-2021)

	1950	1960	1970	1981	1991	2001	2011	2021
Portugal	8.441.312	8.889.392	8.663.252	9.833.014	9.867.147	10.356.117	10.562.178	10.343.066
Concelho Guarda	51468	48994	39 245	40360	38765	43822	42541	40117
Cidade Guarda	11586	12787	13520	17948	18845	25807	26565	26 441
Total aldeias Guarda	39882	36207	25725	22412	19920	18015	15976	13676
% de População do Concelho residente na Cidade	22,51	26,10	34,45	44,47	48,61	58,89	62,45	65,91
% de População do Concelho residente nas aldeias	77,49	73,90	65,55	55,53	51,39	41,11	37,55	34,09
Concelho Pinhel	22270	20293	14375	14328	12693	10954	9627	8092
Cidade Pinhel	3312	3273	2360	3193	3429	3462	3518	3293
Total aldeias Pinhel	18958	17020	12015	11135	9264	7492	6109	4799
% de População do Concelho residente na Cidade	14,87	16,13	16,42	22,29	27,01	31,60	36,54	40,69

20 Lima, A.V., Reis, M., «O Culto Moderno dos Monumentos. Os Públicos do Parque Arqueológico do Vale do Côa», in M.E. Gonçalves (org.), O Caso de Foz Côa: um laboratório de análise sociopolítica, Edições 70, Lisboa, 2001, págs. 145-192; Reis, M., «Cidadania e património: os novos direitos de cidadania, o espaço público e os processos de patrimonialização na sociedade portuguesa, Tese de Doutoramento, ISCTE-IUL, Lisboa, 2016 apud Reis, M., «Das pedras mortas às práticas vivas: Do património material à relevância do património imaterial», in *Cidades, Comunidades e Territórios*, núm. 41, 2020, págs. 262-280.

% de População do Concelho residente nas aldeias	85,13	83,87	83,58	77,71	72,99	68,40	63,46	59,31
Concelho Vila Noa de Foz Côa	17116	16209	9375	11251	8885	8494	7312	6304
Vila Nova de Foz Côa	4120	4129	2345	3710	2974	3300	3197	3101
Total aldeias Vila Nova de Foz Côa	12996	12080	7030	7541	5911	5194	4115	3203
% de População do Concelho residente na Cidade	24,07	25,47	25,01	32,97	33,47	38,85	43,72	49,19
% de População do Concelho residente nas aldeias	75,93	74,53	74,99	67,03	66,53	61,15	56,28	50,81
Concelho Figueira de Castelo Rodrigo	14912	13237	8945	9140	8105	7158	6260	5148
Figueira de Castelo Rodrigo	1936	1962	1845	2128	2356	2253	2211	1952
Total aldeias Figueira de Castelo Rodrigo	12976	11275	7100	7012	5749	4905	4049	3196
% de População do Concelho residente na Cidade	12,98	14,82	20,63	23,28	29,07	31,48	35,32	37,92
% de População do Concelho residente nas aldeias	87,02	85,18	79,37	76,72	70,93	68,52	64,68	62,08
Concelho Mêda	13697	12378	9960	8964	7440	6239	5202	4630
Mêda	2045	2029	2185	2172	2224	2094	1987	2399
Total aldeias Mêda	11652	10349	7775	6792	5216	4145	3215	2231
% de População do Concelho residente na Cidade	14,93	16,39	21,94	24,23	29,89	33,56	38,20	51,81
% de População do Concelho residente nas aldeias	85,07	83,61	78,06	75,77	70,11	66,44	61,80	48,19

Fonte: INE

Durante o regime ditatorial vivido em Portugal (1933-1974), os territórios rurais sofreram de um contínuo êxodo rural, devido à guerra colonial e a migração para os centros urbanos, ou para o estrangeiro, mormente clandestina, procurando trabalhos mais atrativos do que a extenuante agricultura e melhores condições de trabalho e de vida.

Nos anos 70 houve uma quebra generalizada da população no território, e se analisarmos os dados por aldeia, verifica-se que as aldeias eram territórios mais densamente povoados do que as cidades e que foi nos anos 90 que se verificou o forte abandono das zonas rurais, passando as cidades a ter um número maior de residentes do que as aldeias. Com o abandono do mundo rural, este passou a ser visto novamente como uma reserva de recursos naturais. Um sítio longínquo, onde vivem poucos e onde as urbes podem ir abastecer-se, seja de alimentos, seja de água, eletricidade ou oxigénio.

As transformações que ocorreram em meados do século XX promoveram a dissociação entre agricultura e ruralidade, deixando o rural de ser predominantemente agrícola, porém não encontrou ainda «outra coisa» para ser[21], configurando esta situação uma «crise de identidade» do mundo rural[22]. Uma grande parte das transformações resultou do longo e persistente alheamento político após o 25 de Abril de 1974 relativamente aos territórios rurais[23], e que se manteve com as políticas da CEE/EU.

Por outro lado, tem-se notado que o comportamento dos turistas tem vindo a evoluir para uma crescente procura por regiões rurais que mantém, de alguma forma, as suas tradições, onde a sensação de bem-estar, liberdade de espaço e a experiência de proximidade com a Natureza são valorizadas[24]. Em 2023, ano em que se celebrou o 25.º aniversário da inscrição dos Sítios de Arte Rupestre no Património Mundial da UNESCO, como maior galeria ao ar livre do Paleolítico Superior, o Museu do Côa e as gravuras no Côa Parque bateram recordes de visitantes, em conjunto apontava-se que ultrapassassem os 100 mil visitantes (LUSA, 2023 e TSF, 2023). Em consonância com esta

21 Oliveira Baptista, F., «O Rural depois da Agricultura», em Lucinda Fonseca, M. (Org.), *Desenvolvimento e Território – Espaços Rurais Pós-agrícolas e os Novos Lugares de Turismo e Lazer*, CEG, Lisboa, 2006, págs 85-100.

22 Figueiredo, E., «Imagine there's no rural: the transformation of rural spaces into places of nature conservation in Portugal», em *European Urban and Regional Studies*, núm. 15, vol.2, 2008, págs 159-171.

23 Soares da Silva, D., Figueiredo, E., Rodrigo, I., «O Rural por quem o transformou – narrativas políticas sobre o rural português e o seu desenvolvimento nos últimos 30 anos», em *VIII Congresso Português de Sociologia - 40 anos de democracia(s) – Progressos, Contradições e Prospectivas*, Universidade de Évora, Évora, 2014.

24 Casquinha, P. N. S. B. H., «Plano de Negócio: Alojamento Rural "Eco-Turismo de Luxo" no Vale de Foz Côa» (projeto de mestrado), Orientadores Luís Portugal e Nuno Gustavo. ESHTE, Estoril, 2022.

procura, acentua-se o conceito da sustentabilidade em harmonia e respeito pelo meio rural.

2. AGRICULTURA

A vegetação natural desta região foi ao longo dos tempos aproveitada em proveito humano e isso reflete-se nas culturas que foram enxertadas através das variedades autóctones como a videira bravia *(Vitis vinifera)*, a amendoeira *(Prunus dulcis)*, a oliveira brava ou zambulho (*Olea europaea* var. *sylvestris*), a figueira brava *(Ficus carica)*, ou introduzidas, como as ameixoeiras, marmeleiros, nespereiras, cerejeiras, pessegueiros, laranjeiras e limão conforme refere Gasco nos seus textos datados de 1627-1635[25].

Ou seja, a Região Demarcada do Douro é o resultado do claro aproveitamento pelo ser humano das ótimas condições existentes, mas foi também responsável pela destruição de grande parte da vegetação natural, ficando reduzida a manchas pontuais, sendo mais raros os bosques autóctones que atualmente deveriam cobrir os montes e encostas do Douro[26]. No Douro Superior a paisagem hodierna é o resultado da materialização da agricultura, com destaque para o vinho.

A abundância de fragmentos de talhas de armazenamento de vinho e alguns lagares cavados na rocha confirmam o desenvolvimento da cultura da vinha no território na época romana[27/28]. Contudo tinha pouca importância na economia local, pois os montes e encostas onde não se produziam cereais enchiam-se de amendoeiras e sumagrais, e por toda a região desenvolvia-se a cultura da oliveira e a criação de gado. É com o movimento cooperativista, mais propriamente as adegas cooperativas, que se dá a transformação das

25 Cruz, A., «Um inédito de António Coelho Gasco sobre Antiguidades de Trás-os-Montes», Boletim da Biblioteca da Universidade de Coimbra, 1935. apud Amado, A., e Menezes, A., «Flora e Vegetação do Douro na envolvente do Maciço de Poiares», em *Pelos Caminhos do Douro. Pela Calçada de Alpajares*, Nelson Rebanda, Comissão Executiva das Comemorações dos 250 Anos da Região Demarcada do Douro, Maia, 2006, págs. 33-41.

26 Amado, A., e Menezes, A., «Flora e Vegetação do Douro na envolvente do Maciço de Poiares», em *Pelos Caminhos do Douro. Pela Calçada de Alpajares*, Nelson Rebanda, Comissão Executiva das Comemorações dos 250 Anos da Região Demarcada do Douro, Maia, 2006, págs. 33-41.

27 Antunes, J. V., Faria, P. B., «Estações romanas da região demarcada do Douro sul», in *Douro Estudos & Documentos* núm. 3, 1997, págs 11-16 e Coixão, A. N. S., *Carta Arqueológica do Concelho de Vila Nova de Foz Côa*, 1996 apud Pereira, G. M., «Apontamentos sobre a vinha e o vinho no Douro Superior», em *Terras do Côa / da Malcata ao Reboredo. Os valores do Côa*, Parque Arqueológico do Vale do Côa, Estrela-Côa - Agência de Desenvolvimento Territorial da Guarda, Guarda, 1998, págs. 77-84.

28 Lopes, N. G., «Guia do Douro», em *Info Portugal S. A.*, Vila Real, 2012.

áreas de cereais em vinhas[29], e a partir da década de 60 do século XIX a expansão vitivinícola ganha o impulso que a fez crescer[30] até aos dias de hoje — mesmo com os efeitos negativos do oídio e da filoxera na segunda metade do século XIX.

Nesta região existem vários tipos de produtores de vinho: os pequenos proprietários, os médios proprietários, as Adegas Cooperativas (que compram uvas dos pequenos e médios produtores e depois produzem e comercializam o vinho), as associações, as grandes propriedades vitícolas e as empresas internacionais que produzem e exportam vinho[31]. Os pequenos produtores têm um papel importante na preservação da paisagem e na revitalização das tradições. Portanto o meio rural abastece o resto do mundo com alimentos de qualidade, resultado da atividade agrícola, atividade que, apesar de ter impactos no ambiente é muito importante para a preservação do património rural, para o combate às alterações climáticas e para uma adequada gestão ambiental, como por exemplo a prevenção contra incêndios rurais[32].

A crise provocada pela COVID-19 evidenciou mais uma vez o carácter estratégico do setor agroalimentar ao garantir o acesso da população a um abastecimento alimentar estável em quantidade, preço e qualidade. A indústria agroalimentar é um setor-chave para o desafio demográfico e o equilíbrio territorial entre zonas rurais e urbanas[33]. Além disso, o comércio local deve desenvolver-se o suficiente para ir de encontro ao que salientou o Parlamento Europeu, ao solicitar a extensão das indicações geográficas aos produtos artesanais, pois a ligação entre um produto e o local onde foi fabricado é "esencial" para alguns consumidores, e pode ter um valor acrescentado[34]. Ora, a indústria agroalimentar apresenta atualmente uma elevada taxa de vulnerabilidade, devido a fatores relacionados com a cadeia

---

29 Viseu, A., «Alto Douro e Pico - territórios de pedra, territórios de vinha: como o relevo pode condicionar ou definir a cultura vínica (1850-1970)». In Lage, O. (Org.), *Alto Douro e Pico, paisagens culturais vinhateiras património mundial em perspectiva multifocal: experimentação comparada*, CITCEM – Centro de Investigação Transdisciplinar Cultura, Espaço e Memória. Porto, 2018, págs 38-46.

30 Pereira, G. M., «Apontamentos sobre a vinha e o vinho no Douro Superior» en *Terras do Côa / da Malcata ao Reboredo. Os valores do Côa*, Parque Arqueológico do Vale do Côa, Estrela-Côa - Agência de Desenvolvimento Territorial da Guarda, 1998, págs. 77-84.

31 Manfio, V., «Paisagem, turismo e vinho no Douro em Portugal: uma imponente tradição», en *Cadernos de Geografia,* núm. 40, Coimbra, FLUC, 2019, págs. 79-90.

32 Domínguez Alvaréz, J. L., «La importancia del municipalismo para la consecución del nuevo resurgir de la ruralidad: la disyuntiva entre devolver el alma a los pueblos o abandonar el territorio», em *Revista Jurídica de Castilla y León*, núm. 53, 2021.

33 Fernando Pablo, M. M. e Domínguez Alvaréz, J.L., «Discriminación Positiva como recurso contra la despoblación del medio rural: los canales cortos de comercialización agroalimentaria», en *Revista Aragonesa de Administración Pública,* núm. 57, 2021, págs 149-190.

34 *Ibídem.*

alimentar, a rigidez da procura, a sazonalidade do mercado, a heterogeneidade e assimetria das suas características internas, e ao mesmo tempo a atividade agrícola enfrenta um aumento dos custos de produção, principalmente os fatores de produção energéticos e os que satisfazem as necessidades de produção[35].

3. PATRIMÓNIO E TURISMO

Em novembro de 1994, é divulgado que durante as obras para construção da barragem do Côa foram descobertas gravuras rupestres. Depois de meses de forte contestação, em janeiro de 1996, uma resolução do Conselho de Ministros decide a suspensão das obras de construção da barragem, e em agosto de 1996 é formalmente criado o Parque Arqueológico do Vale do Côa, e é lançado o Programa de Desenvolvimento Integrado do Vale do Côa, o primeiro de vários instrumentos concebidos para colocar o património, com o auxílio de fundos europeus, ao serviço do desenvolvimento da região[36]. Em dezembro de 1998 o Comité do Património Mundial da UNESCO inscreve a arte paleolítica do Vale do Côa na lista do Património Mundial. Dessa forma, os Sítios Pré-históricos de Arte Rupestre do Vale do Côa, classificados como Património Mundial pela UNESCO, devem ser utilizados para criar significado no presente. Um dos seus principais objetivos deve ser o de examinar a forma como o passado é mediado por compromissos sociais no presente. Este pensamento de atuação está posicionado numa tendência crescente para explorar a intersecção entre a arqueologia e a antropologia cultural através da aplicação da etnografia ao estudo dos valores do património arqueológico na atualidade[37]. Em agosto de 2010 a UNESCO inscreve o sítio arqueológico de Siega Verde, em Espanha, na lista do Património Mundial enquanto extensão do Côa[38], naturalmente incrementando o seu horizonte de visitantes.

Parte do Côa Parque é Região do Alto Douro Vinhateiro, que também é Património Mundial da UNESCO desde 2001[39]. A Região do Alto Douro Vinhateiro é Património Mundial da UNESCO na categoria de Paisagem Cultural Evolutiva e Viva e abrange concelhos do Côa Parque, nomeadamente

---

35 *Ibídem.*

36 Queirós, L. M., «Uma cronologia do processo do Côa. PÚBLICO», 2016. Disponible en: https://www.publico.pt/ (Fecha de última consulta: 25/02/2024).

37 Francisco, J. P., *Património Mundial e Valor Social: uma investigação sobre os sítios pré-históricos de arte rupestre do Vale do rio Côa e de Siega Verde*, Edição: Associação dos Arqueólogos Portugueses, Lisboa, 2023, págs. 1923-1930.

38 Queirós, L. M., «Uma cronologia do processo do Côa. PÚBLICO», 2016. Disponible en: https://www.publico.pt/ (Fecha de última consulta: 25/02/2024)

39 Matias, P. D. Q. A., «Marca Territorial Vale do Côa Projecto de Identidade Visual», Dissertação para obtenção do Grau de Mestre em Design Multimédia, Orientador: Doutor Francisco Tiago Antunes Paiva, Covilhã, Outubro de 2012.

o de Vila Nova de Foz Côa e a sua zona tampão inclui ainda os concelhos de Mêda e Figueira de Castelo Rodrigo[40]. A gestão dos sítios classificados como Património Mundial pela UNESCO, requer a identificação e avaliação dos valores atribuídos a estes sítios pelas diferentes partes interessadas[41], exige também uma análise aprofundada de dados e vivências sobre a região que levem ao pensamento crítico sobre a real situação destes territórios e o seu impacto a nível nacional e transnacional de forma a que sejam criadas políticas públicas de desenvolvimento rural sustentável.

A Dieta Mediterrânica foi declarada, em 2013, Património Cultural Imaterial da Humanidade pela UNESCO[42], enfatizando os valores sociais que lhe são inerentes:

> «A Dieta Mediterrânica abrange um conjunto de competências, conhecimentos, rituais, símbolos e tradições relativos ao cultivo, colheita, pesca, criação de animais, conservação, processamento, confeção e, em especial, partilha e consumo dos alimentos. A Dieta Mediterrânica enfatiza valores como a hospitalidade, a vizinhança, o diálogo intercultural e a criatividade, bem como um modo de vida pautado pelo respeito pela diversidade. As mulheres desempenham um papel importante na transmissão do conhecimento relativo à Dieta Mediterrânica: salvaguarda das suas técnicas, respeito pelo ritmos sazonais e eventos festivos, transmissão às novas gerações dos valores associados a este elemento patrimonial. Os mercados desempenham igualmente um papel fundamental como espaços para cultivar e transmitir a Dieta Mediterrânica mediante práticas diárias de troca, concórdia e respeito mútuo.»

Alicerçada em sete países (Chipre, Croácia, Espanha, Grécia, Itália, Marrocos e Portugal), a classificação da dieta mediterrânica:

> «Desempenha um papel vital em espaços culturais, festivais e celebrações, reunindo pessoas de todas as idades, condições e classes sociais. Abarca o artesanato e a produção de recipientes tradicionais de transporte, preservação e consumo de alimentos, incluindo pratos de cerâmica e copos[43].»

Desta forma, impõe-se pensar criticamente o património, sobretudo quando nele se vislumbram oportunidades para as comunidades rurais. Não obstante a importância destas classificações, talvez seja necessário mais do que uma

---

40 Comissão de Coordenação e Desenvolvimento Regional do Norte (CCDRN), 2013. Disponible en: https://www.ccdr-n.pt/ (Fecha de última consulta: 25/02/2024)

41 Francisco, J. P., *Património Mundial e Valor Social: uma investigação sobre os sítios pré-históricos de arte rupestre do Vale do rio Côa e de Siega Verde*, Edição: Associação dos Arqueólogos Portugueses, Lisboa, 2023, págs. 1923-1930.

42 UNESCO, *Orientações* Técnicas para a *Aplicação da Convenção do Património Mundial*, 2017.

43 *Ibídem.*

paisagem ou um museu, mais do que um conjunto de práticas culturais certificadas para sustentar o desenvolvimento dos territórios rurais, das regiões de baixa densidade. Ainda que o setor cultural contribua para as dinâmicas sociodemográficas e económicas, a sustentabilidade das ações sobre o património está em primeiro lugar no reconhecimento que os atores sociais fazem dele para o bem-estar coletivo e individual e na capacidade de envolvimento que disponibilizem e mobilizem para a sua proteção, valorização e fruição[44].

Os valores patrimoniais são significativos para o território nas suas várias valências, por exemplo, o seu valor cultural, económico, histórico, demográfico, científico. O Côa Parque tem três classificações UNESCO, portanto, é um território diferenciado que faz com que a região tenha condições ótimas para o desenvolvimento do turismo alicerçado na saúde e bem-estar que todo este vasto património proporciona. A paisagem do território, a agricultura e os produtos alimentares, o património natural e cultural formam uma relação turística que pode ser de grande valor socioeconómico para as comunidades locais se se pensar nelas de forma integrada, interdependente e sustentável. Mas será que existe uma verdadeira consciência das comunidades que habitam no território sobre a importância do património, natural e cultural, e o valor que este lhes pode aportar no seu dia-a-dia presente e futuro? E o Governo Central? E a UE?

IV. (DES)IGUALDADE DE GÉNERO EM MEIO RURAL

O conceito de desigualdade de género abrange muitas áreas da vida social[45], inclusive aquela que é sentida em meios rurais. As mulheres rurais, há muito sujeitas a uma dupla discriminação derivada, da sua condição de mulher e do desenvolvimento do seu projeto de vida no meio rural, espaço muitas vezes caracterizado pela falta de oportunidades de emprego, pela existência de poucas infraestruturas e serviços públicos e por menores oportunidades de desenvolvimento pessoal e profissional[46].

Até 1966, o Código Civil português continha disposições que favoreciam os filhos homens em relação às filhas. Esse sistema de herança desigual foi alterado em 1966 com a reforma do Código Civil, que estabeleceu a

44 Reis, M., «Das pedras mortas às práticas vivas: Do património material à relevância do património imaterial», in *Cidades, Comunidades e Territórios*, núm. 41, 2020, págs. 262-280.

45 Grunow, D., Begall, K., and Buchler, S «Gender Ideologies in Europe: A Multidimensional Framework», em *Journal of Marriage and Family*, 2018, págs 42-60.

46 Domínguez Alvaréz, J.L., «González Bustos, María Ángeles, Mujer y desarrollo sostenible en el medio rural», en *Nueva Época*, núm. 15, 2021, págs. 114-116.

igualdade de direitos de herança para homens e mulheres. Ou seja, em Portugal a transmissão da propriedade agrícola (ou a posse da terra) segue as regras gerais de transmissão de propriedade imobiliária, apenas podendo estar sujeita a regulamentações específicas relacionadas com a agricultura, como por exemplo a lei do emparcelamento da propriedade rústica (Lei n.º 2116 de 1962 revogada e Lei n.º 111/2015 em vigor) que condiciona a divisão da propriedade em função da dimensão. Portanto, em Portugal a partilha da herança de bens rústicos é realizada de acordo com as regras legais de sucessão, isso significa que a divisão da terra entre os legítimos herdeiros é feita de igual forma entre os filhos e as filhas[47].

Nos últimos 30 anos, com a entrada na CEE/EU, tem-se verificado uma acentuada redução da população agrícola familiar em Portugal (decréscimo de -66 %), contudo, verificou-se uma grande subida no número de mulheres produtoras agrícolas, uma vez que, em 1989, apenas 15,4 % dos produtores singulares eram mulheres e, em 2019, as mulheres são 32,9 % do total, valor acima da média europeia de 30,1 %. Contudo, a representatividade das mulheres produtoras agrícolas varia a nível regional, sendo, por exemplo, de 36 % na região de Trás os Montes (onde se insere Vila Nova de Foz Côa) e 32,5 % na região da Beira Interior (onde se inserem Pinhel, Mêda e Figueira de Castelo Rodrigo)[48]. No entanto, mulheres agricultoras continuam, muitas vezes, confinadas ao espaço privado do campo agrícola e da casa; são as mulheres que se responsabilizam maioritariamente pelas tarefas domésticas levando a que não tenham tempo livre para participarem em atividades sociais e culturais, pois em meio rural sobrevive de forma ainda mais evidente a separação de «papéis de género»[49]. As mulheres rurais cuidam dos mais velhos e são quem transmite os conhecimentos e tradições às gerações seguintes, ou seja, as mulheres são as guardiãs do património.

A Agenda de Inovação para a Agricultura 2020-2030[50] visa promover uma agricultura mais sustentável e inovadora, dando destaque ao tema da igualdade de género e ao papel das mulheres na agricultura, pretendendo assegurar uma agricultura mais inclusiva e igualitária que impulsione a cooperação intergeracional. A Estratégia Nacional para a Igualdade e a Não Discriminação 2018-2030, aprovada pela Resolução do Conselho de

---

47 Ferreiro, M. F., «Economia, direito de propriedade e agricultura». Tese de Doutoramento em Economia, ISCTE - Instituto Universitário de Lisboa, 2005.

48 INE, *Recenseamento Agrícola Nacional realizado em 2019. Instituto Superior de Estatística*, 2021.

49 Gomes, R. D. C. M., Nogueira, C. e Toneli, M. J. F., «Mulheres em contextos rurais: um mapeamento sobre gênero e ruralidade», em *Psicologia & Sociedade*, vol. 28, núm. 1, 2016, págs 115-124.

50 Gabinete de Planeamento, Políticas e Administração Geral (GPP), *Terra Futuro. Agenda de Inovação para a Agricultura | 20 | 30*. Disponible en: https://www.gpp.pt/index.php/terra_futura/terra-futura# (Fecha de última consulta en: 29/02/2024).

Ministros n.º 61/2018 decretou a implementação de Planos Municipais para a Igualdade, em consonância com a Agenda 2030 para o Desenvolvimento Sustentável, mas em dezembro de 2023 apenas 195 municípios de 308 tinham em vigor este Plano Municipal para a Igualdade, e dos quatro municípios que constituem o Parque Côa apenas Figueira de Castelo Rodrigo e Mêda o tinham[51]. Ainda assim, considero que estes Planos Municipais deveriam ir mais ao encontro das especificidades do território, nomeadamente as agrícolas e ambientais.

Os poderes públicos devem intervir com urgência, através da articulação de políticas públicas que visem a promoção da igualdade entre homens e mulheres, o empreendedorismo e as oportunidades de emprego, a conciliação da vida pessoal, familiar e profissional, assim como a criação de serviços e infraestruturas mínimas para melhorar o bem-estar e a qualidade de vida das mulheres rurais[52]. Contudo, de uma forma mais geral, mesmo com o patamar de 40 % da Lei da Paridade nos Órgãos Estatais e Políticos (aprovada em 2006, revista em 2019), que estabelece quotas mínimas de representação de cada género em listas eleitorais para cargos públicos eletivos, a lei não se tem feito cumprir, tendo havido 87 mulheres eleitas em 2019, 85 mulheres em 2022 (37 % dos eleitos ao Parlamento) e 76 mulheres nas eleições de 2024 (menos 11 % do que na legislatura anterior), ou seja apenas 33 % do total de mandatos, muito longe dos 40 % estabelecidos na Lei da Paridade[53].

V. POLÍTICAS PÚBLICAS E TERRITÓRIOS RURAIS

Nas últimas décadas, as zonas rurais viram como a economia de mercado e o capitalismo, predador dos recursos naturais e gerador de grandes desigualdades, juntamente com a apatia de grande parte das administrações públicas, conduzirem a uma perda de população, baixando significativamente os padrões de qualidade de vida daqueles que um dia decidiram desenvolver, de forma louvável, o seu projeto de vida no meio rural[54]. Portanto, o despovoamento dos territórios rurais do interior não é um fenómeno neutro ou próprio da ruralidade. Há décadas que estamos a assistir ao esgotamento do desenvolvimento rural, por isso transformar esta

51 Comissão Para a Cidadania e a Igualdade de Género, *Representação parlamentar feminina diminui 11 % na próxima legislatura*. Disponible en: https://www.cig.gov.pt/ (Fecha de última consulta en: 04/04/2024).

52 Domínguez Alvaréz, J.L., «González Bustos, María Ángeles, Mujer y desarrollo sostenible en el medio rural», en *Nueva Época*, núm. 15, 2021, págs. 114-116.

53 Comissão Para a Cidadania e a Igualdade de Género, *Representação parlamentar feminina diminui 11 % na próxima legislatura*. Disponible en: https://www.cig.gov.pt/ (Fecha de última consulta en: 04/04/2024).

54 Domínguez Alvaréz, J.L., «González Bustos, María Ángeles, Mujer y desarrollo sostenible en el medio rural», en *Nueva Época*, núm. 15, 2021, págs. 114-116.

realidade requer a adoção de políticas urgentes, eficazes e maleáveis com os territórios e as comunidades, para mitigar as consequentes perdas culturais, patrimoniais e ambientais, entre muitas outras[55].

Até meados de 1970 as zonas rurais foram representadas nos programas do Governo como áreas de produção. A Lei Barreto (Lei 77/77, de 29 de setembro), numa tentativa de aproximação da agricultura portuguesa ao contexto europeu, estabeleceu novas intenções: estimular a ligação entre os agricultores e a comunidade em que estão integrados; a melhoria das condições de trabalho na agricultura e da situação económica, social e cultural dos trabalhadores rurais e dos pequenos e médios agricultores; a proteção dos recursos naturais e aumento da fertilidade dos solos; a intensificação, modernização e diversificação da agricultura; a promoção do associativismo na agricultura; o fomento das zonas florestais e a conciliação da produção de matérias-primas, a caça e pesca e a silvo-pastorícia em esquemas de economia integrada[56].

As razões e os objetivos da intervenção pública na agricultura, onde se inclui o primeiro pilar da PAC (Política Agrícola Comum), assegura o apoio ao rendimento dos agricultores, embora tenha sofrido alterações ao longo dos anos, continuando a efetuar pagamentos por área. Contudo, ainda nos dias de hoje a agricultura de subsistência praticada em pequenas propriedades é um complemento a outras atividades e a situações de reforma ou desemprego. Torna-se, portanto, essencial que se apliquem políticas públicas de longo prazo para corrigir estas desigualdades perpetuadas nos pagamentos diretos por área[57]. O segundo pilar da PAC —o desenvolvimento rural— inclui o apoio ao investimento agrícola, a manutenção da agricultura em áreas desfavorecidas, o apoio à florestação e pagamentos aos agricultores que adiram a modos de produção ambientalmente sustentáveis[58].

A dissociação entre o rural e a agricultura constitui a face mais visível, promotora de todo um conjunto de processos demográficos, sociais e económicos que conduziram ao progressivo esvaziamento do país rural do interior[59]. Os territórios classificados como rurais ou de interior já tinham sido considerados casos especiais face à evidente emigração, perda e

55 Domínguez Alvaréz, J.L., «La Importancia del Municipalismo para la Consecución del Nuevo Resurgir de la Ruralidad: la Disyuntiva entre Devolver el Alma a los Pueblos o Abandonar el Territorio», em *Revista Jurídica de Castilla y León*, núm. 53, 2021, págs. 73-120.

56 Almeida, M. A., «Despovoamento e territórios desiguais: políticas autárquicas e políticas centrais em tempos de mudança», in *Conferência Instituições, atitudes e comportamentos políticos em tempos de mudança*, ISCTE-IUL, Lisboa, 2017.

57 *Ibídem.*

58 Baldock, D., «Uma agricultura sustentável para a Europa? Dos factos à reforma das políticas», em *O futuro da Alimentação: Ambiente, Saúde e Economia*, Fundação Calouste Gulbenkian, Lisboa, 2013, págs 187-202.

59 Barreto, A., *A Situação Social em Portugal (1960-1999)*, ICS, Lisboa, 2000.

envelhecimento da população e maiores taxas de desemprego, mas o Governo de Portugal, em 2015, declarou 164 municípios em risco de desertificação[60] e promulgou a Resolução do Conselho de Ministros n.º 72/2016 com a missão e o objetivo de criar, implementar e supervisionar um Programa Nacional de Coesão Territorial (PNCT), e também de promover medidas interministeriais de desenvolvimento para o Interior.

O despovoamento é impulsionado única e exclusivamente por fatores económicos, mas o abandono dos meios rurais apresenta múltiplos fatores o que dificulta a adoção de políticas públicas eficazes[61]. Nesse sentido, e igualmente relevantes no jogo de desequilíbrio existente nos meios rurais, é o desinvestimento em serviços públicos essenciais que acrescentam um fator de agravamento do conhecido drama dos territórios de baixa densidade populacional[62].

Os espaços rurais não são todos iguais e os seus habitantes e representantes locais são os mais qualificados para escolher e colocar em prática as políticas mais adequadas para os problemas particulares que atingem o território[63]. Os factos ancorados em dados concretos e adequadamente disponibilizados aos decisores políticos são determinantes para a negociação de políticas públicas, como por exemplo a Política Agrícola Comum[64], ou políticas de igualdade de género direcionadas para meios rurais, como acontece, por exemplo, em Espanha.

O indivíduo é construído através das relações sociais e das práticas culturais, e isso demonstra que a essência do poder é local e insere-se nas ações das pessoas através das suas ações e atitudes, nos processos de aprendizagem e vida quotidiana, nos seus discursos, desenvolve-se e cresce dentro do corpo social e não a partir de cima[65]. Por isso temos de olhar para o território de forma abrangente, dessa forma a Estratégia Comum de Desenvolvimento Transfronteiriço é um instrumento que complementa e

---

60 Almeida, M. A., «Despovoamento e territórios desiguais: políticas autárquicas e políticas centrais em tempos de mudança», in *Conferência Instituições, atitudes e comportamentos políticos em tempos de mudança*, ISCTE-IUL, Lisboa, 2017.

61 Domínguez Alvaréz, J.L., «La Importancia del Municipalismo para la Consecución del Nuevo Resurgir de la Ruralidad: la Disyuntiva entre Devolver el Alma a los Pueblos o Abandonar el Territorio», em *Revista Jurídica de Castilla y León*, núm. 53, 2021, págs. 73-120.

62 *Ibídem*.

63 Almeida, M. A., «Despovoamento e territórios desiguais: políticas autárquicas e políticas centrais em tempos de mudança», in *Conferência Instituições, atitudes e comportamentos políticos em tempos de mudança*, ISCTE-IUL, Lisboa, 2017.

64 Antunes, H. I. S., «O sector do arroz no Vale do Tejo e Sorraia: percepção e práticas de segurança alimentar e sustentabilidade» (dissertação de mestrado). Orientadora: Fátima Ferreiro. ISCTE-IUL, Lisboa, 2016.

65 Foucault, M., *Power/Knowledge: Selected Interviews and Other Writings: 1972–1977*, Colin Gordon, Pantheon Books, New Yorker, 1980.

reforça as ações que estão a ser implementadas, como a Estratégia para a Coesão Territorial e o Programa Valorização do Interior em Portugal, e a Estratégia Nacional frente ao Desafio Demográfico em Espanha. Neste memorando foi considerada a singularidade da zona fronteiriça no contexto da União Europeia, de modo a potenciar um território afetado pelo despovoamento e o envelhecimento, mas que apresenta potencial para um desenvolvimento socioeconómico sustentável, ao dar uma resposta inclusiva orientada à criação de oportunidades e desenvolvimento de projetos pessoais, profissionais e familiares, especialmente para as mulheres e jovens, e a garantia da qualidade de vida de todas as pessoas que residam na zona transfronteiriça[66].

Com o crescimento do turismo em Portugal têm aparecido cada vez mais unidades de Turismo em Espaço Rural[67]. Portanto, as estratégias de desenvolvimento turístico têm de ter em conta a sustentabilidade do território, económico, ambiental e social, dessa forma a Federação de Parques Nacionais da Europa (EUROPARC) desenvolveu a Carta Europeia de Turismo Sustentável, baseada no princípio de parceria entre as partes interessadas, que visa promover e desenvolver o turismo sustentável em Áreas Protegidas e Classificadas da Europa, sendo que até à data nenhuma entidade do território Côa Parque é signatária[68]. A nível nacional o Turismo de Portugal teve o «Plano Turismo + Sustentável 20-23» mas ainda não existe um novo plano de sustentabilidade turística para este ano e os seguintes. A nível regional, está em vigor o Plano Regional de Desenvolvimento Turístico 2020-2030 do Turismo do Centro de Portugal que pretende reafirmar

> «a proposta de valor do Destino na era digital, alicerçada na valorização dos Recursos Humanos, na consolidação das condições de sustentabilidade, de acessibilidade e de dinamização dos seus ativos estratégicos e dos seus produtos endógenos, procurando atrair e fomentar o empreendedorismo, a inovação e o investimento, em articulação com as comunidades regionais e locais, e garantindo o seu compromisso com os resultados através da preservação da autenticidade das suas pessoas, do território e do sucesso dos seus agentes económicos»[69].

66 Estratégia Comum de Desenvolvimento Transfronteiriço, *República de Portugal e Reino de Espanha*, Setembro, 2020.

67 Casquinha, P., «Plano de Negócio: Alojamento Rural "Eco-Turismo de Luxo" no Vale de Foz Côa» (projeto de mestrado), Orientadores Luís Portugal e Nuno Gustavo, ESHTE, Estoril, 2022.

68 Carta Europeia do Turismo Sustentável. Disponible en: https://business.turismodeportugal.pt/.

69 Turismo do Centro de Portugal, «Plano Regional de Desenvolvimento Turístico 2020-2030», en *Deloitte Consultores*, S.A., TCP – Aveiro, 2019.

O papel das infraestruturas na região tem sido fulcral para a mudança de hábitos e também do ecossistema[70]. Embora falte cumprir a reativação da linha ferroviária do Pocinho a Barca de Alva, infraestruturas para chegar e sair daqui existem: estradas, ferrovia, turismo em barcos de luxo; mas as condições para fixar e atrair pessoas e políticas de coesão que suportem esta necessidade dos territórios de baixa densidade são escassas ou inexistentes.

VI. PARQUE CÔA – DESENVOLVIMENTO RURAL NO INTERIOR

Na contemporaneidade, as relações fronteiriças com Espanha têm vindo a desenvolver-se nas últimas décadas, com turistas espanhóis a chegarem aos milhares às feiras e festivais das vilas e cidades da Raia, assim como médicos espanhóis a trabalhar nos centros de saúde onde os médicos portugueses não querem ser colocados[71]. Um dos objetivos da Estratégia Comum de Desenvolvimento Transfronteiriço é a «gestão conjunta de serviços básicos nas áreas de educação, saúde, serviços sociais, proteção civil ou outros em que se verifiquem vantagens na provisão conjunta». Este compromisso foi assinado em 2018 pelos Governos do Reino de Espanha e da República Portuguesa[72] mas em 2024 não existe no território gestão conjunta de serviços, nem mesmo no Parque Arqueológico do Vale do Côa e Siega Verde. Há alguma cooperação, mas uma visão conjunta de gestão dos serviços essenciais ao serviço da população não existe, nem se perspetiva vir a existir a curto prazo.

A região necessita de um modelo de acessibilidade integrada e articulada, faltam sites de divulgação de horários de autocarros, diversificação de meios de transportes, pois centra-se no sistema rodoviário, e a população residente encontra-se envelhecida e sem formação para receber os turistas[73], pois, a região portuguesa do vinho do Douro e Porto, perde no enoturismo pelo não desenvolvimento de infraestruturas e o abandono da paisagem em áreas mais afastadas dos grandes centros urbanos e também pela intensificação de instalações vinícolas e mudanças da paisagem em áreas mais ocupadas

70 Carrera, C., *Vinho do Porto e a região do Douro: História da primeira região demarcada*, Colares, Sintra, 2002.

71 Almeida, M. A., «Despovoamento e territórios desiguais: políticas autárquicas e políticas centrais em tempos de mudança», in *Conferência Instituições, atitudes e comportamentos políticos em tempos de mudança*, ISCTE-IUL, Lisboa, 2017.

72 Estratégia Comum de Desenvolvimento Transfronteiriço, *República de Portugal e Reino de Espanha*, Setembro, 2020.

73 DOUROTUR, *Mobilidades e acessibilidades turísticas no Douro*, Seminário DouroTur, Vila Real, 2017.

pelo vinho, revelando-se um ponto negativo para preservação da paisagem e dos valores culturais e naturais presentes no Douro Vinhateiro[74].

Para além da seca e das alterações climáticas, os incêndios estão diretamente ligados com o despovoamento. A paisagem rural portuguesa que era tradicionalmente um sistema que conjugava agricultura e pecuária, um sistema que raramente ardia tão intensamente, foi drasticamente alterada pela monocultura. A emigração para os centros urbanos e para o estrangeiro deixou os campos abandonados, e os incêndios alimentam-se de mato abandonado e floresta com espécies não autóctones[75].

A ascensão do turismo e a sustentabilidade da paisagem (no sentido de manter uma harmonia entre ambiente, população e economia) só é possível por meio de: a) divulgação da região; b) estudos diversos que permitam a interdisciplinaridade na abordagem da paisagem, do património, da gastronomia, do turismo e o ambiente; c) fortalecimento de políticas públicas e programas de incentivo ao desenvolvimento de territórios do interior; d) integração de todos os atores: instituições, empresários, produtores agrícolas e órgãos públicos[76]. Além disso, é importante ampliar a disseminação de eventos gastronómicos que aliem a culinária local, utilizando produtos endógenos, aquela comida típica das comunidades e aldeias portuguesas e espanholas, que associada ao vinho pode contribuir para a valorização da paisagem patrimonial[77], pois a Dieta Mediterrânica é caraterística do território como forma de nutrição das populações e da preservação das espécies e cultivares endógenas.

A valorização do património paleolítico (e do turismo) em detrimento da construção da barragem hidroelétrica tem sido impulsionador de disputas locais quanto aos caminhos de desenvolvimento a seguir. Havia altas expectativas para a construção da barragem do Côa em relação à necessidade de trabalhadores, aos quais se juntariam as famílias e a necessidade de incrementar os serviços de saúde, educação, comerciais, etc[78].

Dessa forma, gerou-se uma discussão sobre diferentes modelos de desenvolvimento, um centrado na construção de grandes infraestruturas,

74 Simões, O., «Enoturismo em Portugal: as Rotas de Vinho», em *Revista Pasos*, vol. 6, núm. 2, 2008, págs 269-270.

75 Almeida, M. A., «Despovoamento e territórios desiguais: políticas autárquicas e políticas centrais em tempos de mudança», in *Conferência Instituições, atitudes e comportamentos políticos em tempos de mudança*, ISCTE-IUL, Lisboa, 2017.

76 Manfio, V., «Paisagem, turismo e vinho no Douro em Portugal: uma imponente tradição», en *Cadernos de Geografia*, núm. 40, Coimbra, FLUC, 2019, págs. 79-90.

77 *Ibídem*.

78 Bernardo, E. e Sacramento, O., «Contending heritage: paleolithic engravings, tourism, and the ghosts of the Côa Valley dam (Portugal)», em *Journal of Tourism & Development*, núm. 38, 2022, págs 69-83.

e o outro centrado no desenvolvimento regional através da conservação cultural e arqueológica; um deles valorizava as obras públicas estruturantes acima dos interesses culturais e o outro privilegiava os interesses culturais em detrimento das necessidades económica[79].

Apesar de ainda hoje em dia haver quem lamente que a barragem não tenha sido construída a verdade é que, de acordo com a entrevista feita por Queirós em 2016[80]: «Se a barragem tivesse sido feita, havia aqui um engenheiro a abrir e fechar comportas, assim temos 40 mil visitantes por ano; sem o Museu, isto era só um interior envelhecido, não era mais nada». O maior museu do mundo a céu aberto do Paleolítico recebeu 40 mil visitantes em 2015, mas aponta-se que tenha recebido 100 mil em 2023, quantas pessoas teriam passado pela região nos últimos 25 anos se em vez da salvaguarda das figuras rupestres se tivesse construído a barragem?

A comunidade precisa estar ciente da paisagem que possui e que esta pode ser uma mercadoria, não do capital em si, mas da sociedade, para preservar o seu espaço e também manter a população jovem a atuar no turismo, na produção vitícola e na construção de valores dentro da região que necessita de uma população para o futuro[81].

A crise socioeconómica desencadeada pela COVID-19 parecia que iria efetivar uma mudança de paradigma dando a devida importância aos territórios rurais, pois permitiu realçar a importância vital da preservação da ruralidade e do combate ao abandono das zonas rurais de baixa densidade, e tornar visível o papel das mulheres rurais, que são os principais agentes para alcançar o tão almejado desenvolvimento rural sustentável. Para que estas premissas se cumpram é necessário, porém, que se avance no estabelecimento de um tratamento jurídico-administrativo diferenciado do meio rural, radicalmente oposto ao concedido pelo poder público nas últimas décadas, o que, por sua vez, exige a valorização das particularidades e peculiaridades que compõem a realidade rural[82], de forma a garantir a sustentabilidade futura dos territórios, tornando-os locais mais atrativos para viver, trabalhar, investir, e com condições de fruição para os habitantes locais. E a igualdade de género deve ser um fio condutor das políticas públicas de desenvolvimento rural sustentável, pois as mulheres são agentes incontestáveis do desenvolvimento e da modernização destes territórios[83].

---

79 *Ibídem*.

80 Queirós, L. M., «Uma cronologia do processo do Côa. PÚBLICO», 2016. Disponible en: https://www.publico.pt/ (Fecha de última consulta: 20/02/2024)

81 Manfio, V., «Paisagem, turismo e vinho no Douro em Portugal: uma imponente tradição», en *Cadernos de Geografia*, núm. 40, Coimbra, FLUC, 2019, págs. 79-90.

82 Domínguez Alvaréz, J.L., «González Bustos, María Ángeles, Mujer y desarrollo sostenible en el medio rural», en *Nueva Época*, núm. 15, 2021, págs. 114-116.

83 *Ibídem*.

VII. QUE FUTURO?

A 25 de abril de 1974, Portugal passou de uma ditadura ultraconservadora para um sistema democrático que se abriu ao mundo. Contudo, apesar do enorme salto social que foi dado nestes últimos 50 anos, as desigualdades eram tão intensas que ainda hoje se verifica uma enorme desigualdade social, especialmente em meio rural. Nos anos 70 as pessoas saíram do território à procura de melhores condições de vida, nos anos 90 começava a verificar-se o forte abandono dos territórios rurais, potenciado pela diminuição da taxa de natalidade, pelo aumento de escolaridade e pela incapacidade de valorização do setor primário. Passadas mais de 3 décadas o Governo central e a UE não foram capazes de implementar políticas públicas capazes de reverter a situação de um território, de um sítio onde se vai extrair recursos para um sítio que fornece bens essenciais como água, oxigénio, alimentos, eletricidade, e em que as pessoas que aqui vivem, que pagam os mesmos impostos que toda a gente, têm de ser compensadas por preservarem a paisagem e a sua riqueza.

O abandono das zonas rurais levou a que a baixa densidade populacional se convertesse num problema de Estado, limitando o crescimento económico e dificultando a prestação de serviços que devem ser públicos[84]. Atualmente, é preciso ampliar a mobilidade entre as cidades de concelhos diferentes, com transportes públicos, incentivar a criação de pousadas (que revelem o modo de vida da região, e não grandes hotéis de empreendimentos sofisticados) e infraestruturas e acessos rurais, para que a população possa aproveitar a paisagem como elemento turístico e também a arte rupestre que se encontra nesta área[85]. A falta de população nos territórios do Interior é um problema que tem de ser abordado de forma séria e eficaz pelo Estado. O que reforça a urgência de se encontrarem soluções estratégicas a longo prazo, tanto a nível local, como nacional, e até transfronteiriça, para a gestão dos territórios rurais e para a prevenção das catástrofes. Contudo, medidas que revertam a situação não parecem constituir uma prioridade na elaboração dos sucessivos orçamentos de Estado[86]. Assim como Portugal fez enormes investimentos nas energias renováveis, em resultado de políticas públicas de incentivos e de um enquadramento legal favorável[87], justificam-se investimentos de ainda maior

---

84 Domínguez Alvaréz, J.L., «La Importancia del Municipalismo para la Consecución del Nuevo Resurgir de la Ruralidad: la Disyuntiva entre Devolver el Alma a los Pueblos o Abandonar el Territorio», em *Revista Jurídica de Castilla y León*, núm. 53, 2021, págs. 73-120.

85 Manfio, V., «Paisagem, turismo e vinho no Douro em Portugal: uma imponente tradição», en *Cadernos de Geografia*, núm. 40, Coimbra, FLUC, 2019, págs. 79-90.

86 Almeida, M. A., «Despovoamento e territórios desiguais: políticas autárquicas e políticas centrais em tempos de mudança», in *Conferência Instituições, atitudes e comportamentos políticos em tempos de mudança*, ISCTE-IUL, Lisboa, 2017.

87 Delicado, A. M., Truninger, E., Figueiredo, L., Silva, A. e Horta. A., »Blot on the

envergadura na gestão do território para o tornar viável para as populações, para as atividades económicas e para a prevenção dos incêndios[88].

É necessário reconhecer a importância da atividade agrícola num rural multifuncional que seja valorizado pelo Governo Central e pelas comunidades locais. É necessário reconhecer a importância fulcral da existência dos serviços de saúde, educação, habitação, cultura e da sua igualitária acessibilidade. É necessário compreender as desigualdades que se vivenciam todos os dias neste território rural do Interior, nomeadamente as de género, para criar propostas de alteração em comunidade e ter apoio institucional para as implementar.

A nível nacional existem algumas políticas públicas, mas especificamente direcionadas para os territórios rurais do interior muito poucas, além de a sua divulgação ser parca, por exemplo o 'Emprego Interior MAIS - Mobilidade Apoiada para Um Interior Sustentável'[89] é uma medida muito pobre no real apoio e suporte à transição para o interior, não chegando aos €6.000,00 para uma família de 3 pessoas, na melhor das hipóteses. Contudo, e apoio para as pessoas que são daqui, que já aqui estão, que não querem sair daqui, mas se veem forçadas a ir? Não deveriam ser estas pessoas com uma identidade ligada ao território o primeiro alvo das políticas públicas? Não são estas pessoas as mais resilientes perante as catástrofes? Quantos estrangeiros abandonaram a região depois da catástrofe do incendio na Serra da Estrela em 2022? Sim, também é necessário atrair jovens e dar-lhe condições para que aqui se mantenham, isso não quer dizer apenas os vulgarmente chamados serviços essenciais como saúde e educação, mas também opções culturais diversas para todas as faixas etárias.

Considero, também, que deveria haver apoios mais concretos à implementação de pequena agroindústria nos territórios do interior, iniciar e fechar o ciclo do produto agrícola aqui. É necessário que se apoie o associativismo e o cooperativismo que existe, mas também dar ferramentas às comunidades para que percebam as mais valias de se agruparem, seja para atividades culturais e de lazer, seja para atividades económicas. É preciso olhar para a especificidade do território e compreender que aqui tem de se apostar na agricultura de pequena dimensão agregada em cooperativas, que valorizam os produtos locais de qualidade e criam valor acrescentado.

Landscape: Consensus and Controversies on Wind Farm" in *Rural Portugal. Transforming the Rural*, 2017, págs. 179-195.

88 Almeida, M. A., «Despovoamento e territórios desiguais: políticas autárquicas e políticas centrais em tempos de mudança», in *Conferência Instituições, atitudes e comportamentos políticos em tempos de mudança*, ISCTE-IUL, Lisboa, 2017.

89 Instituto de Emprego e Formação Profissional, *Emprego Interior MAIS - Mobilidade Apoiada para Um Interior Sustentável*. Disponible en: https://iefponline.iefp.pt/ (Fecha de última consulta: 05/03/2024).

São necessárias políticas públicas para o bem-estar no envelhecimento, o envelhecimento geral da população é um problema praticamente global, mas que é ainda mais notório nos territórios rurais do Interior, por isso é urgente que se pense em medidas de melhoria das condições de vida e na transição da vida ativa para a vida não ativa, é urgente que o termo esperança de vida saudável entre no léxico de todos os partidos, sendo que as mulheres são as mais afetadas nesse campo, vivem muitos mais anos com doenças que lhes degradam o seu dia-a-dia, e dessa forma criam-se condições para que os reformados que vivem na confusão das grandes cidades portuguesas possam vir fazer a sua vida de reformados na tranquilidade do Interior.

Ou seja, a aplicação de políticas públicas que devem ser diferenciadas para os territórios rurais do interior necessitam ser divulgadas corretamente, ter um impacto real, ser mais acessíveis a quem de facto pode beneficiar com elas e, claro, ser analisadas de forma próxima à medida que vão sendo implementadas para se for caso disso, poderem ser alteradas conforme as necessidades das pessoas e dos territórios.

As comunidades que aqui residem necessitam ser envolvidas diretamente no pensamento e ação sobre o território, mas também todas as pessoas que residem em Portugal necessitam valorizar o património natural e edificado que aqui existe e do qual também beneficiam, e da importância das comunidades locais para a correta manutenção e gestão deste património. Indo de encontro aos 5 C's — os objetivos estratégicos da Convenção do Património Mundial — Credibilidade, Conservação, Comunidade, Capacidade e Comunicação[90].

A região tem potencial para atrair turistas nacionais e estrangeiros pela riqueza material e imaterial de que dispõe, seja com circuitos arqueológicos, rotas gastronómicas, percursos pedestres de fruição da fauna e flora, através de espaços que proporcionam a saúde e bem-estar de quem fica pela região alguns dias, mas tudo isto deve ser pensado à escala regional e de uma forma integrada com o ecossistema local e sustentado em políticas públicas que se preocupam com o real desenvolvimento rural dos territórios de baixa densidade.

Essencialmente é necessário olhar para os territórios rurais como territórios multifuncionais, por quem aqui vive, como territórios que têm a capacidade de produzir um pouco de tudo e não estar dependentes de apenas uma atividade e por quem aqui não vive, como territórios fulcrais à vida nos centros urbanos. Ou seja, é mais do que urgente que os poderes públicos adotem políticas públicas que permitam superar a realidade atual das zonas rurais de baixa densidade[91] medidas que impulsionem o valor multidisciplinares dos

90 UNESCO, *Orientações* Técnicas para a *Aplicação da Convenção do Património Mundial*, 2017.

91 Domínguez Alvaréz, J.L., «La Importancia del Municipalismo para la Consecución del Nuevo Resurgir de la Ruralidad: la Disyuntiva entre Devolver el Alma a los Pueblos o Abandonar el Territorio», em *Revista Jurídica de Castilla y León*, núm. 53, 2021, págs. 73-120.

territórios rurais do Interior, para as comunidades locais, para a população total do país e das zonas transfronteiriças.

A participação das mulheres no crescimento económico é estratégica para os objetivos da UE, com particular relevo em territórios de baixa densidade onde o seu papel é de enorme importância. A sua capacidade de inovação, adaptação e diversificação de atividades, o seu papel na manutenção, conservação e desenvolvimento das zonas rurais, o contributo para a preservação de memórias e saberes tradicionais e para a garantia de uma alimentação e nutrição saudáveis conferem-lhes um valor inegável.

Decorridos 50 anos de Democracia e vários estudos depois constatamos que em 2024 a dicotomia público-privado na dimensão de género é clara, especialmente em locais de tomada de decisão em meio rural. Constatamos que os sítios formais e públicos são dominados por homens, os sítios informais e dentro do casal (privados) são lugares iguais, ou dominados pela mulher agricultora, muitas vezes com consulta ao parceiro masculino para a tomada de decisão. É urgente reconhecer o papel fundamental que as mulheres rurais detêm na construção de territórios resilientes e sociedades democráticas e sustentáveis, a par das múltiplas e complexas desigualdades e discriminações a que são sujeitas, é imperioso promover diálogos para a construção de dinâmicas mais justas de forma interdisciplinar.

VIII. REFERÊNCIAS BIBLIOGRÁFICAS

Almeida, M. A., «Despovoamento e territórios desiguais: políticas autárquicas e políticas centrais em tempos de mudança», in *Conferência Instituições, atitudes e comportamentos políticos em tempos de mudança*, ISCTE-IUL, Lisboa, 2017.

Almeida, M. V.,. *Senhores de Si: Uma interpretação antropológica da masculinidade*, Etnográfica Press, Lisboa, 1995.

Amado, A., e Menezes, A., «Flora e Vegetação do Douro na envolvente do Maciço de Poiares», en *Pelos Caminhos do Douro... Pela Calçada de Alpajares*, Nelson Rebanda, Comissão Executiva das Comemorações dos 250 Anos da Região Demarcada do Douro, Maia, 2006, págs. 33-41.

Antunes, H. I. S., «O sector do arroz no Vale do Tejo e Sorraia: percepção e práticas de segurança alimentar e sustentabilidade» (dissertação de mestrado). Orientadora: Fátima Ferreiro. ISCTE-IUL, Lisboa, 2016.

Baldock, D., «Uma agricultura sustentável para a Europa? Dos factos à reforma das políticas», em *O futuro da Alimentação: Ambiente, Saúde e Economia*, Fundação Calouste Gulbenkian, Lisboa, 2013, págs 187-202.

Barreto, A., *A Situação Social em Portugal (1960-1999)*, ICS, Lisboa, 2000.

Bernardo, E. e **Sacramento, O.**, «Contending heritage: paleolithic engravings, tourism, and the ghosts of the Côa Valley dam (Portugal)», em *Journal of Tourism & Development*, núm. 38, 2022, págs 69-83.

Carrera, C., *Vinho do Porto e a região do Douro: História da primeira região demarcada*, Colares, Sintra, 2002.

Carvalho, P., Fernandes, J. L. F., *Património Cultural e Paisagístico. Políticas, Intervenções e Representações*, Imprensa da Universidade de Coimbra, Coimbra, 2012, págs. 7-13.

Casquinha, P., «Plano de Negócio: Alojamento Rural "Eco-Turismo de Luxo" no Vale de Foz Côa» (projeto de mestrado), Orientadores Luís Portugal e Nuno Gustavo, ESHTE, Estoril, 2022.

Delicado, A. M., Truninger, E., Figueiredo, L., Silva, A., Horta. A., «Blot on the Landscape: Consensus and Controversies on Wind Farm» in *Rural Portugal. Transforming the Rural*, 2017, págs. 179-195.

Domínguez Alvaréz, J.L., «La Importancia del Municipalismo para la Consecución del Nuevo Resurgir de la Ruralidad: la Disyuntiva entre Devolver el Alma a los Pueblos o Abandonar el Territorio», em *Revista Jurídica de Castilla y León*, núm. 53, 2021, págs. 73-120.

Domínguez Alvaréz, J.L., «González Bustos, María Ángeles, Mujer y desarrollo sostenible en el medio rural», en *Nueva Época*, núm. 15, 2021, págs. 114-116.

DOUROTUR, *Mobilidades e acessibilidades turísticas no Douro*, Seminário DouroTur, Vila Real, 2017.

Estratégia Comum de Desenvolvimento Transfronteiriço, *República de Portugal e Reino de Espanha*, Setembro, 2020.

Fernando Pablo, M. M. e **Domínguez Alvaréz, J.L.**, «Discriminación Positiva como recurso contra la despoblación del medio rural: los canales cortos de comercialización agroalimentaria», in *Revista Aragonesa de Administración Pública*, núm. 57, 2021, págs 149-190.

Ferreiro, M. F., «Economia, direito de propriedade e agricultura». *Tese de Doutoramento em Economia, ISCTE - Instituto Universitário de Lisboa*, 2005.

Figueiredo, E., «Imagine there's no rural: the transformation of rural spaces into places of nature conservation in Portugal», em *European Urban and Regional Studies*, núm. 15, vol.2, 2008, págs 159-171.

Francisco, J. P., *Património Mundial e Valor Social: uma investigação sobre os sítios pré-históricos de arte rupestre do Vale do rio Côa e de Siega Verde*, Edição: Associação dos Arqueólogos Portugueses, Lisboa, 2023, págs. 1923-1930.

Fortuna, J., «Património Natural do Vale do Côa - uma abordagem», em *Terras do Côa / da Malcata ao Reboredo. Os valores do Côa,* Parque Arqueológico do Vale do Côa, Estrela-Côa - Agência de Desenvolvimento Territorial da Guarda, 1998, págs.163-165.

Foucault, M., *Power/Knowledge: Selected Interviews and Other Writings: 1972–1977*, Colin Gordon, Pantheon Books, New Yorker, 1980.

Gomes, R. D. C. M., Nogueira, C. e Toneli, M. J. F., «Mulheres em contextos rurais: um mapeamento sobre gênero e ruralidade», em *Psicologia & Sociedade*, vol. 28, núm. 1, 2016, págs 115-124.

Grunow, D., Begall, K., and Buchler, S «Gender Ideologies in Europe: A Multidimensional Framework», em *Journal of Marriage and Family*, 2018, págs 42-60.

Instituto Nacional de Estatística, *Recenseamento Agrícola Nacional realizado em 2019. Instituto Superior de Estatística*, 2021.

Lopes, N. G., «Guia do Douro», em *Info Portugal S. A.*, Vila Real, 2012.

Manfio, V., «Vitivinicultura e associativismo: a dinâmica da Associação Vinhos da Campanha na formação de um território no Rio Grande do Sul», Brasil (Tese de doutorado), Universidade Federal do Rio Grande do Sul, Porto Alegre, 2018.

Manfio, V., «Paisagem, turismo e vinho no Douro em Portugal: uma imponente tradição», en *Cadernos de Geografia*, núm. 40, Coimbra, FLUC, 2019, págs. 79-90.

Matias, P. D. Q. A., «Marca Territorial Vale do Côa Projecto de Identidade Visual», Dissertação para obtenção do Grau de Mestre em Design Multimédia, Orientador: Doutor Francisco Tiago Antunes Paiva, Covilhã, Outubro de 2012.

Oliveira Baptista, F., «O Rural depois da Agricultura», em LUCINDA FONSECA, M. (Org.), *Desenvolvimento e Território - Espaços Rurais Pós-agrícolas e os Novos Lugares de Turismo e Lazer*, CEG, Lisboa, 2006, págs 85-100.

Pereira, G. M., «Apontamentos sobre a vinha e o vinho no Douro Superior», em *Terras do Côa / da Malcata ao Reboredo. Os valores do Côa*, Parque Arqueológico do Vale do Côa, Estrela-Côa-Agência de Desenvolvimento Territorial da Guarda, Guarda, 1998, págs. 77-84.

Queirós, L. M., «Uma cronologia do processo do Côa. PÚBLICO», 2016.

Reis, M., «Das pedras mortas às práticas vivas: Do património material à relevância do património imaterial», in *Cidades, Comunidades e Territórios*, núm. 41, 2020, págs. 262-280.

Simões, O., «Enoturismo em Portugal: as Rotas de Vinho», em *Revista Pasos*, vol. 6, núm. 2, 2008, págs 269-270.

Silva, P., Sacramento O. e Mendonça V., «Proximidade, reflexividade e crítica: o lugar da etnografia na intervenção social», em *Cuadernos de Trabajo Social*, vol. 28-1, 2015, págs. 27-37.

Soares Da Silva, D., Figueiredo, E., Rodrigo, I., «O Rural por quem o transformou – narrativas políticas sobre o rural português e o seu desenvolvimento nos últimos 30 anos», em *VIII Congresso Português de Sociologia - 40 anos de democracia(s) – Progressos, Contradições e Prospectivas*, Universidade de Évora, Évora, 2014.

Turismo do Centro de Portugal, «Plano Regional de Desenvolvimento Turístico 2020-2030», en *Deloitte Consultores*, S.A., TCP – Aveiro, 2019.

UNESCO, *Orientações* Técnicas para a *Aplicação da Convenção do Património Mundial*, 2017.

Viseu, A., «Alto Douro e Pico - territórios de pedra, territórios de vinha: como o relevo pode condicionar ou definir a cultura vínica (1850-1970)», em LAGE, O. (Org.), *Alto Douro e Pico, paisagens culturais vinhateiras património mundial em perspectiva multifocal: experimentação comparada*, CITCEM – Centro de Investigação Transdisciplinar Cultura, Espaço e Memória. Porto. 2018, págs 38-46.

Xavier, S., «'O monumento é o vale': a retórica da paisagem no Parque Arqueológico do Côa», em *Revista do Centro em Rede de Investigação em antropologia*, núm.1, vol 4, 2000.

CAPÍTULO XVII

LAS DIPUTACIONES PROVINCIALES COMO VERTEBRADORAS DE LOS TERRITORIOS RURALES

Noelia Melón Ferrero
Graduada en Ciencia Política y Administración Pública

SUMARIO: I. INTRODUCCIÓN. II. DESPOBLACIÓN Y TERRITORIOS RURALES. III. LA GARANTÍA EN LA PRESTACIÓN DE SERVICIOS E INFRAESTRUCTURAS POR LAS INSTITUCIONES PROVINCIALES. IV. EL PAPEL DE LAS PROVINCIAS EN LA VERTEBRACIÓN DEL TERRITORIO. V. CONCLUSIONES.

I. INTRODUCCIÓN

El Estatuto Provincial de 1925 señalaba en su Exposición de Motivos que:

> «Las Diputaciones serán órganos pictóricos de vida, capacitados para la realización de todos los fines humanos en el orden local. [...] Las Diputaciones podrán fomentar cuanto signifique interés moral o material de las provincias»[1].

Esta declaración legislativa viene a reforzar el papel que habían ocupado las instituciones provinciales desde su consagración en 1833 con la división provincial de Javier de Burgos. Dicha proclamación muestra realmente cual era el ámbito de actuación de las Diputaciones Provinciales que se mantendrá parejo prácticamente hasta la creación de los Gobernadores Civiles durante la dictadura franquista[2], y más concretamente la promulgación de la

1 *Vid*. BOE-A-1925-2713.

2 Vera Torrecillas, R. J., «Aproximación histórica a las competencias de las Diputaciones Provinciales en materia de asistencia social: de la beneficencia a los servicios sociales», en López Barba, E., *Estudios jurídicos sobre el bienestar social para una Andalucía más inclusiva*, Dykinson, Madrid, 2023, págs. 325-359.

Constitución de 1978 en tanto que crea un Estado de las Autonomías donde se descentralizan competencias, no en entidades provinciales, sino en Comunidades Autónomas —que sí podrán ser uniprovinciales y asumir aquí el papel de las Diputaciones—.

La Carta Magna reconoce autonomía a las provincias, concebidas estas como la agrupación de municipios, y otorgando su gobierno a las Diputaciones Provinciales. Esta no contendrá mayor regulación remitiéndose al legislador estatal para delimitar su ámbito de actuación, quien lo hará promulgando la Ley 7/1985, de 2 de abril, Reguladora de las Bases del Régimen Local.

La nueva regulación de las entidades provinciales establecerá, entre sus funciones principales, las de asistencia y prestación de los servicios esenciales a los municipios de la provincia, junto con el papel de asegurar el equilibrio territorial entre los distintos municipios. Estas competencias serán las de mayor relevancia, sobre todo en tanto que hablemos de reto demográfico y medio rural.

En España existen más de 8.000 municipios de los cuales el 84 % no supera los 5.000 habitantes. Estos municipios, que se encuentran dispersos geográficamente entre sí en contraposición a la situación de nuestros vecinos europeos, encuentran numerosas complicaciones en el día a día para prestar los servicios obligatorios establecidos por la legislación de régimen local al contar con menor capacidad económica y de gestión que los municipios de mayor población. Cobran en este plano especial relevancia las atribuciones de las que dota el legislador a las entidades provinciales, cuyas competencias funcionales están orientadas a la asistencia y cooperación con la acción municipal.

La mayor parte de estos municipios de menor capacidad se sitúan en el medio rural, ámbito que se ha visto especialmente afectado por severas pérdidas poblaciones. Una despoblación que hace peligrar la propia supervivencia de dichas zonas[3]. Son numerosas las actuaciones que se han intentado llevar a cabo de manera descoordinada y sin un planteamiento adecuado a la realidad acaecida para intentar paliar este fenómeno enmarcado en una «paupérrima y fallida política de desarrollo rural sostenible»[4].

Garantizar la prestación de servicios en el ámbito rural comporta mayores complicaciones de las que se pueden encontrar las instituciones en el medio urbano, debido a las propias dificultades geográficas de ciertas zonas o a la dispersión de los municipios rurales. A ello se suma la incapacidad de la mayor parte de estos municipios para prestar debidamente los servicios requeridos como consecuencia de la escasa población que los habita que deriva en una menor capacidad económica para afrontarlos.

---

3 Domínguez Álvarez, J. L., *Comunidades discriminadas y territorios rurales abandonados. Políticas públicas y Derecho Administrativo frente a la Despoblación*, Thomson Reuters Aranzadi, Pamplona, 2021, p. 22.

4 *Vid. op. cit.* Domínguez Álvarez, J. L., *Comunidades discriminadas...*, p. 28.

A estos menguados servicios en el medio rural, se suma el olvido institucional que sienten las zonas despobladas de nuestro país que han venido a constituir lo que se denomina la «España Vaciada». La responsabilidad dada a las entidades municipales para garantizar los servicios básicos mediante actuaciones como el fomento de la actividad económica o el incremento del bienestar y la calidad de vida, se aleja de la realidad a la que hacen frente estos municipios. Siendo esencial para ellos la colaboración de otras entidades, entre las que destacan las Diputaciones Provinciales por la propia función institucional atribuida por la Constitución y el legislador.

La finalidad de este trabajo será, por tanto, el análisis de la realidad demográfica y la cuestión territorial del medio rural en relación con el papel que tienen las Diputaciones Provinciales en el desarrollo y aplicación de acciones dirigidas a vertebrar el territorio y retener población dentro de su ámbito competencial y de actuación. Prestando especial atención a las actuaciones realizadas por estas administraciones con la pretensión de suplir y dinamizar la falta de actuación de otras administraciones en el territorio.

II. DESPOBLACIÓN Y TERRITORIOS RURALES

La sangrienta y continuada pérdida poblacional que sufren las zonas rurales en nuestro país es una realidad axiomática del momento actual, que ha acentuado —de manera cada vez más notoria— las diferencias históricas en las dinámicas sociopolíticas entre el medio rural y el urbano. El fenómeno que conocemos como despoblación se ha generalizado de tal manera que actualmente no podemos hablar solo de pérdidas poblacionales en las zonas rurales —aunque aquí ocurran de manera más notoria y preocupante— sino que ya afecta a cabeceras de comarca[5], ciudades de pequeño y mediano tamaño y a varias capitales de provincia[6].

Según el Consejo Económico y Social la mayor parte de la población española reside en una proporción muy pequeña del territorio —principalmente ciudades de tamaño medio o grande—, lo que provoca que contemos con una red amplía de estructuras municipales repartidas a lo largo de todo el territorio que administran los problemas de una pequeña parte de esta población[7]. Cuantificando estos datos, España cuenta con 8.131 municipios de los que más de la mitad se encuentran en riesgo de extinción a medio o corto plazo por contar con menos de 1.000 habitantes[8].

5 Estos son los núcleos funcionales en torno a los que se articulan las áreas rurales.

6 Así señalan el Consejo Económico y Social, *Un medio rural vivo y sostenible*, Informe 02/2021, Madrid, 2021 o autores como Vaquero García, A. y Losa Muñiz, V., «Actuaciones desde la Administración Pública para evitar la despoblación del medio rural. ¿Qué se puede hacer desde los ayuntamientos y diputaciones?», en *Revista Galega de Economía*, 29 (2), 2020, págs. 1-14.

7 Consejo Económico y Social, *Un medio rural vivo y sostenible*, Informe 02/2021, Madrid, 2021, p. 20.

8 Federación Española de Municipios y Provincias, *Listado de medidas para luchar contra la despoblación*, Documento de acción Comisión de Despoblación, 2017, p. 4.

Si acudimos a las consideraciones de la Ley 45/2007, de 13 de diciembre, para el desarrollo sostenible del medio rural podemos señalar que el 82,5 % de los municipios españoles se consideran rurales[9], es decir, unas 7,9 millones de personas habitan en el medio rural[10]. En base a este criterio, observamos que en la Comunidad Autónoma de Castilla y León más del 90 % de los municipios son considerados como rurales[11].

Todo ello viene a señalar una realidad agonizante en la que percibimos el carácter estructural del fenómeno de la despoblación en el territorio que se ha venido a llamar la «España vaciada», fuertemente vinculado con pérdidas de la actividad económica, y dificultades sociales y culturales que llegan a condicionar la propia supervivencia del municipio.

Retomando la idea con la que comenzábamos, es relevante señalar que la despoblación o el reto demográfico, no es en el momento presente un hecho aislado de los municipios del medio rural, si bien la realidad nos viene a señalar que garantizar el acceso a servicios e infraestructuras básicas es mucho más complejo en estos de lo que puede ser en el medio urbano.

El Informe 1/2018 del Consejo Económico y Social señala los siguientes como rasgos comunes al medio rural:

> «una baja densidad de población, la pérdida de población en toda la geografía nacional —con diferencias regionales importantes—, la masculinización de la población de las edades centrales, el fuerte envejecimiento, así como el impacto de la población extranjera en las últimas dos décadas»[12].

Según la clasificación de la Ley 45/2007, de 13 de diciembre, el Ministerio de Agricultura, Pesca y Alimentación identifica 105 zonas rurales a revitalizar[13] por sus características, no solo demográficas, sino también de otro tipo como son el aislamiento geográfico, la distancia con áreas densamente pobladas o las principales actividades económicas. Preocupa notoriamente el número de zonas a revitalizar en las Comunidades de Aragón —23 zonas— y Castilla y León —28 zonas— siendo las de mayor cantidad.

---

9 Dicha ley realiza una clasificación de las zonas rurales en base a distintas variables, siendo estas la proximidad e influencia de los centros urbanos, la estructura económica, la densidad poblacional y el nivel de renta. Además define el medio rural como el espacio geográfico formado por la agregación de municipios que posean una población inferior a 30.000 habitantes y una densidad inferior a 100 habitantes por km^2.

10 Ministerio de Agricultura, Alimentación y Medio Ambiente, *Informe anual de la publicación Análisis y Prospectiva. Serie Indicadores correspondiente al año 2014*, Madrid, 2015.

11 Consejo Económico y Social, *Un medio rural...*, p. 21.

12 *Vid.* Consejo Económico y Social, *El medio rural y su vertebración social y territorial*, Informe 01/2018, Madrid, 2018.

13 Estos datos se pueden observar en el programa nacional del Ministerio de Agricultura, Pesca y Alimentación disponible en su página web (https://acortar.link/h4Bzls).

Las zonas del medio rural sufren un déficit notorio en cuanto a infraestructuras y medios para la prestación de servicios básicos, destacando lo que ocurre en materias como la sanidad, la educación o los servicios sociales. Necesitando de una dotación básica que permita a estos territorios asegurarse una verdadera cohesión y vertebración territorial. En este ámbito señala la Encuesta de Condiciones de Vida (ECV) del INE en el año 2012 que,

> «un 35 por 100 de los hogares en municipios de menos de 10.000 habitantes [tiene] dificultades para acceder a al menos un servicio público o de proximidad, es decir, a tiendas de alimentación, servicios bancarios, servicios postales, transporte público, servicios sanitarios, y a centros de enseñanza obligatoria»[14].

Carbonell Porras, aplicando los criterios establecidos por la Ley 45/2007, considera aquellos municipios que cuentan con menos de 5.000 habitantes, su actividad económica se basa en la agricultura y la ganadería, y están aislados geográficamente de los centros en los que se prestan los principales servicios, como los más necesitados de acciones que aseguren el acceso de sus vecinos a unos servicios e infraestructuras básicas y de calidad[15].

Este desequilibrio en la prestación de los servicios públicos esenciales viene a acrecentar el problema de la despoblación que —como ya hemos señalado— es en el caso de Castilla y León un auténtico problema de Estado que necesita de una actuación coordinada entre los distintos actores y Administraciones del país[16].

Sin embargo, debemos señalar que los problemas de la España vaciada no se limitan a la falta de servicios públicos o la pérdida poblacional. El abandono sentido por sus habitantes en la aplicación de políticas transformadoras para el conjunto del país, como son los avances digitales o el fortalecimiento del Estado del bienestar, han incrementado la sensación de olvido percibida en los entornos rurales.

La España Vaciada, a pesar de estar olvidada institucionalmente, cuenta con destacables recursos entre los que destacan su riqueza natural y paisajística o la gran cantidad de patrimonio presente en su territorio —así lo destacan también Domínguez Álvarez y García Jiménez[17]—. Hechos que sin

---

14 *Vid.* Consejo Económico y Social, *Un medio rural vivo y sostenible*, Informe 02/2021, Madrid, 2021, p. 81.

15 Carbonell Porras, E. «Las Diputaciones Provinciales, garantes de servicios e infraestructuras en los municipios rurales: su posición institucional en la lucha contra la despoblación», en *Cuadernos de Derecho Local*, núm. 56, 2021, págs. 84-117.

16 *Vid. op. cit.* Domínguez Álvarez, J. L., *Comunidades discriminadas...*, p. 22.

17 *Vid. op. cit.* Domínguez Álvarez, J. L., *Comunidades discriminadas...*, p. 25 y García Jiménez, A., «La despoblación: una cuestión de Estado», en *Revista Jurídica de Castilla y León*, núm. 52, 2020, págs. 31-72.

duda dotan de mayor potencial a estas zonas, sobre todo si nos referimos al atractivo económico y turístico.

Este déficit de servicios e infraestructuras es una piedra más en el camino que impide a las zonas rurales ser percibidas con una calidad de vida equiparable a la que existe en los municipios urbanos[18], lo que sería el principal paso para poder revertir la situación poblacional de estos entornos. Un cambio que, sin lugar a dudas, pasa porque las Administraciones apuesten por ellas de manera decidida y mediante actuaciones coordinadas entre sí y junto con el territorio, estableciendo políticas públicas transversales para paliar el reto demográfico.

Frente a esta compleja situación destaca el papel transcendental de las políticas públicas,

> «al convertirse en el vehículo idóneo para llevar a cabo la adopción de medidas que permitan dinamizar la economía local, dotar de servicios sociales básicos a las regiones más afectadas por la despoblación, garantizar la autonomía local o desarrollar nuevas iniciativas que permitan fijar población en el medio rural, dotando especialmente a los más jóvenes de oportunidades de futuro que contribuyan a alcanzar, de una vez por todas, un modelo de ordenación territorial sostenible en el que se potencie la supervivencia de los pequeños municipios que conforman la España vaciada»[19].

No obstante, la sensación de abandono y menosprecio que siente la España vaciada no se solventa creando e implementando políticas desde los despachos, sino apegados a la realidad rural contando con los actores del territorio, es decir, con las Entidades Locales. De ahí que, la acción y actuación de los Ayuntamientos y las Diputaciones Provinciales cobre especial importancia en el desarrollo de las políticas públicas dirigidas a revertir la situación demográfica del medio rural.

III. LA GARANTÍA EN LA PRESTACIÓN DE SERVICIOS E INFRAESTRUCTURAS POR LAS INSTITUCIONES PROVINCIALES

Las Diputaciones Provinciales cuentan con una trayectoria histórica de más de 200 años desde su positivización en la Constitución de Cádiz de 1812, aunque no es hasta 1833 cuando el sistema provincial propiamente dicho toma la forma que conocemos a día de hoy de la mano de Javier de Burgos[20].

18 *Vid. op. cit.* Domínguez Álvarez, J. L., *Comunidades discriminadas...*, p. 75.

19 *Vid. op. cit.* Domínguez Álvarez, J. L., *Comunidades discriminadas...*, p. 25.

20 Cofrades Aquilué, L., «El papel de las Diputaciones Provinciales en la reforma local pendiente: especial referencia a la Comunidad Autónoma de Aragón», en *Revista Aragonesa de Administración Pública*, núm. 57, 2021, págs. 72-118.

Estas instituciones vinieron, en sus orígenes, a canalizar la acción central del Estado en las provincias[21] permitiéndose así la posibilidad de prestar determinados servicios públicos apegados al territorio. Entre los servicios que históricamente han prestado las Diputaciones encontramos materias como la educación, la juventud o los establecimientos de beneficencia. Muchas de ellas atribuidas conjuntamente a los Ayuntamientos que por falta de medios económicos recurrían a la entidad provincial[22].

Consecuentemente, podemos señalar que la asistencia prestada por las instituciones provinciales a los municipios pequeños o con menor capacidad económica no es algo novedoso de nuestra Constitución. Está última concibe a la provincia como la agrupación de municipios, lo que nos viene a decir que no podríamos entender un sistema competencial provincial sin que este se vinculase funcionalmente con el municipio[23].

El artículo 141 de la Constitución regula las provincias como una entidad local con personalidad jurídica para, seguidamente, otorgar su gobierno a las Diputaciones Provinciales —u otras entidades equivalentes como los Cabildos o los Consejos—. Sin embargo, la Carta Magna no determina las competencias de las que dispondrán estas instituciones otorgando dicho mandato al legislador —que podrá ser estatal o autonómico como veremos más adelante—.

El legislador estatal aprobará la regulación de estas entidades en la Ley 7/1985, de 2 de abril, Reguladora de las Bases del Régimen Local, cuyo art. 31 establecerá como fines propios de la provincia la prestación de los servicios de competencia municipal y la participación en la coordinación de la Administración local junto con el Estado y las Comunidades Autónomas. Otorgando así un papel central a las instituciones provinciales en la vertebración del territorio y como órgano de gobierno local intermedio o de carácter intermunicipal[24].

Esta regulación genérica del art. 31 se amplía con las competencias recogidas en el art. 36.1 de dicha ley. Estas competencias sufrieron una importante reforma con la Ley 27/2013, de 27 de diciembre, de racionalización y sostenibilidad de la Administración local, pero entre las que destacamos las

21 VERA TORRECILLAS, R. J., «Aproximación histórica...», págs. 325-359.

22 *Ibídem.*

23 RODRÍGUEZ BEAS, M., «El futuro incierto de las Diputaciones provinciales en España: efectos de la reforma local tras la interpretación del Tribunal Constitucional», en *Revista española de Derecho Administrativo*, núm. 202, 2019, págs. 383-420.

24 Creando así la propia Constitución y la Ley 7/1985, de 2 de abril, una intermunicipalidad —las provincias— que no depende de la voluntariedad de los municipios o de su ordenación por las Comunidades Autónomas. *Vid.* ZAFRA VÍCTOR, M., «La provincia: lo importante no es el nombre, lo importante es la función. Intermunicipalidad en el Estado autonómico», en *El Cronista del Estado Social y Democrático de Derecho*, núm. 27 (marzo), 2012, págs. 66-83.

que se han mantenido desde 1985 —en sus apartados a), b) y c)— de coordinación de los servicios municipales entre sí para así garantizar su prestación integral; la asistencia y cooperación jurídica, económica y técnica a los municipios, con especial atención a los de menor capacidad; y la prestación de servicios de carácter supramunicipal y, en su caso, supracomarcal.

Esta regulación tanto constitucional como legislativa —incluso si nos fijamos en la regulación de la elección de los miembros de las Diputaciones Provinciales[25]— nos permite observar una configuración instrumental de la provincia al servicio de los municipios. De ahí su relevancia en la prestación de servicios esenciales y de lucha contra la despoblación.

La escasa regulación que realiza tanto la Constitución como la legislación estatal de régimen local dota a las provincias y a la autonomía local de una cierta «vulnerabilidad política y jurídica»[26], que se puede considerar en cierta medida contrarrestada con la facultad de dirección política que le dota el texto constitucional. Esto ocurre en tanto que le confiere atribuciones de gobierno y administración de la provincia.

Estas atribuciones conferidas en computo al conjunto de la provincia provocan que las Diputaciones deban prestar la asistencia y el apoyo a los municipios de manera ponderada en base al equilibrio territorial y la prestación integral de dichos servicios esenciales[27]. Asegurándose, en todo momento, que el ejercicio de las competencias provinciales venga a resultar en la garantía del ejercicio de las competencias municipales. Por tanto, entendemos que la relación entre las provincias y los municipios viene a ser la de asistencia o apoyo recogida en la correspondiente legislación.

A ello se suma el propio límite que establece el reconocimiento constitucional de la autonomía local para las Comunidades Autónomas. Estas podrán limitar la autonomía solo hasta el mínimo permitido, es decir, no podrán suprimir las competencias ni municipales ni provinciales. Si bien, la realidad nos viene a mostrar que la legislación autonómica tiende hacia una cierta ampliación de las competencias provinciales en materias sectoriales como la referida a los servicios sociales —así muchos de los Centros de Acción Social están gestionados por las instituciones provinciales— o al deporte mediante las técnicas de transferencia o delegación de competencias.

La Ley 27/2013, de 27 de diciembre, promulgaba en su preámbulo que iba a «reforzar el papel de las Diputaciones Provinciales»[28] lo que entendemos considera realizado mediante la ampliación de las competencias del ya

---

25 *Vid. op. cit.* Rodríguez Beas, M., «El futuro incierto...», págs. 383-420.

26 *Vid. op. cit.* Zafra Víctor, M., «La provincia...», págs. 66-83.

27 *Ibídem*.

28 *Vid.* BOLETÍN OFICIAL DEL ESTADO, *Ley 27/2013, de 27 de diciembre, de racionalización y sostenibilidad de la Administración Local*, núm. 312, Madrid.

citado art. 36.1 de la Ley 7/1985. Sin embargo, muchas de las competencias que aprueba esta reforma venían ya ejerciéndose por estas entidades bajo la función de cooperación intermunicipal y la prestación de servicios supramunicipales[29].

En cuanto a las competencias con las que cuenta la provincia, observamos que el legislador estatal no realiza un listado tasado y exhaustivo de estas, sino que nos indica que dichas entidades podrán ejercer competencias propias —las recogidas en el art. 36.1 que, como hemos observado, no son exclusivas ni excluyentes—, delegadas, y otras que no sean ni propias ni delegadas cuando no se ponga en riesgo la sostenibilidad financiera. Permitiendo, principalmente en el caso autonómico, la atribución de competencias distintas de las citadas a través de la legislación sectorial.

Cabe matizar qué se entiende por cooperación y por coordinación en cuanto hablamos de competencias provinciales. La cooperación deberá ser en todo caso voluntaria de los municipios, teniendo un amplio alcance competencial que se puede canalizar de diversas maneras como en la concesión de subvenciones o la ejecución de obras y servicios. Este mecanismo será uno de los principales utilizados en la política provincial en aras de garantizar la prestación de los servicios municipales de carácter obligatorio. Por su parte, la facultad de coordinación se justifica en la necesidad de prestar una serie de servicios de manera adecuada e integral en el conjunto del territorio —garantizando así que no existan desequilibrios territoriales—. Aunque esta debe, en todo momento, respetar la titularidad municipal de la competencia y su poder de autoorganización garantizado por el principio de autonomía[30].

Analizadas las competencias genéricas dadas a las instituciones provinciales tanto por la legislación estatal como autonómica, podemos señalar que su papel como garantes de servicios e infraestructuras cobra especial relevancia en los municipios del medio rural. Estos tienden a contar —en parte debido a su constante pérdida de población que se traduce en un descenso en los recursos de sus arcas— con menores capacidades de gestión, pero principalmente económicas que les impiden prestar muchos de los servicios obligatorios municipales que establece la legislación del régimen local. Por ello, las actuaciones de cooperación en el fomento del desarrollo económico y social del municipio junto con actuaciones de planificación —donde desta-

29 En esta línea apuntan numerosos análisis como Koninckx Frasquet, A. y Alonso Mas, M. J., «Las nuevas competencias de las diputaciones provinciales», en Domingo Zaballos, M. J. (coord.), *Reforma del Régimen Local. La Ley de Racionalización y Sostenibilidad de la Administración Local: Veintitrés Estudios*, Thomson Reuters Aranzadi, Pamplona, 2014, págs. 241-294, o Carbonell Porras, E., «Replanteamiento sobre las provincias: del pretendido reforzamiento de su posición institucional a una posible mutación constitucional», en *Anuario del Gobierno Local*, núm. 1, 2015, págs. 105-149.

30 En esta línea se pronuncian las SSTC 27/1987, de 27 de febrero, y 214/1989, de 21 de diciembre.

can los Planes Provinciales de Obras y Servicios— son un elemento vertebrador para un alto porcentaje de los municipios de la España Vaciada.

Esta vinculación entre los municipios del medio rural y la cooperación de las entidades provinciales la encontramos en el Reglamento de Servicios de las Corporaciones Locales, de 17 de junio de 1955, donde se recoge que esta deberá prestar especial atención a los municipios que cuenten con menos de 20.000 habitantes, principalmente aquellos que se encuentren en el medio rural y sean núcleos de menor población. Se refiere también a aquellos que aun contando con más de 20.000 habitantes se encuentren en el medio rural y sus términos no excedan los 10.000 habitantes[31].

En esta línea, la citada reforma del 2013 establece como municipios con menor capacidad económica y de gestión aquellos que cuenten con menos de 20.000 habitantes, estos, que deben ser de especial atención por las Diputaciones Provinciales, representarían el 96 % de los municipios españoles[32]. Entendiendo esencial la existencia de las Diputaciones Provinciales que garanticen la asistencia y prestación de servicios a estos municipios.

La pérdida de población de estos municipios, que se acrecienta en el medio rural, está vinculada en gran medida a la pérdida de capacidad económica, resultando en una incapacidad de prestación de los servicios básicos regulados por ley. Siendo aquí donde las Diputaciones cobran mayor relevancia asegurando la prestación de estos servicios básicos y el equilibrio territorial, labor que se complica si analizamos la realidad territorial de las provincias de la España Vaciada, cuya dispersión territorial y fragmentación municipal destaca por encima de otras.

Si bien, debemos tener presente que las Diputaciones Provinciales, en aras de verdaderamente garantizar un equilibrio territorial y luchar contra el reto demográfico, no deberían limitarse a la prestación de los servicios básicos sino que esta prestación debería poder suplir la ausencia de otras instituciones en el territorio.

IV. EL PAPEL DE LAS PROVINCIAS EN LA VERTEBRACIÓN DEL TERRITORIO

España es un país de pequeños municipios con una gran dispersión geográfica entre sí, sobre todo si nos comparamos con la situación del resto de países europeos. La pequeña capacidad de estos municipios aumenta

31 BOLETÍN OFICIAL DEL ESTADO, *Decreto de 17 de junio de 1955 por el que se aprueba el Reglamento de Servicios de las Corporaciones locales*, núm. 196, *vid.* artículo 161.

32 CARBONELL PORRAS, E., «Replanteamiento sobre las provincias: del pretendido reforzamiento de su posición institucional a una posible mutación constitucional», en *Anuario del Gobierno Local*, núm. 1, 2015, págs. 105-149.

las complicaciones que tienen para prestar los servicios requeridos por la legislación, pero también aquellos servicios que puedan garantizar su aptitud para retener la población con la que cuentan.

Frente a esta realidad, que hemos analizado detalladamente al comienzo de este trabajo, denominada despoblación surgen distintas teorías sobre una posible solución articulada desde las Administraciones. Una de las soluciones aportadas para solventar este drama de la España Vaciada es la supresión de municipios. Un fenómeno que,

> «lejos de presentar efectos positivos en términos de ahorro y eficiencia, supondría ahondar aún más en los procedimientos de abandono de las zonas rurales, agravando con ello la problemática de la despoblación, e incrementando la desigualdad social y territorial entre el medio urbano y el medio rural»[33].

La eliminación jurídica de municipios inflando los padrones no asegura una mejora en la prestación de servicios ni en la calidad de los mismos, sobre todo cuando nos enfrentamos a una distancia geográfica importante entre unos municipios y otros. Consideramos, por tanto, que esta propuesta no tiene verdadera aplicabilidad en la realidad territorial española.

Recurriremos, por tanto, a la teoría de que deben ser las Administraciones locales en tanto cercanas y conocedoras del territorio quienes lideren la lucha contra la despoblación de sus propios territorios. Entendiendo que «la salvación del medio rural pasa en gran medida por el empoderamiento de la Administración local»[34]. Un empoderamiento que debe ir de la mano entre los Ayuntamientos rurales, conocedores de primera mano de las problemáticas de sus municipios, y las Diputaciones Provinciales como garantes del equilibrio territorial en su respectiva provincia. Estas últimas asumiendo su papel y relacionándose directamente con el ciudadano más allá de su cercanía con la propia entidad municipal[35], permitiéndose así conocer y comprender la realidad a atender.

En esta línea se pronuncia la STC 41/2016, de 3 de marzo, señalando como

> «una regulación como la enjuiciada, que se apoya en la Diputación Provincial con el fin de asegurar que también los vecinos de zonas rurales o menos pobladas puedan acceder a servicios indispensables»[36].

---

33 *Vid. op. cit.* Domínguez Álvarez, J. L., *Comunidades discriminadas...*, p. 153.

34 *Vid. op. cit.* Domínguez Álvarez, J. L., *Comunidades discriminadas...*, p. 159.

35 Quintana López, T., «Las Diputaciones en Castilla y León. Balance y perspectivas», en Rodríguez-Arana Muñoz, J. y Del Guayo Castiella, Í. (Coords.), *Panorama jurídico de las administraciones públicas en el siglo XXI: homenaje al profesor Eduardo Roca Roca*, Instituto Nacional de la Administración Pública, Madrid, 2002, págs. 1137-1162.

36 *Vid.* BOLETÍN OFICIAL DEL ESTADO, *Sentencia 41/2016, de 3 de marzo de 2016. Recurso de inconstitucionalidad 1792-2014*, núm. 85, de 8 de abril de 2016.

Así se extrae también de los preceptos competenciales analizados con anterioridad, de los que podemos entender el relevante papel que se le otorga a estas instituciones en la colaboración intermunicipal para abordar las necesidades de las entidades rurales.

Además, esta atribución competencial como garantes de los servicios e infraestructuras municipales viene a encajarse dentro de la cooperación al fomento y al desarrollo económico y social que regula la legislación, asemejada a una especie de «cajón de sastre» en el que además se incluyen el resto de instancias administrativas que deben impulsar el desarrollo de las zonas rurales.

El informe del Consejo Económico y Social 1/2018 entendió el concepto de desarrollo rural como

> «un proceso de mejora de las condiciones de vida de la población rural a partir de acciones emprendidas en los ámbitos sociodemográficos, económicos, culturales y medioambientales»[37].

Este concepto será el que, en términos parejos, recoja la Ley 45/2007, de 13 de diciembre, para el desarrollo sostenible del medio rural, cuyo objetivo será el de implementar políticas públicas desde la Administración central en coordinación con las demás administraciones para lograr esta acción en el medio rural.

Antes de analizar algunos aspectos de la citada ley, debemos destacar que la Ley 7/1985, de 2 de abril, Reguladora de las Bases del Régimen Local reconoce a las Diputaciones Provinciales una posición institucional destacada en cuanto a la corrección de los desequilibrios territoriales y sociales que acontecen en la provincia[38], lo que consecuentemente les dota de una experiencia acreditada respecto de la colaboración con las instituciones municipales en la tarea de identificar las necesidades del territorio relacionadas con las infraestructuras y los servicios. Ello viene a indicar que su posición en el desarrollo rural, anteriormente definido, y en la lucha contra la despoblación y el reto demográfico es completamente esencial, en tanto que conocedoras de la realidad e intermediarias de la misma para con las demás administraciones.

A este relevante papel del que le dota el legislador estatal se le añade un factor, que hemos ido reiterando a lo largo de la exposición, que es el conocimiento cercano y apegado a la situación y realidad de su provincia —es decir, su área de actuación—. Es innegable que la casuística de cada municipio, pero sobre todo, de cada provincia es distinta entre sí, ya sea por sus condiciones geográficas, su actividad económica o su realidad cultural y social. Ello nos indica que la aplicación de actuaciones que puedan revertir

---

37 *Vid. op. cit.* Consejo Económico y Social, *El medio rural...*, p. 117.

38 *Vid. op. cit.* Carbonell Porras, E., «Las Diputaciones Provinciales...», p. 102.

sus problemas poblacionales no tiene ni debe ser la misma que la que se realice en otra Comunidad Autónoma, o incluso en una provincia colindante. Por ello, una actuación conjunta del Estado y las Comunidades Autónomas es esencial en materia de despoblación, si bien esta debe de ir de la mano de una continua y fluida comunicación con las Entidades Locales del entorno, para lo cual las Diputaciones se muestran como la Administración más destacada en la labor.

Si bien, en contraposición a la que consideramos tan esencial idea de la autonomía local, abordada ya no solo desde su papel como vertebradora del territorio o prestadora de servicios, se contrapone la fuerza del centralismo, no solo estatal sino también autonómico, que se resiste a la dotación del papel y de las competencias que, por su cercanía e incluso una importante mejora en la eficiencia administrativa[39], serían mejor prestadas por las Entidades Locales.

Este último centralismo, de reciente creación en tanto la escasa vida del sistema autonómico en nuestro país, puede variar la posición institucional de las Diputaciones según la orientación de su política territorial, condicionando ya no solo la aplicación de la normativa estatal en materia de régimen local, sino el desarrollo y vertebración del ámbito de actuación de las entidades provinciales. Así señalaba QUINTANA LÓPEZ, en referencia a la organización periférica de las Comunidades Autónomas o la escasa descentralización de competencias autonómicas en favor de las Entidades Locales, como se ha ignorado la posibilidad de un reforzamiento de las Diputaciones Provinciales u otras entidades locales como elementos de desconcentración autonómicos[40] y cercanos a la realidad territorial.

El Informe del Consejo Económico y Social 2/2021 subraya en numerosas ocasiones la necesidad de la transversalidad en las actuaciones y políticas públicas implementadas en el medio rural. El problema de la despoblación supone, según el informe, un reto en la cohesión y la igualdad de oportunidades por ello su abordaje debe ser transversal además de implicar a todas las Administraciones Públicas[41]. Destacando la necesidad de implementar políticas coordinadas y alineadas entre los distintos niveles administrativos.

Retomando el concepto de desarrollo rural de la Ley 45/2007, de 13 de diciembre, observamos como el legislador estatal pone sobre el tablón político la problemática de la España Vaciada. Pretendiendo dotar mediante estas disposiciones legales al medio rural de distintas actuaciones orientadas al equipamiento de infraestructuras y servicios básicos, además de potenciar la prestación de servicios de calidad.

---

39 *Vid. op. cit.* DOMÍNGUEZ ÁLVAREZ, J. L., *Comunidades discriminadas...*, p. 156.

40 *Vid. op. cit.* QUINTANA LÓPEZ, T., «Las Diputaciones en...», págs. 1137-1162.

41 *Vid. op. cit.* CONSEJO ECONÓMICO Y SOCIAL, *Un medio rural...*, p. 189.

Resulta llamativo que una ley que, en teoría, se presenta tan ambiciosa obvie la actuación y la participación de las Entidades Locales, cuya única referencia es su participación en el Consejo para el Medio Rural —en el que cuenta con voz pero sin voto— a través de la Federación Española de Municipios y Provincias (FEMP). Ignorando la participación concreta y distinta de las Diputaciones Provinciales, a pesar de ser estas instituciones las encargadas de dotar y garantizar el acceso a los servicios esenciales de los municipios rurales.

A ello se suma que los distintos proyectos o documentos aprobados recientemente por las Administraciones estatales con el fin de luchar contra el reto demográfico tampoco cuentan con la participación o la mención al papel de las instituciones provinciales. Encontrando solamente un referencia genérica a las Entidades Locales como colaboradoras con las demás Administraciones —estatal y autonómica—.

En esta línea reclama la FEMP un papel más activo de las Entidades Locales en la gestión y el reparto de los Fondos Next Generation EU que tienen como objetivo la recuperación económica del país tras la crisis del COVID-19. El Plan español establece una gestión centralizada de dichos fondos en la que no tienen especial protagonismo ni las Entidades Locales en general, ni las Diputaciones Provinciales en particular, ignorando la finalidad del legislador estatal en cuanto a su papel como cohesionadoras territoriales[42].

Es especialmente llamativa esta ignorancia a las instituciones provinciales en tanto que uno de los objetivos del plan es la propia cohesión territorial, además de la apuesta por la cogobernanza. Pudiendo considerar este planteamiento como opuesto a los propios objetivos del plan[43].

Este desprecio a entidades tan relevantes en la lucha contra el reto demográfico por su propio papel institucional viene a señalar una realidad que preocupa al conjunto de la sociedad en cuanto hablamos de despoblación, la falta de coordinación que observamos entre las distintas instancias administrativas. Así lo señala el «Estudio de percepción de los avances realizados en la España Despoblada desde el 31 de marzo de 2019» presentado ante el Senado donde el 71 % de los encuestados considera que la descoordinación entre las Administraciones es uno de los principales obstáculos para no avanzar en materia de reto demográfico[44].

---

42 *Vid. op. cit.* CARBONELL PORRAS, E., «Las Diputaciones Provinciales...», p. 112.

43 En esta línea se posicionan distintos autores como CARBONELL PORRAS, E., «Las Diputaciones Provinciales...», p. 112; o COLÁS TENAS, J., «Los Gobiernos locales intermedios en la gestión de los fondos europeos para la recuperación», en *Cuadernos de Derecho Local*, núm. 55, 2021, págs. 37-51.

44 FUNDACIÓN NEXT EDUCACIÓN, *Estudio de percepción de los avances realizados en la España despoblada desde el 31 de marzo de 2019*, Cátedra de Despoblación y Reto Demográfico, CAMPO VIDAL, M. (Dir.), Madrid, 2021, págs. 11-12.

Esta falta de coordinación unida a una escasa planificación en el desarrollo de actuaciones en el medio rural es uno de los factores que incrementa la problemática de la despoblación[45]. A ello se añade el olvido de las Administraciones locales en el desarrollo de dichas actuaciones en las que deberían tener un papel destacado debido a su conocimiento de las problemáticas y el entorno. En esta línea se han pronunciado instituciones como el Parlamento Europeo, entendiendo que la coordinación, la integración y el alineamiento de las distintas políticas públicas es un factor esencial para el ansiado desarrollo territorial[46].

En cuanto a este ansiado desarrollo territorial de las zonas rurales, debemos señalar los principales desafíos a los que hacen frente, siendo estos

> «el declive demográfico y económico, las menores oportunidades de empleo y de acceso a servicios básicos, el déficit en infraestructuras de transporte y de comunicación y la limitada oferta de ocio y cultura»[47].

A lo largo del trabajo hemos analizado o señalado muchos de los mencionados, si bien, en tanto que estamos analizando el papel que deben tener las instituciones provinciales en el abordaje de estos desafíos, debemos subrayar la importancia de la oferta cultural y de ocio en el medio rural.

Ello cobra mayor relevancia en tanto necesitamos que la oferta en calidad de vida sea equiparable en el medio rural y el urbano[48], para poder así retener y atraer población a estas zonas. Tanto el Informe CES 1/2018 como el Informe 2/2021 destacan la necesidad de dotar a estas áreas de un desarrollo cultural relevante, que debe venir de la mano de actuaciones de protección y potenciamiento del propio patrimonio con el que ya cuentan dichos municipios. Una actuación que, además de mejorar la propia calidad cultural de estas zonas, supondría un elemento de desarrollo económico y turístico del medio rural, mejorando la capacidad de atracción y de fijación de población[49].

En esta línea las actuaciones vertebradas por las Diputaciones Provinciales en colaboración con las entidades municipales —destacando la necesidad de colaboración económica de las Administraciones estatal y autonómica—, pueden resultar esenciales para potenciar un ámbito olvidado por otras entidades. Un ejemplo de este tipo de actuaciones es el Instituto Leonés de Cultura de la Diputación de León, organismo autónomo entre cuyos fines destacan el fomento del desarrollo cultural y social de la provincia o la asis-

45 *Vid. op. cit.* Domínguez Álvarez, J. L., *Comunidades discriminadas...*, p. 31.

46 *Vid. op. cit.* Consejo Económico y Social, *Un medio rural...*, p. 171.

47 *Vid. op. cit.* Consejo Económico y Social, *Un medio rural...*, p. 179.

48 *Vid. op. cit.* Domínguez Álvarez, J. L., *Comunidades discriminadas...*, p. 75.

49 *Vid. op. cit.* Consejo Económico y Social, *Un medio rural...*, p. 204.

tencia y el asesoramiento en materia cultural a los municipios de la provincia. Contando con numerosas actuaciones en el territorio provincial, además de distintos recintos como museos etnológicos o restauraciones del patrimonio municipal[50].

Además de la apuesta cultural por las Diputaciones Provinciales, estas han venido a aportar soluciones —aunque temporales y dentro de sus propias capacidades económicas y de actuación—, relacionadas con otras problemáticas que acontecen en el medio rural como el cierre de oficinas bancarias. En cuyo caso muchas instituciones han incorporado a sus flotas un cajero móvil[51] que recorre la provincia para dotar de este servicio a los municipios rurales que no cuentan con él. Actuación realizada siguiendo el ejemplo de los más que conocidos bibliobuses que dotan de servicio de bibliotecas a los municipios que por su tamaño o capacidad económica no cuentan con ella.

Estas actuaciones garantizan, en cierta medida, la dotación de servicios e infraestructuras en el medio rural que no se limitan exclusivamente a lo exigido por la legislación estatal o autonómica, sino que buscan solventar una ausencia de medios y de recursos que acontece en los municipios de menor tamaño de la España Vaciada.

El reforzamiento del papel de las Diputaciones Provinciales como entidades de referencia y liderazgo en la implantación de medidas y actuaciones que vertebran el territorio además de la instauración de políticas de sostenimiento de municipios y atención a la población rural es esencial por las demás Administraciones. Sin embargo, ni el Estado ni las Comunidades Autónomas parecen apostar por estas entidades ni pretenden incluirlas en las distintas actuaciones dirigidas al medio rural.

V. CONCLUSIONES

El papel institucional que tienen las Diputaciones Provinciales en la corrección de los desequilibrios territoriales y sociales además de en la prestación de los servicios y las infraestructuras básicas es reseñable vista la situación demográfica de la España Vaciada. Este papel cobra mayor relevancia en tanto que hablamos de municipios situados en el medio rural cuya capacidad y accesibilidad a los servicios es más compleja si cabe.

50 Destacan el Museo de los Pueblos Leoneses, un monasterio restaurado y convertido en museo etnológico sobre la cultura leonesa, o el Monasterio de Carracedo, restaurado y convertido en museo interpretativo del Camino de Santiago -principal fuente económica y turística del municipio-. Además de ser un organismo que apuesta por la preservación y defensa de los rasgos identitarios leoneses tanto dentro como fuera de la mencionada provincia. Para más información *vid*. https://www.institutoleonesdecultura.es/

51 Por ejemplo el caso de la Diputación de León. Recurso electrónico disponible en: https://acortar.link/h4Bzls.

La figura de garantes de ciertos servicios de titularidad municipal es histórica en el funcionamiento de las Diputaciones —en tanto fueron concebidas casi desde sus inicios para ello—, aunque es indudable que cobra mayor relevancia en la situación actual de despoblación que sufren las zonas del medio rural. Si bien estas no son, en el momento presente, las únicas a las que presta atención la institución provincial en tanto el fenómeno de la despoblación abarca incluso a cabeceras de comarca o capitales de provincia.

Revertir la situación demográfica no es un reto sencillo —como así observamos de las fallidas políticas planteadas por el legislador estatal—, sobre todo si no se realizan actuaciones contando con los actores territoriales y conocedores de la misma, como son las Entidades Locales. Cuya experiencia acreditada en la identificación de las necesidades del territorio es más que visible en tanto que su propia actuación viene y debe ir de la mano del territorio. Además de venir a solventar las necesidades en materia de servicios o infraestructuras que esta presenta —como así le atribuye la competencia el legislador a las Diputaciones Provinciales—.

Así pues, son las Entidades Locales en general, y las Diputaciones Provinciales en particular —en tanto que entidades encargadas de corregir y ponderar los desequilibrios territoriales de la provincia—, las instituciones más destacadas en la labor de transmisión de las problemáticas y las necesidades que acontecen en el territorio en materia de reto demográfico y déficits de servicios.

Llama la atención, en consecuencia, la falta de apuesta y toma en consideración de estas entidades por las demás Administraciones en materia de reto demográfico y desarrollo legislativo sectorial. Si observamos la legislación planteada para solventar el problema de la despoblación, las Entidades Locales parecen inexistentes para las demás Administraciones, casi como si estas no viviesen en su propia piel la sangrienta realidad que ocurre en sus territorios, frente a la que se encuentran indefensas por falta de medios financieros o, incluso, competenciales.

La apuesta por la participación de estas entidades en el diseño y la aplicación de las políticas públicas dirigidas a revertir la situación demográfica en el medio rural se hace tan obvia que sorprende su desplazamiento por las demás instituciones. Las acciones coordinadas son necesarias si se pretende solventar, de una vez por todas, la despoblación de la España Vaciada para lo que las Diputaciones Provinciales —y las Entidades Locales en su conjunto— deben tener un papel esencial en el desarrollo y puesta en marcha de las mismas.

La vertebración del territorio no se limita a garantizar los servicios y las infraestructuras básicas en el medio rural, sino que debe de ir acompañada de servicios y actuaciones atractivas que permitan dinamizar la realidad social del entorno. Esto es, garantizar unas condiciones en cuanto a oferta social y cultural asemejadas a las que oferta el medio urbano. En esta línea, las Diputaciones Provinciales han venido a suplir el abandono institucional de las demás Administraciones garantizando una oferta cultural en el conjunto del territorio o la prestación de servicios como oficinas bancarias o bibliotecas.

Estas actuaciones dotan de vida cultural y social a los municipios del entorno rural, pero además generan un atractivo turístico que suscita interés en el resto de la población provocando que estas visiten y conozcan esos municipios. Destacan también actuaciones como la realización de ferias gastronómicas de productos de la zona que atraen a los habitantes de la propia provincia, y permiten dar a conocer la oferta del municipio o la comarca de la que se trate, dinamizando así la economía de la misma.

Entendemos que el reforzamiento de las Diputaciones Provinciales, tanto en el plano financiero como competencial, es esencial vista la actuación que estas llevan a cabo en aras de vertebrar el territorio, mantener la oferta y los servicios de los municipios del medio rural, y luchar contra la despoblación que acontece en sus territorios. Estas entidades no se limitan a ejercer la función estricta que les otorga la legislación sino que apuestan decididamente por fomentar y revitalizar la actividad económica y cultural de sus provincias con numerosas actuaciones que, sin lugar a dudas, permiten una verdadera vertebración de sus territorios.

VI. BIBLIOGRAFÍA

Carbonell Porras, E., «Las competencias locales diez años después de la LRSAL», en *Revista de Estudios de la Administración Local y Autonómica*, núm. 19, 2023, págs. 8-28.

Carbonell Porras, E., «Las Diputaciones Provinciales, garantes de servicios e infraestructuras en los municipios rurales: su posición institucional en la lucha contra la despoblación», en *Cuadernos de Derecho Local*, núm. 56, 2021, págs. 84-117.

Carbonell Porras, E., «Replanteamiento sobre las provincias: del pretendido reforzamiento de su posición institucional a una posible mutación constitucional», en *Anuario del Gobierno Local*, núm. 1, 2015, págs. 105-149.

Cofrades Aquilué, L., «El papel de las Diputaciones Provinciales en la reforma local pendiente: especial referencia a la Comunidad Autónoma de Aragón», en *Revista Aragonesa de Administración Pública*, núm. 57, 2021, págs. 72-118.

Colás Tenas, J., «Los Gobiernos locales intermedios en la gestión de los fondos europeos para la recuperación», en *Cuadernos de Derecho Local*, núm. 55, 2021, págs. 37-51.

Consejo Económico y Social, *Un medio rural vivo y sostenible*, Informe 02/2021, Madrid, 2021.

El medio rural y su vertebración social y territorial, Informe 01/2018, Madrid, 2018.

Domínguez Álvarez, J. L., *Comunidades discriminadas y territorios rurales abandonados. Políticas públicas y Derecho Administrativo frente a la Despoblación*, Thomson Reuters Aranzadi, Pamplona, 2021.

Federación Española de Municipios y Provincias, *Listado de medidas para luchar contra la despoblación*, Documento de acción Comisión de Despoblación, 2017.

Font i Llovet, T. y Galán Galán, A., «Racionalización y sostenibilidad de la Administración local: ¿es esta la reforma?», en *Anuario del Gobierno Local*, núm. 1, 2013, págs. 11-43.

Fundación Next Educación, *Estudio de percepción de los avances realizados en la España despoblada desde el 31 de marzo de 2019*, Cátedra de Despoblación y Reto Demográfico, Campo Vidal, M. (Dir.), Madrid, 2021.

García Jiménez, A., «La despoblación: una cuestión de Estado», en *Revista Jurídica de Castilla y León*, núm. 52, 2020, págs. 31-72.

Koninckx Frasquet, A. y Alonso Mas, M. J., «Las nuevas competencias de las diputaciones provinciales», en Domingo Zaballos, M. J. (Coord.), *Reforma del Régimen Local. La Ley de Racionalización y Sostenibilidad de la Administración Local: Veintitrés Estudios*, Thomson Reuters Aranzadi, Pamplona, 2014, págs. 241-294.

Ministerio de Agricultura, Alimentación y Medio Ambiente, *Informe anual de la publicación Análisis y Prospectiva. Serie Indicadores correspondiente al año 2014*, Madrid, 2015.

Quintana López, T., «Las Diputaciones en Castilla y León. Balance y perspectivas», en Rodríguez-Arana Muñoz, J. y Del Guayo Castiella, Í. (Coords.), *Panorama jurídico de las administraciones públicas en el siglo XXI: homenaje al profesor Eduardo Roca Roca*, Instituto Nacional de la Administración Pública, Madrid, 2002, págs. 1137-1162.

Rodríguez Beas, M., «El futuro incierto de las Diputaciones provinciales en España: efectos de la reforma local tras la interpretación del Tribunal Constitucional», en *Revista española de Derecho Administrativo*, núm. 202, 2019, págs. 383-420.

Rodríguez Beas, M., «El estado del régimen jurídico de la Administración supramunicipal en España: las diputaciones provinciales después de la reforma local», en *Revista de Direito Econômico e Socioambiental*, núm. 2, mayo/agosto 2019, págs. 30-66.

Vaquero García, A. y Losa Muñiz, V., «Actuaciones desde la Administración Pública para evitar la despoblación del medio rural. ¿Qué se puede hacer desde los ayuntamientos y diputaciones?», en *Revista Galega de Economía*, 29 (2), 2020, págs. 1-14.

Vera Torrecillas, R. J., «Aproximación histórica a las competencias de las Diputaciones Provinciales en materia de asistencia social: de la beneficencia a los servicios sociales», en López Barba, E., *Estudios jurídicos sobre el bienestar social para una Andalucía más inclusiva*, Dykinson, Madrid, 2023, págs. 325-359.

Zafra Víctor, M., «La provincia: lo importante no es el nombre, lo importante es la función. Intermunicipalidad en el Estado autonómico», *en El Cronista del Estado Social y Democrático de Derecho*, núm. 27 (marzo), 2012, págs. 66-83.

CAPÍTULO XVIII

EL ARCHIVO MUNICIPAL COMO MEMORIA DEL MUNICIPIO

Jaime Camarero Arellano
Graduado en Derecho y en Ciencia Política y Administración Pública
Universidad de Salamanca

I. INTRODUCCIÓN

La inteligencia artificial ha supuesto una verdadera revolución en nuestro mundo. A pesar de la notoria relevancia de la que disfruta en la actualidad, el concepto fue acuñado a mediados de la pasada centuria, en concreto en 1956, por el científico John McCarthy en la Conferencia de Dartmouth. Si bien, existen ya referencias anteriores, pero no es hasta dicho año en el que de manera concreta o más exacta la literatura científica aborda la cuestión. Así, esta disciplina de la computación se sirve de los datos, de los materiales ya existentes, para la consecución de los más diversos fines todos ellos con un nexo común: la realización de actividades que pretenden simular la inteligencia humana.

Pudiera parecer que el párrafo que acaba de concluirse careciera de relación con la materia y el título del presente capítulo, pero no podemos olvidar, que, a la fecha de escritura de estas líneas, la inteligencia artificial, incluso la generativa, emplea datos que previamente le han sido suministrados. Los datos, esos oscuros objetos de deseo. A ellos se dedica el presente capítulo.

Los datos se convierten así en un recurso y un material de incalculable valor, llegando al extremo de considerar su tenencia y gestión como una nueva minería con todas las consecuencias que de ello se generan. Una de ellas es la regulación de su protección con especial énfasis en la privacidad de los particulares y los límites de su uso.

Las líneas que ahora siguen analizarán los datos desde una perspectiva a la que todavía la ciencia jurídica no ha prestado la suficiente atención, la regulación de los datos en los archivos municipales.

Dado que el análisis pormenorizado de la cuestión abarcaría una extensión que no coincidiría con las pretensiones del capítulo, centraremos nuestra atención en aportar ciertas ideas sobre la protección de datos en este tipo de archivos y las posibilidades del archivo de interés público y con fines de investigación, con especial atención, a la histórica.

Para conseguir lo anterior el escrito se estructura en torno a dos epígrafes, a saber, la normativa en protección de datos y el funcionamiento de los archivos municipales. En el primero de ellos abordaremos de manera sucinta las características generales de esta disciplina jurídica y expondremos los principales rasgos de la materia en el ámbito municipal.

El segundo de los epígrafes dedicará sus esfuerzos al análisis del funcionamiento de los archivos municipales. Primeramente, trataremos la tipología de los documentos a los que estos archivos tienen acceso tanto aquellos de carácter oficial como los provenientes de otras fuentes. También serán objeto de estudio las prácticas de seudonimización y anonimización de los documentos como parte indispensable para la buena práctica investigadora y la garantía de la privacidad y la seguridad. Ninguna de las actividades anteriores podría llevarse a cabo sin el trabajo del personal al frente de los archivos, no obstante, únicamente nos referiremos a las figuras a las que la normativa en materia de protección de datos presta una mayor atención. Finalmente, enlazando con el segundo de los objetivos de este capítulo, se estudiarán las particularidades del archivo de interés público, histórico y de investigación.

II. BREVE MENCIÓN A LA NORMATIVA EN MATERIA DE PROTECCIÓN DE DATOS

1. ASPECTOS GENERALES

El constituyente otorgó la máxima de las protecciones al derecho a la privacidad al incluirlo dentro del artículo 18, situándose así en la Sección Primera del Capítulo II del Título I de la Carta Magna, el correspondiente a los «Derechos fundamentales y libertades públicas».

La inclusión en dicha sección no es baladí puesto que implica la alegación directamente a los tribunales en aquellos supuestos de lesión, la máxima protección posible dentro de las posibles del art. 53, así como la reforma de su contenido únicamente por la vía del art. 168 (reforma agravada) y su regulación por el legislador mediante la forma de ley orgánica prevista en el art. 81.

El precepto no incluye únicamente el derecho a privacidad, sino que integra en el mismo los derechos al honor, a la intimidad personal y familiar y a la propia imagen, a la inviolabilidad del domicilio y al secreto de las comunicaciones. Su tenor literal dispone:

> «Artículo 18
>
> 1. Se garantiza el derecho al honor, a la intimidad personal y familiar y a la propia imagen.
>
> 2. El domicilio es inviolable. Ninguna entrada o registro podrá hacerse en él sin consentimiento del titular o resolución judicial, salvo en caso de flagrante delito.
>
> 3. Se garantiza el secreto de las comunicaciones y, en especial, de las postales, telegráficas y telefónicas, salvo resolución judicial.
>
> 4. La ley limitará el uso de la informática para garantizar el honor y la intimidad personal y familiar de los ciudadanos y el pleno ejercicio de sus derechos».

Como hemos señalado el derecho a la privacidad aparece previsto en el apartado cuarto del artículo y el constituyente, previendo el exponencial desarrollo de la informática, hizo referencia expresa a la misma. Encontramos aquí el encaje constitucional de la regulación en materia de protección de datos.

Sin embargo, en esta materia debe señalarse la importancia de la normativa aplicable desde la Unión Europea[1] con el fin de conseguir un enfoque lo más coherente posible de la protección de datos, intentando armonizar la legislación aplicable por los estados miembros. Una normativa no solo dirigida a regular la actividad de tratamiento de las instituciones, órganos y organismos de la propia Unión sino también de los sectores público y privado.

La principal norma en la materia, aquella que afecta a la protección integral de las personas físicas, así como a la libre circulación de los datos y la identificación de sus receptores y emisores es el Reglamento (UE) 2016/679[2], obligatorio para todos los estados miembros, directamente integrado en su ordenamiento jurídico y aplicable directamente por los jueces y tribunales de cada uno de los estados.

La actividad del sector público es especialmente importante en la salvaguarda de los derechos en materia de privacidad, en especial cuando del ámbito penal se trata, atendiendo a esta necesidad el legislador comunitario

---

1 En este sentido hemos de señalar, aunque sea a título incidental, la cesión de soberanía a la Unión Europea, permitida por el artículo 93 de nuestra Constitución.

2 Reglamento (UE) 2016/679 del Parlamento Europeo y del Consejo, de 27 de abril de 2016, relativo a la protección de las personas físicas en lo que respecta al tratamiento de datos personales y a la libre circulación de estos datos y por el que se deroga la Directiva 95/46/CE.

aprobó la Directiva 2016/680[3], con el consiguiente margen de adaptación por cada país, que en el caso español tuvo lugar con la aprobación de la LO 7/2021[4]. En lo que respecta al ámbito público también ha de citarse el Reglamento (UE) 2018/1725[5] regulador de las relaciones entre administración europea y administrado.

La normativa comunitaria, en particular el Reglamento (UE) 2016/679, fue adaptado a nuestro ordenamiento por medio de la LO 3/2018, que tiene por objeto según el tenor de su artículo 1:

> «a) Adaptar el ordenamiento jurídico español al Reglamento (UE) 2016/679 del Parlamento Europeo y el Consejo, de 27 de abril de 2016, relativo a la protección de las personas físicas en lo que respecta al tratamiento de sus datos personales y a la libre circulación de estos datos, y completar sus disposiciones.
>
> El derecho fundamental de las personas físicas a la protección de datos personales, amparado por el artículo 18.4 de la Constitución, se ejercerá con arreglo a lo establecido en el Reglamento (UE) 2016/679 y en esta ley orgánica.
>
> b) Garantizar los derechos digitales de la ciudadanía conforme al mandato establecido en el artículo 18.4 de la Constitución».

De la exposición anterior podemos extraer que la protección de la privacidad, de lo datos personales, se articula en nuestro ordenamiento como un derecho fundamental, recogido no de manera expresa, pero sí implícita en el apartado 4 del artículo 18 de nuestra norma fundamental[6]. A lo que se aduce la relevancia otorgada por el legislador comunitario al consagrarlo en el artículo 8 de la Carta de los Derechos Fundamentales de la Unión Euro-

---

3 Directiva (UE) 2016/680 del Parlamento Europeo y del Consejo de 27 de abril de 2016 relativa a la protección de las personas físicas en lo que respecta al tratamiento de datos personales por parte de las autoridades competentes para fines de prevención, investigación, detección o enjuiciamiento de infracciones penales o de ejecución de sanciones penales, y a la libre circulación de dichos datos y por la que se deroga la Decisión Marco 2008/977/JAI del Consejo.

4 Ley Orgánica 7/2021, de 26 de mayo, de protección de datos personales tratados para fines de prevención, detección, investigación y enjuiciamiento de infracciones penales y de ejecución de sanciones penales.

5 Reglamento (UE) 2018/1725 del Parlamento Europeo y del Consejo, de 23 de octubre de 2018, relativo a la protección de las personas físicas en lo que respecta al tratamiento de datos personales por las instituciones, órganos y organismos de la Unión, y a la libre circulación de esos datos, y por el que se derogan el Reglamento (CE) n.° 45/2001 y la Decisión n.° 1247/2002/CE.

6 El Tribunal Constitucional ha dirimido en numerosas ocasiones sobre la cuestión siendo interesante la consulta de las sentencias 76/2019 de 22 de mayo (que aborda de manera clara la necesidad del consentimiento para el uso, tratamiento y almacenamiento de los datos, independientemente de que el receptor o el tercero sean el Estado o un particular) y la 292/2000 de 30 de noviembre (sirve de muestra para observar que los poderes públicos no pueden convertirse en una fuente de información que no prevenga los riesgos que puedan nacer de una mala consulta o utilización de los datos que son garantes).

pea[7] y desarrollado en el artículo 16.1 del Tratado de Funcionamiento de la Unión Europea.

2. ESPECIALIDADES DE LA ESFERA LOCAL

Una vez señaladas las notas básicas sobre la protección de datos en nuestro ordenamiento con especial énfasis en la labor desempeñada por el legislador comunitario, dada su influencia manifiesta y directa, procedemos a señalar las características más sobresalientes de la protección en la esfera local.

El Título VIII de nuestra Constitución, «De la Organización Territorial del Estado» (arts. 137 a 158) establece dentro de sus principios generales, en concreto en su artículo iniciático, el 137, la conformación de una nueva forma de organización de nuestro Estado. Así, a los ya conocidos municipios y provincias se suma un nuevo nivel territorial, las comunidades autónomas[8]. Todos ellos, siguiendo el tenor del artículo «gozarán de autonomía para la gestión de sus respectivos intereses».

Los municipios, la esfera local, gozan de esta manera de autonomía para el desarrollo de sus funciones pudiendo poner a su disposición una diversidad de medios para su consecución que materializa, cuando se realiza de manera óptima, el principio de subsidiariedad.

La propia promulgación de la Constitución también supuso en sí misma un elemento de promoción de los archivos municipales. Siguiendo a CERDÁ DÍAZ la constitución de España como un estado social y democrático de Derecho implican respectivamente una mayor accesibilidad a la cultura y una garantía de la participación ciudadana. A lo que se suma la conformación de un Estado autonómico que favorezca el legado de los pueblos y regiones, adquiriendo un nuevo valor para ello los archivos[9].

La gran amplitud de funciones llevadas a cabo por los municipios se refleja de manera clara en el manejo de datos e información por parte de las mismas. Destacamos, por su carácter básico en la práctica municipal, los datos contenidos en el padrón de habitantes o los relativos a la gestión de los tri-

---

7 El precepto no solamente ahonda en la categorización como derecho fundamental, sino que también erige al consentimiento como base de toda la actividad en la materia y adjudica el control de la actividad, sin perjuicio de la colaboración de otras instituciones, a una autoridad independiente.

8 La Constitución española es un perfecto ejemplo de constitucionalismo derivado, el constituyente español tomó como referencia para el diseño del Estado autonómico la organización territorial de Italia y su Estado regional. Si bien el devenir del tiempo ha demostrado que la España de las autonomías puede llegar a considerarse un modelo territorial excepcional.

9 *Vid.* CERDÁ DÍAZ, J., «El archivo municipal y su relación con los ciudadanos», en *Revista Catalana de d´arxivistica*, núm. 16, 2000, p. 367.

butos de titularidad municipal, cuyo tratamiento debe cumplir la normativa de protección de datos. Pero el potencial archivístico de los municipios no se limita solamente al tratamiento de los datos actuales, sino que también son poseedores de un ingente patrimonio documental de un enorme valor[10].

Previamente a señalar la importancia de las diputaciones en la garantía de la eficacia y eficiencia de la protección de datos de los municipios resulta conveniente destacar la concepción del dato personal. Entenderemos por tal aquel que sea especialmente sensible y requiera de una protección cualificada, siendo ejemplos paradigmáticos los relativos a la ideología, la afiliación sindical o las creencias religiosas[11].

Las diputaciones provinciales juegan un papel fundamental al asistir a aquellos municipios de menor población o capacidad económica en aquellas materias que precisen y soliciten, entre las que sobresalen la protección y gestión de datos[12].

Estas instituciones aumentan más si cabe su auxilio cuando de la administración electrónica se trata, señalando la literalidad del precepto 36.1.g): «La prestación de los servicios de administración electrónica y la contratación centralizada en los municipios con población inferior a 20.000 habitantes».

El precepto abre la espita a las Diputaciones para que promuevan la interoperabilidad de las herramientas municipales en coordinación con sus homólogas estatales y provinciales. La institución provincial permitirá el acceso y empleo de sus propios instrumentos tecnológicos en beneficio de los ayuntamientos, favoreciendo de este modo el incremento de la eficiencia y eficacia su actuación, independientemente de si esta afecta a la prestación de servicios de la administración electrónica como si consiste en la gestión de los datos resultantes de la misma[13].

No obstante, existen supuestos en los que la colaboración o auxilio de las diputaciones provinciales no es suficiente para la correcta ejecución de ciertas actividades de los consistorios, debiendo aquéllas sustituir a éstos en el desempeño de tal función. Un ejemplo de lo anterior es la recepción de servicios por parte de los ayuntamientos menores a cargo de la diputación, en

10 Máxime cuando la Ley 16/1985, de 25 de junio, del Patrimonio Histórico Español recoge en su artículo 1.2 una definición de patrimonio sumamente abierta.

11 Federación Española de Municipios y Provincias, Red de Entidades Locales por la Transparencia y Participación Ciudadana, *Orientaciones para la adaptación de las Administraciones Locales al Reglamento General de protección de datos*, 2018.

12 La asistencia por parte de las diputaciones provinciales a este tipo de municipios aparece regulada en extenso en la Ley 7/1985, de 2 de abril, Reguladora de las Bases del Régimen Local.

13 Dirección de Tecnologías de la Información y Las Comunicaciones, *¡Digitalíza-t! Guía para facilitar a las Entidades Locales el cumplimiento de las obligaciones digitales de las Leyes 39 y 40/2015. Uso de las herramientas tecnológicas de la DTIC,* 2016.

este supuesto, el Reglamento UE 2016/679 establece la gestión de los datos personales generados o que pudieran generarse en el proceso.

III. EL FUNCIONAMIENTO DE LOS ARCHIVOS MUNICIPALES

1. PROCEDENCIA Y TIPOLOGÍA DE LA INFORMACIÓN

La exposición precedente sobre las cuestiones legales más relevantes o interesantes en la materia sirve como introducción al apartado actual, pues ha servido para poner de manifiesto la variada tipología de documentación a la que tienen acceso los archivos municipales.

Derivado de lo anterior, estos cuentan en su haber con multitud de documentos con una variedad semejante de formatos, desde textos manuscritos hasta el formato digital, que en todo caso contienen una enorme cantidad de datos personales pertenecientes, principalmente, a sus ciudadanos y contribuyentes.

No cabe duda de que las principales fuentes de información y adquisición de documentación de los archivos serán las oficiales, entendiendo por tales aquellas cuya responsabilidad o titularidad recae en una institución pública. Sin embargo, no puede dejar de reseñarse todos aquellos casos en los que el archivo municipal, ya sea por la seguridad que aporta o por razones desconocidas, también custodia documentación perteneciente a fuentes no oficiales, en este sentido los archivos pueden ser custodios de la documentación relativa a asociaciones privadas o a particulares.

Aunque en numerosos casos estos documentos no sean albergados en el catálogo oficial no debe dejar de atenderse a los mismos, ya sea a través de la conservación de los existentes en su caso como con la promoción de la aceptación de este tipo de documentación cuando sea de interés. Se abre así la puerta a la constitución de los denominados «Archivos del municipio» de alto valor para los investigadores etnográficos.

El consistorio al igual que cualquier otra administración es eminentemente digital siendo la tramitación electrónica la actuación habitual de las administraciones. En este sentido, el artículo 3 de la Ley 40/2015[14] establece un principio general en el que la relación entre las diferentes administraciones estará presidida por los medios electrónicos —garantizando la interoperabilidad y la seguridad necesarias— y, en todo caso, salvaguardando la protección de

14 Ley 40/2015, de 1 de octubre, de Régimen Jurídico del Sector Público

datos de carácter personal. En la Ley 39/2015[15], en diversos preceptos, se aborda la nueva archivística, en su artículo 16 regula los registros electrónicos y el posterior la aparición y preminencia de los archivos electrónicos.

La investigación tendrá que atender a los diferentes tipos de datos antes de proceder a solicitar su consulta o utilización, ya que, dependiendo de la categoría los requisitos serán diferentes.

2. LA IMPORTANCIA DE LA SEUDONIMIZACIÓN Y LA ANONIMIZACIÓN PARA LA SALVAGUARDA DE LA SEGURIDAD

El epígrafe anterior abordó de manera sucinta la regulación de protección de datos vigente en nuestro país. La misma, a pesar de su afectación a ambos, diferencia entre el sector público y privado, esto es entre las instituciones y organismos y los particulares.

Asimismo, el análisis jurídico, además de demostrar el carácter de derecho fundamental de la privacidad, sirvió para mostrar el valor del consentimiento para el tratamiento conforme a Derecho de los datos personales. Este consentimiento se requiere para todo tipo de actuaciones que impliquen el uso, pero también la reutilización de los datos.

A lo largo del presente apartado se analizarán las acciones de seudonimización y anonimización para la dación de información y documentación para aquellos investigadores interesados en documentos que alberguen este tipo de información. Sin perjuicio de lo anterior hemos de aplicar esta misma sistemática, con las matizaciones legales precedentes, para la reutilización de los datos por parte de la Administración, así como su uso para la realización de informes o análisis ya sean de carácter interadministrativo o público.

El primer interrogante que podemos plantearnos es el siguiente: ¿es necesaria la anonimización sistemática de los documentos facilitados por el ente local para la investigación? La respuesta depende del caso. A pesar de que la LOPD excluye de su ámbito de actuación a las personas fallecidas sus herederos pueden ejercer sus derechos —exceptuando ciertos supuestos— sobre ellos, por lo que ante documentos que impliquen o identifiquen a personas fallecidas podría evitarse este proceso[16].

No obstante, aquellos documentos continentes de información sensible —impagos de tributos municipales, sanciones por los cuerpos de seguridad en aquellas localidades que dispongan de ellos, expedientes de servicios

15 Ley 39/2015, de 1 de octubre, del Procedimiento Administrativo Común de las Administraciones Públicas

16 En este sentido nos remitimos al contenido de los arts. 2 y 3 de la citada ley.

sociales, etc.— deberán guardarse las mayores precauciones que implican un riguroso proceso en la anonimización o seudonimización de los datos, ya que, especialmente en los municipios de reducido tamaño, los vecinos conocen una mayor cantidad de datos de sus convecinos lo que puede provocar que una no suficientemente rigurosa anonimización conduzca a una fácil identificación de la persona a la que pertenecen los datos.

Incluso, a pesar de no ser una de sus funciones primigenias, la concesión de datos para la investigación debería previamente ser sometida a una evaluación de impacto que estudie las medidas que se vayan a adoptar sobre los datos. Igualmente, analizará los riesgos que supone este uso y establezca las medidas necesarias para garantizar la seguridad de las personas físicas o jurídicas, siempre atendiendo a la defunción en el caso de las primeras o la disolución voluntaria o por resolución judicial motivada de las segundas.

3. PERSONAL AL SERVICIO DE LOS ARCHIVOS MUNICIPALES

Hemos abordado a lo largo de las páginas anteriores las diferentes actividades o actuaciones que tienen lugar en el archivo municipal, en el presente apartado no incidiremos en estas actividades, sino que atenderemos al personal que las realiza. Dicho de otra manera, atenderemos al quién y no al qué de manera principal. Así, en las páginas que se suceden trataremos las figuras del responsable, del encargado y del responsable de protección de datos. No podemos proseguir, aunque posteriormente hagamos mención, sin valorar la enorme labor de este personal que en muchas ocasiones no cuenta con la formación adecuada y que con su esfuerzo y dedicación realizan una función esencial para la correcta garantía de un derecho fundamental.

La primera figura a la que nos referiremos es al responsable, si bien en este caso no nos encontramos ante una persona física sino jurídica. Los ayuntamientos son los responsables del tratamiento de los datos personales que realicen. Esto implica que serán ellos quienes determinen los fines y medios empleados para la abstención y tratamiento de los datos. Además, como su propio nombre nos indica, responderán en caso de que la gestión y tratamiento no se atengan a la normativa o no lo hagan de forma adecuada[17].

El encargado tendrá como función principal el tratamiento de los datos por cuenta del responsable —el mandato por parte del ayuntamiento puede adoptar formas diversas—. Las múltiples gestiones que realiza un ayuntamiento pueden estar encargadas a diferentes personas jurídicas tanto públicas como privadas —elaboración de nóminas y recibos, la destrucción de

17 Dependiendo de los casos la mala praxis en la gestión de los datos ya sea con dolo o por imprudencia puede conllevar sanciones que aquellos casos de mayor gravedad pueden consistir en ilícitos penales.

documentación o el mantenimiento de las instalaciones municipales— que gestionan los datos generados en esos procedimientos.

Las relaciones entre el responsable y el encargado estarán regidas por lo contenido en el negocio jurídico firmado por ambos al efecto. El negocio jurídico adoptado puede tomar formas diversas y con ello estar sujeto a legislaciones diferentes, así en aquellos supuestos en los que nos encontremos ante un contrato de servicios la legislación encargada de dirimir los conflictos que pudieran originarse sería la civil; en aquellos supuestos de un contrato de trabajo, sería la laboral y, finalmente, si estuviéramos ante supuestos de una relación administrativa, la legislación vigente en la materia.

En cualquier caso, teniendo como referencia el art. 81 RGPD, el encargado garantizará la aplicación de la normativa de protección de datos tanto desde su perspectiva jurídica como organizativa y técnica por medio de los recursos más apropiados en cada caso.

El delegado de protección de datos es una de las figuras introducidas, con carácter obligatorio, por el Reglamento. Este indica que quien realice dicha función deberá contar con conocimientos en Derecho y en la práctica en la gestión/tratamiento en materia de protección de datos. Debemos mencionar sobre la figura del delegado de protección de datos que en la mayoría de los casos su labor es desempeñada por el Secretario-Interventor del municipio.

Su labor es de notable importancia en el consistorio al ser quien supervise el cumplimiento del RGPD y demás normativa aplicable en la materia o quien informe y asesore al responsable o encargado del tratamiento sobre esta regulación, sus funciones mínimas aparecen previstas en el artículo 39 de la manera que sigue:

> «1. El delegado de protección de datos tendrá como mínimo las siguientes funciones:
>
> a) informar y asesorar al responsable o al encargado del tratamiento y a los empleados que se ocupen del tratamiento de las obligaciones que les incumben en virtud del presente Reglamento y de otras disposiciones de protección de datos de la Unión o de los Estados miembros;
>
> b) supervisar el cumplimiento de lo dispuesto en el presente Reglamento, de otras disposiciones de protección de datos de la Unión o de los Estados miembros y de las políticas del responsable o del encargado del tratamiento en materia de protección de datos personales, incluida la asignación de responsabilidades, la concienciación y formación del personal que participa en las operaciones de tratamiento, y las auditorías correspondientes;
>
> c) ofrecer el asesoramiento que se le solicite acerca de la evaluación de impacto relativa a la protección de datos y supervisar su aplicación de conformidad con el artículo 35;
>
> d) cooperar con la autoridad de control;
>
> e) actuar como punto de contacto de la autoridad de control para cuestiones relativas al tratamiento, incluida la consulta previa a que se refiere el artículo 36, y realizar consultas, en su caso, sobre cualquier otro asunto.

2. El delegado de protección de datos desempeñará sus funciones prestando la debida atención a los riesgos asociados a las operaciones de tratamiento, teniendo en cuenta la naturaleza, el alcance, el contexto y fines del tratamiento».

Su contacto debe ser público y publicitado por la institución municipal. En definitiva, la disposición proactiva del art. 5 del RGPD depende, en gran medida, de su actuación.

El investigador tendrá que contactar necesariamente con estas figuras si quieren lograr su objetivo. Principalmente lo harán con el delegado quien se encargará de aceptar o, por el contrario, denegar la solicitud de acceso o de uso de los datos —siempre con las limitaciones pertinentes—. El problema surge no tanto en las localidades de mayores dimensiones —bajo la consideración de la RGPD serán aquellos que superen los 20000 habitantes— sino en aquellos que no alcanzan dicha cifra.

La ley permite que este tipo de municipios puedan apoyarse en el soporte de las diputaciones asumiendo estas las funciones del delegado. En la práctica investigadora supone que el titular intuitivo de la función —el ayuntamiento— no se corresponderá con el que verdaderamente realice la función —la diputación provincial en este caso—.

Aduciendo que los municipios también son asistidos por las diputaciones en la prestación de gran cantidad de servicios de los que la institución provincial será el encargado de protección de datos. Las instituciones provinciales también han sido las creadoras de las sedes electrónicas de muchos municipios o gestionan el archivo municipal —realizando su cuadro de clasificación o dando las indicaciones para la catalogación—.

4. PARTICULARIDADES DEL ARCHIVO DE INTERÉS PÚBLICO, DE INVESTIGACIÓN Y DE CARÁCTER ESTADÍSTICO

4.1. Archivo de interés público

Los fines de archivo con interés público, de investigación científica e histórica y el estadístico constituyen una excepción a la limitación legislativa sobre ciertas cuestiones relativas a la protección de datos; teniendo, la misma, una doble vertiente: por un lado, la de finalidad; y, por otro, la del plazo de conservación.

Aquél permite que no se consideren incompatibles con la finalidad particular del tratamiento —debe considerarse que la normativa actual es bastante estricta en el establecimiento y publicidad de una finalidad concreta para cada uno de los trámites que impliquen un uso de los datos— las gestiones con un objetivo acorde a los que titulan este epígrafe.

Así, las actuaciones que persigan estos fines estarán exentos de solicitar una nueva autorización por parte de los propietarios. Esta exención nos obliga a realizar un pequeño análisis sobre el consentimiento. Primeramente, dada la importancia del concepto, deben realizarse una serie de apreciaciones de carácter general pero que, aun así, son de importancia para la comprensión adecuada del término.

El consentimiento debe manifestarse de una manera clara indicadora de la voluntad afirmativa o mediante la expresión inequívoca de esta, en ambos casos, cabrá modulación del medio para su correcta consecución. Con anterioridad el responsable del tratamiento habrá tenido que informar debidamente dejando libertad al interesado para la toma de la decisión.

El no cumplimiento de estos requisitos conllevará la nulidad del consentimiento concedido y la consecuente supresión de los datos personales facilitados. En la mayoría de los casos el investigador trabajará con base a unos datos de los que no tendrá constancia sobre su consentimiento presumiendo el buen hacer de la institución municipal.

Este permite interpretar de forma extensiva el requisito del mantenimiento de los datos solo durante el tiempo necesario para el desarrollo de la finalidad indicada. Pero, al igual que en el caso anterior, obliga al cumplimiento de las medidas de carácter técnico recogidas en la normativa vigente en la materia.

Deben analizarse por separado las denominadas categorías especiales de datos según el RGPD y datos especialmente protegidos por la LOPD. Las opiniones políticas, convicciones religiosas o filosóficas, la afiliación sindical, aquellos reveladores de un origen racial o étnico y todos aquellos sobre la salud, vida u orientación sexual son algunos ejemplos del tipo de datos que pueden formar parte de esta clasificación.

El tenor del art. 9 del RGPD no deja lugar a dudas prohibiendo el tratamiento de este tipo de datos. No obstante, se recogen una amplia gama de excepciones al precepto general que permitirán a las instituciones, incluidas los ayuntamientos, el tratamiento. Como ejemplos pueden citarse aquellos que sean necesarios para proteger intereses vitales del afectado o que él mismo haya hecho públicos con anterioridad.

Dentro de este amplio abanico destaca el caso de aquellos cuyo tratamiento se considera necesario por razones de un interés público esencial —ya sea con base en el derecho comunitario en la normativa propia de los Estados—. El RGPD —que nunca hay que olvidar que es de aplicación directa en nuestro país— reconoce como motivo merecedor de este interés y, por tanto, no sujeto a esta prohibición el tratamiento con fines de archivo en interés público; de investigación, científica o histórica o fines estadísticos.

Ello nos muestra un interés del legislador por la promoción de la investigación y por el cuidado del patrimonio y, en definitiva, por la conservación de la memoria. No en vano, el constituyente español, estableció como principio rector, en el artículo 46 de la Carta Magna, la garantía de los poderes públicos de la conservación y promoción del enriquecimiento del patrimonio histórico, cultural y artístico contemplando la sanción penal para quienes cometan atentados contra él.

El ejercicio de estos derechos podría verse afectado en tanto se considere que la permisividad —siempre tasada y regulada por ley— en la obtención de los datos cuando tienen como fin alguno de los usos antes citados. En un primer momento, este razonamiento podría hacer quebrar la razón de ser de aquel. Nada más lejos de la realidad. De aceptar lo contrario, estaríamos considerando la preferencia de un derecho fundamental sobre otro, pues tan fundamental es el derecho al honor como lo es la protección de la producción y creación científica y técnica —que no puede llevarse a cabo sin un material sobre el que trabajar y que actuaciones legislativas como esta promueven—.

4.2. Histórico

Los archivos municipales son la memoria del municipio. Lo que alberguen será el material de estudio y consulta de las futuras generaciones para comprender la época en la que quieran adentrarse. Dentro de este tipo de archivo debemos diferenciar dos etapas en lo que a protección de datos se refiere: la protección en los documentos históricos y la que se realiza en los documentos actuales o de reciente creación que puedan llegar a tener o ya tengan debido a sus características esta consideración.

El ejercicio de calificación de un archivo como histórico, dejando a un lado su pertenencia al Patrimonio documental según lo recogido en la LPHE, conlleva a su vez la realización de una serie de procedimientos relativos a su conservación —desde la elección del lugar más apropiado dentro del cuadro de clasificación hasta el registro de sus características técnicas—.

La conservación supone como se decía en líneas anteriores, que el documento pase a formar parte de la memoria colectiva del municipio y sea muestra de lo que se considera valioso o merecedor de importancia en una época determinada.

Este contendrá una serie de documentos personales que deberán ser tenidos en cuenta, la pregunta es si debe realizarse una anonimización *ex ante* o por el contrario conservar el documento con los datos y dejar a quien lo consulte la decisión de realizar ese proceso. La toma de una u otra decisión acarreará una serie de consecuencias cuyas repercusiones, en muchos casos, no pueden ni tan siquiera valorarse en el momento de tomarlas.

Ante ese desconocimiento sobre lo necesario o no de esos datos la razón de ser del archivo y la conciliación entre el derecho al honor y a la información sería preferible el mantenimiento de los datos con las preceptivas advertencias. Respecto de los documentos que ya tengan esa consideración la pregunta es semejante, pero con una formulación diferente, la anonimización debe producirse con carácter previo al préstamo o este uso con esa finalidad o, por el contrario, deberá esperarse al caso concreto. En este supuesto, al igual que en el anterior y con el mismo razonamiento, deberá preferirse la permanencia de los datos personales. En cualquier caso, la conservación deberá atenerse a unos límites ponderados según el tipo de datos o los riesgos de identificación de las personas.

4.3. Investigación

El primer conjunto de datos que debe analizarse es el Padrón de habitantes pues la ciencia estadística se sirve de él para diferentes cálculos y recopilaciones de información, el propio legislador conocedor de esta situación ya estableció en el art. 17.3 LBRL la obligatoriedad de comunicación de los datos del Padrón al INE. Este es solo uno de los ejemplos en los que la estadística puede trabajar con los datos obtenidos por los consistorios. En este supuesto no habría necesidad de solicitar un nuevo consentimiento a los cedentes de esos datos, algo que no ocurre en la totalidad de los casos.

La investigación histórica ya sea en los archivos municipales como en cualquier otro debe trabajar teniendo en cuento un irremediable hecho objetivo: muchas de las personas que formarán parte del estudio ya han fallecido y por tanto sus datos, según la LOPD, no se atienen a lo regulado por ella. Esto no impide que las personas vinculadas al fallecido por razones familiares o de hecho o sus herederos tengan el derecho de solicitar el acceso a los datos del fenecido y, en su caso, la solicitud de su rectificación y oposición —con la motivación suficiente—.

Además, los archivos municipales son en ocasiones de los pocos lugares en los que pueden hallarse la documentación para el estudio de ciertas materias, como es el caso del estudio de los denominados «quintos» —el reclutamiento de jóvenes varones que debían prestar el servicio militar— que únicamente puede estudiarse analizando lo contenido en este tipo de archivos y la información que conste en sus homólogos del Ministerio de Defensa. En este caso, el investigador podrá tener acceso a una serie de datos excesivamente delicados —desde el historial médico hasta otros datos que pudieran incluirse en el expediente— que deberán ser debidamente anonimizados. Sirva este ejemplo para observar la necesidad de estos procesos cuando se estén manejando informes o expedientes con contenido sensible.

V. BIBLIOGRAFÍA

1. LEGISLACIÓN

Constitución Española de 27 de diciembre de 1978

Carta de los Derechos Fundamentales de la Unión Europea

Ley Orgánica 10/1995, de 23 de noviembre, del Código Penal

Ley Orgánica 3/2018, de 5 de diciembre, de Protección de Datos Personales y garantía de los Derechos Digitales

Ley Orgánica 7/2021, de 26 de mayo, de protección de datos personales tratados para fines de prevención, detección, investigación y enjuiciamiento de infracciones penales y de ejecución de sanciones penales

Ley 7/1985, de 2 de abril, Reguladora de las Bases del Régimen Local

Ley 19/1985, de 25 de junio, de Patrimonio Histórico Español

Ley 19/2013, de 9 de diciembre, de transparencia, acceso a la información pública y buen gobierno

Ley 39/2015, de 1 de octubre, del Procedimiento Administrativo Común de las Administraciones Públicas

Ley 40/2015, de 1 de octubre, de Régimen Jurídico del Sector Público

Directiva (UE) 2016/680 DEL PARLAMENTO EUROPEO Y DEL CONSEJO de 27 de abril de 2016 relativa a la protección de las personas físicas en lo que respecta al tratamiento de datos personales por parte de las autoridades competentes para fines de prevención, investigación, detección o enjuiciamiento de infracciones penales o de ejecución de sanciones penales, y a la libre circulación de dichos datos y por la que se deroga la Decisión Marco 2008/977/JAI del Consejo

Reglamento (UE) 2016/679 del Parlamento Europeo y del Consejo, de 27 de abril de 2016, relativo a la protección de las personas físicas en lo que respecta al tratamiento de datos personales y a la libre circulación de estos datos y por el que se deroga la Directiva 95/46/CE

Reglamento (UE) 2018/1725 del Parlamento Europeo y del Consejo, de 23 de octubre de 2018, relativo a la protección de las personas físicas en lo que respecta al tratamiento de datos personales por las instituciones, órganos y organismos de la Unión, y a la libre circulación de esos datos, y por el que se derogan el Reglamento (CE) n.º 45/2001 y la Decisión n.º 1247/2002/CE.

2. DOCTRINA CIENTÍFICA

Cascón-Katchadourian, J., Ruiz-Rodríguez, A. A. y Herrera-Viedma, E., «Definición, legislación y normativa para el tratamiento de los documentos históricos generados en la Administración Pública española y andaluza» en *Revista Española de Documentación Científica,* núm. 42, 2019.

Campos Acuña, C., «Impacto de la nueva Ley Orgánica de Protección de Datos personales y garantía de los derechos digitales en el ámbito local», en *Revista digital CEMCI*, núm. 40, 2018.

Cerdá Díaz, J., «El archivo municipal y su relación con los ciudadanos», en *Revista Catalana de d´arxivistica*, núm. 16, 2000, págs. 356-381.

García Ruipérez, M., «Tipología documental municipal», en *Servicio de Publicaciones de la Consejería de Educación y Cultura de la Junta de Comunidades de Castilla-La Mancha*, 2002.

García Pérez, P., «El serse en la historia. Historia e intrahistoria en Unamuno», en *Sancho el Sabio: Revista de cultura e investigación vasca*, núm. 4, 1994, págs. 17-50.

Jiménez Asensio, R., «El nuevo marco normativo de la protección de datos personales: su aplicación a las entidades locales», en *Anuario aragonés del gobierno local*, núm. 10, 2018.

Orduña Rebollo, E., «Orígenes de las diputaciones provinciales: territorio y Administración», en *Claves del Gobierno Local*, núm. 14, Fundación Democracia y Gobierno Local, 2012.

Orduña Prada, E., «Sobre la potestad normativa local y la Ley de Procedimiento Administrativo común de las Administraciones Públicas», en *Actualidad Administrativa*, núm. 2, 2016.

Rodríguez Clavel, J. R. y Ballesteros San José, P., *Los archivos de las diputaciones. Qué son y cómo se tratan*, Ediciones Trea, 2010.

3. ESTUDIOS, DOCUMENTOS E INFORMES OFICIALES

Comisión de la sociedad de información y tecnologías y de modernización, calidad y participación ciudadana de la federación española municipios y provincias, *Cuaderno de trabajo de transformación digital itinerario de la Ley 39 y 40 2015.*

Comisión superior calificadora de documentos administrativos, *Criterios generales para la valoración de los documentos de la Administración General del Estado*, Madrid, 2003.

Consejo económico y social de España, *Informe sobre el medio rural y su vertebración social y territorial*, Madrid, 2018.

Consejo económico y social de España, *Un medio rural vivo y sostenible. Informe 20/2021, aprobado en sesión extraordinaria del Pleno de 7 de julio de 2021*, Madrid, 2021.

Dirección de tecnologías de la información y las comunicaciones, *¡Digitalíza-t! Guía para facilitar a las Entidades Locales el cumplimiento de las obligaciones digitales de las Leyes 39 y 40/2015. Uso de las herramientas tecnológicas de la DTIC*, 2016.

FEDERACIÓN ESPAÑOLA DE MUNICIPIOS Y PROVINCIAS, RED DE ENTIDADES LOCALES POR LA TRANSPARENCIA Y PARTICIPACIÓN CIUDADANA, *Orientaciones para la adaptación de las Administraciones Locales al Reglamento General de protección de datos*, 2018.

HERRI SMARTIK, GOBIERNO VASCO- ASOCIACIÓN DE MUNICIPIOS VASCOS, *Guía para el intercambio de datos entre los ayuntamientos de Euskadi y otras Administraciones Públicas*.

Made in United States
Orlando, FL
04 November 2026

90218264R00230